1 MONTH OF
FREE
READING

at

www.ForgottenBooks.com

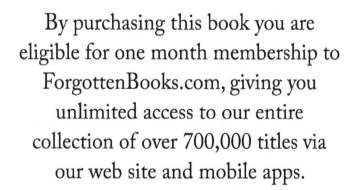

By purchasing this book you are eligible for one month membership to ForgottenBooks.com, giving you unlimited access to our entire collection of over 700,000 titles via our web site and mobile apps.

To claim your free month visit:
www.forgottenbooks.com/free391926

ISBN 978-0-483-15909-9
PIBN 10391926

MÉMOIRES

DE

LA SOCIÉTÉ DES ANTIQUAIRES

DU CENTRE

MÉMOIRES

DE

LA SOCIÉTÉ DES ANTIQUAIRES

DU CENTRE

—••••◼••••—

1869

—••••◼••••—

IIIᵉ VOLUME

BOURGES

E. PIGELET, IMPRIMEUR DE LA SOCIÉTÉ DES ANTIQUAIRES

DU CENTRE

—

1870

RAPPORT

SUR LES TRAVAUX DE

LA SOCIÉTÉ DES ANTIQUAIRES

DU CENTRE

PENDANT L'ANNÉE 1869.

Par M. A. BUHOT de KERSERS.

SECRÉTAIRE.

—

MESSIEURS,

Le compte-rendu de vos travaux, inséré dans le précédent volume de vos *Mémoires*, avait a vous signaler les vides profondément regrettables, causés au sein de la Société par la mort de son honorable président, M. Hiver de Beauvoir, et par le départ de son précieux Secrétaire, M. Eugène de Beau-repaire, appelé au loin par un avancement mérité.

Aujourd'hui notre devoir n'est point aussi pénible à remplir, et nous n'avons qu'à résumer les efforts faits par vous pour réparer ces pertes et donner à vos travaux cette persistance et cette continuité qui en augmentent le prix.

Dès l'abord, Messieurs, la Société si rudement éprouvée a dû reconstituer son bureau. Elle a placé à sa tête comme Président l'honorable M. des Méloizes, conservateur des forêts à Bourges, que sa haute position, ses connaissances approfondies en archéologie et en histoire, son goût éclairé pour les arts, désignaient pour ce poste, en garantissant à la Société une direction énergique et féconde. Elle a appelé aux fonctions de Secrétaire le trop insuffisant signataire de ce rapport, et au poste de Secrétaire-Adjoint, un de ses plus jeunes et plus studieux membres, M. A. de la Guère. En même temps, elle introduisait dans ses règlements quelques modifications reconnues utiles (1), et poursuivait sans découragement le cours de ses travaux habituels.

Vos séances ont été remplies par la lecture de Mémoires dont les plus importants prennent place dans le présent volume. Un rapide regard jeté sur eux indiquera la variété et l'intérêt de leur objet.

(1) Ces modifications on' été insérées dans le second volume des Mémoires, page 347.

M. le docteur Pineau, versé dans l'étude des âges préhistoriques, nous surprenait tous par les découvertes que ses investigations minutieuses ont su faire dans *deux grottes du département du Cher.* Ce premier pas montre le chemin vers un but d'un attrait puissant : nul doute qu'un examen analogue, appliqué aux autres excavations de notre département (1), ne puisse conduire aux plus intéressants résultats sur des questions absolument neuves en notre pays.

Une note de M. le colonel vicomte Toirac, sur des fouilles faites par lui dans le champ des Fertisses, situé commune de Sainte-Solange, fournissait à M. de Laugardière l'occasion de faire sur l'ensemble des découvertes opérées au même lieu une consciencieuse étude de sépulcrologie comparée.

Nous devons aussi à M. de Laugardière la communication d'un curieux travail sur les *antiquités* et les *voies romaines du Berry,* rédigé au commencement de notre siècle par M Ferrand de Saligny son aïeul, et des notes intéressantes sur quelques établissements locaux de fabrication céramique.

M. Amédée Rapin continuait à vous tenir au courant des fouilles qu'il fait dans la commune de Levet.

(1) Notamment la grotte de la Lutonnière, commune de Farges-Alichamps, le souterrain de la Celette, etc.

M. l'abbé Voisin vous faisait part d'une *villa romaine* découverte au Blanc, ou plutôt des vestiges retrouvés de l'antique *Oblincum*.

Telles sont, avec deux mémoires, l'un sur l'*enceinte de Philippe-Auguste*, à Bourges, et l'autre, sur l'*Architecture religieuse en Berry*, les principales communications relatives à l'archéologie que contient votre volume.

L'histoire y réclame une excellente étude de M. Edmond Rapin, adjoint de la ville, sur la *Collection des registres de l'état-civil à Bourges*, où l'auteur a su allier la hauteur de vues du publiciste à la verve de l'historien ; et un *Essai généalogique* de M. Riffé sur la *famille Gassot*. Ce travail complet reçoit de l'exactitude scrupuleuse avec lequel il est fait un mérite spécial, qui le place au-dessus des généalogies ordinaires. Ce sera un de ces documents sûrs à consulter et qui font autorité par eux-mêmes dans les recherches sur le passé du pays.

Enfin, le troisième volume se termine par un article de M. A. Corbin, sur l'inauguration du canal maritime de Suez, que vous avez accueilli avec plaisir parce qu'il vous parle de deux hommes connus de vous et appartenant au Berry.

En dehors de ces mémoires que leur publication porte à la connaissance de tous, d'autres communications vous étaient faites. Nous devons les rappeler d'une façon un peu plus complète.

Pl.1

A. M.

IVIA LVCNA

1

2

3

4

5

Il en est ainsi du mémoire fort intéressant lu par
M. le Président sur une riche sépulture de femme
découverte, il y a quelques années, à Lizeray
(Indre), et qui fera l'objet d'une publication ultérieure.

Ainsi, également, des indications fournies par
M. Ernest Toubeau sur une belle stèle trouvée au
xviie siècle, dans les fondations du Grand-Séminaire, aujourd'hui quartier d'artillerie, décrite et
étudiée dans les mémoires de Trévoux, en 1704.
Ces renseignement seront intéressants pour les
recueils épigraphiques, qui manquent encore à
notre pays.

M de Champdavid a signalé l'existence d'une
villa romaine à la Servanterie, commune de Mehun.
C'est un point nouveau à noter sur notre carte de
la Gaule.

La Société à eu connaissance de découvertes
funéraires d'un haut intérêt, qui ont eu lieu au
prieuré de Saint-Martin, près Bourges. Un déblai de
1 m. 50, fait dans cette chapelle, que son architec-
ture place au xiie siècle, mais fondée au vi^e, a
amené la découverte de trois sarcophages. Deux
étaient près de l'autel; l'un, sans ornements, avait
un couvercle arrondi; l'autre portait à la tête une
large croix pattée, son couvercle avait également à
la tête une croix pattée très-basse, accostée de deux
feuilles au pétiole recourbé (pl. I, fig 5); sur le
couvercle était une bande

Le troisième sarcophage, trouvé près de la porte du nord, présentait à la tête un aigle et une palme (pl. II, fig 3), et au côté droit une bande de rinceaux et d'entrelacs d'une certaine élégance (fig. 2). Sur le couvercle était une croix pattée dont le pied se prolongeait de manière à former bande. Elle portait une inscription difficile à lire, et dont un fragment n'a pu être retrouvé Les mots déchiffrés sont ceux-ci : + TEGVNTVR HVIC TVM.. .. PRI (presbyteri) OSSA SEPVLTA, qui paraissent avoir quelques prétentions rithmiques (pl. II, fig. 1 et 4). Dans ce sarcophage a été trouvé un squelette avec un anneau rond en fer, des débris de chaussures en cuir, une petite boucle en fer bien conservée et une petite plaque carrée de 15 millimètres en tous sens en verre rouge.

Les caractères des deux premiers sarcophages semblent permettre de les rapporter aux temps mérovingiens.

On sait que le prieuré de Saint-Martin fut fondé, selon la tradition, au faubourg de Brives, vers 550, par un religieux du nom d'*Augustus*, disciple de saint Désiré, archevêque de Bourges. Des circonstances miraculeuses accompagnèrent, dit-on, cette fondation. Augustus en fut le premier prieur. Faudrait-il admettre que l'un des tombeaux que nous avons décrits aurait reçu ses restes. Cette hypothèse nous semble fort admissible.

La troisième sépulture, en s'appuyant sur la

PL. 2.

3

1

2

4

+T CVRIAN VICTVR

P M T E E PATRES A S P VLTA

UNIV OF MICH.

présence de l'aigle carlovingienne, pourrait être
placée au ix° siècle. Ces objets ont une valeur d'autant plus grande que nos collections n'ont point de
monuments de cette époque ; ils sont restés jusqu'à
présent entre les mains des inventeurs; il est très-
désirable qu'ils soient recueillis dans nos collections
lapidaires.

La continuation des fouilles exécutées près de ce
même prieuré, au rond-point des établissements
militaires, a fourni quelques stèles plus ou moins
intactes. L'une représente un personnage sous une
arcade (pl. I, fig. 1); une autre porte une sorte d'autel
grossier sous un vaste croissant (?) avec une bande
d'encadrement et l'inscription : IVLA LVCNA (Julia
Lucina)? (Pl. I, fig. 2.) On y a trouvé aussi quelques
fragments de stèles mérovingiennes avec le chrisme ou la croix à six branches. Pl. I, fig 3 et 4).

Une autre série de découvertes a aussi appelé
votre attention.

Toute la plaine, située à l'est de Bourges, entre
la route de Dun-le-Roi et celle de Nevers, révèle
depuis longtemps des sépultures de caractères assez
confus. M. A. de Lachaussée en avait observé, près
du séminaire Saint-Célestin, quelques-unes qui
avaient l'aspect tout gaulois.

Les récents travaux des établissements militaires,
en attaquant sur plusieurs points le sous-sol de
cette plaine, ont fourni des données que la Société
a suivies avec soin.

Dès 1868, les fondations de l'école de pyrotechnie avaient rencontré des squelettes enfouis à des profondeurs variables et portant des ornements divers dont nous avons pu faire passer quelques types sous vos yeux. Ces ornements consistaient en anneaux de jambes et en bracelets de fil massif de bronze rond et lisse, coupés carrément, sans fermeture d'aucune sorte ; d'autres bracelets étaient en fil méplat et de forme ovale ; d'autres de fil carré avec stries simples à l'extérieur. Nous désignerons spécialement un bracelet d'un fil rond de 5 millimètres d'épaisseur et de 58 millimètres de diamètre n'ayant aucune suture apparente, et un bracelet circulaire en bois sans coupure, ayant 68 millimètres de diamètre Ce *fil* rond. de bois, a environ 7 millimètres de grosseur ; il est intact. Il est difficile d'apprécier la nature du bois, encore plus difficile d'expliquer sa parfaite conservation, après tant de siècles d'enfouissement dans un terrain essentiellement perméable.

A l'automne 1869, les déblais exécutés près des grands hangards de l'artillerie, à Pignoux, à quelques centaines de mètres au nord de la pyrotechnie, ont amené la découverte de squelettes portant des ornements d'aspect plus riche que les précédents. De ces ornements, recueillis par M. le commandant Lavialle de la Meillère et communiqués par lui à la Société, il restait quelques objets intacts ; la plupart étaient des fragments d'armilles et de bracelets.

Les uns étaient simples ; les autres, ornés, se dis-
tinguaient des premiers en ce que plusieurs étaient
tubulaires et vides ; un *goujon* de bronze soudé à
l'une des extrémités, s'engageait dans le vide tubu-
laire de l'autre et servait ainsi de fermeture ; le
corps de l'anneau faisait ressort. Ces objets présentaient des dessins ou stries rappelant des écailles
de serpent, et dont la planche ci-jointe (pl. III), due
au burin précis de M. A. des Méloizes, fait connaître la nature (grandeur naturelle) (1).

Les n°ˢ 1, 2 et 3 de la planche sont en fil creux, le
n• 4, en fil plein, le n° 5 est en bois et brisé, le
dessin (demi-grandeur) donnera une idée de sa
forme. Sa conservation présente le même problème
que nous avons signalé plus haut ; l'aspect et la nature encore toute ligneuse du bois se prête difficilement à l'hypothèse d'un métamorphisme fossile.

La municipalité de Bourges vient de faire opérer
au même lieu de nouvelles fouilles dirigées par
M. Dumoutet ; les résultats n'en ont pas encore été
publiés.

Cette série de découvertes appelle un travail
d'ensemble qui, en rapprochant leurs résultats
épars et leurs données successives, arriverait à
fixer la date de ces sépultures, probablement gauloises pour la plupart, mais dont quelques-unes

(1) On peut les comparer avec les objets trouvés dans les tumuli
de Dun-le-Roi et de Châteauneuf. (V. dans le volume de la Société
de 1868 la planche 1 de notre travail sur les tumuli.)

peuvent être mérovingiennes, et à en tirer d'utiles
enseignements sur ces époques obscures.

Mais, Messieurs, pendant qu'elle continuait ainsi
le cours de ses recherches usuelles, la Société des
Antiquaires du centre prenait à cœur et menait à
bien une œuvre du plus haut intérêt pour la
science.

Depuis bien longtemps déjà, l'état d'abandon
auquel demeuraient exposés, dans le jardin de
l'Archevêché, les beaux fragments de sculpture
recueillis dans les fondations des murailles gallo-
romaines et sur quelques autres points de la ville
de Bourges, était un sujet de préoccupation pour
tous ceux qui s'intéressent aux études d'archéologie
et d'épigraphie, d'art et d'histoire. Déjà, à plusieurs
reprises, et notamment aux séances tenues à
Bourges en 1868, le savant M. de Caumont avait
demandé leur conservation. Le Conseil municipal
de Bourges, dominé par des difficultés financières,
se refusait à toute dépense conservatrice.

La Société des Antiquaires comprit qu'il était de
son honneur de faire cesser un état de choses dont
la nature et la spécialité de ses études faisaient
peser la responsabilité sur elle plus que sur toute
autre Elle a mesuré ses ressources et fait à la municipalité de Bourges l'offre de construire, à ses
frais, un abri dont elle ferait don à la ville, et qui
sauverait de la destruction ces beaux vestiges.

La municipalité, après des hésitations de diverse

nature, qui ont duré plusieurs mois, après avoir
reçu et décliné l'offre faite par l'État, de recevoir
dans les galeries de Jacques-Cœur une partie de
cette collection, ce qui eût entraîné le sacrifice
inacceptable de la partie non admise, a accepté les
propositions de la Société, qui a immédiatement
procédé à leur réalisation. Ses moyens lui eussent
suffi pour créer un simple abri de préservation
provisoire ; elle a cru, néanmoins, devoir joindre à
ses ressources propres celles que la générosité intelligente des hommes qui s'intéressent aux études
sérieuses, sait toujours, dans notre pays, fournir à
tous ceux qui marchent vers un but noble et d'utilité démontrée. Son appel a été entendu, et, grâce
à ces moyens d'action, le musée lapidaire est aujourd'hui créé.

L'emplacement qu'il occupe est au jardin de
l'Archevêché, appuyé au mur gallo-romain de la
manutention militaire et la tour romaine, qui
supporte l'abside de Notre-Dame de Sales. L'édifice,
fermé par une grille, se compose d'une vaste toiture
en tuiles artistiques, soutenues par quatre colonnes
en fonte sorties de l'usine de Mazières, indiquée
à votre choix, et par la valeur artistique de ses
produits, et par la générosité envers votre œuvre
de son propriétaire M. le marquis de Vogüé.

Là ont été déposées les pierres qui gisaient
éparses dans le jardin.

Les blocs principaux, ceux susceptibles de former

parement, ont été superposés de manière à permettre la vue de leurs surfaces sculptées; ils ont été groupés, non en vue de restitutions impossibles, mais de façon à rapprocher les styles concordants et les fragments qui ont dû jadis appartenir aux mêmes monuments, ou tout au moins aux mêmes époques. Pour opérer ce travail de classement, la Société des Antiquaires a tenu à s'entourer des conseils des autres Sociétés savantes de Bourges qui, comme elle, s'attachent à l'étude du passé. Des délégués de la Commission historique du Cher et du Comité diocésain d'archéologie et d'histoire lui ont apporté le concours de leurs lumières.

Les monuments avaient beaucoup souffert de leur exposition à toutes les insultes du temps et des hommes, cependant on peut dire que, sauf de rares morceaux dont la gelée avait effrité les ciselures, la plupart ont conservé tous leurs caractères et leur richesse artistique, et même que leur rapprochement leur a donné une valeur inattendue et une grandeur de syle inespérée, en même temps qu'il faisait ressortir leurs contrastes. Les monuments épigraphiques, les stèles à personnages dont quelques-unes atteignent jusqu'à 2 mètres de hauteur, les sarcophages en marbre et en pierre ont été disposés sur le sol de façon à permettre aux promeneurs du jardin la vue de leurs apparences générales, et à répandre ainsi dans le public la notion de leur valeur et l'esprit de conservation pour les débris analogues ; l'entrée du musée ne sera indispensable qu'aux hommes d'études spéciales.

Le catalogue de ces richesses, qui suppose préalablement leur étude approfondie et leur description, est une œuvre indispensable et qui réclame un accomplissement prochain. La Société se l'est réservée ; vous aurez, Messieurs, à remplir son précieux engagement.

Dès aujourd'hui l'œuvre de préservation est accomplie dans des conditions de stabilité qui permettront d'attendre indéfiniment l'établissement d'un musée monumental. L'abri que vous avez créé pourrait, au besoin, être augmenté à peu de frais.

La collection qui existe suffirait presque, dès à présent, à saisir l'histoire de notre architecture gallo-romaine, de ses grandeurs, de son déclin. Elle ira chaque jour se complétant de toutes les richesses lapidaires que fournira le sol ; elle sera le point de ralliement des études d'épigraphie et d'archéologie locales. La Société peut légitimement s'enorgueillir de l'initiative qu'elle a prise en cette circonstance et du résultat qu'elle a obtenu. Elle peut être fière de l'année qui vient de s'écouler, et qui, certes, n'aura pas été une des moins fructueuses de son existence.

NOTICE SUR DEUX GROTTES

SITUÉES COMMUNE DE SAINT-AMBROIX (CHER)

Par M. le docteur PINEAU.

On connaît tout l'intérêt qu'a offert depuis un certain nombre d'années l'étude des cavernes ayant servi soit d'asile, soit de sépulture aux populations qui ont vécu sur la terre à une époque reculée.

En effet, le résultat des fouilles opérées par un grand nombre de savants distingués a permis de rétablir en partie l'histoire des peuplades contemporaines du Renne et du Mammouth, et de nous faire connaître leurs mœurs et leurs habitudes, mieux que ne le font souvent les documents écrits que nous a légués l'antiquité classique, dédaigneuse de semblables détails.

Sous ce rapport, le Périgord semble une terre privilégiée.

1

C'est dans cette ancienne province qu'ont été decouvertes, entre autres, et pour ne citer que les plus célèbres, la grotte d'Aurignac et le tombeau des Eysies, si bien décrits par MM. Sartet.

Malheureusement la configuration géologique de notre sol ne se prête guère à la formation de cavités naturelles pouvant servir aux mêmes usages. C'est donc une bonne fortune d'en rencontrer, et j'eus un moment l'espoir de faire une découverte intéressante en ce genre.

On me signala, il y a quelques années, une caverne située à un kilomètre de Saint-Ambroix (Cher), à égale distance de la rivière d'Arnon, et connue dans le pays sous le nom de trou Ragot.

Je m'empressai de m'y rendre, et je trouvai une cavité spacieuse, formée par des rochers calcaires, qui me parut présenter toutes les conditions requises pour une habitation relativement confortable.

Il est probable qu'originairement cette grotte offrait moins d'étendue que maintenant, et qu'elle a été aggran-die artificiellement. Quoiqu'il en soit, elle présente aujourd'hui l'aspect d'un couloir irrégulier, dont le plan levé par M. Albert des Méloizes donnera une idée exacte. (Pl. I.)

Sa longueur est de 45 m. 30 sur une largeur très-variable de 3 m. en moyenne et atteignant jusqu'à 7 m. dans la partie la plus rapprochée de l'entrée. — Celle-ci a 3 m. d'ouverture.

La hauteur moyenne est de 2 m. Le sol en est sec et l'ouverture est tournée au Sud-Ouest; or, on sait qu'on

Hauteur = 2.^{m}20

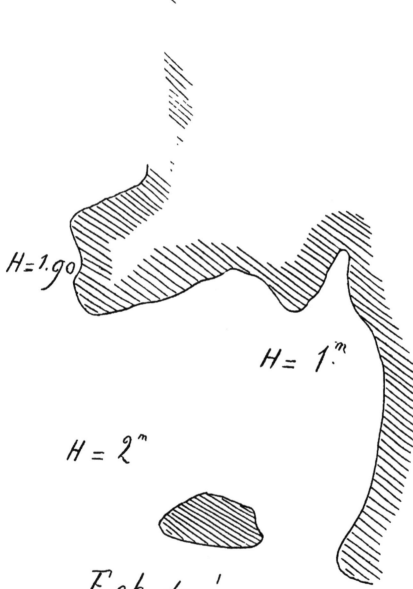

H = 1.90

H = 1.^{m}

H = 2^{m}

Ech. de $\frac{1}{100}$

ne trouve presque jamais de trace de séjour de l'homme dans les grottes humides, ou exposées au Nord.

En effet, celle-ci a dû servir de résidence habituelle à de nombreuses générations.

Il paraît qu'elle était primitivement presque entièrement remplie d'un terreau noir contenant de nombreux ossements mêlés à des débris de poteries.

Par un fâcheux concours de circonstances, tout le contenu en avait été extrait, et répandu comme amendement sur les champs voisins, et l'opération avait été conduite avec tant de soin, qu'il ne reste plus rien de cet humus, qui devait sans nul doute récéler des trésors pour les archéologues. C'est une perte pour la science, devant laquelle il n'y a plus qu'à gémir.

Peu après, on vint m'avertir qu'on avait découvert une excavation dans un champ dépendant de la propriété que j'habite, dans la même commune. — Celle-ci était intacte et je la fis déblayer avec soin sous mes yeux.

C'était une cavité circulaire, faite entièrement à main d'homme dans un terrain marneux, et offrant, ainsi que l'indique la coupe ci-jointe (Pl. II.), un diamètre de 3 m. sur 2 m. 30 de hauteur.

Un couloir incliné y donnait accès du côté du midi; la voûte, en forme de four, était percée à son sommet d'une ouverture pour le passage de la fumée, et l'intérieur était rempli en partie de terreau au-dessous duquel je trouvai les traces d'un foyer reconnaissable à un amas considérable de cendre et de charbon mélangés de débris de poteries grossières et d'ossements d'animaux, que je pense devoir, selon toute probabilité, appartenir aux espèces : Bœuf domestique, chien ou renard, lièvre et perdrix.

Je trouvai de plus, sur le sol de la grotte, une plaque de granit mesurant 0ᵐ21 sur 0ᵐ17, polie sur une de ses faces, qui selon toute vraisemblance a dû servir de meule à moudre le grain.

Du reste aucune trace d'armes de pierre, et pas le moindre vestige d'instrument de métal.

On comprend qu'il est bien difficile d'attribuer une date quelconque à l'époque où cette cavité a servi d'habitation ou de refuge à ceux qui l'ont construite.

Cependant, si l'aspect grossier des débris de poteries e la forme primitive de la meule semblent indiquer une civilisation peu·avancée, la présence de cette dernière prouve que la culture des céréales était déjà connue. En outre, les animaux sauvages et domestiques étaient alors les mêmes qu'aujourd'hui.

On pourrait, il me semble, supposer d'après ces données que les hommes qui nous occupent étaient contemporains de ceux qui ont construit les habitations lacustres de la Suisse.

Pour arriver à une plus grande certitude à ce sujet, il faudrait pouvoir comparer leurs poteries avec les nôtres.

De plus, quoique les constructeurs des habitations lacustres connussent les céréales, j'ignore si l'on a découvert les meules qui leur servaient à écraser le grain. Une comparaison attentive pourrait seule résoudre ce problème.

Dans tous les cas, les poteries et la meule de Saint-Ambroix me paraissent antérieures à l'occupation romaine.

Je ne me dissimule pas tout ce que ces recherches ont

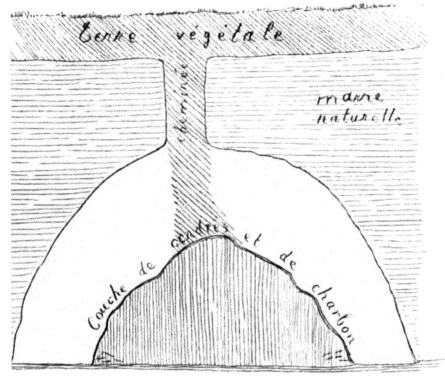

Ech. de $\frac{1}{300}$

verne dans les Grands-champs.
aux Peluees . St Ambroix.

d'insuffisant; mon seul désir est d'en provoquer de nouvelles, qui, je l'espère, pourront jeter quelque jour sur l'histoire des anciennes populations troglodytiques de nos contrées.

SÉPULTURES GAULOISES

DES FERTISSES,

COMMUNE DE SAINTE-SOLANGE (CHER).

Par M. Ch. de LAUGARDIÈRE,

———

Dans la commune de Sainte-Solange, à l'est et non loin de la voie romaine, qui conduisait d'*Avaricum* (Bourges) au *Castrum Gordonum* (Saint-Satur?), il existe un assez vaste plateau, légèrement ondulé, dominant la vallée du Collin, et connu vulgairement sous le nom de *Champ des Fertisses* (1). Ce champ, que traverse diagona-

———

(1) *Fertis, fertisse,* le plus habituellement terre nue, aride et inculte; quelquefois hallier ou broussailles. — Cf. *Glossaire du centre de la France* et *supplément,* par M. le comte Jaubert; in-4°.

lement le chemin du Nointeau à Villemont, dépend du
domaine des Bergeries, appartenant à Mme la vicomtesse du Quesne. Dénommé au cadastre *Champ du Parc*,
il porte le n° 119 de la section D. A plusieurs reprises,
le hasard y a fait découvrir des sépultures antiques.

Le plus ancien souvenir qui s'en soit conservé remonte
à trente ans. A gauche du chemin de Villemont, dans un
endroit où des excavations avaient été ouvertes pour l'extraction de la terre à bâtir, on aurait trouvé, nous a-t-il
été rapporté, un cadavre sur la poitrine duquel reposait
une épée toute *reuillie*, c'est-à-dire rongée de rouille, et
qui ne paraît pas avoir été gardée par les inventeurs,
peu soucieux d'une trouvaille sans valeur à leurs yeux.

Il y a une vingtaine d'années environ, un certain
nombre d'autres objets en fer a été découvert au même
lieu, dans des fosses remplies en partie de grosses pierres,
provenant de carrières voisines et placées sans ordre au-
dessus des ossements. Plusieurs de ces objets, recueillis
par le regrettable Alfred de Lachaussée, enlevé si jeune
à l'archéologie, ont été mis à notre disposition par son frère,
M. Edgard de Lachaussée, que nous prions d'agréer ici
l'expression de notre reconnaissance. Outre quelques
débris de pointes de lance ou de javelot, nous devons
signaler, comme provenant des découvertes d'alors, un
fragment de chaîne sur lequel nous nous expliquerons
plus loin, et cinq épées, figurées dans ce qu'elles ont d'es-
sentiel sous les cinq numéros de notre planche I.

L'une, n° 1, longue de 83 centimètres, est entière et
paraît devoir appartenir au type le plus ancien des épées
de fer. Elle se rapproche en effet, par la forme, des types
D et Q du *projet de classification des épées en bronze*,

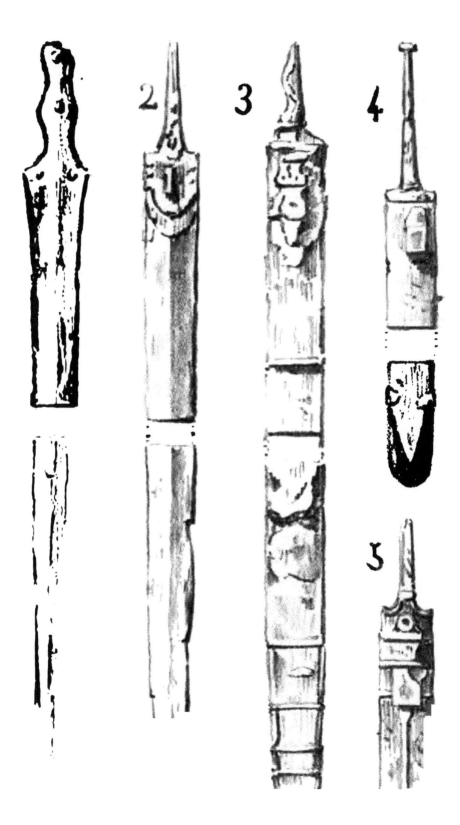

donné par la direction de la *Revue archéologique* (nouvelle série, XIII° volume, pages 180-185, pl. V et VI), et semble tenir le milieu entre eux. La lame, à deux tran- chants, se retrécissant brusquement un peu au-dessous de la poignée, présente une légère arête à son milieu ; l'âme de la poignée, d'une longueur de dix à douze centimètres et comptée dans la mesure totale, fait corps avec la lame; elle est plate et était traversée par quatre rivets, deux à la base et deux sur la tige. Ces rivets (il en existe deux encore), maintenaient une poignée en bois dont quelques filaments ont été conservés et rendus adhérents par l'oxy- dation. De même, sur chaque face de la lame, se distin- guent les fragments, maintenus par l'oxyde, d'un four- reau fait d'une substance régulièrement granuleuse, qui affecte les apparences d'un tissu, plutôt que celles du cuir. La seconde, n° 2, longue de 70 centimètres seule- ment, y compris une soie de près de dix centimètres, est entière comme la précédente, et offre une arête divisant également par son milieu une lame un peu plus large et aussi à deux tranchants. Le fourreau en fer a disparu presque complétement ; il n'en subsiste plus que l'extré- mité inférieure, qui adhère à la pointe de l'épée, et la partie supérieure, qui, d'un côté, devait être fixée au ceinturon par deux clous à tête ronde très-aplatie, et de l'autre était munie d'une sorte de saillie rapportée ou d'anneau écrasé de suspension, dans lequel passait sans doute une courroie supplémentaire. Les trois autres épées, n°° 3 à 5, appartiennent à un groupe bien connu des archéologues. M. l'abbé Cochet en a publié deux, à peu de chose près semblables aux nôtres (1). M. Verchère de Reffye, dans son travail sur *les armes d'Alise* (2), en a reproduit plusieurs analogues. M. Desor s'occupe longuement d'épées d'un genre identique, découvertes à la Tène, en Suisse, parmi d'innombrables antiquités lacustres (3). Enfin, M. de Mortillet a donné la gravure d'un

. (1) V. *le Tombeau de Childéric*, Paris, 1859 ; in-8°, p. 78. Le savant normand les indique comme *antiques* et dit, à la page d'avant, qu'elles proviennent de sépultures gallo-romaines. — Dans *la Normandie souterraine*, édition de 1854, pages 35-36, M. l'abbé Cochet estime que l'épée trouvée à Eslettes, près Rouen, ayant encore son fourreau en cuir ou en peau, provient d'un champ sépulcral qui a dû servir à l'inhumation des membres d'une même famille, depuis les temps gallo-romains jusqu'aux temps mérovingiens. Quant à celle qui, garnie de son fourreau de fer, provient du Hallais, commune de Bouelles, et sur laquelle s'étend longuement l'auteur, (*Sépultures gauloises, romaines, franques et normandes*, Paris, 1857 ; in-8°, pages 405 et suiv.), le milieu tout gaulois où elle a été rencontrée ne paraît devoir laisser aucun doute sur son origine. Telle était l'opinion nettement formulée par M. l'abbé Cochet lui-même, qui comparait cette arme avec une troisième extraite, à Londres, de la Tamise, et une quatrième exhumée près du château de Robert-le Diable ou de Moulineaux, aux environs de Rouen, (V. *Ibid.*, p. 17), et ajoutait à propos de cette dernière : « J'ai déjà dit que je considérais comme gauloise l'épée en fer trouvée avec les urnes celtiques du château de Robert-le-Diable. » Cf. les divers ouvrages archéologiques cités en note ou dans le texte des livres ci-dessus.

(2) *Revue archéologique*, nouv. sér., tome X, p. 346. Il a été fait un tirage à part de l'article de M. de Reffye ; *Paris, Didier*, 1864. —Nous ne devons pas négliger de dire que, dans le même recueil, tome XI, p. 91, M. Quicherat conteste l'attribution gauloise des armes à fourreaux dont il s'agit dans cet article.

(3) Les palafittes ou constructions lacustres du lac de Neufchâtel, *Paris, Reinwald*, 1865 ; in-8°. — *Age du fer*, pages 81-86.

spécimen de même provenance, qu'il n'hésite pas à considérer comme un produit de l'art gaulois (1). On pourra comparer avec notre planche, minutieusement fidèle, due au crayon de M. de Kersers, les dessins et descriptions des auteurs que nous venons de nommer; entrer dans le détail des similitudes et des différences nous entraînerait trop loin. Nous croyons devoir nous borner, en décrivant nous-même nos trois armes, à noter les identités partielles qui nous ont frappé. Toutes ont conservé leurs fourreaux, auxquels la rouille les a en quelque sorte incorporées ; elles présentent cette particularité, signalée à Eslettes, à Moulineaux et à Bouelles, par M. l'abbé Cochet, et au cimetière gaulois de Somsois, par M. Morel, qu'elles paraissent avoir passé par le feu et qu'elles ont été intentionnellement ployées ou recourbées, avant leur dépôt dans les tombes (2). Actuellement, elles sont brisées en plusieurs tronçons. Celle dont la soie, longue de 12 centimètres et terminée par un bouton, est complète, mesure en tout 92 centimètres ; les autres n'ont plus que 90 centimètres environ de longueur. C'est la dimension de l'épée d'Eslettes ; c'est aussi celles des épées de la Tène, mesurées d'après les dessins de MM. Desor et de Mortillet. *Gallis prælongi gladii*, disait Tite-Live. Quoique sensiblement de même genre, elles se divisent, comme celles d'Alise, en

(1) Promenades au Musée de Saint-Germain, *Paris, Reinwald,* 1869; in-8°. — Fig. 79, épée gauloise avec son fourreau.

(2) L'usage des épées ployées au feu et enterrées avec les guerriers décédés, semble s'être inspiré du désir d'éviter la profanation de la sépulture. Telle est l'opinion émise par M. l'abbé Cochet, à propos de l'épée gauloise de Moulinaux. Il a été constaté en Suisse et jusqu'en Danemarck.

deux catégories : dans l'une, n° 3, le haut de la lame
offre la coupe que M. Desor appelle carrée, et qu'il n'a
point retrouvée pour sa part; dans les deux autres, n°⁵ 4
et 5, comme à Eslettes et à la Tène, le passage de la soie
à la lame se fait par une courbe prononcée, correspondant à une courbe pareille, à l'orifice du fourreau. La
lame elle-même doit être très-plate ; la pointe est de celles
auxquelles M. de Reffye donne le nom de camardes.
Les fourreaux offrent tous une saillie supérieure, destinée au passage d'une courroie. Celui de l'épée dont la
lame commence carrément n'est pas orné; les deux
autres, comme à Bouelles et à Alise, sont décorés de
bourrelets transversaux en plus ou moins grand nombre,
qui se pressent surtout à l'extrémité inférieure.

La chaîne très-courte, pl. II, n° 3, dont il nous reste à parler se compose de huit anneaux ; les deux premiers sont assez minces et de forme ovale, les six suivants plus gros et
circulaires. Au dernier se rattache une petite tige de fer,
de même dimension que les anneaux ovales, recourbée
au centre et se terminant à chaque extrémité par un crochet, ce qui à la rigueur donnerait lieu de penser que
peut-être nous ne possédons que la moitié de la chaîne.
Par une coïncidence singulière et d'un véritable intérêt,
cet objet, dont, au premier abord, la destination peut
paraître douteuse, a son analogue parmi les produits des
fouilles opérées par M. Morel dans le cimetière gaulois
de Somsois, département de la Marne (1). Cet archéo-

(1) Rapport adressé à la Société des sciences et arts de Vitry-le-
François, et lu aux séances de la Sorbonne, le 4 avril 1866. Ce
travail, qui occupe les pages 177-187 et auquel se rapportent les

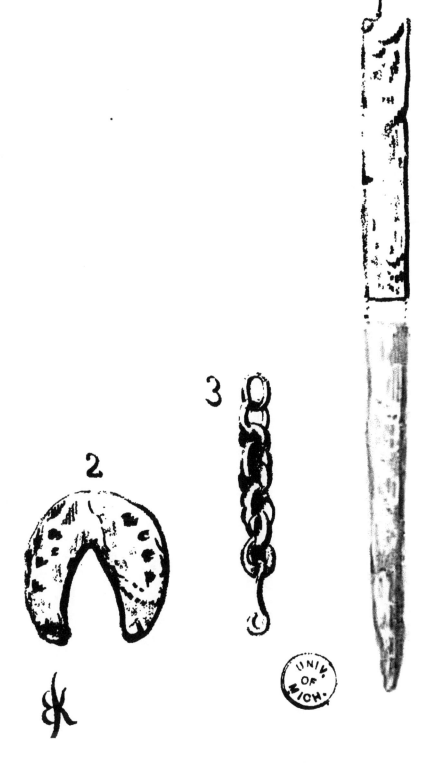

2

3

logue a découvert, dans la tombe d'un guerrier, deux
chaînes distinctes, l'une longue de cinquante centimètres, l'autre de treize centimètres seulement (la nôtre
en mesure quinze, et avec son appendice, près de vingt-
deux); il présume que la plus courte *devait servir de
mors* (1).

A la séance de la Commission historique du Cher, du
1er avril 1864, M. l'abbé Caillaud, président, donna communication, au nom de M. l'abbé Cherbonnier, alors
curé de Sainte-Solange, de trois plaques circulaires ou
rondelles en bronze, dont une brisée, provenant de sépultures du champ des Fertisses, explorées par ce dernier, sépultures qui, comme les précédentes, étaient caractérisées par la présence de grosses pierres amoncelées
dans la fosse. Ces plaques, trouvées sur la poitrine des

planches VIII à X du volume de *Mémoires* publié l'année suivante,
avait déjà paru avec deux planches et bois gravés dans la *Revue
archéologique*, nouv. sér., tome XIV, pages 28 et suiv.

(1) Cette attribution, que nous proposions d'appliquer à la chaîne
des Fertisses, ayant soulevé des contradictions au sein de la Société des Antiquaires du Centre, nous croyons bon de reproduire
ici les renseignements fournis par Rich, dans son *Dictionnaire des
antiquités romaines*. v° OREA. « La bride dont nous nous servons,
et où deux bras de levier pressent contre la lèvre et la mâchoire
inférieure une chaîne ou une tige de métal, était inconnue aux anciens, chez qui les mors les plus en faveur étaient construits avec
de grands ménagements pour la bouche de l'animal, formés d'arti-
culations souples et jouant aisément, de manière à beaucoup prêter, et épais, de façon à moins blesser les parties avec lesquelles
ils se trouvaient en contact, en distribuant leur action sur une surface plus étendue.... »

squelettes, avaient de cinq à six centimètres de diamètre, et n'étaient épaisses que d'un à deux millimètres ; elles étaient évidées au centre. Leurs dimensions, ainsi que la position qu'elles occupaient sur les corps, donnent lieu de croire qu'elles constituaient des objets d'ornement, pouvant être comparés jusqu'à un certain point aux disques de suspension, fréquents à l'époque du bronze.

Vers la même date, M. le curé de Sainte-Solange avait également découvert une épée, analogue aux trois dernières épées de M. de Lachaussée ; elle était brisée comme elles, et nous en avons vu un long fragment, muni d'une partie de sa soie et soudé par la rouille aux lames d'un fourreau large de cinq centimètres environ, chez M. Saint-Clivier, percepteur, auquel il l'avait donné. Le même amateur nous a communiqué une tête de lance en fer, de semblable origine, d'une longueur totale de quarante centimètres, qu'il a bien voulu nous autoriser à reproduire et dont nous donnons le dessin, pl. II, n° 1. Cette pièce remarquable, dont la conservation laisse malheureusement à désirer, affecte une forme très-allongée ; large de huit centimètres à sa partie la plus développée, elle est pourvue d'une douille longue également de huit centimètres, dans laquelle s'engageait une hampe en bois maintenue par un fort clou. Une arête médiane continue la douille et divise le fer en deux moitiés égales jusqu'à la pointe. Enfin nous avons pu voir chez M. Saint-Clivier un fer de cheval, que M. l'abbé Cherbonnier lui a donné comme provenant aussi du champ funéraire des Fertisses. A-t-il été trouvé dans un tombeau ? à quelle profondeur ? C'est ce que le possesseur actuel n'a pu nous dire, et le décès de l'inventeur de cette pièce, capitale si son extraction d'une sépulture gauloise pouvait être établie, nous commande la plus grande réserve. Nous n'ignorons pas, en effet, combien obstinément est controversée la question de l'origine de la ferrure des chevaux. M. Castan a rencontré sous un tumulus d'Alaise, en 1858, dans un milieu celtique incontestable, une section de fer de cheval, munie encore d'un clou à tête (1), et le savant M. Quicherat s'est appuyé sur cette découverte pour affirmer que l'existence de la ferrure à clous chez les Gaulois, avant la conquête de César, était prouvée (2). Cette preuve serait confirmée par la démonstration de l'authenticité du fer de M. Saint-Clivier, planche II, n° 2, qui mesure extérieurement douze centimètres dans les deux sens et qui, sensiblement arrondi par dehors, s'évide triangulairement à l'intérieur et est terminé par deux crochets saillants dont l'un plus gros que l'autre. Il paraît avoir été fixé par sept clous. Nous devons dire que la forme de celui d'Alaise est moins massive et plus rétrécie.

Autorisé par la propriétaire à continuer les investigations, M. l'abbé Cherbonnier délégua, en décembre 1868, cette autorisation à M. le colonel en retraite vicomte Toirac, que préoccupaient les découvertes antérieures. Du procès-verbal de fouilles, rédigé par lui avec soin, pour

(1) *Les tombelles celtiques et romaines d'Alaise.* (Extrait des mémoires de la Société d'émulation du Doubs.) *Besançon, Dodivers,* 1859; in-8°. — Page 20; pl. I, fig. 9.

(2). *Moniteur de l'armée,* 16 avril 1862; réponse à M. le colonel de Coynard.

être soumis à la Société des Antiquaires du Centre, nous extrayons les passages principaux :

« Dès le premier jour, dit l'honorable correspondant, je mis à nu plusieurs fosses taillées dans le tuf et renfermant, à une profondeur d'un mètre, des fragments nombreux de squelettes, appartenant à des sujets d'âge et de sexe différents. Ces ossements se brisaient, se réduisaient en poussière au moindre contact. De tous ces restes humains, les têtes seulement avaient conservé leur forme ; mais quand on les touchait, la boîte osseuse se divisait en une infinité de morceaux, découvrant ainsi le moule en terre friable qui les remplissait. L'émail des dents avait, plus ou moins, résisté aux ravages du temps.

« La tête dirigée vers le nord, les corps avaient été déposés la face en dessous. Le dessus des fosses, dans toute l'étendue de leur ouverture, était fermée par une rangée de moëllons bruts, en pierre dure, très-rapprochés.

« Dans l'une d'elles, il a été trouvé des portions du squelette d'un homme fortement constitué, à en juger d'après le volume de la tête ; ses mâchoires largement développées, étaient garnies de leur trente-deux dents, toutes parfaitement saines. Tout contre cette sépulture et communiquant avec elle, il s'en trouvait une autre moins grande, de trente centimètres moins profonde, et qui a dû appartenir à une femme.

« Le long du corps, à gauche du sujet principal, se trouvaient : 1° une épée à deux tranchants, longue de 64 centimètres, non compris la poignée, et près de laquelle il a été recueilli des fragments de lames de fer, minces et larges (1) ; une lance bien conservée, longue de vingt-huit centimètres, y compris la douille, et placée un peu plus rapprochée que l'épée de la tête du guerrier ; aucune trace de la hampe n'a été remarquée (1).

« Près de là ont été trouvés : 1° une bague, qui a dû appartenir à une petite main, et dans laquelle se voyait l'os de la phalange du doigt qui la portait ; 2° trois anneaux, d'un diamètre de cinq à sept centimètres, que j'estime avoir été des bracelets ; 3° enfin les deux parties bombées, et se rapprochant par un double retour vers le centre et les bords extérieurs, d'un objet de vingt-cinq millimètres de diamètre, dont l'usage ne m'est pas connu.

« Je dois ajouter qu'une dernière fosse, que j'appelle *commune*, et qui présentait la forme d'une croix, a été découverte, presque immédiatement au-dessous de la ran-

---

(1) Ces fragments étaient sans aucun doute les débris du fourreau ; quelques-uns sont encore adhérents vers la pointe. La lame de cette épée, pl. II, n° 5, commence carrément comme celle de la seconde épée de M. de Lachaussée ; elle est large comme elle de quatre centimètres et la pointe en est très-allongée. La soie, brisée à son sommet, ne mesure plus que 85 millimètres.

(2) Le fer de cette lance, d'une forme très-gracieuse et de parfaite conservation, pl. II, n° 4, est moins allongé que le fer de la lance de M. Saint-Clivier ; néanmoins si ce n'est point le même modèle, c'est la même fabrication. La douille compte pour près de 9 centimètres dans la mesure ci-dessus indiquée ; elle se continue par une arête médiane qui partage également le fer. La hampe en bois était fixée dans cette douille par deux clous courts, à grosses têtes, dont l'une aplatie et l'autre à quatre pans.

gée des moëllons déjà décrits. Là, il a été mis à nu quatre
ou cinq têtes, non orientées, assez distantes les unes des
autres et n'étant liées à aucun vestige appréciable d'ossements réduits en poussière. Là, nul des objets qui mo-
tivaient mes recherches n'a été trouvé ; là, pas plus
qu'ailleurs, ni monnaies, ni traces d'outils, ni fragments
de vases d'aucune espèce ; point de boucles ou d'agrafes,
servant à orner ou à soutenir un baudrier. »

A défaut de produits céramiques, dont la présence
dans les tombes aurait pu fournir un élément de plus à
la fixation de l'âge des inhumations, les parures de bronze,
rapprochées des armes, dénotent suffisamment la natio-
nalité des morts qui en avaient été ornés. M. le vicomte
Toirac les ayant remises à la Société des Antiquaires
du Centre, ainsi que quatre autres objets de même métal découverts antérieurement par M. Cherbonnier, nous
avons pu faire figurer le tout sur notre planche III. Quelques mots de description en feront ressortir les caractères ; comme observation générale, nous signalerons la
belle patine verte, plus ou moins foncée, qui recouvre
chacun de ces objets.

Les trois bracelets sortis des fouilles de M. le vicomte
Toirac diffèrent entre eux. L'un, n° 1, est formé d'une
tige de métal à peu près ronde, d'une circonférence de
quinze millimètres environ, d'un développement total de
19 centimètres, et terminée à chaque extrémité par une
tête légèrement renflée, que précède un faible bourrelet,
ornementation toute gauloise et commune dans les *torques* ou colliers ; son ovale présente cinquante-huit millimètres d'axe intérieur, sur quarante-huit. L'autre, n° 2,
se compose d'une tige sensiblement aplatie, de vingt-

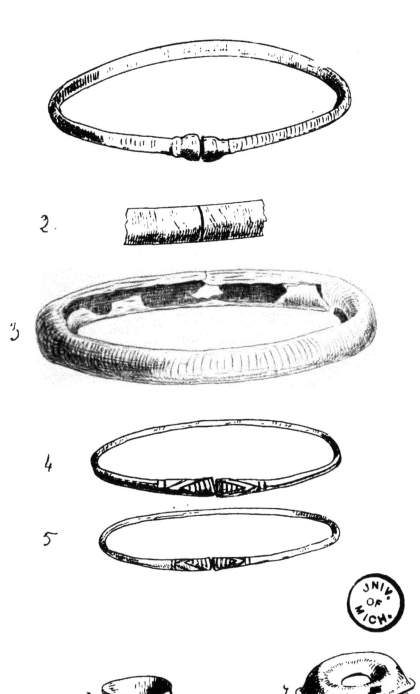

2.

3.

4

5

ɔ 7

huit millimètres de pourtour, et dont la coupe tranver-
sale, mesurée à l'endroit où le bracelet se referme, offre
un aspect lenticulaire de six millimètres sur deux ; le développement presque circulaire, de deux cent cinq millimètres, se mesure intérieurement par soixante millimètres sur cinquante-sept. Le dernier, n° 3, formé d'une
feuille de bronze peu épaisse, repliée sur elle-même, lisse
et soudée à l'intérieur, n'a comme le précédent aucune
ornementation ; la coupe est à peu près demi-circulaire,
sur un diamètre d'un centimètre ; les deux extrémités
paraissent avoir dû rentrer l'une dans l'autre, et le développement total est identique à celui du premier.

Les deux bracelets sortis des fouilles de M. le curé de
Sainte-Solange, sont l'un et l'autre formés d'une fort
mince baguette de bronze, et se terminent à leurs extrémités, très-légèrement renflées, par le même motif d'ornementation géométrique. La tige du premier, n° 4,
d'un développement extérieur de dix-sept centimètres, a
la forme quadrangulaire, et son angle externe est divisé,
de distance en distance, en petites perles à peine saillantes, par trois séries d'entailles irrégulièrement espacées ;
il est ovale et mesure à l'intérieur cinquante millimètres
sur quarante-cinq. La tige du second, n° 5, est ronde et
toute lisse, sauf la décoration terminale ; son développement, circulaire mais un peu déformé, de dix-huit centimètres de pourtour, offre un diamètre intérieur d'environ cinquante-cinq millimètres.

Outre ces deux bracelets, M. Cherbonnier avait encore recueilli deux anneaux en bronze. Les deux
tiges sans suture, ovales et unies, présentent l'une un
centimètre et l'autre seize millimètres de pourtour. Le

premier a trente-huit millimètres de diamètre, et, beaucoup trop petit pour avoir servi de bracelet, nous ne sau·
rions préciser quel a pu être son usage. Le diamètre du
second, deux centimètres, permettrait de croire qu'il a été
porté comme bague par un homme.

La bague de femme n° 6, découverte en décembre
1868, n'a que quinze millimètres de diamètre ; unie intérieurement et haute de six millimètres, elle présente à
l'extérieur une surface très-bombée, circonscrite par
deux légers bourrelets.

Quant à l'objet indéterminé décrit par M. le vicomte
Toirac, et que nous figurons sous le n° 7, nous aurons
achevé sa description en ajoutant qu'il est percé au centre d'une ouverture circulaire de six millimètres de diamètre. Peut-être serait-il permis de conjecturer, à certaines analogies de forme, qu'il devait se porter suspendu
au cou, comme une sorte de *bulla.*

Dans sa séance du 10 février 1869, après avoir entendu
la lecture du procès-verbal des fouilles intéressantes de
M. le vicomte Toirac, et examiné attentivement les précieuses antiquités qui, selon le désir qu'il en a exprimé,
seront déposées au Musée de Bourges, la Société des Antiquaires du Centre a nommé une commission, chargée
de réunir dans un travail d'ensemble toutes les données
relatives aux sépultures antiques de la commune de
Sainte-Solange (1).

La première pensée des membres délégués pour cette
étude spéciale a été de se transporter sur les lieux, afin

_____

(1) Cette commission était composée de MM. Riffé, Edmond Rapin, A. de la Guère et Ch. de Laugardière, *rapporteur.*

de se rendre compte par eux-mêmes de l'importance du
champ funéraire signalé à l'attention de la Société, et de
vérifier notamment, s'il était possible, par de nouvelles
observations, le mode insolite d'inhumation, face en dessous, observé par M. le vicomte Toirac.

Arrivés aux Bergeries, nous avons appris que les la-
boureurs avaient, dans le courant de l'hiver et après les
fouilles terminées, découvert sur le sommet du plateau,
à dix-sept mètres et à droite du chemin de Villemont,
deux nouvelles sépultures caractérisées comme toujours
par la présence de grosses pierres rapportées. Ils en avaient
retiré des bracelets qu'ils remirent à M. l'abbé Cherbonnier. Nous espérions pouvoir les étudier ultérieurement ;
la mort de ce digne ecclésiastique ne nous l'a point
permis. Bien que, par extraordinaire, le champ des Fertisses fût en culture, le fermier n'a fait nulle difficulté
de nous y conduire avec des ouvriers, et de nous aider à
y pratiquer quelques sondages demeurés d'abord infruc-
tueux. Ayant enfin ouvert une tranchée, à sept mètres à
gauche du chemin, près de l'endroit où M. le vicomte
Toirac avait rencontré la fosse qu'il a appelée commune,
nous ne tardâmes pas à découvrir, à dix centimètres de
la surface du sol, les grosses pierres caractéristiques. A
la profondeur de soixante-dix centimètres apparurent
des ossements ; deux lits de pierre superposées sans ordre ayant été enlevés, nous dégageâmes un squelette qui
gisait dans une fosse longue d'un mètre soixante-dix centimètres environ, large de quarante centimètres. Le
corps, (dont la charpente osseuse, n'offrant plus aucune
consistance, mesurait une longueur totale d'un mètre
soixante centimètres), avait été inhumé les pieds à l'est

et la tête à l'ouest, un peu inclinée vers le nord, la face en haut. Ni fer ni bronze dans la sépulture.

A cinquante mètres plus loin, en remontant sur Ville-mont, et à vingt-cinq mètres à droite du chemin, attirés par la teinte noirâtre du sol, nous constatâmes la présence superficielle d'un cercle de terre brûlée, mêlée de charbon et de petits fragments de poteries, assez fines et de diverses couleurs. Était-ce là qu'avait été allumé le feu dans lequel avaient dû passer les épées ployées, recueillies par M. de Lachaussée, et peut-être celle de M. Saint-Clivier ? Avions-nous retrouvé l'emplacement d'un *ustrinum* ou bûcher funéraire, ce qui donnerait lieu de conclure que le champ des Fertisses renfermerait aussi des sépultures par incinération, dont la trace n'a pas encore été signalée ? Dans cette dernière hypothèse, le cimetière qui n'a fourni jusqu'à présent que des sépultures par inhumation, paraissant remonter à l'époque de l'indépendance des Gaules, ou tout au moins contemporaines de la conquête, aurait continué à recevoir des ensevelissements durant la période gallo-romaine. La présence, parmi les fragments de poteries dont nous venons de parler, de quelques minimes débris de ces vases rouges communément appelés samiens, débris à la vérité peu reconnaissables, serait un argument à l'appui de cette supposition.

Ceci constitue un problème de plus, à joindre à ceux dont nous avons, à propos des dernières épées de M. de Lachaussée (1) et du fer de cheval de M. Saint-Clivier, in-

---

(1) Voir plus haut, p. 10, notes 1 et 2.

diqué les termes sans prétendre les résoudre d'une façon absolue. La solution s'en trouve peut-être dans la partie jusqu'à ce jour inexplorée, et qui paraît encore considérable, du cimetière antique dont la découverte nous a fourni la matière de ce résumé, que nous avons mis tout notre souci à rendre exact et complet. C'est un motif suffisant de formuler le vœu que, dans un avenir prochain, les ressources de la Société des Antiquaires du Centre lui rendent possible, avec le consentement de Mme la vicomtesse du Quesne, l'exploration méthodique et entière de cette mine archéolo, ique, à laquelle les recherches opérées par M. le vicomte Toirac ont définitivement attribué un haut degré d'intérêt.

VILLA ROMAINE

DÉCOUVERTE AU BLANC (INDRE)

Par M. l'abbé VOISIN.

————

Dans les derniers jours du mois de janvier 1870, un
jardinier du Blanc, en fouillant son champ, a rencontré
un mur. Il mit à découvert aussitôt cette ruine et, dans
un espace de deux mètres carrés, il trouva trois chapiteaux
attenant à une portion de fût, richement ornementés, et
quelques autres débris, indiquant qu'on se trouvait sur
l'emplacement d'une habitation gallo-romaine.

Le site était admirablement choisi pour une belle
installation. Les constructions se trouvaient abritées au
Nord par un coteau élevé, vigoureusement ondulé, autrefois couvert de futaies, et au sommet duquel passe la voie
romaine d'Argenton à Poitiers, encore intacte aujour-

2*

d'hui. En face, sur une largeur de deux cents mètres à
peu près, s'étendait une prairie en pente douce, dont les
eaux calmes de la Creuse viennent baigner la rive.

La voie romaine, après avoir suivi une ligne régulière,
de l'Est à l'Ouest, parallèle à la Creuse, longe la ville, au
Nord, et fait tout à coup un brusque coude vers le Sud,
pénètre dans la ville, par les rues des Alouettes et du
Gué, et vient traverser la Creuse sur un gué pavé ; elle
remonte ensuite légèrement vers l'Ouest pour gagner
Poitiers.

C'est dans l'espèce de rectangle allongé, formé par la
voie romaine et la Creuse, que se trouvait l'antique
Oblincum, d'où, plus tard, par corruption on fit Oblanc,
Oublanc, Lou Blanc, et enfin Le Blanc.

Le champ dans lequel on vient de trouver des débris
se trouve en tête de l'espace désigné plus haut, au point
de jonction de la rue de Ruffec et de la route d'Argenton,
à leur sortie de la ville ; et les ruines sont assurément
celles d'une des premières maisons de la vieille cité.

Voici l'indication des objets mis au jour :

1° Trois chapiteaux de colonnes, dont deux offrent les
mêmes dispositions et les mêmes sculptures. (Voy. fig. 1)
Le troisième diffère par le dessin de la frise, (Fig. 2.)
pour le reste, il est en tout semblable aux deux
premiers.

Un coup d'œil jeté sur le croquis ci-joint en dira plus
long, touchant les moulures et les ornements, qu'une
description.

Ces chapiteaux, bien que de profils différents, sont de
la même famille et de la même mesure, du même *module*,
pour parler comme les architectes, que le chapiteau

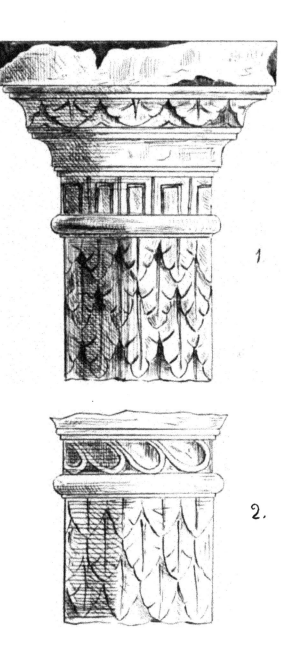

1

2.

3.

célèbre trouvé à Néris, et qui est conservé au musée de Moulins. Le Bulletin monumental en a donné deux dessins. (Tom. XXI, page 67. Tom. XXXV, page 661.)

La portion du fût, adhérente au chapiteau, est couverte de feuillages imbriqués. — Une ornementation pareille se retrouve sur des débris de colonnes trouvés à Champlieu en 1850 (Congrès Archéolog. de France 1850 p. 274.) et sur les précieux fragments extraits des fondations de la porte de Lyon à Bourges, qu'on persiste à laisser honteusement se pourrir et se dégrader.

· Les pointes des feuilles qui couvrent les colonnes sont dirigées vers le bas, par conséqueut renversées. Il n'en faudrait pas conclure que ces fragments d'architecture seraient plutôt des bases, que des chapiteaux. Une disposition semblable se remarque sur les pierres sculptées de Champlieu (lieu cité, fig. 4). D'ailleurs un assez grand nombre de membres d'architecture de ce genre ont été étudiés, et tous ont été regardés sûrement comme des chapiteaux. Le musée de Nevers, notamment, en conserve quelques-uns, trouvés dans les travaux de déblaiement de la gare de Saincaize, dont les profils sont, à une seule moulure près, identiquement les mêmes que dans ceux du Blanc. (Bull. monumental, tom. XXXV, p. 659.)

Enfin, comme dernière preuve, j'ajouterai que pour toutes les colonnes appartenant à l'ordre Dorique, d'une façon plus ou moins éloignée, — et tel est le cas de nos débris, de même que pour ceux de Néris, de Saincaize etc. — les bases sont presque toujours attiques. (Bulle. monum. tom XXXV. p 660.) Ainsi sont les bases de colonnes trouvées en 1836 à Saint-Thibault, l'antique Castrum Gordonicum, que j'ai dessinées et que je conserve avec soin; ainsi celles de Saincaize mises au jour en 1861. — Or, le profil d'une base attique, tellement corrompu soit-il, ne ressemble en rien au dessin des débris trouvés au Blanc.

2° Une assise de colonne, de même force et de même module que la partie de colonne attenant aux chapiteaux décrits.

3o Deux Corbeaux (Fig. 3.) destinés, sans doute, à supporter la corniche d'un entablement.

4° Nombreux débris de tuiles plates, de briques, carreaux, etc.

Un parement de mur fut déblayé, sur une hauteur d'un mètre environ. La base était revêtue d'un rang de tuiles, posées de champ, et côte à côte, scellées au moyen d'une couche épaisse de mortier, et attachées, pour plus de solidité, par des clous longs et minces. Pour que ce curieux lambris fut plus régulier, on avait enlevé, avec soin, au marteau, les rebords saillants des tuiles. Au dessus de ce revêtement, le mur est enduit de mortier fin, teinté en rouge. — Le sol est recouvert de carreaux de briques, de vingt et un centimètres carrés, de couleur brun-foncé.

Les sculptures des chapiteaux sont légèrement rechampies de vermillon.

Dès aujourd'hui, malgré le peu d'étendue des fouilles et le petit nombre des objets trouvés, on peut attribuer l'édifice du Blanc à l'un des trois ordres corinthien, composite ou dorique, les seuls qui aient admis dans leur disposition les Corbeaux ou modillons. Les deux premiers doivent être écartés, les formes de leurs chapiteaux ne pouvant cadrer avec les nôtres. — Notre édifice a donc été construit sous l'inspiration de l'ordre dorique.

Il serait peut-être imprudent, avec les données si faibles que nous possédons encore, d'en faire remonter l'établissement au II° siècle; disons pourtant que nous avons déjà une preuve, par analogie; — Les ruines de l'édifice trouvé à Saincaize recouvraient le buste des deux empereurs Marc-Aurèle et Adrien. Or, les chapiteaux de Saincaize sont, peut-on dire, absolument pareils à ceux du Blanc! — C'est surtout en architecture que l'analogie est une preuve d'un grand poids.

Un dernier détail, que j'avais négligé. — Les chapiteaux du Blanc ont été tournés. Leur surface est parfaitement polie, et l'on voit encore, par places, les rayures laissées par le ciseau de l'ouvrier.

Le jardinier, à qui appartient le champ où l'on a trouvé les ruines Romaines, ne peut pas consacrer son temps à faire de nouvelles fouilles. Pourtant une recherche plus sérieuse et suivie promet une moisson abondante d'antiquités. Le terrain, sur une grande étendue, — la sonde l'atteste, — est rempli de substructions; et depuis longtemps, même en labourant, on amenait à la surface des débris. Il ne faut pas compter sur la ville pour le moindre travail.

Je serai donc dans la nécessité de payer moi-même quelques ouvriers qui feront de nouvelles recherches. Aussitôt que le temps sera plus clément, nous nous mettrons à l'œuvre, et, quoiqu'il arrive, je m'empresserai de tenir la Société au courant des nouvelles fouilles.

Il y a une quinzaine de jours, à Pouligny Saint-Pierre, on mettait à bas tous les murs de clôture qui faisaient du chemin de Pouligny à Benavent un défilé dangereux. On trouvait là une vingtaine d'angles, empiétant à qui mieux mieux sur l'étroite voie laissée pour le passage, et pleins de menace pour les voyageurs inattentifs. — Vint le tour d'une vieille muraille, antique débris d'une mâsure abattue par le temps. — Au premier coup de pioche, tout s'effondre, et, aux regards émus du manœuvre, apparaît un pot noir. — Il était crasseux, poussiéreux, mais de belle taille, bien couvert, et tout plein de promesses et de riches espérances. Notre homme, palpitant, regarde à droite, examine à gauche : on ne le voyait pas!... Le pot est brisé, et plus de trois cents monnaies s'éparpillent sur le sol!... Hélas! la joie du bonhomme fut courte : Au bout de deux ou trois jours, le maire de la commune eut vent de la découverte; et, prenant à cœur les intérêts de ses administrés, se fit remettre tout le trésor. — Il s'en servira, a-t-il dit, en guise de jetons, quand il jouera au piquet.

Ces monnaies sont des blancs de Jean II le Bon. Sans entrer dans des détails qui seraient inutiles, puisque n'ayant pas eu la trouvaille entière entre les mains, nous ne saurions en faire sortir d'enseignements numismatiques, nous pouvons dire que les types les plus saillants sont ceux connus sous les désignations de gros deniers, de demi gros, de poillevillains.

1. IOHANNES REX, croix, chaque branche de la croix accostée d'un point. Légende extérieure, SIT NOMEN etc. ℞ TVRONVS CIVIS. Châtel fleurdelisé.

2. Même type. ℞. Châtel à la croix. Les tourelles tréflées.

3. Poillevillain à la couronne. IOHANNES REX. Croix à long pied. SIT NOMEN etc. ℞. TVRONVS CIVIS. Châtel à la couronne.

4. IO-HAN-NES REX. Croix anglaise. SIT. etc. ℞. TVRONVS CIVIS. Châtel surmonté d'un rameau feuillu.

5. IOHANNES REX. Croix cantonnée de deux fleurons. SIT. etc. ℞. FRAN entre deux couronnes accostées de lis. Bordure, douze lis.

On peut conclure de ces types que l'enfouissement de ce trésor a dû avoir lieu vers les années 1358 à 1360, époque où les guerres anglaises eurent dans nos contrées leur plus désastreuse énerg'e.

NOTE

SUR DIVERSES DÉCOUVERTES FAITES DANS LA COMMUNE DE LEVET

Par M. Amédée RAPIN, juge de paix à Levet.

———

Il y a quelques années, en ouvrant dans le jardin attenant à mon habitation du Plaix, commune de Levet, une excavation destinée à devenir une pièce d'eau, les ouvriers rencontrèrent divers objets d'ordre assez délicat.

Ces objets étaient des anneaux de bronze sans ciselure, un collier de verroterie, dont les grains avaient la forme d'olives allongées : tout cela a malheureusement été depuis égaré.

Mais il me reste un petit ustensile en bronze trouvé au même lieu, de forme élégante et peu usitée que je crois devoir désigner et décrire. Il se compose d'une tige en

3.

bronze prismatique à six faces ou plutôt mal arrondie de 00,05 millimètres de diamètre sur 0 m. 072 mil. de longueur. Elle est ornée au milieu d'une bague torique de 00,12 m. de diamètre accostée de deux petits filets.

Cette tige est surmontée à une de ses extrémités de deux branches arrondies, formant ensemble un petit demi-cercle en fil de bronze de deux centimètres d'ouverture. L'une des extrémités de ce demi-cercle est terminée par une douille en bronze de 21 millimètres d'ouverture sans fond, l'autre extrémité par un petit appendice fourchu et applati horizontalement, deux petits filets renforcent la suture de la tige et du demi-cercle du sommet.

L'extrémité inférieure de la tige présente trois petites charnières avec pointe faisant arrêt : sur ces charnières jouent trois branches légèrement concaves au dehors, s'écartant pour former les trois pieds de l'ustensile lorsqu'il s'appuie et se réunissant lorsqu'il est soulevé. Ces pieds ont 0,083 mil. de long. La longueur totale de l'ensemble est de 0,16 centimètres. (Voyez la planche ci-contre.)

Il est naturel de regarder cet objet comme un petit bougeoir, le *lucnos* des Grecs. Cette explication, quoique n'ayant pas les caractères d'une absolue certitude, est cependant celle à laquelle nous nous arrêtons.

Il est plus difficile d'en déterminer l'âge. La présence et la forme de la bague au milieu de la tige pourrait le faire regarder comme roman et en placer approvimativement la fabrication au xi⁰ ou au xii⁰ siècle. Mais la rareté des vestiges mobiliers du moyen-âge et au contraire la fréquence des débris romains dans nos contrées, l'élégance de cet objet, qui parait témoigner d'un certain luxe civil, dont nous ne trouvons trace parmi nous qu'à l'é-

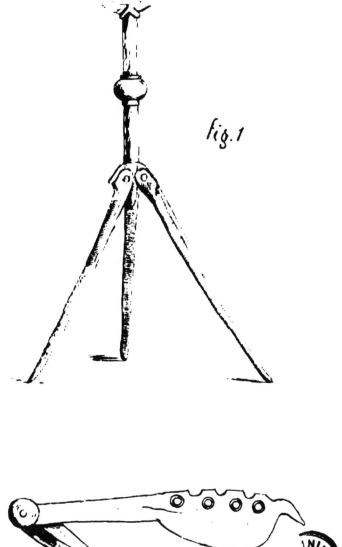

fig. 1

fig. 2

NOTE

SUR DIVERSES DÉCOUVERTES FAITES DANS LA COMMUNE DE LEVET

Par M. Amédée RAPIN, juge de paix à Levet.

———————

Il y a quelques années, en ouvrant dans le jardin attenant à mon habitation du Plaix, commune de Levet, une excavation destinée à devenir une pièce d'eau, les ouvriers rencontrèrent divers objets d'ordre assez délicat.

Ces objets étaient des anneaux de bronze sans ciselure, un collier de verroterie, dont les grains avaient la forme d'olives allongées : tout cela a malheureusement été depuis égaré.

Mais il me reste un petit ustensile en bronze trouvé au même lieu, de forme élégante et peu usitée que je crois devoir désigner et décrire. Il se compose d'une tige en

3.

clous et morceaux de fer; l'autre, une cinquantaine de
balles de plomb. La confection de ces projectiles présentait cette particularité que plusieurs avaient un noyau en
fer.

On a trouvé dans les mêmes déblais plusieurs pièces de
monnaie, entr'autres un denier de Charles-le-Chauve
frappé à Nevers, une obole de Louis VI frappée à Bourges, un denier de Robert de Dampierre, comte de Nevers
(1271-1296); ces découvertes indiquent une habitation
importante, probablement une ancienne forteresse dont
le souvenir s'est conservé dans le nom de *Grand-Châtelier*, mais dont les traces sont difficiles à suivre dans les
titres, à cause de la fréquence même des appellations
analogues. Ces débris, mêlés de traces d'incendie et
notamment d'une quantité considérable de blé brûlé, indiquent une destruction par le feu à une époque indéter-
minée.

On vient de découvrir au hameau de Soulangis,
commune de Levet, un autre petit untensile en bronze
d'un aspect assez insolite. Il se compose de deux lames
de cuivre unies par un clou faisant charnière et se repliant l'une sur l'autre. L'une de ces parties est terminée par une sorte de crochet et présente trois échancrures
sur un de ses côtés; l'autre partie est au contraire
très-pointue. La Figure 2 de la planche en donnera une
idée plus précise.

Sa destination paraît avoir été celle d'une lancette.

J'ai fait aussi quelques fouilles près de Levet : je re-
mets à en rendre compte à l'année prochaine, parce
qu'elles ne sont pas terminées.

NOTES

SUR LES ANTIQUITES ROMAINES DU BERRY,

RÉDIGÉES EN 1806 (1),

Par M. FERRAND de SALIGNY

———

Il n'y a dans le canton de Baugy aucuns vestiges de
camps romains, mais seulement les apparences d'anciens

(1) Né à Bengy-sur-Craon, le 27 mai 1740, M. Jacque-Gabriel
Ferrand de Saligny est mort à Bourges, le 29 juin 1814. Avocat au
Parlement, il n'exerça point cette profession et s'adonna à l'agriculture. Ses connaissances et son amour du bien public le signalè-
rent au choix du roi, lorsque l'organisation de l'assemblée provin-
ciale du Berry eut été décidée; l'un des seize députés désignés, le
17 septembre 1778, pour former le noyau de cette mémorable réunion, il n'en a pas été l'un des membres les moins laborieux. Durant quelques années de sa vie, il l'a dit lui-même, il avait eu une
sorte de passion pour les antiquités. Aussi, quand M. le général
de Barral, préfet du Cher, ouvrit, le 22 décembre 1807, une enquête historique dans le département, il fut une des personnes invitées à répondre à la série des questions proposées. Le 15 février
1808, il remit sa réponse écrite à M. de Barral. Son manuscrit,
communiqué à la Société des Antiquaires du centre, par M. Charles de Laugardière, arrière-petit-fils de l'auteur, a paru contenir
des données assez importantes pour être imprimé, conformément
à l'article 11 du règlement.

retranchements ou de redoutes, que les personnes instruites attribuent plutôt au général gaulois Vercingétorix
qu'aux généraux romains. L'un de ces vestiges existe
près Maubranches, dans la commune de Moulins, à deux
lieues à l'est de Bourges, l'autre sur la montagne de Gron
et au centre de cette commune. D'anciennes armures entièrement pénétrées de rouille, d'énormes ferrures qu'on
croit avoir appartenu à des machines de guerre, plusieurs
petits *mondrains* (*tumuli*), disséminés aux environs de
ces positions, viennent à l'appui de l'ancienne tradition
du pays. En 1783 je fis fouiller un de ces *mondrains*. A
cinq pieds de profondeur, sous un amas de pierres rapportées, on trouva un fer de lance d'une extrême longueur, et une poignée de sabre absolument dissous par
la rouille. On a aussi trouvé près du même lieu plusieurs
pièces de monnaie d'or, dont je n'ai pu me procurer une
seule, mais il m'est parvenu une médaille trouvée avec
les pièces d'or, qui jetterait, à mon avis, de l'incertitude
sur les auteurs de ces travaux.

Ce qu'il y a de plus remarquable et de plus digne de
l'attention des curieux, c'est, à deux lieues de la commune que j'habite, la chaussée ou levée romaine qui se
dirige de Bourges à Sancoins par les communes de Soye,
Saint-Just, Annois, Vornai, Omery, Bussy, Lantan,
Blet, Charly et Sagonne, sans que jusqu'à présent on en
connaisse les vestiges au-delà de Sancoins. Sa direction
était bien incontestablement vers un port de l'Allier, mais
aucun monument d'un caractère démonstratif ne la dé-
termine. Les vestiges d'un pont qui s'aperçoivent près le
port du Veurdre n'ont en aucune manière le type des
constructions romaines : il paraît cependant évident que

c'est à ce port, ou très-près de ce port, qu'aboutissait cette chaussée, on en reconnait au-delà de l'Allier et dans l'espace d'entre Loire des traces très-apparentes. Le point de sa direction est incontestablement Decize.

Quoiqu'elle paraisse avoir été destinée à établir une communication entre deux villes anciennement célèbres, Bourges et Autun, cela n'empêche pas que certaines personnes instruites ne la mettent au nombre de celles que Strabon, Vitruve, Pline et les autres auteurs de leur temps nommaient *viæ vicinales*. A la vérité, jusqu'à présent, aucun monument connu n'annonce que cette route ait été d'un ordre supérieur; mais la trouvant consignée dans l'itinéraire d'Antonin comme route tendant de Bordeaux à Autun, par Bourges, débouchant dans le Bérry à Argenton (Argentomagum), passant ensuite à Ernodurum (Saint-Denis, faubourg d'Issoudun, ou plus sûrement encore Saint-Ambroix sur Arnon, distant de 26 milles d'Argenton, et de 13 milles de Bourges, ce qui est en parfait rapport avec l'itinéraire), Avaricum, Tinconium (Sancoins), Decidæ (Decize), Alisincum (Luzy), et enfin aboutissant à Augustodunum, il me semblerait, dis-je, qu'une route d'un aussi long parcours, peut être placée parmi celles du premier ordre, *viæ militares*.

Sur une longueur d'environ cinq lieues et au milieu d'une plaine élevée, ce chemin conserve à peu près toutes ses dimensions primitives. Sa hauteur moyenne, au-dessus du sol, peut être de quatre pieds; il en a six et sept dans quelques endroits, et ailleurs deux seulement, et même moins. Sa largeur moyenne est de quatorze pieds sans les talus. Cette largeur s'est mieux soutenue dans les parties de terres *bouloises*, où les talus conservent en-

core de quarante cinq à cinquante degrés de pente, mais
dans les terrains meubles et plus légers elle se trouve
aplatie.

Cette levée partait par le sud-est de l'ancienne grosse
tour de Bourges. La rencontre qu'on en a faite en res-
taurant un ancien puits perdu qui est en face la maison
de M. de la Métherie, président du tribunal criminel, en
est une preuve certaine. Cette maison, bâtie sur les ruines
de l'ancien château de Bourges (*castrum*), est distante
d'environ deux cent-cinquante toises de la grosse tour.

Quoique cette levée soit creusée d'ornières dans toute
la longueur de son exhaussement, peu de voitures chargées
osent y passer, et les rouliers lui préfèrent les chemins
frayés qui sont au dessous, soit à droite, soit à gauche.
malgré leur mauvais état. Ce monument des anciens maîtres du monde ne peut plus être qu'un objet de curiosité
pour nous, et le convertir en grande route, suivant nos
dimensions actuelles, serait une entreprise beaucoup plus
coûteuse, que d'en fonder une absolument neuve. D'ailleurs les coudes ou jarrets fréquents que présente cette
levée, dans une plaine déserte où rien ne paraît avoir nécessité cette mesure, la mettraient en opposition continuelle avec la loi de nos alignements, et seraient un obstacle au choix de cette direction qui, d'elle-même, ne mérite aucune préférence.

Les matériaux dont cette levée est formée ne sont
autres que des pierres calcaires extraites des lieux mêmes.
Les plus grosses forment les premières assises, puis la
grosseur diminue à mesure qu'on s'élève à la surface,
jusqu'à réduction au volume de grosses noisettes.

J'ai fait entamer cette levée en deux endroits différents, le premier se trouve à environ cinq cents toises à l'ouest d'un moulin, appellé Prioux, commune d'Omery, canton de Dun-le-Roi. Là, cette levée, attaquée à la naissance du talus jusqu'à quatre pieds de profondeur horizontale dans son empierrement, nous présenta un parement haut de trois pieds ayant à peine quatre pouces de battement en dedans, fait avec soin de pierres choisies et comme échantillonnées. L'intérieur fortement pilé paraissait avoir été arrosé dans sa confection d'un mortier fort liquide, composé de chaux vive et d'une matière friable qui sépare les lits de la pierre même, et tout l'ouvrage ne laissait pas apercevoir la moindre cavité.

Un académicien, M. de Mezroi, qui m'avait témoigné le désir d'être présent à cet examen, prétendait que cette liaison était ce que Vitruve et Pline nomment *glarea*. Son opinion était encore que, vu le soin et la régularité des parements de l'empierrement, il devait avoir été élevé à nu comme un mur, et qu'il n'avait été renforcé de son talus qu'à mesure de sa confection.

Le second point où j'ai fait entamer cette chaussée est peu éloignée d'une métairie appelée Borlière, en la commune de Lantan, distant d'environ une demi-lieue de ma première expérience. A cet endroit je ne lui trouvai que deux pieds d'épaisseur d'empierrement, parce qu'elle reposait sur la carrière même, qui est là à fleur de terre ; il s'en fallait de beaucoup que le même soin régnât dans cette partie ; le choix de la pierre était négligée et l'intérieur en était moins compact, sans que cependant on remarquât aucune flache à sa surface Dans le parement nord de la chaussée, mes ouvriers trouvèrent deux médailles que je possède, l'une de l'empereur Adrien, l'autre de Dioclétien.

Un curé de la paroisse d'Annoix, qui n'était pas sans mérite et sans connaissance, vint à nous, M. de Mezroi et moi, lorsque nous sondâmes cette levée pour la première fois ; nous lui témoignâmes notre surprise sur les courbes ou jarrets qu'elle forme dans une plaine rase et déserte de plusieurs lieues de longueur. — La courbe que vous voyez ici, nous dit-il, s'explique à mon avis par le gisement en ce lieu d'un cimetière du paganisme qui, vu le respect et la révérence des Romains pour les sépulcres et les cendres des morts, les aura déterminés à faire cette courbe.

Mais comme cette circonstance n'explique nullement la raison des autres courbes de cette chaussée non plus que celles que l'on remarque au chemin de ce temps qui se dirige sur Sancerre, nous ne crûmes pas devoir déférer à l'opinion de M. le curé d'Annoix. Il nous engagea à aller voir chez lui un des tombeaux, découvert ainsi que plusieurs autres par les socs des charrues. Ce tombeau en forme de losange assez régulier, mais tronqué à sa partie supérieure, était recouvert d'une pierre de même forme, sur laquelle était représentée, en relief fort altéré, la figure d'un homme à longue barbe, paraissant revêtu d'une espèce de mante à pointes, agrafée sur la poitrine ; il tenait dans sa main droite une espèce de globe aplati et de sa main gauche un rameau ressemblant beaucoup à une touffe de guy. Ce tombeau fut fouillé la propre nuit de la découverte, et M. le curé d'Annoix n'avait pu obtenir d'éclaircissements positifs sur ce qu'il contenait.

Quant aux autres chemins romains qui aboutissaient à Bourges, je ne me suis pas trouvé en mesure de les faire fouiller et je n'en connais point l'intérieur. Le premier a la singularité remarquable d'être exhaussé sur le terrain le plus sec et le plus élevé de la province. Les autres suivent à niveau un sol bas, en sorte qu'en certains lieux ils se trouvent recouverts de plusieurs pieds de terre. Tel est celui qui partant de Bourges, se dirigeant par le sud-ouest, passait sur les communes de Trouy, Lochy, Levet, Saint-Loup, Alichamps, Château-meillant, revenait sur Néris, Clermont, etc.; et qui repartant de Bourges par le nord-ouest, se dirigeait sur Orléans par Mehun, Vierzon, Romorantin et les sables de la Sologne. Ce chemin, confectionné sous l'empire de Commode, était incontestablement *via militaris* et le monument ou colonne itinéraire, découverte à Alichamps et relevée par les soins de feu M. de Béthune-Chârost, en est une preuve irrécusable.

Un livre relié en parchemin de la bibliothèque des Bénédictins de Bourges, dont le nom de l'auteur m'a échappé, dit que la partie de ce chemin tendant de Bourges à Orléans avait été faite par les ordres et sous l'empire d'Aurélien. L'auteur cite à l'appui de cette opinion une inscription qui le portait et qui était gravée sur une pierre, découverte dans un champ d'une métairie de ces religieux. à une lieue de Bourges, près de ce chemin et de celui de Mehun.

Un autre chemin de construction romaine partait de Bourges par la porte Gordiane, aujourd'hui la porte Gordaine, se dirigeait vers la chapelle de Saint-André sur Turly. la commune de Saint-Michel, celle des Aix, pas-

sait à l'est, près d'une chapelle de Saint-Jacques où l'on
voit encore quelques vestiges, se portait de là sur Sancerre par les communes de Montigny, Veaugues, Jalo-
gnes et descendait au port de Saint-Thibault. On le retrouve au-delà de la Loire, dans la commune d'Entrains
d'où elle se rendait à Auxerre, Troyes et Reims. '

En 1782, le hasard fit déeouvrir ce chemin près de
Turly, il fut coupé presque à angle droit par un fossé que
faisait faire Mgr Philippeaux, pour lors archevêque de
Bourges. Ce fossé, de cinq pieds de largeur, sur environ
trois de profondeur, dont deux pieds au plus pénétraient
dans l'empierrement, sondait suffisamment la chaussée,
pour permettre de s'assurer qu'elle était faite de la pierre
du lieu, placée, battue, mastiquée avec les mêmes pré-
cautions que nous avons observées plus haut. Cette coupure qui déplaçait au plus 92 pieds cubes des matériaux
de la chaussée se trouva parsemée de quatorze ou quinze
médailles des empereurs Néron, Dioclétien, Commode,
dont trois m'ont été transmises.

Cette dernière route ainsi que toutes celles dont il est
question ne pouvaient être que des voies militaires, puisqu'étaient comprises sous cette désignation celles qui
communiquaient de province à province, ou d'une grande
cité à une autre grande cité. Or cette destination est pleinement démontrée parce qui vient d'être dit et que nous
récapitulons. La première tendait de Bordeaux à Autun
ayant Bourges pour centre, comme cette ville l'était encore pour Auxerre, Troyes et Reims. La seconde allait
de Lyon, Nimes, etc. à Orléans, par Le Puy, Issoire,
Clermont, Néris, Châteaumeillant, Alichamps, Bourges.
Vierzon. Romorantin. Ainsi Bourges pouvait commu-

niquer avec le monde entier par cinq aspects différents.
Mais non-seulement rien de ces routes n'est praticable,
puisque leurs traces échappent à chaque instant aux recherches les plus attentives, mais, nous le répétons, ce
qui nous en reste ne présente aucune sorte d'avantage,
soit pour la confection de routes nouvelles, soit même
pour leur direction : tous nos rapports politiques et com-
merciaux ayant subi une complète révolution depuis ces
temps reculés.

Ces recherches, moins utiles que curieuses, servent à
prouver seulement que dans les siècle de merveilles auxquels nous venons de remonter, la ville de Bourges était
une cité de premier rang ; que, comme toutes celles de
son espèce, elle avait des communications faciles, autant
que magnifiques et somptueuses, avec le monde entier,
et qu'il y avait peut-être moins de difficultés à vaincre
pour aller de Cadix à Boulogne, qu'il y en a maintenant
dans les douze lieues de Bourges à Nevers, par la traverse.

Je ne dis rien d'un aqueduc qu'on croit être du même
temps, qui suit assez servilement la levée de Bourges à
Sancoins durant huit lieues, non plus que d'un second,
dirigé du côté de Sancerre, objets peut-être plus dignes
encore de l'attention et des recherches des curieux que
les chemins dont on vient de parler, mais ces monuments n'entrant point dans les questions proposées, il serait superflu d'en parler ici.

L'ENCEINTE

DITE DE PHILIPPE - AUGUSTE

A BOURGES

Par M. A. BUHOT de KERSERS.

———

Le prolongement de la rue Napoléon III vers la cathé-drale va entraîner la démolition de deux tours et d'une partie des anciens murs de Bourges. Avant que cette des-truction ne soit accomplie, nous croyons utile d'appeler l'attention sur elles, sur leur architecture et leurs dispo-sitions, afin d'en tirer, s'il se peut, quelques indications sur l'époque de leur construction et sur l'âge douteux des diverses enceintes de Bourges.

L'enceinte gauloise d'Avaricum et son périmètre pen-dant l'occupation romaine, si alors il a existé une clôture quelconque, sont inconnus, et les diverses solutions proposées sont encore à l'état d'hypothèse. L'enceinte gallo-romaine nous est bien fixée quant à son tracé, puisqu'elle est encore presque partout visible ; ses fondements composés de débris d'architecture vitruvienne romaine, sa structure de moëllons smillés à rangées de briques, sa coïncidence avec un rétrécissement énergique de la ville romaine, sont des faits qui rencontrent de nombreux analogues dans tout le monde romain : soit qu'on les explique par le zèle anti-païen des chrétiens, soit bien plus tôt qu'on mette à la charge des premières invasions des Alains ou des Vandales, au v⁰ siècle, les dévastations qui rendirent disponibles tous ces sompueux débris, il y a là une question d'histoire générale plus que particulière et que nous n'aborderons pas aujourd'hui.

A ces murs gallo-romains se soude une seconde enceinte facile à suivre, au nord depuis l'archevêché jusqu'à la porte Charlet et à l'Yevrette, au sud depuis la préfecture jusqu'à la porte Saint-Sulpice et la tour Clément. Les uns la nomment *enceinte de Philippe-Auguste* et l'attribuent à ce prince, d'autres la font remonter à Charlemagne. Tous pensent qu'elle s'arrêtait à la rivière d'Yevrette, qui lui servait de fossé.

C'est à une époque postérieure que la tradition place l'accroissement qui s'avance vers le nord jusqu'à la Voiselle et dont les remparts actuels suivent le contour.

Telles sont à peu près les seules notions, singulièrement vagues, que nous fournissent sur les murs de Bourges nos historiens, Chaumeau, Labbe, La Thaumassière, Raynal, M. le vicomte de Barral et M. Saint-Hippolyte. Il y a donc opportunité, croyons-nous, à examiner les monuments eux-mêmes pendant qu'ils existent encore et à chercher quels éclaircissements ils peuvent nous fournir sur ces questions obscures et cependant des plus intéressantes pour l'histoire de notre vieille cité. C'est à cette tâche que nous nous sommes appliqué.

L'enceinte que nous étudions présente par elle-même aux recherches d'assez sérieuses difficultés. Nous n'avons pas là, comme pour la muraille romaine, un ensemble aux caractères nets et arrêtés sur lequel on puisse appuyer ses observations avec suite et assurance. D'importantes portions ont été refaites à des époques très-diverses : nous trouvons fréquemment dans l'histoire mention de murailles renversées et reconstruites, de tours rebâties. Les comptes de la ville depuis 1487 seulement nous donnent les devis de réparations nombreuses. Une somme de 4,500 livres était employée annuellement à des restaurations, et cet entretien ne cessa que sous Louis XIV, en 1651. On comprend ce que ces travaux ont dû produire d'altérations et combien il est difficile de reconnaître les parties primitives.

De toutes les tours qui existent encore sur le périmètre des murs de Bourges, autres que les murs gallo-romains, celles qui portent les caractères d'une plus haute antiquité sont certainement les deux qui vont être détruites. Elles ne sont pas absolument semblables.

La première en partant de la porte Bourbonnoux, ron-

4

de, tenant à la courtine, mais indépendante, n'a conservé qu'un étage, qui nous est accessible, voûté en demi-sphère et percé de cinq meurtrières. (Voyez le plan et la coupe de cette tour, fig. 1 et 2.) Ces ouvertures sont caractéristiques : elles sont précédées de niches d'un mètre de large, que couvre une voûte de plein cintre à claveaux petits et réguliers : elles sont évasées à l'inté-rieur et ne présentent au dehors qu'une étroite et longue ouverture de cinq centimètres de large. Tous ces ca-ractères accusent le xııᵉ siècle, et cette époque seule nous fournit des fortifications analogues. Une porte existe ouvrant sur l'intérieur des remparts; peut-être ne date-t-elle pas de la première construction. La partie supé-rieure de la tour est ruinée, d'ailleurs elle porte des traces évidentes de refaits.

La seconde tour ne présente d'autre différence avec la première que d'avoir trois meurtrières au lieu de cinq : les niches intérieures sont plus larges et les claveaux des voûtes moins fins. Comme à la première, la porte don-nant sur l'intérieur de la ville est ouverte dans une por-tion de mur reconstruite jusqu'à la voûte. L'une et l'autre de ces tours présentent, du reste, des matériaux de pro-venance, de nature et de conservation très diverses, et d'un emploi très-confus.

Elles sont espacées de 48 mètres d'axe en axe.

La tour suivante, celle de l'angle, dite *du diable*, est bien plus altérée. Elle ne présente aucun détail significa-tif : les planchers de l'intérieur sont supprimés, il ne pa-raît pas y avoir eu de voûte. Cette tour paraît être celle que refit Pierre de Crosses en 1487, désignée dans les comptes de la ville par ces mots : « Celle du coin où sont

fin de la ... XIIe siècle

1

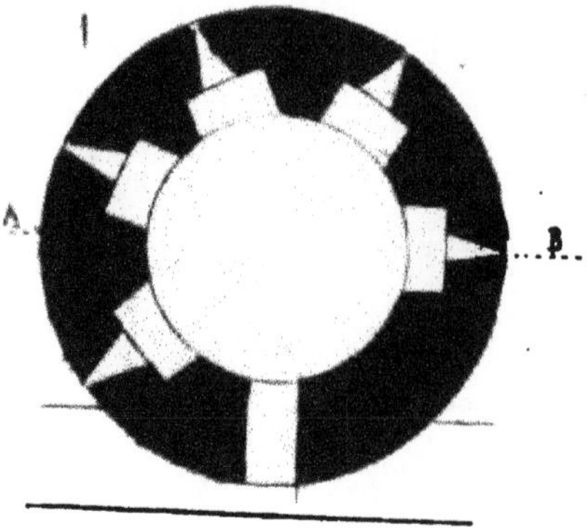

2

A .... B

3

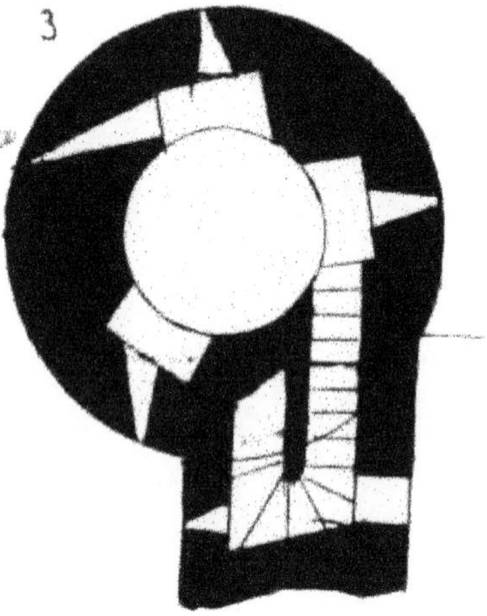

nord
e.Ouest

4

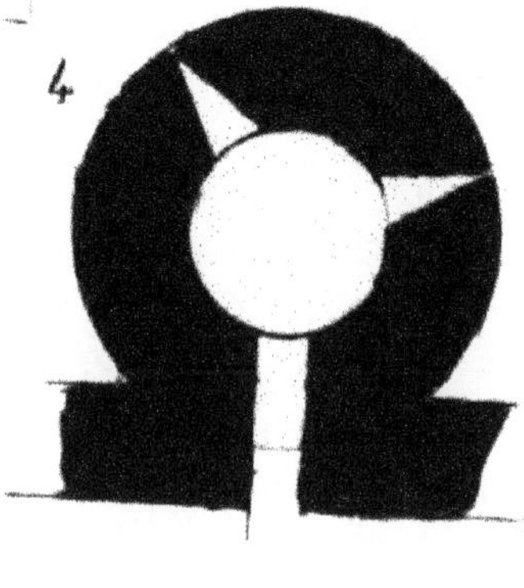

lin
te

G

5

B

A

B

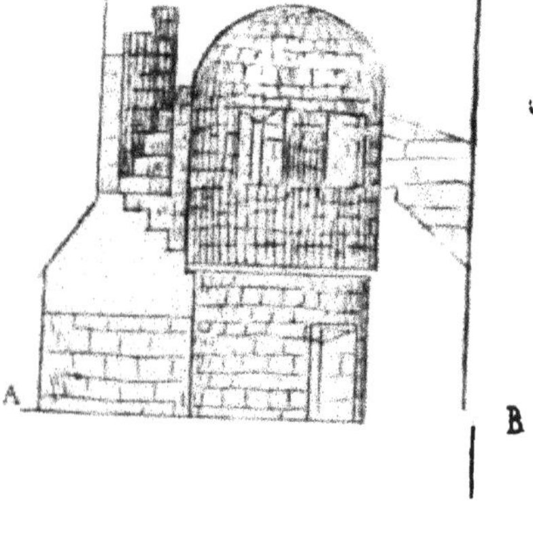

les prisons de l'église de Saint-Ursin (1). » Elle ne porte
aucune trace de meurtrières.

De cet angle à la rivière d'Yevrette les murailles sont
d'apparence peu intéressante. C'est là que fut pratiquée la
brèche pendant le siége de Charles IX, en 1562. On vient,
il y a quelques semaines, en démolissant la muraille, de
retrouver divers débris de statues mutilées ayant toute
apparence de venir des portes de la cathédrale, d'où elles
auraient été renversées en 1562 par les protestants. Il
y eut, au XVIᵉ et au XVIIᵉ siècle, de fréquentes reconstructions dans toute cette partie, notamment en 1570 et
en 1594 (2). Là semblent avoir existé les tours Digrène (3)
et la tour Charlemagne, dont l'emplacement même est
aujourd'hui inconnu.

Près de la porte de Charlet, probablement sur la rive
gauche de l'Yevrette, on voyait, du temps de Chaumeau,
une reprise de mur « joignant l'entrée du fleuve d'Aurette en ladite ville. » Ces vestiges ont aujourd'hui disparu.

Au sud de la ville, la partie des murs qui descend de
la préfecture et de la porte Saint-Paul vers Auron présente une tour très-altérée et les amorces d'une autre détruite. De l'une et de l'autre nous ne saurions rien conclure. Ainsi en est-il de la petite tour d'angle près des
forges, l'intérieur est inaccessible, l'extérieur insigniflant.

(1) M. Girardot. *Les Artistes de Bourges*, article inséré dans *les
Archives de l'art français*, 1861, p. 239.

(2) Raynal, IV. 106 et 316.

(3) *Id.*, IV. 56.

Ses archières longues et étroites concordent avec celles des tours de Bourbonnoux.

Les courtines près de la porte Saint-Paul présentent de grands arcs de décharge noyés dans le mur, et qui avaient une certaine efficacité en ces temps où la sape et la mine étaient les principaux moyens d'attaque, puisqu'ils neutralisaient leurs effets, sur la plus grande partie du parcours.

De la tourelle d'Auron jusqu'à la porte de La Chappe, l'ancien mur est détruit. De La Chappe jusqu'à Saint-Sulpice, il ne nous présente, sauf l'ancienne poterne Saint-Médard, encore visible du dehors, aucun intérêt.

Mais au-delà de Saint-Sulpice, la tour de l'angle sur l'Yevrette, dite tour Clément, mérite par sa conservation et ses dispositions d'être attentivement observée.

Le plan de cette tour (fig. 3) et de la portion des courtines qui s'y rattache et existe encore, prouve dès l'abord qu'elle a été construite pour être une tour d'angle ne tenant au rempart que par une amorce de trois à quatre mètres d'épaisseur, dans laquelle est pratiqué un escalier. Cette partie, cet angle du rempart est construit au-dessus de la rivière, et le parement conserve encore l'ogive de la voûte antique, sous laquelle, probablement lorsqu'on a changé les remparts en promenades, on a pratiqué une voûte surbaissée.

Le rez-de-chaussée de la tour, couvert d'une coupole, est percé de trois meurtrières, disposées en triangle presque isocèle et précédées de niches, comme les premières que nous avons décrites; seulement ces niches sont voûtées, non plus de plein-cintre comme à Bourbonnoux, mais d'une section d'arc très-surbaissée. Une des meurtrières est oblique, de manière à permettre un jet parallèle au parement extérieur de la courtine : en outre, dans le côté gauche de l'embrâsure qui donne sur la campagne, une ouverture oblique est ouverte dans la direction du même parement. La troisième meurtrière est dirigée à peu près dans la direction de l'Yevrette en amont et paraît avoir eu pour but de protéger une courtine dont nous ne trouvons plus trace et à laquelle cette rivière aurait servi de fossé. Toutes ces ouvertures se réduisent à l'extérieur à une étroite fente de 0,05 de large.

Du rez-de-chaussée, l'escalier pratiqué dans le mur occidental monte au premier étage, il est percé à mi-hauteur d'une porte qui devait ouvrir sur le rempart du nord dont nous avons déjà constaté la probabilité et servait d'entrée à la tour. Le premier étage est percé de quatre meurtrières analogues à celles du rez-de chaussée et d'une porte au sud donnant sur la courtine; un escalier à vis montait aux étages supérieurs disparus.

L'inspection de cette tour, où Labbe signalait « la reprise du mur joignant la sortie du petit ruisseau d'Aurette (1), démontre qu'elle a eu pour but de couvrir l'angle aigu d'une enceinte, qui se détournait vers l'est, très-probablement vers la porte Charlet, jusqu'à cette autre reprise que signale Chaumeau. Nous devons y remarquer encore ce qu'il y a de bizarre dans la direction de la rivière, qui passe non pas à l'extérieur, mais sous la courtine même, laissant la tour en dehors. Est-ce là une disposition intervenue ultérieurement? Faudrait-il y voir

_____

(1) *Histoire abrégée*, p. 57.

une précaution prise par les assiégés pour être plus complètement maîtres du niveau des eaux de l'Yevrette et
mettre les barrages de retenue hors de toute atteinte de la
part des assiégeants ?

L'architecture de la tour Clément la rapproche des
deux tours place Misère, qui semblent un peu plus anciennes et la rattache à la même enceinte du XII° siècle.

Là non plus qu'ailleurs, nous n'avons rien trouvé qui
fût Carlovingien : nous avons dû rechercher sur quelles
bases repose l'opinion qui attribue à Charlemagne cette
extension de notre cité.

Chaumeau, grand amateur de légendes, attribue sans
hésiter à Charlemagne et l'agrandissement de l'enceinte
et la création de l'Yevrette (1). Nicolas de Nicolay, qui
écrivait vers le même temps que lui, ou peu après, reproduit la même opinion dans les mêmes termes (2).

La Thaumassière la répète et semble l'avoir suivie
sans critique ni contrôle.

M. le vicomte de Barral, dans un travail sur les murs
d'enceinte de Bourges, rédigé en 1810 et imprimé en
1852 (3) l'a critiquée en faisant observer que d'après toutes les autres traditions Pépin ne fit que restaurer le
mur romain.

M. Saint-Hippolyte, dans son travail sur les murs
d'enceinte de Bourges, inséré dans les Mémoires de la
Société des Antiquaires de l'Ouest, accepte (4) comme

(1) Chaumeau, *Histoire de Berry*, p. 224.
(2) *Description du Berry*, par Nicolas de Nicolay, p. 27.
(3) Bourges, 1852, imp. Jollet-Souchois, in-8°, 29 p.
(4) Page 15 du tiré à part.

acquises toutes les traditions qui lui donnent Charlemagne
pour auteur. Il semble même lui attribuer toutes les
parties de ce mur encore existantes, particulièrement
celles de Charlet, où on vient de trouver les statues de
1562, ce qui ne peut s'expliquer que par une observation
singulièrement superficielle.

M. Raynal, d'une critique toujours si consciencieuse
et si prudente, ne pouvait s'en tenir à ces vagues généralités ; aussi, trouvant dans une chronique que Pépin,
après avoir pris Bourges en 762, ordonna d'en réparer
les murailles (1), il a cru rationnel d'attribuer à Pépin la
construction des murs que la tradition datait de Charlemagne, et a ainsi donné le poids de son autorité à une
opinion que l'examen des monuments eux-mêmes ne
permet pas d'accepter.

Faut il admettre que ces murs et ces tours du XII° siècle ont succédé à une muraille de même tracé, construite
par Charlemagne? Nous ne pensons pas qu'une telle supposition soit admissible.

En effet, on sait que des murs de fortifications élevés
par des Carlovingiens, c'est-à-dire entre le VI° et le X°
ou XI° siècle sont tellement rares, qu'il n'en existe pas,
croyons-nous, un seul exemple certainement connu (2).
C'était en terre et en bois que les Carlovingiens paraissent avoir établi leurs fortifications. L'absence de traces
antérieures au XII° siècle, dans les murs actuels, coïncide

(1) *Fredegariani Chronici continuati.* Pars IV, historiens des
Gaules, par dom Bouquet. Tome V, p. 5... *muros ipsius civitatis
restaurare jubet.*

(2) De Caumont.

parfaitement avec ces données et nous prouve que des fortifications, s'il en a existé alors, au dehors de l'enceinte gallo-romaine, n'ont été que des ouvrages de bois.

Un document nous paraît jeter sur cette question une lumière décisive.

Une charte, donnée en 1181 par Philippe-Auguste, permet aux habitants de Bourges de construire à côté et au-dessus des anciens murs de la ville, à condition de ne pas les détruire, sous peine d'une amende de 60 sols, plus les frais de restauration (1). Il y a là, ce nous semble, une preuve indirecte mais manifeste que l'enceinte extérieure qui rendait ces murailles inutiles était construite depuis peu de temps, et que l'hésitation que l'on conservait sur la valeur des fortifications nouvelles, non encore éprouvées, ne permettait pas d'abandonner de suite les vieux murs avec leur formidable assiette et leur commandement énergique au-dessus des bas-quartiers. Comment admettre que, si çette enceinte extérieure eût existé depuis Charlemagne ou Pépin, on eût attendu quatre siècles pour supprimer les vieilles murailles depuis si longtemps inutiles et que la permission, sinon de les détruire, tout au moins de les dénaturer, émanât précisément de cette autorité royale, si ardente alors et si habile à fortifier et à défendre ses forteresses, particulièrement celles du Berry.

Cette disposition nous amène à conclure que l'enceinte de *Philippe-Auguste* est sinon de lui, du moins de ses

(1) La Thaumas., Cout. Loc., p. 67.

prédécesseurs immédiats et contemporaine de la grosse
tour de Bourges; à ce moment où la royauté, ne possédant au-delà de la Loire qu'une mince partie du Berry,
faisait de Bourges la grande citadelle d'où devaient rayonner ses efforts vers le midi de la France.

La tradition, qui applique à cette enceinte le nom de
Charlemagne ; le nom de ce prince, substitué à celui de
Brives et attribué au faubourg de Charlet; cette tour de
Charlemagne, qui existait encore au xvi⁰ siècle et qu'on
remplit de terre lors du siége fait par Charles IX en
1562, peuvent expliquer la tradition recueillie par Chaumeau. Mais ce nom même de Charlemagne est une cause
légitime de suspicion. Au moyen-âge toutes les vieilles
choses étaient mises sur le compte de Charlemagne, a
dit M. Quicherat dans un cas analogue (1). Cette appellation de Charlemagne peut aussi s'être appliquée au
quartier voisin de la petite rivière d'Yevrette, qui doit
remonter aux temps carlovingiens ; d'une part la découverte d'habitations romaines près de son cours et au-
dessous de son niveau et d'un autre côté l'existence du
moulin Mirebeau, en l'an 1012, place sa création entre
ces termes extrêmes. Du quartier le nom peut avoir re-
jailli sur la tour.

Mais toutes ces vagues traditions ne sauraient faire accepter l'hypothèse d'une muraille carlovingienne, tout
au plus conviendrait-il d'admettre l'existence d'une enceinte en terre et en bois, remplacée au xii⁰ siècle par des
murs et des tours. Et c'est aux murs romains que se

---

(1) *Revue des Sociétés savantes*, 1869, p. 482.

doivent appliquer les textes qui nous parlent des murailles de Bourges avant le xii⁰ siècle.

Ainsi une charte, pour la restauration de l'église Sainte-Croix, sans date, mais qui doit être placée entre les années 1060 et 1071, désigne cette église située, comme l'on sait, sur l'emplacement occupé aujourd'hui, rue Saint-Médard, par les Sœurs de charité, comme étant près des murs de la ville : *quæ prope muros urbis Bituricæ sita est.* Cette mention s'applique tout naturellement aux murs romains, et il n'est pas besoin de faire intervenir l'existence d'une muraille extérieure.

Ainsi s'expliquent parfaitement les dévastations par les luttes interminables de ces époques barbares, de l'église Saint-Ursin, de l'abbaye de Saint-Ambroix, de l'église Sainte-Croix, situées hors des fortifications, dévastations qui nous sont connues par les actes mêmes de restitution de 1012 et de 1060.

Ainsi encore se comprennent ces qualifications de bourgs données aux quartiers extérieurs de Saint-Ursin et de Saint-Fulgent (1) dans les chartes de l'époque et la désignation de la chapelle Saint-Gédéon, voisine de Saint-Ursin, dans le faubourg, *in suburbio* (2) ; ainsi, cette appellation de l'église de Saint-Jean *des champs*, construite près et hors des murailles, sans qu'il soit besoin de faire remonter toutes ces origines aux époques mérovingiennes ; ainsi cette apparence de forteresse gardée jusqu'au xii⁰ siècle par le palais royal, sur l'emplacement actuel de la prison, *turris regis* (3).

(1) Lab., *hist. abr*, 197.
(2) *Id.*
(3) Raynal, tom. II, 51, note.

Il nous reste à examiner une grosse difficulté, celle de la cathédrale de Bourges, dont le chevet déborde beaucoup, comme on sait, cette enceinte gallo-romaine et paraît l'avoir dépassée bien avant le xiii⁰ siècle, puisque les cryptes même paraissent avoir fait saillie et que des portions de mur (à la chapelle de Sainte-Solange), qui sont hors de l'alignement, semblent remonter au xii⁰ siècle. Mais cette difficulté a été déjà abordée et résolue par MM. de Girardot et Durand, dans leur bel ouvrage sur la cathédrale de Bourges. Frappés de cette situation, mais en même temps guidés par la charte de Philippe-Auguste, qui permet de construire sur les murs de l'enceinte romaine, ils ont considéré comme évidente la persistance du rôle défensif de cette muraille jusqu'au xii⁰ siècle, et en même temps ils ont admis et démontré la possibilité, la probabilité même d'une abside saillante ayant elle-même une attribution défensive, quelque chose, en plus grand, comme l'abside de Notre-Dame-de-Sales, au jardin de l'archevêché.

Nous croyons donc pouvoir considérer comme certain l'établissement au xii⁰ siècle de la muraille extérieure soudée au mur romain, au nord près de l'archevêché, au sud près de la porte Saint-Paul, Et de plus, tout en reconnaissant qu'il n'est pas impossible qu'il ait existé sur son tracé une enceinte en terre et en bois, concession que l'on peut faire à la tradition, nous devons constater que jusqu'à présent rien ne nous en démontre la probabilité.

II

Cette enceinte du XII° siècle paraît s'être arrêtée à l'Yevrette, cette longue et importante dérivation qui existait
avant elle et peut être remonte à Charlemagne, époque
où se vulgarisa l'emploi de l'eau comme force motrice des
moulins; mais sur cette rivière toute trace de murailles
a disparu, car on ne peut donner ce nom à certaines on-
dulations saillantes de terrain que l'on croit remarquer
sur quelques points de la rive gauche. Peut-être n'étant
point protégée par les règlements comme l'enceinte gallo-
romaine, a-t elle été rapidement et complétement détruite. Peut-être n'a-t-elle été réalisée qu'en terre et en
bois; les documents contemporains nous montrent fréquemment des parties d'enceintes de ville ainsi construites.

Il nous resterait à voir combien de temps cette ligne
remplit son rôle de clôture et à quelle époque la partie
trapezoïdale, située au delà et comprenant l'église Saint-
Bonnet, l'abbaye de Saint-Laurent, les Prés-Fichaux et
l'abbaye de Saint-Ambroix, fut à son tour annexée à la
ville, et malheureusement nous ne pourrons dissiper sur
ce point toute obscurité.

Les documents écrits font presque complétement défaut. Labbe, dans son histoire abrégée, s'exprime ainsi :
« Quelque temps après, on ne sait pas déterminement ni
le siècle ni l'année, les bourgs de Saint-Ambroix et de
Saint Laurent furent compris dans l'enceinte de la ville;

partie aux frais des habitants, partie d'un abbé de Saint·
Ambroix et de l'abbesse de Saint-Laurent (1).» Chaumeau
avait dit la même chose. La Thaumassière et Raynal
reproduisent cette tradition.

Le grand inventaire des titres de Saint-Ambroix, aux
archives du Cher, nous apprend que dans un procès soutenu par l'abbaye contre les maires et échevins de Bourges relativement aux moulins qu'ils avaient près des
murs de la ville, les religieux, pour appuyer leurs prétentions, firent en 1574 l'énoncé suivant : « Les d. religieux, abbé et couvent... ont fait construire et édifier à
leurs frais led. pont (de Saint-Ambroix) donnant contre
lesd. fossés et clôture de ville, et pour enseigner la posté·
rité qu'ils avaient fait faire lad. clôture et fermeture, ils
avaient fait graver et entailler leurs armoiries en l'une
des dites tours et forteresse, laquelle tour pour cette cause
est encore appelée la tour *Clément*, qui est le nom de
l'abbé qui a fait faire lesd. tours, murailles, fossés et clôture de ville à ses dépens. »

De plus ils avaient (en faisant lesd. murailles) « fait approprier lad. porte de Saint-Ambroix pour leur servir de
prison à enfermer les malfaiteurs de leur justice (2). »

La tour Clément a conservé son nom, mais ne porte
plus d'inscription, nous ne pouvons retrouver l'abbé
Clément auquel il est fait allusion : cette pièce n'a donc
d'autre valeur que de nous montrer en même temps l'é-
loignement de la tradition et les faits qui en étaient
comme la conséquence et la preuve ; en outre elle nous

(1) Hist. abr., p. 57.
(2) Inventaire de Saint-Ambroix, I, 45.

épargne de plus amples recherches d'un titre original,
car s'il n'en a pas été produit alors, c'est que dès 1574 il
n'en existait pas. C'est donc seulement d'une façon indirecte que nous pouvons arriver à la date approximative
de cet accroissement de la ville.

Nous voyons qu'en 1412, lors du siége de Bourges par
Charles VI, les assaillants renoncent à l'attaque du sud-
est, vont passer l'Yèvre à Mehun et reviennent attaquer
la ville par le nord. Les habitants brûlent eux-mêmes le
faubourg et enlèvent ainsi tout abri aux troupes royales.
Plusieurs églises furent alors brûlées, *dont, dit Monstre-
let, ce fut pitié* (1). Ces églises purent être l'église Saint-
Privé, les chapelles de Saint-Lazare et de Saint-Quentin.
Mais il n'est pas question des abbayes de Saint-Laurent
et de Saint-Ambroix, et on en peut conclure qu'elles ne
faisaient pas partie des faubourgs incendiés, car certes
personne n'eût osé les comprendre dans une mesure aussi
rigoureuse, et un tel fait, s'il eût eu lieu, n'eût pas manqué d'être mentionné. Évidemment l'enceinte dès-lors
les protégeait, mais depuis quand ?

L'étude des rares parties subsistantes de ces murs ne
nous fournit, elle aussi, que des renseignements bien
vagues. En partant de l'Yevrette, à l'est, nous trouvons
la tour *Margot*, de forme hexagonale, sans meurtrières,
sans ouvertures, tellement ruinée, qu'il est impossible
d'en saisir autre chose que le plan qui la distingue des
autres tours de Bourges et accuse très-probablement une
reconstruction bien postérieure. Nous ne trouvons plus
trace de la tour Vauzelles, qui existait en 1487. Le pont

(1) Éd. Buchon, p. 244.

Saint-Privé, dont M. de Girardot a retrouvé les devis de reconstruction en 1488 (1), et dont la porte venait au moment de l'incendie de 1487 d'être l'objet d'une reconstruction (2), présente par la certitude même de cette date un certain intérêt d'étude, mais ne nous donne aucun éclaircissement. Sur tout le cours Beauvoir jusqu'à la porte Saint-Ambroix la muraille même a été détruite. La seule tour qui subsiste et s'offre à notre examen est donc celle que nous trouvons à l'ouest de la porte Saint-Ambroix. Le reste du rempart jusqu'à la tour Clément, où elle se soude à l'ancienne enceinte, ne présente qu'une base de tour servant aujourd'hui de terrasse, réduite à l'état de ruine et se refusant à toute observation.

Heureusement la tour Saint-Ambroix semble bien remonter à la construction primitive. Elle est ronde, saillante au-devant du rempart et communique avec lui par deux portes superposées.

L'intérieur de la tour est partagé en deux étages : celui du bas (fig. 4) est percé de deux meurtrières sans niches intérieures et aboutissant par deux étroites et profondes embrasures à une ouverture extérieure de 0,05 de large.

A 2 m. 40 de hauteur, un plancher sur solives portées par une retraite des murs de 0,15, constitue un second étage ; celui-ci est voûté en coupole un peu surbaissée (Voir la coupe figure 6) et bien moins élevée que celle des tours Clément et de Bourbonnoux. Cet étage est percé de cinq meurtrières rayonnantes évasées à l'intérieur, mais sans niches (figure 6). Ces ouvertures,

(1) *Les Artistes de Bourges,* p. 239.
(2) Raynal, III, 158.

larges de 60 à 65 centimètres au dedans, et de 5 au dehors, profondes de 1.35, épaisseur totale du mur, sont bien défavorablement disposées pour le tir; cependant on ne peut leur refuser le caractère défensif et n'y voir que des fenêtres d'aération, puisqu'elles sont inclinées vers le bas de 1 m. 40 sur leur profondeur totale, en telle sorte que l'ouverture intérieure n'a que 1 mètre de haut et celle du dehors en a 2ᵐ20, ce qui n'a pu avoir d'autre but que de faciliter le jet des projectiles. De cet étage on montait par quelques degrés rapides à une porte ouvrant sur la courtine, à 3 m. 30 au dessus de la porte inférieure. Un rapide escalier, partant de cette porte, menait aux étages supérieurs, aujourd'hui remplacés par une plate-forme.

La pauvreté de cette architecture, l'absence de toute moulure rend fort difficile d'en apprécier l'âge avec précision; cependant l'usage même des *archières* nous reporte avant la vulgarisation de la poudre, et par conséquent au xivᵉ siècle. La forme ronde de la tour, la disposition très-simple des défenses indiquent le xiiiᵉ, et c'est les supposer fort arriérées que de les placer au commencement du siècle suivant.

C'est donc après un intervalle d'environ un siècle et au plus d'un siècle et demi que l'enceinte du xiiᵉ siècle reçut l'importante addition dont cette tour est l'unique débris.

Tels sont les résultats de nos observations sur les vestiges de l'enceinte de Philippe-Auguste et les conclusions que nous avons cru pouvoir en tirer. Ces vestiges se réduisent à quelques fragments de muraille et à cinq ou six tours : deux sur la place Misère, qui appartien-

nent à la ville et vont disparaître (1), deux autres s[ur] mur Saint-Paul, et enfin la tour Clément et la [tour] Saint-Ambroix, qui, propriétés privées, ne sont sa[uve]gardées que par le bon vouloir de leurs propriéta[ires.] Nous avons cru urgent d'en apprécier les caractères, [pen]dant que le contrôle de nos assertions est encore [possi]ble, et de soumettre à la société les inductions que n[ous ti]rons de leur étude pendant que son jugement peu[t en]core s'appuyer sur les monuments eux-mêmes pou[r rec]tifier ou infirmer le nôtre.

(1) Au moment où nous mettons sous presse, une péti[tion si]gnée de quelques archéologues de notre ville, est adressée [à M. le] Maire, pour obtenir du conseil municipal la conservation [de la] tour, témoin principal de toute l'enquête historique sur [l'âge] de ces murs. Espérons qu'elle aura un heureux succès, e[t épargnera] à la ville de Bourges un acte de vandalisme gratuit.

LES REGISTRES DE L'ÉTAT-CIVIL

A BOURGES

.

Par M. Éd. RAPIN.

———

Je viens parler d'une série de manuscrits que, comme membre de la municipalité, je suis appelé à chaque heure, non-seulement à manier et à feuilleter, mais encore à continuer et à mettre à jour.

Il s'agit des registres de l'état-civil de Bourges.

Déjà un de nos plus laborieux collègues, M. Riffé, vous a entretenus à ce sujet pour ce qui concerne la paroisse de Saint-Fulgent.

M. Riffé s'est imposé une tâche digne d'un bénédictin. Il dépouille ligne par ligne chaque volume du recueil et en extrait tout ce qui, à un titre quelconque, généalogique ou historique, peut offrir de l'intérêt, soit au point de vue local, soit au point de vue général.

Les notes que nous donnons ici n'ont ni cette importance ni cette portée ; elles ne contiennent qu'une vue d'ensemble, un coup d'œil général.

Tout le monde sait ce qu'est l'état-civil. C'est pour chacun le grand livre de vie. Il a pour but de constater d'une façon officielle les trois dates importantes de l'existence humaine, c'est-à-dire la naissance, le mariage et la mort.

On comprend pour une nation l'importance qu'il y a à pouvoir se rendre compte de tous les membres qu'elle possède dans son sein, au point de vue de leurs droits et de leurs obligations dans la famille, dans la cité et dans l'État.

Dans l'antiquité, une institution analogue existait à Athénes et à Rome, et en dernier lieu Marc-Aurèle l'avait complétée. L'invasion des barbares la fit disparaître et pendant tout le moyen-âge la tradition et la preuve orale devinrent les uniques moyens de constater les naissances, les mariages et les décès.

Néanmoins, dans quelques états où la vie publique s'était rapidement développée, il s'organisa d'assez bonne heure, au sujet de ce qui nous occupe, un contrôle sérieux et officiel. Plusieurs des républiques d'Italie, entre autres Venise, Gènes, Florence, Milan, Lucques et Bologne, possédaient des livres dits livres d'or, sur lesquels étaient inscrits les noms des familles patriciennes. Le livre d'or de Venise, le plus célèbre de tous, fut fondé en 1297.

Partout ailleurs les seules sources un peu sûres d'in-

formation ne consistaient guère qu'en quelques notes
tracées par les parents ou un chapelain sur les pages
d'un missel. Nous nous rappelons avoir vu dernièrement
encore, inscrite sur les blancs d'un livre d'heures à mi-
niatures coloriées, présenté à la société par son secrétaire, la filiation d'une famille jadis opulente, aujour-
d'hui dans la misère, la famille de Village issue d'un
des facteurs de Jacques-Cœur.

Initiateurs en cela comme en tant d'autres matières au
moyen-âge, les membres du clergé furent les premiers à
comprendre l'insuffisance d'un semblable système et
commencèrent en certains lieux à fixer sur des registres
spéciaux les dates des baptêmes, des mariages et des en-
terrements.

Les choses subsistèrent ainsi jusqu'à François Ier qui,
reconnaissant que cette constatation toute religieuse et
purement facultative devait revêtir un caractère général, prescrivit au mois d'octobre 1539, par une ordonnance datée de Villers-Cotterets, aux chapitres, monastères et curés l'obligation de relater par écrit « l'heure
de la nativité » de tous ceux dont ils avaient charge. Il
ne songea pas au mariage et ne s'occupa des décès qu'à
l'encontre des personnes pourvues de bénéfices. Henri II
combla la lacune, et par l'ordonnance de Blois du 2 mai
1559, renouvela, en les complétant, les dispositions de
son prédécesseur. Du reste les deux ordonnances précitées se bornaient à établir quelques points généraux et
n'entraient dans aucun détail sur la tenue des registres,
la rédaction des actes et les personnes qui devaient y figurer. L'expérience ne tarda pas à montrer l'inconvé-
nient qu'il y avait à abandonner à l'arbitraire individuel

un point aussi important et Louis XIV (avril 1667),
Louis XV (avril 1736) donnèrent la dernière main à
cette partie de la législation.

En voici le résumé sommaire :

« Les curés et tous les ecclésiastısques ayant charge
d'âmes, sont tenus de mentionner chaque acte de baptême, de mariage et de sépulture sur deux registres para-
phés et cotés par le juge royal du lieu.

« L'un des doubles est timbré, et doit à la fin de l'année
être déposé au greffe compétent. L'autre, fait de papier
ordinaire, reste déposé aux archives de la paroisse. Les
actes doivent être inscrits de suite et sans blanc.

« Pour les baptêmes, il doit être fait mention du jour de
la naissance, des noms donnés à l'enfant, des noms du
père et de la mère, du parrain et de la marraine. L'offi-
ciant, le père s'il est présent, le parrain et la marraine
apposent leur signature.

« Pour les mariages il faut relater les noms, surnoms,
âge, qualité et demeure des contractants, la présence,
les noms, surnoms, qualités et demeures des témoins au
nombre de quatre. Le prêtre et les personnes sus-indi-
quées doivent signer.

« Pour les sépultures, le rédacteur doit consigner le jour
du décès, le nom et la qualité de la personne décédée. La
pièce doit être signée tant par celui qui préside à l'enterrement que par deux des plus proches parents, ou des
amis du mort.

« Il est loisible aux personnes intéressées de lever des
copies, et les ecclésiastiques peuvent être contraints à
l'exécution de ces prescriptions par la saisie de leur temporel. »

On voit que, sur un grand nombre de points, la législation moderne a été calquée sur l'ancienne.

Ces règlements du reste, vu leur forme religieuse, ne s'appliquaient qu'aux catholiques. Jusqu'en 1784, époque à laquelle l'article 25 des lettres patentes du 10 juillet, les autorisa à déclarer les naissances mariages et décès devant le juge du lieu, les Juifs n'avaient d'autre ressource que le témoignage et les papiers de famille pour prouver leur généalogie.

Il en fut de même pour les protestants, depuis la révocation de l'édit de Nantes jusqu'à Louis XVI qui, en 1787, investit à leur égard les officiers de justice du droit de tenir les écritures nécessaires.

Tel était l'état des choses quand éclata le mouvement de 1789. L'assemblée législative retira aux ecclésiastiques la tenue des registres de l'état-civil pour la remettre le 20 septembre 1792 aux mains des membres des conseils généraux des communes. La loi du 28 pluviôse an VIII ne tarda pas à l'enlever à ces fonctionnaires pour le donner aux maires qui n'ont pas cessé de la conserver depuis.

Les nouvelles mesures ne s'exécutèrent qu'avec de grandes difficultés. On vit, soit de la part du clergé mécontent d'être dépouillé d'une prérogative importante, soit de la part des habitants obligés de renoncer à des habitudes séculaires, s'élever des résistances analogues à celles qui, de nos jours, se produisent dans les pays, où comme en Autriche et en Italie, ce service public vient d'être sécularisé.

En dehors du reste, du changement pour le personnel chargé de la rédaction, la loi nouvelle consacrait d'im-

menses innovations, au premier rang desquelles il faut
ranger l'établissement du mariage civil.

En second lieu, il faut noter la concentration en un
seul point pour toute la commune des actes jadis enre-
gistrés séparément dans chaque paroisse, la nécessité de
tenir un registre distinct pour chaque genre d'actes, la
création d'un registre de publications qui n'existait pas
auparavant, la substitution d'un témoin masculin à la
marraine pour les actes de naissance, etc., etc.

Les registres de l'état-civil de Bourges, produit de la
législation dont nous venons de faire l'historique, forment
une série de 250 volumes petit in-folio, uniformément
reliés en parchemin, et fermés avec un cordon de laine.
La reliure est moderne. Au dos se trouve une étiquette
en veau rouge indiquant le nom de la paroisse et un
double numéro d'ordre :

1° le numéro d'ordre par rapport à la collection entière.

2° le numéro d'ordre par rapport au nombre des cahiers de la série paroissale. Il existe des lacunes importantes.

La conservation générale est bonne, néanmoins bien
des pages sont rongées ou déchirées. Si le format de la
reliure est uniforme, il n'en est pas de même du papier
qui, ici est grand, là tout petit.

Certaines écritures sont excellentes, d'autres presque impossibles à lire.

La partie ancienne de la collection, celle qui s'arrête
à 1791, comprend avec les tables 105 volumes.

Douze paroisses seulement ont des tables rédigées à
différentes époques, encore sont-elles fort incomplètes.

Tel qu'il est, le tout forme un ensemble précieux et, nous le croyons, plus complet que celui qu'en général peuvent offrir les communes de France.

Les noms qui se lisent sur les volumes sont au nombre de 19, dont 16 s'appliquent à des paroisses et 3 à des chapelles.

Les 16 paroisses sont :

1° Saint-Pierre le Puellier ;

2° Notre-Dame du Fourchaud ;

3° Saint-Outrille ou Saint-Aoustrillet ;

4° Saint-Jean-le-Vieil.

5° Notre-Dame de Montermoyen ;

6° Saint-Outrille du Château ;

7° Saint-Ursin ;

8° Saint-Jean des Champs ;

9 Saint-Bonnet ;

10° Saint-Privé ;

11° Saint-Ambroix ;

12° Saint-Pierre le Marché ;

13° Sainte-Croix ;

14° Saint-Médard ;

15° Saint-Pierre le Guillard ;

16° Saint-Fulgent.

Les trois chapelles :

Le Séminaire, l'Hôpital, l'Hôtel-Dieu.

Nous pouvons, grâce aux renseignements qui nous ont été obligeamment fournis par M. Riffé, donner quelques détails sur chacune de ces paroisses.

La partie supérieure de la ville, formée par la vieille enceinte gallo-romaine, dont le relief est si apparent, se

partageait en cinq divisions : Saint-Pierre le Puellier,
Notre-Dame du Fourchaud, Saint-Oustrille, Saint-Jean
le Vieil et Notre-Dame de Montermoyen ;

Saint-Pierre le Puellier, construit sur l'emplacement
où est aujourd'hui la maison de Quincerot, le long de la
place Saint-Pierre, avait pour limites la rue des Vieilles-
Prisons, la rue de la Grosse-Armée, la rue de la Monnaie, la rue Moyenne et la rue du Guichet;

Notre-Dame du Fourchaud, sur l'emplacement de
l'impassse actuelle du Fourchand : la rue de la Grosse-
Armée, le bas de la rue des Vieilles-Prisons, la rue de
Paradis, la place des Carmes, et la rue de la Monnaie;

Saint-Outrille, d'où dépendait Jacques-Cœur, siége de
la municipalité et des tribunaux et bâtie à l'endroit où
s'élève maintenant la maison occupée par les message-
ries Chertier; la place Jacques-Cœur, la rue Moyenne, la
rue Jacques-Cœur et la rue Bourdaloue;

Saint-Jean-le-Vieil, dont l'abside subsiste toujours dans
l'intérieur de la maison Tailhandier du Plaix, rue de l'Arsenal et qui comprenait le logis de l'Intendant : la rue
Bourdaloue, la rue de Linières (partie haute) la rue des
Armuriers, la place de l'Arsenal, la rue du Vieux-Poirier, la rue Notre-Dame de Sales et la rue Moyenne;

Notre-Dame de Montermoyen, toute petite paroisse,
placée en face de la maison Augier : le baut de la rue
Moyenne, la rue Notre-Dame de Sales, l'extrémité de
la rue du Vieux-Poirier et l'esplanade Saint-Michel.
Cette paroisse fut supprimée en 1780 et réunie à celle de
Saint Jean-le-Vieil.

Ces cinq paroisses étaient les plus riches et les plus
aristocratiques de la ville. On en jugera par quelques-

uns des noms qui reparaissent le plus souvent dans les pages de leurs registres et que M. Riffé a relevés.

Saint-Jean-le-Viel.

Anjorrant.
Auger.
Bonnin.
Bouffet.
Boursault.
Cardinal.
Corbin.
Damours,
Dorsanne.
Esterlin.
Fauvre.
Ferrand.
Foucault.
Fradet.
Galland.
Gamaches (de).
Gassot.
Gibieuf.
Hémeré.

Heurtault,
Hodeau.
Ivoy (d').
Lebloy.
Lelarge.
Lemort.
Lesyeur.
Leveillé.
Margat.
Poupardin.
Ragueau.
Riglet.
Robinet.
Ruellé.
Sallé.
Sapiens.
Thomas.
Tristan.
Tullier.

Saint-Oustrillet.

Agard.
Alabat.

Heurtault.
Heyrault.

Anjorrant.

Auger.

Augier.

Aupic.

Baraton.

Baucheron.

Beauvoir (de).

Bengy.

Boisrouvray (de).

Bonnet.

Bouffet.

Bourdaloüe.

Busson. .

Catherinot.

Chabenat.

Chapelle (de la).

Chenu.

Dorsanne.

Doullé.

Fauvre.

Ferrand.

Foucault.

Gassot.

Gayault.

Godard.

Gay.

Gougnon.

Grasset.

Guenoys.

Hémeré.

Jaupitre.

Labbe.

Lebas.

Lebegue.

Le Mort.

Le Roy.

Lelarge.

Lesyeur.

Levéillé.

Macé.

Marechal.

Marpon.

Martin de Marolles.

Mazelin.

Monicault.

Pain (le).

Ragu.

Ragueau.

Riglet.

Rivière.

Saint-Père (de).

Sallé.

Sarrazin.

Sauzay (de).

Sergent.

Seurrat.

Souciet.

Soumard.

Thomas.

Tullier.

Notre-Dame du Fourchaud.

Agard.	Heurtault.
Alabat.	Heyrault.
Anjorrant.	Jaupitre.
Augier.	Labbe.
Babou.	Lebas.
Baucheron.	Lebegne.
Beauvoir (de).	Lebloy.
Bengy.	Lemort.
Berault.	Lelarge.
Biet.	Leroy.
Bigot.	Leveillé.
Bonnet.	Macé.
Bonnin.	Marechal.
Bourdaloüe.	Margat.
Bouffet.	Marpon.
Boursault.	Martin de Marolles.
Brisson de Plagny.	Mazelin.
Busson.	Monicault.
Chabenat.	Pain (le).
Chambellan.	Piat (le).
Charlemagne.	Poupardin.
Chenu.	Ragu.
Colladon.	Ragueau.
Cougny (de).	Riglet.
Damours.	Rivière.
Dubet.	Robin.

Doullé.   Robinet.
Estat (d').   Ruellé.
Ferrand.   Saint-Père.
Foucault.   Sallé.
Galland.   Sapiens.
Gamaches.   Sarrazin.
Gassot.   Souciet.
Gayault.   Soumard.
Gibieuf.   Thomas.
Godard.   Houbeau.
Girard.   Tristan (de).
Grasset.   Tullier.
Guenois.   Village (de).
Hémeré.

Montermogen.

Les registres de cette paroisse ne nous ont pas été conservés ; il n'en reste que deux en trois cahiers pour les
années 1668 à 1677. Quelques actes s'y rapportent à
d'importantes familles, telles que

Bengy.   Hardivilliers (d').
Bruère.   Heyrault.
De Coué de Lusignan.   Marcillac (de).
Corbin.   Mercier.
Ivoy (d').   Ragueau.
Gougnon.

Autour du noyau formé par ces cinq paroisses privilégiées venaient se grouper les autres églises ;

Au sud-est, sur le sommet du plateau, Saint-Outrille du Château dont le territoire presque tout rural partant de l'enceinte antique, englobait le faubourg du même nom. Le temple existait près de la communauté de sœurs établies le long de la route de Dun-le-Roi; on en voit encore les ruines en face du couvent des Franciscains. C'était une paroisse de vignerons et de journaliers. Noms principaux: Brisson, de Plagny, Gay, Labbe, Sapiens et Sarrazin.

Saint-Ursin, situé entre la place de ce nom et la maison occupée par M. l'avocat Guillot, avait pour dépendances: la rue des Rats, la rue des Juifs, la rue Samson, la rue d'Alchimie, le haut de la rue Bourbonnoux et la place de la Croix de mission. Les écoles placées à l'angle de la rue Bourbonnoux et de celle des Trois Maillets, du côté de la cathédrale, en faisaient partie au point de vue spirituel.

Saint-Jean-des-Champs, sur le terrain qui forme la place Saint-Jean actuelle, au bas de la petite rue Casse-Cou. Dépendances: rue Saint-Louis, rue Montcenoux, et partie basse ce la rue Bourbonnoux.

Noms principaux :

Saint-Jean-des-Champs.

Auger.	Lelarge.
Boursault.	Leroy.
Brisson de Plagny.	Macé.
Chenu.	Porte (de la).
Fauvre.	Riglet.

Fradet.

Galland.

Gayault.

Girard.

Gougnon.

Guenoys.

Hodeau.

Ivoy (d').

Labbe.

Ragueau.

Ruellé.

Sallé.

Sauzay (de).

Seurrat.

Thomas.

Tullier.

Village (de).

Saint-Bonnet.

Saint-Bonnet qui existe toujours : toute la rue de ce nom et ses annexes, depuis la place Gordaine jusqu'au pont, habitée surtout par des commerçants et des aubergistes.

Noms principaux :

Boucher.

Chenu.

Dorsanne.

Fradet.

Gay.

Girard.

Godard.

Guenois.

Hémeré.

Heurtault.

Hodeau.

Ivoy (d').

Lebègue.

Lebloy.

Macé.

Monicault.

Orléans. (d')

Poupardin.

Ragu.

Rapin.

Riglet.

Rivière.

Sapiens.

Sergent.

Jaupitre.	Thomas.
Labbe.	Village (de).

Saint-Privé.

Saint-Privé, qui sert aujourd'hui de logement au poste d'octroi établi sur le chemin de fer au passage de la route de Paris : tout le faubourg du même nom, depuis le rempart des Prés-Fichaud; comme de nos jours habitée par des maraîchers, des jardiniers et des vignerons.

Saint-Ambroix, dont on voit les ruines dans le jardin de Mme Hyel, avait toute la rue du même nom, depuis la rue des Puits-de-Jouvence et s'étendait dans la campagne du côté de l'hopital; elle n'était guère habitée que par des artisans pour lesquels le voisinage de l'eau était indispensable, parcheminiers, drapiers, foulons, cardeux de laine, teinturiers, tanneurs, etc.

Noms principaux :

Bourdaloue.	Catherinot.
Gougnon.	Sallé.
Sauzay (de).	

Saint-Pierre-le-Marché, qui existe toujours sous le nom de Notre-Dame : rue de la Parerie, rue des Puits-de-Jouvence, rue des Pourceaux, rue des Toiles.

Sainte-Croix, la plus petite paroisse de la ville, construite à l'angle de la rue des Trois-Pommes et de la rue Saint-Médard; le commencement de la rue Saint-Médard et celui de la rue des Arènes, jusque et y compris l'Hôtel-Cujas.

Noms principaux :

Boisrouvray (de).

Chenu.   Colladon.

Dagout.   Estat (d').

Lelarge.   Ragueau.

Riglet.   Souciet.

Thomas.   Torchon.

Saint-Médard, dont le bâtiment contient aujourd'hui une brasserie à l'extrémité de la rue du même nom : rues Saint-Sulpice, Saint-Médard et faubourg Saint-Sulpice, comprenait l'Hôtel-Dieu.

Noms principaux :

Alabat.   Baucheron.

Bonnin.   Bourdaloue.

Charlemagne.   Corbin.

Fauvre.   Gassot.

Gay.   Gougnon.

Guenois.   Hodeau.

Ivoy (d').   Labbe.

Lebloy.   Lemort.

Lelarge.   Lesyeur.

Macé.   Orléans (d').

Pain (le).   Porte (de la).

Poupardin.   Ragueau.

Riglet.   Rivière.

Ruellé.   Sauzay (de).

Simon.   Souciet.

Soumard.   Thomas.

Tullier.

Saint-Pierre-le-Guillard.

Saint-Pierre le Guillard, qui existe toujours; tout ce qui forme les alentours de la halle actuelle, rue des Arènes, place Bourbon, rue Sainte-Claire, rue des Cordeliers et de la Chappe.

Noms principaux :

Alabat.	Agard.
Beauvoir (de)	Bourdaloue.
Boursault.	Busson.
Chambellan.	Chartemagne.
Colladon.	Clerjault.
Damours.	Dumets.
Dumoulin.	Esterlin.
Gay.	Gayault.
Gibieuf.	Lebas.
Lelarge.	Millet.
Monicault.	Perrotin.
Poupardin.	Ragu.
Rapin.	Robinet.
Sallé.	Sauzay (de).
Tullier.	Turpin.

Saint-Fulgent.

Enfin, Saint-Fulgent, sur laquelle M. Riffé vous a donné d'importants détails, au coin de la rue des Vertus et de la rue Saint-Fulgent. Le bâtiment, dit M. Riffé, subsiste encore et est divisé en plusieurs étages et approprié à un commerce de menuiserie.

La paroisse s'étendait depuis le côté gauche d'Auron jusque dans la campagne du côté de la vallée Saint-Paul. Elle avait dans sa juridiction les prisons de la ville et les dépendances de l'intendance. On y trouve peu de familles importantes, et elle était habitée, comme elle l'est encore, par des artisans et des vignerons.

Noms principaux :

Badin.	Bonnet.
Bonnardel.	Busson.
Calande.	Gibieuf.
Hémeré.	Heurtault.
Lebas.	Lesyeur.
Orléans (d').	Poupardin.
Ragueau.	Rivière.
Thomas.	

Telles étaient les circonscriptions ecclésiastiques de la ville de Bourges.

Les registres ne remontent pas tous, il s'en faut, à la même époque : le plus ancien est celui de Saint-Fulgent, qui date de 1565, vingt-sept ans seulement après l'édit de François Iᵉʳ. Nous croyons que l'on en rencontrerait peu en France présentant une telle antiquité.

Viennent ensuite Saint-Pierre le Guillard, 1583 ; Sainte-Outrille, 1586 ; Saint-Jean le Vieil, 1587 ; Saint-Bonnet, 1588 ; Saint-Pierre-Puellier, 1589 ; puis Saint-Ambroix et Saint-Médard, 1608, Saint-Privé, 1620, etc.,

etc., jusqu'à Saint-Ursin, qui ne commence qu'en 1672, et l'Hôtel-Dieu seulement en 1711.

L'on ne trouve pas uniquement des actes dans les registres de l'état-civil. En même temps, vous a dit M. Riffé, qu'ils servaient à constater les événements de la vie des familles, ils offraient aux curés l'occasion naturelle de consigner des réflexions de toutes sortes, et à l'appui de cette remarque l'auteur cite, ou reproduit seulement dans la paroisse de Saint-Fulgent, trois pièces des plus intéressantes : une mention de l'incendie de la Sainte-Chapelle, le récit d'une translation de reliques et un noël sur les différents paroisses de Bourges.

Après lui nous avons glané dans les registres de la même paroisse (années 1740 et 1742) les lignes qui vont suivre où le mauvais goût se mêle au fiel :

« Xiphiler (?) disait : Quand Dieu fit l'homme d'une masse de boue informe, il fallut qu'il prit le marteau et le ciseau, et la taillât jusqu'à ce qu'elle ait la forme que nous lui voyons. Il restait les rognures, il en fit les laquais et les évêques. »

« Plus bas il dit : Je n'ai qu'un regret en mourant, c'est de n'avoir point pensé à me faire évêque pour mourir aussi méchant qu'un autre. Ces pensées, toute laides qu'elles sont en elles-mêmes, ne sont pas libertines, et elles signifient seulement que la conduite des évêques n'est réglée que par leur volonté. Donnez au juste les causes des tours d'une toupie, et vous trouverez celles de la conduite des évêques. Ils n'ont pas plus tôt la mistre sur la tête, qu'ils ne respirent plus le même air que nous. »

Plus loin, un paragraphe est consacré à une appréciation sur la lutte des jansénistes et des molinistes, et un autre à la mention de l'expédition de Bohême et au siége de Prague. Ces notes sont de l'écriture de messire Pierre Huet, prieur-curé de Saint - Fulgent, au milieu du XVIII° siècle.

L'acrimonie qu'elles renferment laisserait supposer que messire Huet n'était pas sans avoir eu quelques difficultés avec ses supérieurs hiérarchiques.

Dans la paroisse de Saint-Pierre-le-Puellier, on trouve, à la fin de l'année 1679, c'est-à-dire six ans avant la révocation de l'édit de Nantes, deux abjurations d'hérésie. Le 12 février, celle d'Esaü Gilbert, âgé de 15 ans, et le 9 mars, celle d'Antoine Rousseau. Voici la teneur de cette dernière :

« Aujourd'hui jeudi, neuvième mars, mil six cent septante-neuf, dans cette église de Saint-Pierre-le-Puellier, par devant nous, prestre et curé de la dite église, est comparu M. Antoine Rousseau, seigneur de la Motte, natif de Regny, paroisse de Crézanzy, âgé de 27 à 28 ans, lequel, en présence des témoins ci-après nommés, nous a déclaré que, depuis longtemps, il avait été inspiré de Dieu d'abjurer l'hérésie en laquelle il avait vécu jusqu'à présent, et faire profession de la foi catholique, apostolique et romaine, et qui s'était présenté, pour cet effet, à Messieurs les vicaires généraux, le siége archiépiscopal vacant; les dits sieurs nous avaient commis pour recevoir son abjuration. A quoi désirant satisfaire, après avoir remontré au dit sieur Rousseau la profession de foi ainsi qu'elle est contenue au rituel du diocèse, laquelle il a lue mot à mot à voix intelligible, en présence des mêmes témoins, protesté et juré sur les saints

Évangiles, de vivre et mourir dans la dite foi et religion catholique, apostolique et romaine.

« Après quoi, selon le pardon à nous donné par les dits vicaires-généraux, avons donné au dit sieur Rousseau, absolution de toute censure et excommunication par lui encourues au sujet de la dite hérésie, et l'avons reçu dans le giron de sainte mère Église et averti d'y vivre en bon et fidèle catholique. Fait à Bourges, en présence de M° Jacques Danjon, greffier au baillage et siége présidial de cette ville, et de M° Silvain Sauger, procureur aux dits siéges. Suivent les signatures. »

Dans le volume 65 (Saint-Oustrille), se lit, au commencement, une énumération rédigée en 1747, des rentes et fondations créées en faveur de l'église, à charge de célébration d'obits, de messe et d'anniversaires. L'importance des sommes est proportionnée à l'importance des prières demandées et varie de 12 sous 6 deniers, à 3 livres, 50 livres et plus.

A la fin de l'année 1762, un curé de Saint-Pierre-le-Marché, M. Pisseau, donne la liste de tous ses prédécesseurs, depuis 1463. Ils sont au nombre de 25. Plus loin, M. Pisseau énumère toutes les améliorations qu'il a fait opérer dans l'église et dans la cure, depuis son entrée en fonction, en ajoutant, non sans un certain orgueil, que tout cela a été exécuté sans compromettre les finances de la paroisse. Il en sera de même, ajoute-t-il, pour tous les curés qui auront soin d'empêcher les procureurs, marguillers, de dilapider les revenus de la fabrique.

Ailleurs, au Château, un curé, M. Gay, de 1772 à

1780, tient une chronique complète de tous les petits événements dont il est témoin.

Revenus du chapitre du Château, maladies régnantes, variations météorologiques, changements dans le personnel ecclésiastique, rien n'est oublié, et tout est relaté avec une bonhomie et une simplicité bien éloignées de la malignité du curé de Saint-Fulgent.

Voici textuellement les principales de ces notes.

La récolte y tient une grande place ; on voit que c'est là une grosse question pour les finances du chapitre.

« En 1772, la nuit du 20 au 21 avril, il y eut une gelée si forte, que le peuple alarmé se leva dans la nuit pour demander à Dieu la conservation des biens de la terre. Ils furent en effet conservés comme par miracle, et le dimanche suivant, un *Te Deum* de reconnaissance fut chanté à la cathédrale.

« Le blé a été fort cher, le vin, au contraire, a été abondant. La dixme du chapitre fut affermée 1,900 livres ; mais, comme celui qui l'avait affermée ne put trouver ni caution ni commun, et que la pluie continuelle faisait périr la vendange, le Chapitre prit le parti de faire lever lui-même. Il y eut 84 pièces. Chaque chanoine eût 7 pièces 1/2 ; le vin valait 6 à 7 liards.

« 1774. Le blé, un moment, est monté jusqu'à 3 livres 10 sous.

« 1775. Sur la fin de l'année, une maladie épidémique, qui n'est autre chose qu'un rhume occasionné par des brouillards très-épais, a fait du ravage, d'abord dans la capitale du royaume, et de là, s'est répandue dans les provinces, et enfin est venue jusqu'à Bourges. Presque tout le monde en est attaqué, mais sans aucun danger pour la vie, tandis qu'à Paris et dans d'autres endroits, cette maladie a fait périr beaucoup de monde. »

Le gros rhume dont parle le brave chanoine n'est sans doute pas autre chose que l'affection que nos médecins modernes dénomment grippe.

« 1776. Cette année a été fertile, les cerisiers qui n'avaient point rapporté depuis plusieurs années, par le dégât qu'y faisait un petit ver appelé, par les gens du pays, *arpenteur*, ont donné, avec une abondance extraordinaire.

« Conformément à la déclaration du roi, l'inhumation, dans les églises, a cessé d'être pratiquée, et plusieurs cimetières intérieurs ont été supprimés.

« 1778. Les vendanges sont très-bonnes, le vin est tombé à 2 sous. Chaque chanoine a eu 7 poinçons de pure goutte et un et demi de pressurage à peu près.

« L'an dernier, chaque chanoine n'avait eu que deux poinçons et demi environ et un quart de pressurage.

« Le 26 septembre, on a chanté un *Te Deum* pour la prise de Grenade, faite sur les Anglais, par M. le comte d'Estaing.

« 1780. Chaque chanoine a eu 4 poinçons, compris le pressurage à pur. »

Nous finirons en reproduisant une note où le sentiment du patriotisme se mêle au sentiment de la justice et de l'équité.

« Quant à la guerre, dit M. Gay, survenue entre l'Angleterre et la France, il n'y a rien qui puisse faire présager quel en sera le succès. Les Anglais s'étaient tellement saisis, depuis longtemps, de l'empire de la mer, qu'il est actuellement difficile de les humilier et d'obtenir sur cet élément une liberté qui est très-naturelle et à désirer. On espère que Dieu, qui connaît la hauteur et l'injustice de leurs procédés, contribuera, par sa protection, à mettre à cet égard toute chose dans l'ordre. »

A ce qui précède, se borne ce que nous avons trouvé.

En 1791, un décret de l'assemblée nationale, du 1er avril, décida qu'il n'y aurait plus pour la ville de Bourges que quatre paroisses, les autres étant supprimées. Ces quatre paroisses étaient Saint-Étienne, de création nouvelle (jusque là la cathédrale ne servait qu'à l'usage exclusif du Chapitre); St-Pierre-le-Guillard, Saint-Pierre-le-Marché et Saint-Bonnet. Asnières, jusqu'alors succursale de Saint-Privé, était annexé à Saint-Bonnet.

Les curés des nouvelles paroisses continuèrent à recevoir les actes jusqu'au 25 octobre 1792, époque à laquelle les registres furent transportés à la maison commune.

Telles sont, en quelques mots, l'histoire et la physionomie de cette importante section de nos archives municipales. Ces cahiers nous ont semblé mériter l'attention du public.

Leurs pages jaunies, où tant de noms grands et petits. humbles ou illustres, dorment côte à côte et fraternellement, sont pleines pour qui veut réfléchir de leçons et d'enseignements. Elles ont, entre autres mérites, celui de rappeler deux choses que l'on est peut-être trop tenté d'oublier aujourd'hui : le souvenir des traditions de familles et la mémoire des aïeux disparus.

ESSAI

SUR L'ARCHITECTURE RELIGIEUSE EN BERRY.

Par M. A. BUHOT de KERSERS

———

L'histoire de l'architecture religieuse au moyen-âge est une science aujourd'hui fondée. Les obscurités qui peuvent s'étendre encore sur certaines origines ou sur certaines transitions, sur quelques détails ou sur quelques théories, n'altèrent pas l'exactitude des notions d'ensemble. Il semble possible, en rapprochant ses enseignements généraux de ceux de l'histoire locale et surtout des monuments qui subsistent encore, de saisir d'une façon tout au moins approximative la marche qu'a suivie l'art des constructions religieuses dans chaque contrée.

Le Berry, où existent les vestiges de si nombreuses et si riches abbayes, qui cultivèrent pour leurs vastes constructions et firent rayonner autour d'elles la science architecturale, se prête plus que tout autre pays à cet examen ; et malgré les désastres de toute sorte que les guerres et les révolutions lui ont fait subir, il offre un champ vaste et fertile à nos observations.

Déjà plusieurs de nos édifices ont été étudiés par des hommes d'une haute portée scientifique. Indépendamment de la place qu'ils ont méritée dans les études d'ensemble et dans les recueils généraux, les observations historiques de M. L. Raynal (1) dans son *Histoire du Berry*, les réponses faites par M. Dumoutet et par M. l'abbé Lenoir (2) aux questions posées par M. de Caumont en 1868, dans les séances archéologiques tenues à Bourges, ont fait connaître les grands monuments qui, au xiᵉ siècle avec les bénédictins de Cluny, au xiiᵉ avec ceux de Cîteaux, au xiiiᵉ avec l'autorité épiscopale, ont couvert notre sol de monuments religieux.

Nous-même, il y a quelques mois, dans une rapide esquisse, qui, grâce à la Société des Antiquaires du Centre, a pu aborder l'épreuve d'une lecture à la Sorbonne (3), nous nous efforcions, en comparant quelques édifices d'un âge certain, de poser quelques ja'ons, d'établir ce que nous nommions la chronologie du progrès local.

Aujourd'hui nous voudrions aller un peu plus loin, combler quelques-uns des vides que laissaient entre eux

(1) *Histoire du Berry*, tom. I, p. 420 et suivantes.

(2) *Congrès archéologique de France.* 1868. Page 23 et suivantes.

(3) *Revue des Sociétés savantes*, avril-mai 1869. Page 347.

les points éloignés fixés par notre précédente étude et y placer dans leur ordre probable nos principaux édifices.

Nous voudrions ainsi, non pas faire une histoire détaillée et complète de notre architecture locale au moyen-âge, l'œuvre dépasserait le cadre de nos travaux; mais, et la tâche est déjà lourde pour nos faibles forces, saisir la suite et l'enchaînement de ses progrès, les principes qui ont présidé à son développement, les influences qu'elle a ressenties, les caractères qui lui ont été propres.

C'est particulièrement au département du Cher que nous avons appliqué nos recherches, mais le Berry religieux a toujours fait un ensemble compact, une scission nous eût privé de bien des éclaircissements et nous avons dû comprendre sous un même regard les édifices des départements de l'Indre et du Cher, c'est-à-dire de l'ancien diocèse de Bourges presqu'entier.

Nous ne nous appuierons que sur les monuments eux-mêmes, sur ce qui en reste, sur ce qui en est encore aujourd'hui palpable et visible. La langue archéologique est nouvelle comme la science. Les descriptions des anciens auteurs sont souvent d'une interprétation difficile et dangereuse : les résultats qu'on en peut tirer sont trop vagues pour un travail que nous espérons faire exact et que nous voulons tout au moins faire consciencieux.

I.

A la tête de cette étude nous rencontrons un tout petit édifice d'un très-haut intérêt, l'oratoire découvert en 1833 au pied de la tour d'Issoudun. Fort consciencieusement décrit par M. Perémé en 1847 (1), cet édicule, bien qu'il ait beaucoup souffert, a conservé quelques parties debout, et avec les indications écrites il est facile de le reconstituer. Il est plus difficile d'en apprécier les caractères et surtout de faire concorder les opinions diverses dont il a été l'objet.

Nous en donnons le plan. (Pl. I, fig. 1.)

Ainsi qu'on le voit, l'édifice se compose d'une abside demi-circulaire orientée, voûtée en quart de sphère, percée d'une fenêtre centrale, et ornée à droite et à gauche de deux colonnes cylindriques logées dans deux redans pratiqués sous les retombées angulaires de la demi-coupole (2) Les fûts de ces colonnes, détachés du mur, sont composés de plusieurs tambours superposés, leurs chapiteaux sont d'imitation corinthienne, mais la sculpture en est dure, plate, sans nerf et sans modelé, comme nous

---

(1) *Recherches sur Issoudun.*

(2) Viollet-le-Duc, *Dictionnaire raisonné d'architecture.* Tome II, page 488.

en rencontrons tant au xiᵉ siècle, et n'a rien de commun
avec la sculpture romaine.

De chaque côté de cette abside sont deux petits réduits,
couverts d'une voûte en berceau plein cintre; leurs portes ont un linteau droit. Dans le réduit de gauche ou
du nord était une pierre, probablement table d'autel, dont
la partie engagée était couverte d'entrelacs. Au-delà du
réduit de droite un passage, voûté aussi, donnait accès
sur une cour située derrière l'édifice. Les portes de ce
passage sont cintrées, à claveaux petits et parfaitement
dressés.

En avant de cet édifice, des murs latéraux, dont il ne
reste qu'une partie, formaient une nef d'un parallélisme
défectueux et qui ne semble pas avoir été voûtée.

Les murs sont construits en moyen appareil : les joints,
ceux des murs, comme ceux des cintres, sont épais de
trois à quatre centimètres; les mortiers ne gardent aucune trace de brique pilée. Les surfaces des pierres sont,
non pas smillées, mais dressées avec soin par des hachures en feuilles de fougère se chevauchant et qui paraissent produites par un instrument tranchant d'environ cinq centimètres de large. (Pl. I, fig. 2.) Ces hachures, décrites et dessinées par M. Viollet-Leduc, ont été
vues par lui sur des monuments allemands du xiiᵉ siècle (1). Leur présence ici est à noter comme reculant leur
emploi de plusieurs siècles.

Les réduits latéraux sont voûtés de grossiers berceaux
plein cintre en blocages d'une simplicité primitive : les

(1) Vᵒ *Taille,* fig. 4, tome IX, page 5.

cintres, en effet, n'étaient que des planches posées sur
les murs terminaux, préalablement élevés jusqu'au demi cercle. On voit encore, à l'intrados, sur ces murs, l'al-
véole des extrémités des planches qu'il a évidemment
fallu briser pour les retirer.

Malgré certains caractères romains tels que l'épaisseur
des lits de mortiers que nous retrouvons tout aussi accen-
tués dans des édifices du XIᵉ siècle, nous ne croyons pas
que l'aspect de la sculpture, la disparition du petit appareil smillé, l'absence de briques dans la maçonnerie et le
mortier, permettent de voir là un ouvrage gallo-romain,
ni même rapproché des époques romaines. M. Dumoutet (1) n'a pas hésité à le faire descendre à la fin du VIIIᵉ
siècle.

Si ce n'était heurter trop violemment de savantes opinions, nous serions plus radical encore et nous le repor-
terions à la fin du IXᵉ, peut-être même au commencement
du Xᵉ siècle.

L'appareil n'est point bas et plat comme nous le trouvons aux cryptes de Saint-Avit et de Saint-Aignan d'Orléans, que l'on place au commencement du IXᵉ siècle. Les
chapiteaux d'Issoudun n'ont pas ces plates-bandes que
nous trouvons à Orléans : mais au contraire, imités des
débris antiques tels qu'ils gisent sur notre sol du Berry,
ils semblent les premiers efforts d'une renaissance locale.
Et cette renaissance ne procédait pas comme celle de
Charlemagne qui importa d'un coup à Aix-la-Chapelle les

(1) *Bulletin du Comité diocésain d'histoire et d'archéologie,* page
172 et 176.

ouvriers de Byzance et de Ravenne et tout l'art oriental
du viii° siècle, bien plus éloigné de l'art gallo-romain que
ne le fut notre architecture du xi° siècle : mais au contraire elle sortait du pays même, des forces et des ressources nationales et devait par cela même être durable et
marcher de progrès en progrès dans une voie originale et
hardie.

D'autres considérations se joignent à celles-là. L'irrégularité qui se voit dans le plan du réduit de gauche
s'explique par les exigences du terrain : le fossé extérieur
du plateau sur le bord duquel est construit l'édifice
s'opposait à toute extension au dehors, la fenêtre extérieure a toute l'exiguité d'une meurtrière, et l'oratoire
paraît avoir tenu sa place dans les défenses du château
auxquelles il se rattache : et si nous plaçons au ix° ou au
x° siècle la construction, peut-être sur l'emplacement de
l'ancien oppidum gaulois, du château d'Issoudun analogue à toutes les forteresses féodales, Graçay, Vierzon,
Dun-le-Roi, Bruères, Montfaucon, etc , nous serons au-
torisés à reporter l'édicule vers la même époque (1).

Sur une partie de cet oratoire et des défenses qui s'y
joignaient, Philippe-Auguste planta vers l'an 1200 son
énorme donjon.

(1) Le monument d'Issoudun deviendrait alors pour nous non
pas une basilique gallo-romaine, mais l'oratoire du château. On
sait qu'un oratoire privé et un chapelain furent un des luxes les
plus recherchés des seigneurs féodaux dès le vii° siècle, et probablement bien après. — Guizot. *Histoire de la civilisation en France,*
18° leçon. Paris, Pichon et Didier, 1829. Tom. II, p. 10 et suiv.

Quoiqu'il en soit de l'âge du temple d'Issoudun, qu'il soit du VI°, du VIII°, ou du X° siècle, qu'il soit le dernier produit de l'art antique s'éteignant, ou le premier effort d'une renaissance hésitante, il est pour nous un point intéressant antérieur à l'an 1000. Nous trouvons là la voûte en demi-sphère ou en cul de four, la voûte soit en claveaux appareillés, soit en berceaux grossièrement jetés sur d'infimes espaces, l'emploi simultané des blocages romains, mais sans l'excellence de leurs mortiers et l'usage du moyen appareil, mais sans cette précision jointive qui fait sa force : tel paraît être en effet, avec la voûte de pénétration normale indiquée par certaines cryptes, tout l'héritage que ces époques barbares avaient conservé de l'art des Romains. En même temps dans cette abside orientée ornée de colonnes sous la retombée des angles de sa voûte, dans ces réduits orientés eux-mêmes, qui l'accostent, dans cette nef non voûtée qui la précède, nous voyons un plan et des tendances qui devaient se développer et devenir les éléments constitutifs de la presque universalité de nos églises.

En dehors de l'oratoire d'Issoudun, c'est à peine si nous trouvons quelques minces fragments antérieurs à l'an 1000, et cette absence de débris porte elle-même sa signification. Nous y trouvons une preuve, non de la rareté des édifices, mais de la fragilité des matériaux employés. L'histoire nous apprend que le bois entrait presque exclusivement dans la construction et dans l'ornementation des basiliques de cette époque (1), et cette

(2) Quicherat, *Revue des Sociétés savantes*. 1869. Page 482.

notion concorde avec la disparition presque complète de
leurs vestiges. Si des sculptures sur pierre y eussent
figuré, elles nous fussent parvenues, fût-ce sous forme de
moëllon, comme nous viennent les stèles, les sarcophages
de la même époque, et leur défaut ne peut s'expliquer que
par la substitution du bois à la pierre et à sa facile destruction, dans ces temps d'épouvantables désordres.

Les premiers temps carlovingiens paraissent avoir suivi les mêmes errements et nous ont laissé aussi des
traces bien rares et peu significatives. Les cryptes de la
cathédrale sont inaccessibles, et les descriptions qui en ont
été publiées sont trop peu précises pour établir leur âge
avec quelque certitude. Les autres cryptes que nous rencontrons sous nos églises semblent du xi° siècle.

Au x° siècle ou aux premières années du xi° peut être
attribué le chœur d'Avor, (pl. I, fig. 3) (1), où nous trouvons un berceau central, voûté de plein cintre, accosté de
deux autres berceaux plus bas et communiquant avec eux
par des arcades plein cintre, sur pieds droits avec impos-
tes chanfreinés. Ces trois berceaux parallèles étaient compris sous le même toit, disposition signalée par M. de
Cougny comme contemporaine de l'an 1000 dans certaines
régions de la Touraine qui touchent à notre Berry, notamment dans l'église de Pérusson (2).

A ce plan paraissent se rattacher les vestiges bien réduits de l'ancienne église de l'abbaye de Charenton, et le

(1) Tous les plans et les coupes géométrales de cette planche et
de toutes les autres sont à la même échelle de 0 m. 002 par mètre
sur de 1 à 500. Cette identité facilitera les comparaisons.

(2) *Bulletin monumental,* 1869. Page 156.

plan de l'église Notre-Dame de Graçay, aujourd'hui démolie, que nous n'avons pu voir et qui remontait à l'an
1002.

Mais ces humbles édifices, comparés à celui d'Issoudun, témoignent déjà d'un progrès admirable comme légèreté, comme hardiesse et comme science. Ces berceaux
continus et élevés, tout imparfait que fût leur système
d'éclairage, permettaient enfin de voûter les chœurs et
les nefs et de soustraire les édifices aux ravages de l'incendie. Leurs dispositions devaient, par des transformations successives, demeurer celles de nos plus vastes
basiliques.

II.

SOMMAIRE. — Onzième siècle. 1000-1090. — Style roman primitif :
voûtes de plein cintre. — Plan crucial, tour centrale, abside et
absidioles rondes. — Chœurs de Saint-Outrille de Graçay, de
Léré, de Blet, de Saint-Genou, de Nérondes, de Lignières, de
Châteaumeillant. — Églises avec déambulatoire. Neuvy-Saint-
Sépulcre, Mehun, Fontgombaud.

La science byzantine, qui avait élevé la coupole de
Sainte-Sophie à Constantinople, les rotondes de Raven-
ne, d'Aix-la-Chapelle, et dans une autre direction les
églises de Saint-Marc de Venise et de Saint-Front de
Périgueux; l'école puissante et féconde qui, dès la fin du
X⁰ siècle, avait construit sur les bords du Rhin les im-
menses églises de Worms, de Spire, de Mayence, des
Saints-Apôtres de Cologne, ne paraissent guères avoir

PL.I

Oratoire 1

siècle?

1

Ou Blanche

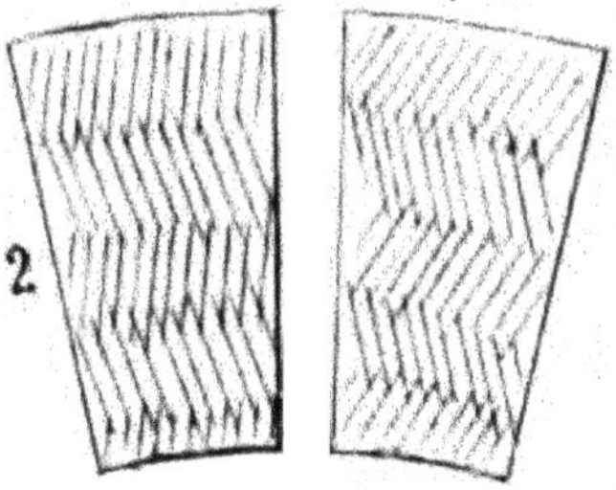

2

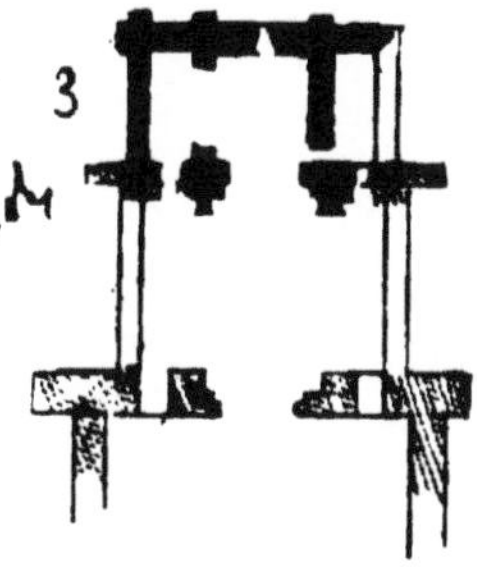

3

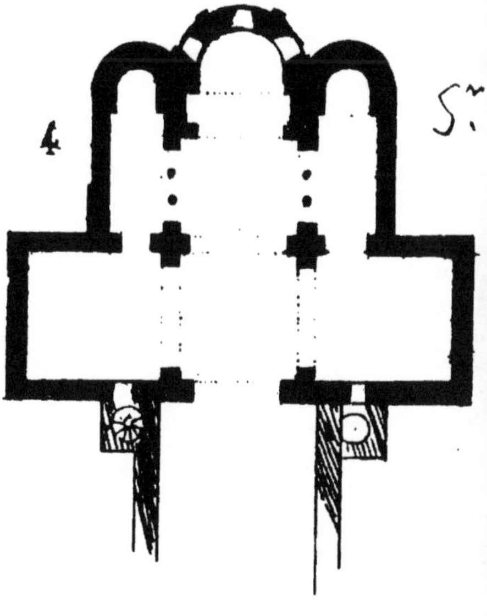

élévation
d'intérieur
Xe siècle

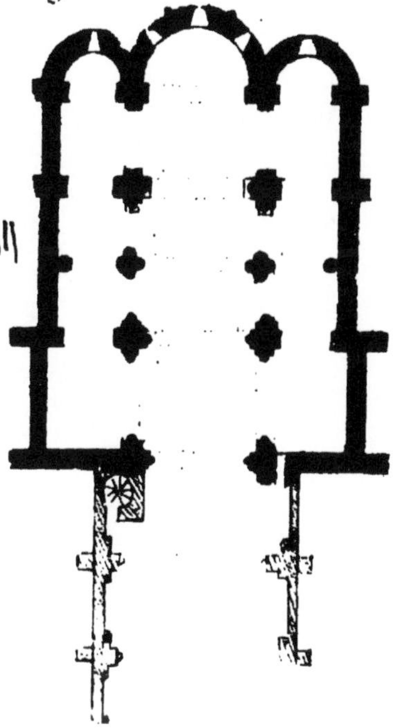

4

5[n]

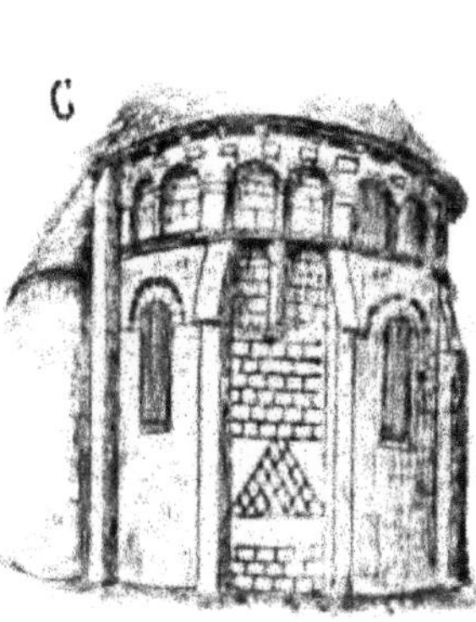

5

L
s. VII

C

projeté leur influence dans nos contrées avant la fin du x ° siècle. Mais en ce moment où, sous des causes multiples, s'accéléra le progrès architectural dans toute la France, nous voyons dans nos pays des transformations que ces écoles étrangères paraissent avoir inspirées. Ainsi nous apparaît la coupole de l'Orient, devenue à Germigny-des-Prés une tour centrale (1), et s'établissant sans conteste au centre de presque toutes nos églises; ainsi cet ornement bizarre, cette série d'arcades aveugles, qui décorent le sommet extérieur des absides, et qui semble une réminiscence des églises rhénanes où ou peut lui assigner un but utile d'allégement.

Tous ces éléments divers semblent s'être combinés avec les trois galeries parallèles de la basilique antique demeurées usuelles dans nos édifices locaux, pour produire des églises, dont notre plus ancien spécimen est le chœur de la petite collégiale de Saint-Outrille, près Graçay.

Nous savons que le chapitre (2) de Saint-Outrille fut établi peu avant 1014, époque où, suivant une charte, il fut placé sous la protection du chapitre du même titre au Château de Bourges (3). Tout semble prouver que l'église

---

(1) Albert Lenoir, *Architecture monastique*, II. 27 et suiv.—Bouet, *Bulletin monumental*, 1868, page 569,

(2) On sait que les chapitres réguliers de chanoines, généralement dits de saint Augustin, spécialement destinés au service du culte, prirent une grande expansion au xi° siècle, et que ce fut seulement vers la fin de ce siècle que l'Ordre Bénédictin de Cluny atteignit à sa plus haute importance.

(3) La Thaumassière, *Histoire de Berry*, liv. IV, p. 57. — Liv. 8 chap. 1.

est du même temps, ou peu antérieure. Nous en donnons
le plan (pl. I, fig. 4) une coupe longitudinale (pl. III, fig.
1) et une coupe en travers (pl. III, fig. 2). Elle présente
une abside demi-circulaire percée de trois grandes fenêtres et voûtée en quart de sphère, les retombées angulaires de cette voûte sont comme à Issoudun portées
par des colonnes cylindriques, logées en retraite de
chaque côté (1). Cette retraite se prolonge en une
travée voûtée d'un berceau plein cintre, terminée par
un arc doubleau reposant sur colonnes dégagées au-
devant des murs. Le chœur, aussi voûté en berceau, et
sans fenêtres supérieures, ouvre par trois arcades plein
cintre de chaque côté sur deux galeries parallèles terminées par des absidioles. Devant ce chœur, qui est une véritable et complète basilique, s'élève une tour centrale
(qui n'a été voûtée qu'ultérieurement) ouverte sur les
deux bras d'un transept et précédée d'une nef. Tout
cela tracé et construit d'une façon irrégulière et défectueuse.

Les colonnes de ce chœur, détachées du mur, présentent des chapiteaux variés; quelques-uns sont d'une imitation corinthienne aussi exacte que l'art de l'ouvrier a
pu l'obtenir, à deux rangs de feuilles d'acanthe et avec
volute sous l'abaque. La plupart des bases sont composées des membres classiques, qui se superposent ainsi ;
un tore, un listel, une baguette, second listel, tore plus
petit, troisième listel et congé; elles reposent sur un dé
ou piedestal à corniche assez élevé et ont aussi une apparence classique presque pure.

(1) Cf. *Viollet-le-Duc*, tome II, 483, *et supra*, page 94.

Nous remarquerons encore sur les piliers de la tour
centrale certains encorbellements, qui rappellent ceux de
la nef de Saint-Remy de Reims, du x° siècle, et de Germigny-des-Prés, du IX° (1).

A l'extérieur (pl. 1, fig. 6) l'abside nous offre au sommet une arcature aveugle, composée d'arcades accouplées
séparées par une mince colonnette ronde ou carrée, chaque couple est séparé par un pilastre : au-dessous le
mur nous présente un petit appareil à larges joints dont
les dispositions variées rappellent tantôt *l'opus insertum*,
tantôt *l'opus reticulatum* ; les fenêtres sont encadrées d'un
boudin coupé, que nous retrouverons pendant toutes les
époques romanes.

Tous ces caractères archaïques nous montrent la tradition romaine encore vivante et dans les appareils et
dans les ornements au commencement du XI° siècle, et
alliée avec un plan déjà singulièrement complexe, qui
devait se reproduire avec des modifications diverses pendant un siècle et demi.

Dans la collégiale de Léré, ancienne dépendance de
Saint-Martin de Tours, nous trouvons des traces d'archaïsme dignes d'être signalées.

Une crypte s'étend sous l'abside, elle est voûtée de pénétration à arêtes vives très-saillantes. L'abside supérieure
présente des arcs doubleaux et ce caractère particulier que
les colonnes demi-cylindriques sont, non pas plaquées sur
la face des pilastres, mais presque détachées devant le
mur à côté d'eux, dans une situation qui rappelle celle de

(1) Art. de M. Bouet, sur l'église de Germigny-des-Prés, cité plus
haut. *Bull.* mars 1868. Page 583, figures 24 et 25.

Saint-Outrille. Dans les murs extérieurs de cette abside, nous trouvons des appareils divers, en losanges allongés et en arêtes de poissons. Plusieurs cintres de portes nous présentent deux rangs de claveaux *emmanchés* et *croisés*, tout cela à joints épais de 3 à 4 centimètres : l'analogie avec la construction de Saint-Outrille de Graçay est frappante.

Sur le plan de l'église de Saint-Outrille se construisirent un grand nombre d'églises, que nous devons attribuer au xiᵉ siècle. L'arc doubleau se généralisa et marqua toutes les grandes divisions de l'édifice ; la colonne qui le supportait se rattacha au mur et se changea en demi-cylindre plaqué. Les bases des piliers et des colonnes conservèrent le tore double ou simple, mais en modifiant singulièrement ses profils et en le chargeant de stries, d'hélices, de réseaux variés. Les chapiteaux substituèrent au feuillage corinthien, tantôt des arabesques et des rinceaux divers, tantôt des scènes symboliques très-compliquées. Enfin des tentatives furent faites pour dissiper l'obscurité que l'absence de jours directs imposait au vaisseau central, d'abord par l'ouverture de petites fenêtres dans le pignon oriental, au-dessus du toit de l'abside, puis par la surélévation du berceau du chœur, de manière à établir des fenêtres sous ce berceau et au-dessus des toits des bas-côtés.

Entre autres exemples de ces progrès nous examinerons les églises de Blet dans le Cher, et de Saint-Genou dans l'Indre.

Le chœur de Blet, dont nous donnons le plan (pl. I, fig. 5,) la coupe en long, (pl. III, fig. 3) et une coupe en travers (pl. III, fig. 4), présente trois arcades de chaque côté : les piliers sont les uns quadrilobés, les autres quadrangulaires. Le vaisseau central est voûté d'un berceau plein cintre, les bas-côtés, de voûtes de pénétration à vives arètes. Il n'existe pas, il n'a jamais existé de fenêtres au-dessus des bas-côtés, bien que le toit du chœur fût distinct, puisqu'on voit encore ses modillons et sa corniche extérieure. Il semble probable qu'il existait autrefois des ouvertures au pignon oriental par-dessus le toit de l'abside très-abaissée, ainsi que l'indiquent les larmiers subsistant encore : les toits sans charpente et très-plats reposaient alors sur les voûtes mêmes. L'ornementation sculpturale et symbolique de l'église était extrêmement délicate au dedans et au dehors ; des peintures murales ornaient l'intérieur.

L'extérieur de l'abside présente un bel appareil dont les assises ont environ 0^{m}30 de hauteur. Les fenêtres, encadrées d'une retraite 0^{m}10 sont voûtées d'un double cintre à très-petits claveaux. Le second, qui fait saillie sur le premier, est bordé d'un cordon délicatement ciselé. Le sommet est garni d'arcades aveugles. Chaque travée de cette abside, comprenant une fenêtre, est séparée par une colonne montant du pied jusqu'à la corniche. Nous ne trouverons pas dans toutes les églises la même richesse d'appareil et la même finesse de sculptures, mais les colonnes séparatives, les retraites qui encadrent les fenêtres, l'arcature supérieure font bien rarement défaut dans toutes les églises tant soit peu soignées.

Les transepts de l'église de Blet peuvent avoir été jadis plus étendus qu'ils ne le sont aujourd'hui. Un incendie, qui doit remonter au xvie siècle, a produit dans toute cette église de notables altérations. La coupole sur trompes,

qui couvre la croisée centrale, est octogone. La nef est
moins ancienne, nous en reparlerons plus bas.

L'église de Saint-Genou, ou du moins le chœur qui
subsiste seul (pl. II, fig. 4 et pl. III. fig. 6 et 7), est aussi
remarquable. L'abside est ornée à l'intérieur de hautes arcades aveugles plaquées, reposant sur des colonnes détachées, cylindriques, façonnées au tour avec des anneaux
réservés. Le chœur ouvre par cinq arcades de chaque côté
sur les galeries latérales. Les piliers sont cylindriques,
leurs chapiteaux sont énormes et chargés de sculptures
allégoriques : au-dessus, une arcature aveugle simule un
triforium, puis est une rangée de fenêtres et enfin le
berceau, qui atteint à une hauteur de 13 mètres. Cinq
arcades surmontées d'un oculus en losange étaient jadis
ouvertes dans le pignon oriental. Tous les arcs sont de
plein cintre. Le transept et la nef sont détruits. La date
de cette église ne nous est pas connue ; ce n'est évidemment pas celle construite en 992 : la forme losangée de
l'oculus nous rappelle certaines formes de Saint-Étienne
de Nevers, commencé en 1063. Le symbolisme des chapiteaux y est très-développé. L'extérieur est bien plus
riche encore que celui de Blet et du même genre. Nous
ne pouvons entrer dans les détails de cette ornementation.

Ce plan crucial à absides rondes se présente parfois
avec des développements, le plus souvent avec des réductions.

Ces réductions consistent d'abord dans la suppression
des bas-côtés du chœur et leur remplacement par des absidioles orientées, ouvertes sur le transept. La forme de
l'église est alors purement cruciale et la nef outre la

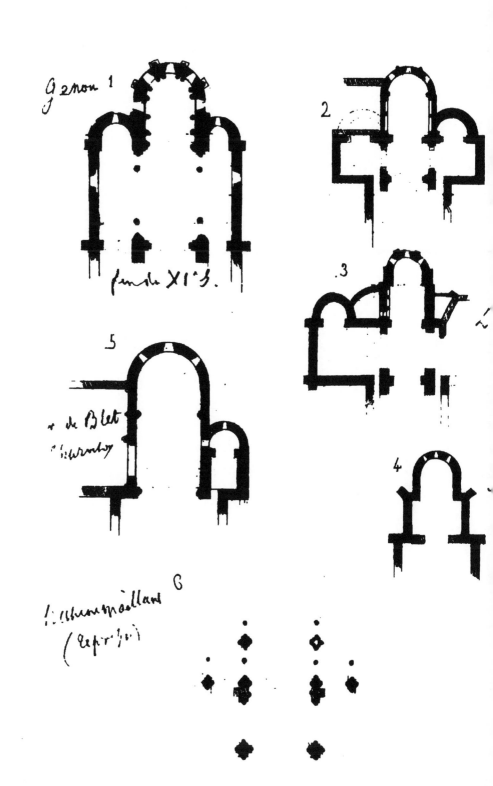

Genou 1

fin du XI⁰ S.

5

× de Blet
étourdy

2

.3

4

C

l'ubine maillant
(reprisi)

grande baie qui donne sur la croisée centrale, communique avec les bras du transept par deux baies étroites, souvent d'inégale largeur. Nous donnons comme type de ce genre le plan (pl. II, fig. 2), et la coupe (pl. III, fig. 5) de l'église de Nérondes. Il est extrêmement répandu dans nos campagnes.

L'église de Lignières est sur ce plan (pl. II, fig. 3) avec deux altérations. Deux murs latéraux parallèles aux bases de la tour montent jusqu'au niveau de la coupole et la contrebuttent par des demi-berceaux, c'est là un emprunt fait à l'architecture auvergnate. En outre, deux murs circulaires s'étendent de l'abside aux absidioles et forment ainsi deux petits réduits. Bien rare exemple de sacristies dans les églises du xi⁰ siècle.

Souvent les transepts même sont supprimés, la tour s'élève au-dessus du chœur, et la nef un peu plus large, rarement voûtée, mais couverte d'un lambris en bois à charpente apparente, s'étend à l'ouest.

Nous donnons le plan d'une de nos plus exigües églises de campagne, celle de Saint-Hilaire de Gondilly, construite sur ces données, (pl. II, fig. 4).

Parfois le clocher, au lieu d'être sur le chœur, est au sud ou au nord et précédé d'une petite absidiole orientée. Cette place des clochers rappelle celle qu'ils occupent aux angles du chœur et du transept dans les églises du Nord. (Notre-Dame de Châlons-sur-Marne, Saint-Germain-des-Prés de Paris, les églises rhénanes). Les clochers du xi⁰ siècle sont rares dans notre pays, nous croyons qu'en général la toiture était plate, pyramidale et des plus simples. Les flèches aigües en charpente ne doivent guère remonter au delà du xvi⁰ ou du xvii⁰ siècle, elles ont gé-

néralement été reportées vers le pignon occidental et soutenues par des échaffaudages en bois, mais il n'y a là rien
de commun avec leur emplacement primitif. Parmi les
rares clochers en pierre qui nous soient restés nous cite-
rons celui de Charly, à imbrications ascendantes, bâti sur
la croisée centrale, ceux de Chalivoy-Milon, de Saint-
Pierre-des-Étieux et de l'Église de Charenton (pl. II,
fig. 5), construits au sud du chœur.

L'église de Châteaumeillant nous présente une disposition plus vaste. Elle est aussi en forme de croix avec
une nef à trois galeries parallèles, achevée plus tard, mais
conçue dans le plan primitif. L'abside est accompagnée
de deux bas-côtés et d'une absidiole au nord et autant au
sud, ce qui fait sept absides orientées ouvrant sur le
transept.

Les quatre premiers bas-côtés et le chœur commu-
niquent ensemble par des arcades géminées. Les seconds
bas-côtés n'ont que la moitié de la longueur des premiers.
nous en donnons le plan (pl. II fig. 6). L'étude de cette
église est, du reste. assez délicate : une reprise, indiquée
par le style des bases et des chapiteaux et facile à suivre
dans les murs, a reconstruit vers la fin du XII° siècle les
quatre piliers de la croisée centrale et probablement la
voûte du chœur. Mais tout ce qui remonte à la construction première, pour le chœur du moins, est de plein cintre
et de style roman primitif. La nef a des voûtes avec arc
brisé et semble un peu moins ancienne. La disposition
des bas-côtés du chœur paraît avoir eu pour but de
dégager des vues du transept sur le sanctuaire, en
même temps que de multiplier les autels. Nous

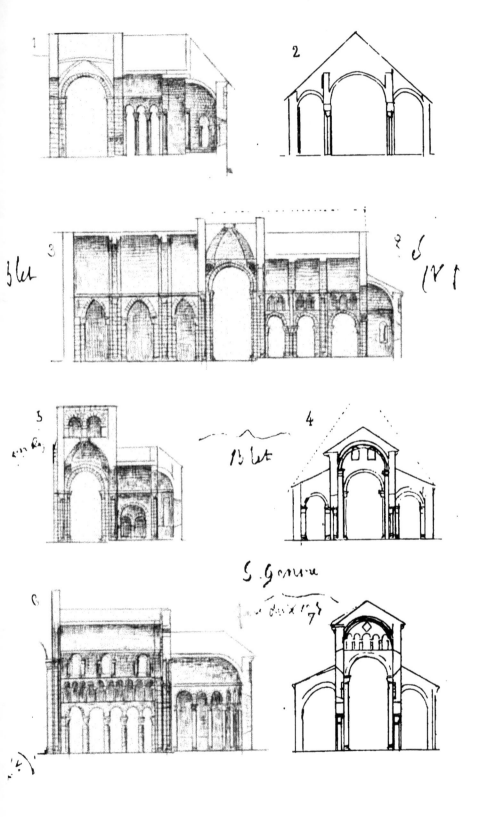

1

2

3

2

3

3ber

4

13 ber

S. Germain
fait dire 178

6

verrons à Fontgombaud un parti encore plus énergique-
pris.

Comme spécimén de la richesse de sculpture prodiguée
à la fin du XI⁰ siècle ou au commencement du XII⁰ siècle,
naus signalerons la belle porte de l'église Saint-Ursin
(actuellement rue du Vieux-Poirier), où M. Viollet-le-
Duc pense voir un mélange de sculpture d'imitation
gallo-romaine indigène et de sculpture byzantine (1) et qui
présente une des plus anciennes signatures connues
d'artiste du moyen-âge.

A côté de ces plans que nous pouvons appeler vulgaires,
nous trouvons quelques édifices construits dans des
données différentes.

Nous mentionnerons d'abord la rotonde avec galerie
circulaire de Neuvy-Saint-Sépulcre (Indre) si remarquable, par l'imitation frappante qu'elle offre de l'église
du saint sépulcre à Jérusalem, mais si étudiée et si universellement connue (2).

L'ancienne collégiale de Mehun sur Yèvre nous offre
un plan très-remarquable aussi (pl. IV, fig. 1). Le chœur
est entouré d'une galerie qui le contourne et communique avec lui par sept arcades plein cintre portées sur des
pieds droits rectangulaires sans ornement ni chapiteau.
Ce chœur est éclairé par trois fenêtres au-dessus du toit
de la galerie; il est ouvert sur la nef par une vaste baie;
deux autres baies plus petites ouvrent sur les extrémités

_____

(1) Imitations gallo romaines dans les parties creuses, et byzantines dans les parties non creuses. Il l'attribue au XII⁰ siècle d'après
les vêtements des personnages, nous la placerions volontiers au
XI⁰.

(2) V. Viollet-le-Duc , tom. VIII, p. 288.

du déambulatoire. Le chœur est couvert d'une sorte de
voûté sphéroïdale mal définie. Le déambulatoire est
voûté d'un berceau circulaire, pénétré de la façon la plus
irrégulière et la moins précise par des voûtains corres
pondant aux arcades. Trois absidioles presque rondes,
ayant à l'extérieur l'apparence de trois tours, s'ouvrent
sur cette galerie ; un d'elles, celle de gauche, possède une
petite absidiole orientée. Un des caractères distinctifs
de cette abside, outre son irrégularité, est le renflement
qui la rapproche de la forme circulaire et fait penser à
la forme que M. de Vogüé attribue à l'église du Saint-Sépulcre à Jérusalem au xiᵉ siècle (1). L'absence de chapiteau
et d'imposte aux piliers du chœur accentue cette apparence orientale. Une crypte s'étendait jadis sous le chœur.
Ce n'est qu'au commencement de ce siècle qu'on en a
effondré les voûtes, afin d'abaisser le dallage du chœur ;
les traces de cette affreuse mutilation sont encore très-
visibles. Cette église rappelle trop sensiblement, du reste,
les dispositions d'une église voisine du Berry, celle de
Saint-Savin, construite en 1027 (2), pour ne pas l'en rapprocher comme date.

Enfin nous avons à examiner la grande église de
Fontgombaud, dont le chœur, construit en 1092 par
Pierre de l'Étoile, peut certainement être accepté, comme
le type le plus accompli de l'architecture exclusivement
plein cintre dans notre pays.

Ce chœur, ouvrant sur la croisée centrale par une

(1) *Les églises de la Terre-Sainte*, par M. le comte Melchior de
Vogüé. Paris, 1860, p. 120 et 138, pl. VII.

(2) Albert Lenoir, *Archit. mon*, II, p. 31.

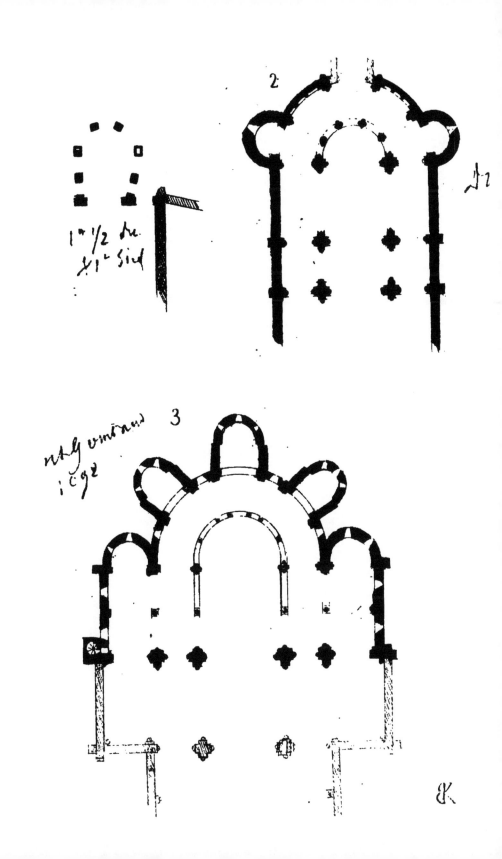

haute archivolte de plein cintre, est entouré d'une galerie
formant déambulatoire : Deux seconds bas-côtés, joints à
cette galerie par deux arcades, existent au droit des deux
premières travées, mais s'arrêtent terminées par deux
absidioles demi-rondes, avant la partie circulaire, sur
laquelle s'ouvrent trois chapelles rayonnantes. Le chœur
est voûté en berceau, l'abside en quart de sphère ; le
déambulatoire et les bas-côtés, de voûtes de pénétration
à vive arête (pl. IV, fig. 3).

Ces dispositions qui donnent à l'entrée du chœur une
ampleur et une légèreté incomparables ont amené des
effets de construction fort remarquables : ainsi sur toute
la partie rectiligne le doublement du bas-côté a nécessité
une élévation de toit telle qu'il n'a pu être ouvert de
fenêtre au-dessus sous le berceau du chœur. Par contre, ce
toit plus élevé a permis l'établissement de galeries non
voûtées donnant directement sur le chœur par des arcades
géminées portées sur des colonnettes accouplées dans
l'épaisseur des murs. Ces arcades de triforium
sont du reste soulagées par un immense arc de décharge
légèrement saillant à l'intérieur de la nef, d'une courbe
indécise, qui les embrasse toutes, les soulage et rappelle,
par sa fonction, ceux qui surmontent les triforiums du
χιιι° siècle. A la partie circulaire de l'abside, la suppression du second bas-côté réduit la hauteur du toit et
du triforium et permet l'ouverture d'une rangée de
fenêtres de sommet, qui donne de la clarté à cette partie
de l'édifice sans cela demeurée dans l'obscurité. Nous
trouvons là, posé plus énergiquement encore qu'à
Châteaumeillant, ce problème du double bas-côté, qui ne
devait être résolu qu'un siècle plus tard et dont un autre

édifice du Berry, la cathédrale de Bourges, devait offrir
une des plus radicales solutions. Nous donnons (pl. V)
une vue perspective du côté sud du chœur avec le transept adjacent et une partie de l'abside, qui permettra de
suivre et de saisir nos appréciations.

Nous signalerons encore dans ce même chœur le
surhaussement élégant des arcades du pourtour, qui
facilite la pénétration des voûtes, la légèreté des piliers cylindriques, façonnés au tour avec bagues réservées, la sobriété nerveuse de la sculpture qui s'abstient
de tout symbolisme et ne présente au bas des colonnes
que des tores et des griffes variées et aux chapiteaux que
des feuillages et des volutes dessinés et coupés avec une
remarquable netteté : nous indiquerons l'élégance de la
décoration extérieure, le galbe et les volutes des modillons, l'excellence de la construction, la richesse des
appareils, l'habileté des dégagements pratiqués dans
l'épaisseur des murs et, sans entrer dans les détails de ce
monument si connu et si digne de l'être, nous réserverons
pour le chapitre suivant l'examen du transept et de la
nef.

III.

Sommaire. —Apparition de l'arc brisé ou ogive.—Plaimpied, Saint-
  Étienne de Dun-le-Roi, les Aix, etc.—Transition.—Chezal-Benoît, Déols, Genouilly, Savigny-en-Septaine. — Absides polygonales. — Clochers occidentaux. — 1090-1200.

Vers l'époque où Pierre de l'Étoile résumait dans son
édifice de Fontgombaud et l'art de tout son siècle et

.

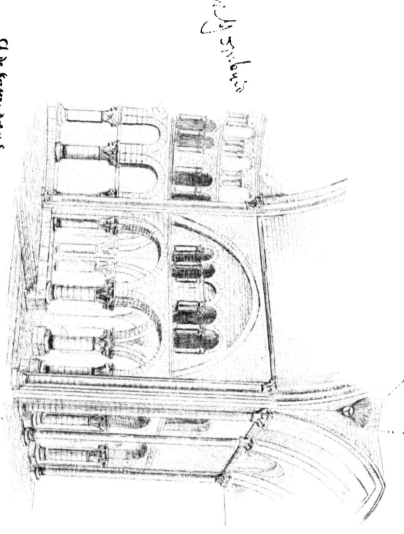

même les aspirations vers des développements ultérieurs,
une abbaye voisine de Bourges et de moindres dimensions, mais d'une exécution très-soignée, l'abbaye
augustine de Plaimpied, donnait place dans les voûtes de
son église à une innovation qui mérite d'être signalée.

Le chœur, sous lequel existe une crypte voûtée de pénétration romaine simple à vive arête, ne présente d'autre
différence avec celui de Saint-Outrille que d'avoir de
chaque côté deux arcades au lieu de trois (voir le
plan pl. VI, fig. 1 et une coupe en travers du chœur fig.
2), et que ces arcades sont séparées non par des piliers
ronds mais par des pieds droits sans imposte garnis de
demi-colonnes sur trois de leurs faces, c'est-à-dire sous
les deux arcades et sous le bas-côté; ces arcades sont
de plein cintre surhaussé. L'abside et la travée qui
la précède sont également de plein cintre, mais le
berceau du chœur est brisé au sommet en ogive et cette
brisure peu accentuée, mais très-sensible, se manifeste
aussi à la grande archivolte, qui donne du chœur sur la
tour centrale, et se retrouve, chose très-singulière, dans
deux arcades aveugles, qui ornent la façade orientale de
cette tour au-dessus de l'archivolte du chœur, bien qu'un
examen attentif de la construction ne nous ait révélé ni
reprise ni interruption. On sait que Richard II, archevêque de Bourges et fondateur de Plaimpied, mourut en
1092 (1) et passe pour avoir été inhumé dans ce chœur que

(1) La Thaumassière, liv IV, chap. 7 et liv. X, chap. 9.—*Galha
Christ.* II, col. 186.

l'on peut supposer terminé à ce moment. Le luxe même du chœur de Plaimpied, une interruption qui se fait sentir au transept, la pauvreté du reste de l'église sont des traces qui paraissent bien concorder avec la mort du puissant fondateur.

Cette apparition de l'ogive coïncide, du reste, avec l'observation des monuments postérieurs, notamment de l'église de la Charité sur Loire, qui doit dater de cette époque, puisque le chœur au moins en était terminé en 1107 (1), mais nous croyons qu'elle est le plus ancien exemple de son emploi dans le Berry.

Plusieurs des éminents écrivains qui ont étudié les origines de l'arc brisé en ont trouvé des exemples en Orient et ailleurs, et ont admis que dans son origine, sinon dans ses conséquences, elle était une importation orientale. Nous n'avons pas la prétention de reprendre une aussi grave question ; seulement nous rappellerons que M. de Vogüé a parfaitement démontré que son emploi dans la plupart des églises d'Orient était une importation des croisés au XIIᵉ siècle (2): il nous sera permis de faire remarquer que dans notre pays tout au moins son introduction paraît si timide et si naturelle qu'il semble vraiment bien superflu de lui chercher d'autres origines que l'intelligence de nos architectes locaux. Les arcs plein cintre étaient sujets par l'écartement des points

---

(1) L'église de la Charité-sur-Loire, dont nous n'avons pas la date de fondation, fut consacrée solennellement par le pape Paul II, en 1107. — *Gall. Christiann.*, XII, col. 404, B.

(2) *Les églises de la Terre-Sainte.*

PL.VI

2

4

5

C

3

d'appui à se rompre au sommet et à demeurer surbaissés;
c'est même là une apparence très-fréquente qu'ils ont
conservée et que l'on peut en général regarder, comme
accidentelle. La pensée devait venir de surélever la clef
pour que les mouvements de construction ramenassent
l'arc au plein cintre et en effet nous trouvons des arcs
ainsi surélevés, qui ont réalisé cet affaissement et où
l'angle de surélévation est à peine sensible. La diminution
de la poussée des arcs ainsi modifiés explique le
succès continu de l'invention nouvelle. Cette timi-
dité des débuts nous a paru digne d'être signalée. Les
importations arrivent d'ordinaire plus mûres et s'im-
plantent sans tant de ménagements. Le plan crucial avec
tour centrale à Saint-Outrille, la rotonde à Neuvy-Saint-
Sépulcre, le plan cistercien que nous verrons bientôt à
Noirlac apparaissent tous formés. Nous ne voulons rien
conclure à ce sujet, mais nous pouvons affirmer que
l'arc-brisé (ou en *tierspoint* ou *ogive*) s'il fût né sur
notre sol, n'eut eu dès son avénement ni une plus
indécise allure ni une plus timide physionomie (2)

_____

(1) **Les** observations de M. de Caumont (*Abécédaire d'archéologie,
architecture religieuse.* Paris-Caen, 1857, p. 390), les belles disser-
tations de M. Viollet-le-Duc, dans son *Dictionnaire raisonné de l'architecture française.* (V° *Construction.* Tome. III, p. 26 et suiv.),
ont démontré jusqu'à l'évidence l'invention successive par nos architectes occidentaux de la voûte brisée en ogive, mais nous
croyons utile d'affirmer combien nos observations sur les monuments du centre confirment ces données logiques, puisque l'illustre
auteur du *Dictionnaire* nous paraît au mot *Ogive* (tom. IV, p. 425),
reporter à l'orient à cet égard une initiative que nous lui croyions
définitivement enlevée.

Du reste, cette modification eut dès l'abord peu d'importance et fut loin de faire révolution. Le plan, la disposition, l'ornementation des édifices restèrent les mêmes, l'arc plein cintre et l'arc brisé vécurent côte à côte : le dernier, appliqué seulement, dès l'abord, aux grandes archivoltes et aux grands berceaux, puis concourant avec l'arc surhaussé toutes les fois qu'il y avait besoin de voûtes élevées, par exemple pour les pénétrations de berceaux plus étroits dans des berceaux plus larges.

En même temps les détails se précisent. L'archivolte en tiers-point est généralement double, c'est-à-dire composée de deux arcs superposés. Celui du dessus débordant l'autre repose sur un pied-droit saillant et formant pilastre au-devant des murs : celui de dessous est porté par le chapiteau d'une colonne engagée au-devant de ce pilastre d'un peu moins que son demi-diamètre; c'est cette colonne demi-cylindrique, dont la base et le chapiteau sont l'occasion des plus capricieux ornements.

Certains édifices nous présentent des arcs de diverse nature réunis en un mélange confus dont la date nous est donnée par la grande église de la Charité-sur-Loire, que nous n'avons pas à décrire ici : l'église de Saint-Étienne de Dun-le-Roi nous en fournit un exemple qui nous appartient plus spécialement.

Cette collégiale, comme celle de Mehun, n'a point de transept et ne forme pas la croix, sa nef est terminée par un hémicycle et contournée d'un bas-côté formant déambulatoire (pl. IV, fig. 2). Les piliers de la nef sont de plan rectangulaire avec demi-colonnes sur les faces ; les archivoltes sont d'arc brisé; les piliers de l'hémicycle sont formés de quatre demi-colonnes adossées, ce qui

donne un plan quadrilobé ; les arcades de cet hémicycle
sont peu larges et voûtées de berceaux plein cintre très-
élevés, qui pénètrent le berceau circulaire du déambulatoire, d'une façon à peu près régulière. Ce berceau du
déambulatoire et celui des bas-cotés qui lui font suite est
d'un cintre très-surhaussé se confondant avec l'ogive. De
même les arcs doubleaux sont les uns très-surhaussés,
les autres d'ogive franche. Sur ce chevet s'ouvrent trois
absidioles voûtées en demi-sphères (celle du milieu a été
remplacée par une vaste chapelle ogivale). La seule portion de la voûte de la nef qui paraisse remonter à la construction primitive est celle de la partie circulaire, qui est
un beau quart de sphère; les autres voûtes de la nef sont
de système ogival et d'une époque bien plus récente, du
XIIIe ou du XIVe siècle. Tout doute à cet égard est dissipé par
l'examen de la construction, qui montre que les voûtes et
l'exhaussement des murs sous les formerets diffère et
de matériaux et d'appareil avec la construction primitive.

Cette église de Saint-Étienne, de Dun-le-Roi, présente un spécimen de ce plan sans transept, que devaient
adopter un siècle plus tard la cathédrale de Bourges et
la plupart de nos églises ogivales. Peut-être cette forme
était celle de l'église de Saint-Étienne de Bourges à
cette époque, de cette basilique qui a dû être construite
au XIe ou XIIe siècle et dont nos vagues souvenirs d'en-
fance croient avoir entrevu des vestiges, lors d'une des
dernières sépultures d'archevêque.

Une autre église d'une grande élégance de plan et de
profils, l'église des Aix-d'Angillon, nous montre un
usage moins parcimonieux de l'arc brisé. Le plan est ce-

lui de Saint-Outrille de Graçay, plus allongé, (pl. 6,
fig. 3) : toutes les archivoltes et les berceaux sont d'arc
brisé, l'arcature aveugle qui remplace le triforium rappelle par ses moulures quelques arcades du triforium de
la Charité-sur-Loire. Des fenêtres sont ouvertes dans les
parois latérales du chœur, au-dessus des toits des bas-
côtés et dans le pignon oriental du toit de l'abside. (V.
pl. VI, fig. 4, un profil au trait, et fig. 5 une coupe longitudinale.) Les grandes arcades latérales sont voûtées de
tiers-point et ornées de belles moulures; leurs piliers
sont cylindriques, leurs chapiteaux à feuillages corinthiens
ou à entrelacs fantaisistes. Les piliers de la tour centrale
sont cantonnés de colonnettes dont la fonction théorique
est de soutenir la saillie du second arc de l'archivolte.
Les fenêtres et portes sont de plein cintre, les fenêtres de l'abside sont remarquables de travail, la nef n'est
pas voûtée. Le chapitre des Aix existait en 1120. On peut
supposer que le chœur était terminé dès-lors, et que sa
fondation doit être attribuée à Gilon de Seuly, seigneur
des Aix, qui fut un des plus importants seigneurs de l'é-
poque (1).

C'est à ces données que semblent se rattacher en
grand nombre des parties d'édifices commencés antérieurement. Ainsi le transept et la nef de Plaimpied à trois
galeries parallèles, celle du milieu paraissant n'avoir jamais été voûtée, celles des côtés présentant à quelques
travées une voûte de pénétration à arêtes vives et surélevée au centre.

(1) *Congrès archéologique de France*, 1868. Page 85. Voy. une
note sur l'église des Aix.

Ainsi encore le transept voûté en berceau ogival et probablement la nef aujourd'hui affaissée de Fontgombaud, dont il faut rappeler le magnifique portail; c'est sur le berceau de ce transept qu'ouvre, par un voûtain de pénétration également ogival, une fenêtre étudiée par M. Violet-le-Duc (1) comme un rare exemple de berceaux se pénétrant à l'époque romane. Si l'appareil est remarquable à Fontgombaud, des faits analogues sont fréquents dans nos édifices.

Nous ne pouvons quitter cette église sans protester contre l'exagération singulière que certains auteurs donnent à la déviation de l'axe dans nos églises : dans l'ensemble des édifices religieux de nos contrées, elle n'est qu'une très-rare exception : il est difficile de déterminer un sens plutôt qu'un autre, qui lui ait été généralement attribué. Mais partout où nous l'avons observée (à Saint-Ouen de Rouen, comme ailleurs), elle a coïncidé avec une interruption et une reprise de la construction, souvent d'un siècle et plus. Nous ne la trouvons jamais dans des édifices homogènes : par conséquent nous ne trouvons pas prouvée l'assertion qui veut y voir un symbole religieux, et jusqu'à preuve contraire nous sommes tout disposé à n'y voir qu'un vice d'exécution d'autant plus accentué que les édifices sont de plus médiocre construction. A peine sensible à Fontgombaud (côté nord), cette déviation devient une déformation affreuse à Mehun-sur-Yèvre (au sud), à Saint-Genitour du Blanc (au nord), etc.

(1) Tome VIII, p. 114. V. *Pénétration*. Nous ferons observer qu'aucun des deux berceaux n'est de plein cintre.

C'est encore à ces données que se rattache la nef de
l'église de Blet (pl. I, fig. 5 et pl. III, fig. 3), consistant
en un vaste berceau ogival de neuf mètres de large, renforcé de robustes arcs doubleaux et excédant les dimensions de la plupart des berceaux de nos églises.

Enfin, c'est avec ces modifications dans les grands arcs,
que se construisirent, suivant les plans que nous avons
déjà rencontrés au siècle précédent, nos plus nombreuses
et nos plus charmantes églises rurales. Et cette profusion de monuments est certes un des plus riches et des
précieux souvenirs que nous ait laissés la foi de nos
pères.

Car cette architecture, qui n'avait ni la majesté pesante
des constructions romaines, ni la sévérité grandiose des
édifices gothiques, était, en revanche, merveilleusement
appropriée aux besoins modiques des populations rurales. Elle se prêtait admirablement aux fantaisies d'une
ornementation qui n'épargnait rien pour rendre la maison
divine digne, dans son exiguité, de toutes les majestés
du culte. Aujourd'hui ces églises vieilles de sept à huit
siècles, vieillies surtout par les ravages de l'hérésie et de
la révolution et même parfois par le zèle inintelligent des
générations suivantes, qui les ont mutilées ou déformées
sans les comprendre, sont encore le principal, le seul ornement de nos villages. Que devaient-elles être lorsque leur
plan simple était complet, leurs profils nets, leur sculpture intacte? Lorsque leur symbolisme était accessible aux
pensées de l'époque, lorsqu'en outre des peintures aux
tons modérés et harmonieux couvraient leurs murs et
reproduisaient les scènes les plus saisissantes des saintes
Écritures, les cités célestes, les gloires des saints, tous

les épisodes les plus aimables d'une religion consolante
et douce. C'étaient certes alors, malgré quelques imper-
fections de détail, des édifices charmants, dignes d'être
classés parmi les plus heureuses conceptions artistiques
de tous les temps. Et si surtout on en compte le nombre,
si on mesure le peu de ressources qu'offraient ces localités perdues au milieu des bois, des marais, des landes,
on admire les hommes de travail et de prière, ces moines
bénédictins, qui semaient tant d'efforts sur le sol de la
patrie et fournissaient à leurs concitoyens d'aussi élégants asiles de consolation, de prière et d'espoir! On comprend l'influence qu'ils eurent sur leurs contemporains
et l'immense et juste vénération qui accueillit alors leurs
établissements.

D'ailleurs tous ces édifices ne nous sont pas parvenus,
ces berceaux élevés n'étant point maintenus, leur poussée était une cause active de ruine et beaucoup se sont
affaissés. Pour certains monuments de dimensions considérables, ce résultat semble même s'être produit dès le
temps de la construction. Ainsi paraît-il en avoir été de
l'église de Chârost, qui accuse cette époque de transition
et qui montre à la fois des archivoltes et des arcs doubleaux en ogive s'élevant au-dessus de ses toits et à leur
pied des mutilations, des murs, des arceaux, des rhabil-
lages qui sont de plein cintre.

La série des recherches, qui eurent pour but d'allier l'é-
clairage des nefs avec leur stabilité et qui aboutit à l'architecture ogivale, est connue. Les édifices suivants permettent d'en saisir quelques intéressants degrés. Signalons d'abord la nef de Chezal-Benoît, seule partie demeu-

8*

rée intacte de cette grande église. Là les bas-côtés ont été
voûtés d'un quart de cylindre, qui se relève précisément
au niveau de la poussée des grandes voûtes. Des murs de
refend, portés sur des baies d'arc en tiers-point au droit
des arcs doubleaux de la nef, en maintiennent l'écartement. Aux travées occidentales de la nef, les plus récentes, ce mur de refend est supprimé et remplacé par un
quart de cercle relevé qui est un véritable arc-boutant.
La figure 6 de la planche VI donnera une idée du premier de ces systèmes et la figure 6 *bis* fera comprendre
le second. Cette disposition des voûtes latérales, qui se retrouve du reste dans le Limousin, la Touraine et ailleurs
est défectueuse puisqu'elle laisse dans l'obscurité le haut
de la nef ; mais, que l'on suprime ou que l'on abaisse le
quart de cylindre entre les arcs doubleaux, et que l'on
ramène la poussée des voûtes centrales à des points isolés, et, l'ouverture des jours supérieurs devenant pos-i-
ble, le problème sera résolu.

On peut s'étonner que l'on n'ait pas accepté comme
une solution définitive la voûte de pénétration à arêtes,
qui était alors très-répandue, non pas sous la forme romaine, mais avec un exhaussement au centre, qui la
rapprochait de la coupole. C'est sous cette forme qu'on
l'a nommée *byzantine*. Elle fut souvent, au XIIᵉ siècle,
employée à couvrir des espaces carrés. Nous l'avons déjà
trouvée dans une galerie latérale de la nef de Plaimpied.
La salle capitulaire de l'abbaye de la Prée, les bâtiments
primitifs de Fontmorigny, les bas-côtés de la nef, les
chapelles du transept, les salles de Noirlac en fournissent
d'importants exemples ; mais cette voûte qui avait suffi
aux architectes du Xᵉ et du XIᵉ siècle pour voûter les vas-

1

2

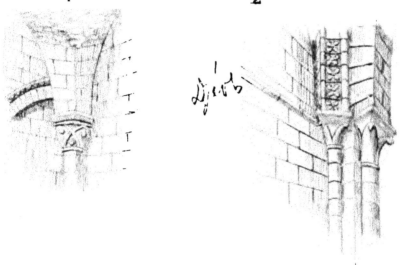

3

tes cathédrales de Worms, de Spire, de Mayence ne fut employée en Berry qu'à couvrir des surfaces peu étendues.

Un fragment de voûte encore visible à l'abbaye de Déols (pl. VII, fig. 1), semble faire sentir la difficulté d'appareil qui arrêta nos constructeurs. Les cinq premières assises de claveaux de l'arète diagonale sont en moyen appareil plat, puis ces claveaux taillés disparaissent et l'arète, comme les berceaux, n'est plus faite que de grossiers moèllons et de blocages qui, dans l'exemple que nous reproduisons, se sont affaissés. On conçoit combien une telle imperfection d'appareil devait s'opposer à l'emploi en grand de ce mode. On peut voir dans le même édifice, à l'autre angle de la même tour, un fragment des voûtes de la nef (pl. VII, fig. 2), où cette arète est soustendue par un arc diagonal. Cet arc *ogive* proprement dit, dont la naissance seule est visible, présente un profil rectangulaire avec deux tores aux angles, la platebande est couverte de quatre feuilles, un par claveau.

Nous trouvons d'autres exemples d'arcs ogives paraissant plus anciens. Ainsi la tour de Saint-Laurian de Vatan nous offre à son étage inférieur une voûte en sorte de coupole avec large oculus au centre porté par quatre robustes arceaux diagonaux, sans ornement, reposant sur des pilastres d'aspect tout roman; les arcs des portes sont de plein-cintre.

Le clocher de Sainte-Solange, dont les baies sont d'arc brisé, nous montre aussi de massifs arcs ogives de section rectangulaire, mais dont les angles sont abattus par des moulures en doucine.

L'ancienne grange dîmière de l'abbaye de Massay nous

offre trois travées couvertes de voûtes soustendues par de forts arcs ogives : malgré l'apparence cupoliforme de l'extrados de ces voûtes, leurs rangées de moellons sont perpendiculaires au mur et s'appuient sur les arcs diagonaux, c'est donc bien une construction ogivale proprement dite.

La petite église de Genouilly, près Graçay, est aussi bien curieuse. Son abside est ronde, mais couverte d'une voûte tripartite par deux arcs qui viennent buter contre la clef de la baie antérieure. Les trois triangles sont couverts de voûtes ogivales, c'est-à-dire dont les rangées s'appuient non sur les murs, mais sur les arcs ogives. Mais ces voûtes sont si relevées vers le sommet, si abaissées à l'extérieur, qu'on sent encore leur étroite parenté avec le quart de sphère primitif (V. pl. VIII, le plan fig. 1 et la coupe longitudinale fig. 2.) Le chœur rectangulaire devant cette abside est couvert d'une voûte sur arcs ogives, mais surélevée au centre avec une certaine énergie, 1ᵐ60 environ pour un rectangle de 6,55 sur 8,60 de côtés Des faisceaux de colonnettes occupent les angles, les chapiteaux à arabesques, à personnages grotesques, sont d'ornementation et de forme purement romane (pl. VII, fig. 3) Les archivoltes et les arcs ogives présentent une décoration d'annelets et de quatrefeuilles analogue à celle des fragments plus haut décrits de Déols. Les modillons extérieurs de l'abside sont presque tous à face humaine. Les fenêtres de l'abside sont de plein-cintre, en voit encore des deux côtés du chœur des arceaux ronds d'antiques fenêtres : ce sont là des traces d'archaïsme très-prononcé.

Malheureusement nous n'avons pu saisir aucun texte

positif qui nous permette de dater un seul de ces débris
assez voisins les uns des autres. Cependant Louis-le-Jeune
ayant brûlé Déols en 1152, nous voyons le pape Alexandre III y faire, en 1160 (1), la bénédiction de plusieurs
chapelles : nous sommes porté à attribuer à cette époque
la voûte de la nef et celle de Genouilly doit s'en rapprocher beaucoup.

Ces arcs ogives peu saillants, à deux tores, nous les retrouvons à la cathédrale de Bourges, mais là unis à une sobriété d'ornements dont nous aurons à rechercher les causes

La présence de ces éléments nouveaux devait amener
des modifications dans les dispositions même de nos
églises les plus restreintes

C'est notamment cette tripartition des absides par les
nervures de la voûte qui paraît avoir occasionné leur plan
polygonal, et nous trouvons sur certains points l'arc
ogive remplaçant la coupole au chœur pendant que la
voûte de l'abside est non pas un quart de sphère, mais
une voûte à arêtes creuses, une coupole à base polygonale, comme si une réminiscence peu intelligente eût
appliqué là le plan polygonal, mais sans avoir pleine
conscience de sa destination. C'est ainsi que nous apparaît l'église de Savigny-en-Septaine, dont nous donnons
le plan (pl. VIII, fig. 3) et une coupe longitudinale (pl.
VIII, fig. 4). Cette substitution du polygone à l'hémicycle dans l'abside et de la voûte sur arc diagonal à l'antique
coupole sur le chœur, telles paraissent avoir été les modifications qui distinguent les églises rurales de la seconde
moitié du xɪɪ^e siècle, mais les portes et les fenêtres n'en

(1) Labbe, *Bibliotheca nova* 1, 816.

demeurèrent pas moins généralement de plein-cintre et d'ornementation romane.

Les clochers, pendant la première moitié du xii⁰ siècle, continuèrent d'occuper soit le dessus du chœur ou de la tour centrale, soit l'un des côtés du chœur; ils étaient ainsi tout à portée des desservants, qui furent probablement dans l'origine les moines constructeurs. Vers le milieu du xii⁰ siècle, au contraire, on changea leur place et on les établit devant la porte occidentale, où leur étage inférieur servit de porche Cette modification, admise de bonne heure dans les prieurés clunisiens, comme la Charité, fut assez tardive dans nos églises rurales : peut-être fut-elle due à l'influence croissante de l'élément laïc, qui voulut avoir les cloches à la disposition des besoins civils de la paroisse ou communauté. Le plan de l'église de Genouilly, déjà presque purement ogival, fut conçu avec clocher central, le clocher de l'ouest fut postérieur, puisqu'il coupe toute l'architecture de la façade. Les clochers de Saint-Laurian de Vatan, de Sainte-Solange, ont les principes ogivaux Celui de Notre-Dame de Vierzon paraît du xiii⁰ siècle.

Parmi toutes les églises rurales que nous a laissées le xii⁰ siècle, nous devons nous borner à citer comme spécimens de la première période les églises de Moulins-sur-Yèvre avec transept et absidioles; de Farges, type très-restreint, mais intact ; de Thaumiers, de Chalivoy-Milon, chefs-d'œuvre d'ornementation délicate et variée, restées toutes purement romanes avec l'arc brisé ou en tiers-point.

Pour la seconde moitié du siècle, généralement plus

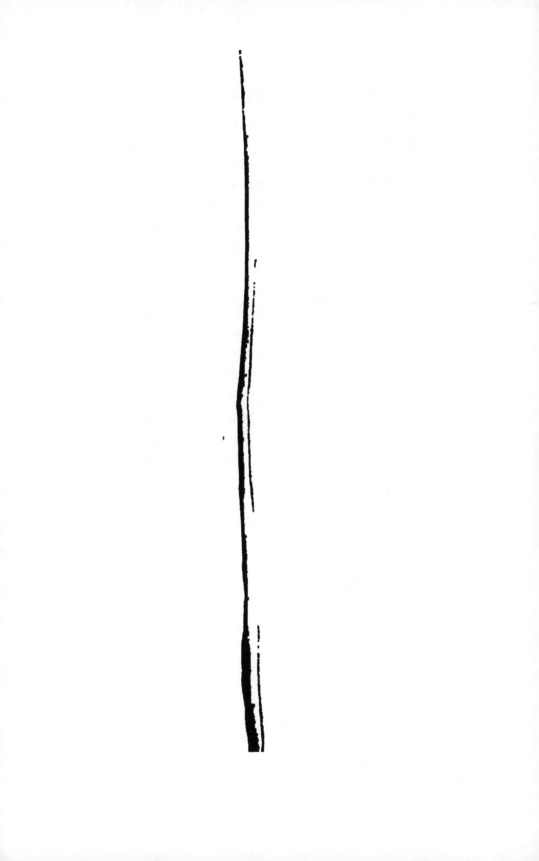

sobre d'ornements, les églises de Savigny-en-Septaine, Saint-Éloy de Gy, etc.

Mais pendant que l'architecture locale marchait ainsi par progrès successifs vers le système ogival, d'autres influences venues du dehors, mais qui ont créé en Berry d'importants édifices et laissé des traces profondes, venaient en compléter et en modifier les données.

IV.

Sommaire. — Influences étrangères. — Les abbayes cisterciennes.— Fontmorigny, Loroy. — Sobriété de l'ornementation. — Nef de Sancergues.

Cette splendeur d'ornementation, qui rayonnait dans les édifices clunisiens et faisait leur charme, n'obtint pas grâce devant l'austère sévérité de saint Bernard, et le luxe des constructions religieuses fut un de ceux qu'il jugea indigne presque de la maison de Dieu et en tous cas de l'austérité monacale. Il le condamna avec une énergie qui équivalait à une proscription dans les monastères de l'Ordre de Cîteaux (1), et s'il le tolérait dans les édifices religieux séculiers, son blâme solennel devait cependant à la longue l'en bannir ou du moins le modifier.

Nulle part peut-être la réforme de Cîteaux ne se manifesta avec autant d'énergie que dans le Berry. On compte jusqu'à 13 abbayes (2) de cet Ordre fondées dans le diocèse de Bourges dans la première moitié du xie siècle.

(1) Œuvres de saint Bernard. *Apologia ad S. Theodorici abbatem. Cap. XII. Parisiis.* Thomas Moette, I, col. 538 et 539.

(2) 11 d'hommes et 2 de femmes *Gallia Christ.*

Malheureusement un regrettable hasard a occasionné dans un grand nombre d'entre elles des destructions qui n'en permettent plus l'étude. Ainsi la grande
église de la Prée n'a plus aujourd'hui de plan reconnaissable, si ce n'est la porte, qui, du premier étage des bâtiments conventuels, où se trouvaient les dortoirs, commu-
niquait directement avec le transept du sud ; porte que
nous retrouvons à toutes nos églises cisterciennes. On peut
penser que cette église fut construite lors de la fondation
de l'abbaye en 1145, et dès-lors remarquer deux pilastres qui subsistent seuls ; l'un demi-cylindrique engagé,
l'autre carré, avec des chapiteaux sans entrelacs ni symboles, ayant leur corbeille enveloppée de larges feuilles
d'eau qui ne s'accusent qu'au sommet par un chétif en-
roulement sous l'angle du tailloir.

Nous avons interrogé en vain les ruines des abbayes de
Chalivoy, près de Sancergues, d'Olivet, du Laudais, de
la Vernuce, qui ne nous ont fourni que des vestiges confus et des indications vagues ; mais vers l'an 1150 (1) fut
fondée l'abbaye de Noirlac, dont la grande église intacte
nous montre un plan, des dispositions, une architecture
autres que ce que nous avons vu jusqu'à présent.

Le plan, comme en général ceux des abbayes de cet
ordre (2) (pl. VIII, fig. 5), forme croix latine. L'abside est
carrée, éclairée par trois grandes fenêtres ogivales percées
dans le pignon oriental, surmontées d'un vaste oculus

---

(1) La Thaumassière, liv. X, chap. 21. — *Gall. Christ.* II, col.
198.

(2) Viollet-le-Duc, tom. I, p. 267 et 271, fig. 6 et 7.

circulaire, et par deux autres fenêtres ogivales percées
dans les côtés : fenêtres et oculus sont sans meneaux:
Cette abside et le chœur sont voûtés d'un berceau ogival,
dont ils nous montrent ainsi l'usage persistant jusqu'a-
lors ; leurs murs sont nus, sans pilastre, sans colonnes,
sans ornements Sur chaque bras du transept s'ouvrent
deux chapelles carrées, orientées, à voûtes byzantines de
pénétration à vive arête. Les bras du transept et la
croisée centrale ont sur toute leur aire rectangulaire des
voûtes ogivales surélevées au centre et d'une grande hardiesse. Les arcs ogives sont non pas à section carrée,
comme celles des églises séculières contemporaines, mais
présentent un seul tore : leurs retombées reposent sur des
colonnettes faisant cul de lampe, dont les chapiteaux sont
à feuilles d'eau. La nef est accostée de deux galeries parallèles à voûtes byzantines, comme les chapelles du transept. Elle-même est voûtée par travées sur arcs ogives et
sur plan barlong, des arcs-boutants extérieurs maintiennent la poussée de ces voûtes. Les piliers latéraux de la
nef, sur plan rectangulaire, sont dépourvus d'ornements,
aussi rudes et nus que l'abside et le chœur.

Cette disposition des voûtes de la nef, sur plan allongé,
semble moins ancienne que le reste de l'église et bien peu
d'accord avec l'âge du res'e de l'église, avec les voûtes
des bas côtés et les chapiteaux, avec le pignon occidental,
qui dut leur être postérieur et qui est presque roman ;
elle forme exception sur toute l'époque primitive ogivale,
qui use de voûtes sur plan carré embrassant deux travées ; et cependant les arcs-boutants originaux existant à
chaque travée en rejettent l'établissement très-loin. Nous
signalons ce problème sans parvenir à le résoudre.

9

L'église de Fontmorigny, construite évidemment peu
après (1), nous offre un plan analogue, mais sans galeries
latérales à la nef. L'abside n'a pas de berceau mais une
voûte ogivale à nervure surhaussée au centre, sur plan à
peu près carré, normale pour l'époque; les transepts, la
croisée, les travées de la nef, sont voûtées de même. Les
murs sont encore plus dénudés qu'à Noirlac; les chapiteaux des pilastres sont réduits à un simple tailloir.
Cette construction, infiniment au-dessous de celle de
Noirlac comme dimensions et surtout comme appareil,
est bien plus homogène, quant au style. Elle ne fut
cependant consacrée qu'en 1215, mais les fenêtres et le
grand oculus sans meneaux, les feuilles sans crochets
des chapiteaux des culs de lampe, l'austérité même de
l'architecture, indiquent la seconde moitié du xii° siècle.

En effet, après la mort de saint Bernard, si le plan
resta le même, la proscription des richesses perdit singulièrement de son efficacité. Les cloîtres splendides de
Noirlac, qui doivent être du milieu du xiii° siècle, et
les ruines bien réduites, mais intéressantes encore de
Loroy, sont une preuve de ce double fait. En nous appuyant sur les souvenirs de Saint-Euverte d'Orléans,
nous pouvons resaisir le chœur, le transept, les chapelles
carrées de Loroy : mais les piliers nus se sont changés
en faisceaux de légères colonnettes, avec chapiteaux à
crochets et bases à tores aplatis, les archivoltes se sont

---

(1) L'abbaye de Fontmorigny était de fondation ancienne, en
1148 ou 1149 l'Ordre de Cîteaux y fut établi et l'église actuelle doit
être postérieure à cette réforme. La Thaumassière, liv. X. cap. xv.
— *Gallia Christiana*, II,193.

garnies de riches moulures, les fenêtres de meneaux
simples et légers. Toutes les gracieuses élégances de
l'architecture ogivale y ont pris place L'abbaye de Loroy
fut fondée vers 1123 sous Vulgrin, archevêque de
Bourges, mais l'édifice dont il nous reste quelques débris
ne peut être que du commencement du xiiie siècle.

Nous croyons retrouver l'influence de ces plans cis-
terciens dans l'église de Saint-Jean-le-Vieux à Bourges,
où des dispositions identiques de transept, de chapelles
carrées, de voûtes, de moulures, se combinent avec une
abside à sept pans, à fenêtres plein cintre et à voûte
cupoliforme.

L'église de Saint-Jean-le-Vieux n'était autrefois qu'une
chapelle dépendant de l'abbaye de Saint-Laurent de
Bourges. Elle passa en 1159 à l'abbaye de Saint-Satur,
qui y établit des chanoines de Saint-Augustin, de grandes
libéralités lui furent faites en 1164. Ces diverses dates
nous paraissent de nature à indiquer approximativement
la date de la construction, qui n'a pas dû s'en éloigner
beaucoup.

Ces plans réagissaient contre l'usage universel avant
eux des absides rondes, et durent contribuer à la vulgari-
sations des formes carrées, que nous verrons intervenir
plus tard.

Mais c'est surtout dans l'ornementation que l'influence
cistercienne se fit sentir.

Jusqu'au commencement du xiie siècle, nous voyons
la sculpture répandre à profusion sur les bandeaux et les
moulures des ornements de fantaisie, étoiles, arabesques,
fleurons, rinceaux impossibles, végétations raides et
imaginaires; en même temps sur les chapiteaux, elle

variait entre l'imitation grossière, mais sensible, de l'a-
canthe corinthienne, les entrelacs profanes, les emblèmes
sacrés, les sujets pieux et allégoriques, poussant parfois
la fantaisie jusqu'à l'absurde, et la bizarrerie jusqu'à la
trivialité. Aux fûts des colonnes et des arcatures, elle pro
diguait les enroulements, les bagues; aux bases des piliers
elle réservait les hélices, les réseaux; aux modillons extérieurs, les figures grimaçantes et parfois trop gaies.

Dans la première moitié du xii° siècle, ou pour préciser davantage dans le second quart, entre 1120 et 1150,
ces ornements disparaissent et sont remplacés tantôt par
quelques dessins symétriques, tantôt par de larges
feuilles plaquées sur la corbeille, peu nervées, où la rai-
deur et le caprice de l'arabesque se marie à une étude de
la nature, qui s'accentue de plus en plus et finit par
triompher. Peu à peu la pointe de ces larges feuilles se
recourbe et devient l'origine du *crochet* gothique, de cet
ornement caractéristique et singulier qui, dans ses variations diverses, fut le motif perpétuel de tous les chapiteaux pendant la période ogivale. Cette transformation
qu'il nous semble rationnel d'attribuer à l'action de saint
Bernard, commença chez nous vers le deuxième quart du
xii° siècle, et aboutit aux formes purement gothiques
vers sa fin. Les chapiteaux de l'abbaye de la Prée, de la
nef et du portail de Chezal-Benoît, des églises de Lissay
près Bourges, de Soye, de Noirlac, etc., fournissent
des spécimens de ces progrès.

En même temps la base se transformait. Composée
presque universellement au xi° siècle de deux tores
séparés par une gorge, elle modifie ses profils au xii°
des façons les plus diverses, mais le tore supérieur, di-

minue de plus en plus et se réduit à un simple filet, la gorge ou scotie s'abaisse et le tore inférieur s'aplatit en s'élargissant sur le socle, que cependant il ne débordera qu'au xiii° siècle. Les pattes qui, dès le xi° siècle (Fontgombaud), se voient exceptionnellement sur les angles du socle, se vulgarisent. Au xiii°, elles existent partout.

A ces âges de transition et à des influences qui ne paraissent pas exclusivement locales se rattache la nef de l'église collégiale de Sancergues, soudée à un chœur et à un transept romans. Deux travées de cette nef, qui subsiste encore, sont presque ruinées et présentent un vaisseau central et deux bas-côtés. Les piliers sont de plan crucial avec demi-colonnes engagées aux extrémités et colonnettes aux quatre cantons. Les bases de ces piliers et colonnettes sont à deux tores, les chapiteaux sont à feuilles d'eau ; quelques-uns ont la corbeille nue ; les archivoltes latérales sont ogivales et de sections rectangulaires, les bas-côtés sont voûtés avec nervures, et leurs arcs ogives sont à tore unique avec arête médiane. La demi-colonne et les deux colonnettes, formant faisceau à l'intérieur de la nef, montent jusqu'à la naissance des voûtes, où elles portent l'arc doubleau et les deux arcs ogives : un triforium, composé de deux arcades géminées ogivales séparées par une colonnette élégante et surmontée d'un oculus, masque la hauteur du toit du bas-côté; tous ces arcs ont des moulures toriques à leurs arêtes. Deux fenêtres supérieures ogivales, garnies de colonnettes, éclairent les sommets des travées. Les voûtes supérieures détruites, mais dont les amorces sont encore visibles, étaient à dispositions simples, sur plan carré;

en conséquence, les voûtes des bas-côtés étaient sur
rectangle sensiblement allongé. A l'extérieur, les arcs-
boutants sont détruits, mais les attaches en sont encore
visibles.

Toute cette nef est franchement ogivale en ses parties
supérieures et ses piliers eux-mêmes, bien que d'aspect plus ancien, forment faisceau et accusent dès la
base la disposition présumée des voûtes Elle rappelle, à
s'y méprendre, l'architecture de Notre-Dame de Châlons-
sur-Marne : en outre, nous remarquerons l'arête des tores aux arcs ogives, profil rare dans nos pays, et qui n'y
apparut que fort tard, tandis que nous le trouvons dès le
milieu du xii⁰ siècle à Noyon (voûte du déambulatoire),
à Saint-Rémi de Reims (au chœur). Tous ces détails
nous semblent accuser une influence champenoise très-
prononcée.

V.

Le xiii⁰ siècle débute, dans notre Berry, par la grande
cathédrale de Saint-Étienne, de Bourges. Cette œuvre
immense pourrait fournir, dans les parties successives de
sa construction, une histoire à peu près complète de l'architecture pendant plusieurs siècles. Mais nous ne sau-

rions ici aborder l'étude détaillée de cet immense monument, étude qui serait, à elle seule, un grand travail :
nous chercherons seulement en lui quelques traits
distinctifs qui nous permettent de saisir et les caractères
de notre architecture locale à divers moments, et l'influence que cet immense édifice a pu avoir sur les constructions ultérieures dans notre pays.

Les observations archéologiques, comme les quelques
indications de l'histoire, sont d'accord pour placer aux
premières années du XIII° siècle, peut-être aux dernières
du XII°, la première construction de l'édifice actuel (1). On
sait que son plan à cinq nefs parallèles, sans transept, est
une remarquable et, croyons-nous, de beaucoup la plus
vaste exception connue au plan crucial, presque universel dans les basiliques de l'ère ogivale. On sait aussi que
l'absence de galerie de triforium et l'isolement jusqu'aux
grandes voûtes des piliers des premiers bas-côtés, accusent ses dispositions architectoniques avec une netteté
grandiose, dont on a pu discuter la grâce, mais dont nul
ne saurait nier la souveraine et imposante majesté.

Il est hors de discussion que les proportions de la nef
de Bourges diffèrent de celles de toutes les autres cathédrales ogivales. Les fenêtres de sommet ont la hauteur
donnée par le rayon des grands arcs ogives, et la flèche
même des grands arcs doubleaux : cette hauteur comme
celles des autres parties de la construction est ce qu'elle
a dû être, ce qu'ont indiqué les principes de la construction, sans qu'aucun sacrifice ait été fait à cette passion

(1) La cathédrale de Bourges, par MM. Girardot et Durand.

de la ligne verticale qui devait être un des caractères des
édifices gothiques. Aussi comprenons-nous que M. Viollet-le-Duc (1), et après lui M. Levasseur et autres aient été
émus et même choqués de ces proportions inusitées, qui
sont en dehors des usages de l'art ogival ordinaire. Ils
ont cru y saisir une préoccupation de l'architecte de ré-
duire autant que possible la hauteur verticale. Cette opinion ne nous paraît pas fondée; en effet, au-dessus de la
voûte de chaque bas-côté, sous l'entrait de la demie-ferme
nous trouvons une hauteur de deux mètres qui augmente
d'autant la hauteur des triforiums, soit quatre mètres en
tout, dont la facile économie eût eu son importance.
Nous croyons qu'un examen, sans parti pris, amène à
reconnaître que l'architecte de génie, qui a su concevoir
et exécuter cette grande œuvre, a suivi en hauteur les
exigences de son plan, avec une rigueur de logique qui

(1) Viollet-le-Duc, *Dict.*, tom. II, p. 96. — Tom. VII, p. 546. —
Levasseur, *Bull. monumental*, an : 1868. p. 216. Nous hésitons
beaucoup à admettre, avec M. Viollet-le-Duc, comme explication
de cette diversité de proportions l'intervention d'un triangle isocèle rectangle, qui aurait servi de principe au plan et à l'élévation,
tandis que les autres édifices ogivaux auraient eu le triangle
équilatéral pour principe générateur; outre que l'intervention d'un
semblable ordre d'idées [paraît fort douteux à quelques auteurs, il résulte des figures mêmes données par le dictionnaire
qu'il ne s'applique que fort approximativement au plan et
aux profils de notre cathédrale. Nous préférons nous en tenir aux
principes d'expérience raisonnée que M. Viollet-le-Duc prete aux
architectes du moyen-âge dans les premiers volumes de son magnifique ouvrage, et c'est sur ces principes simples et rationnels
que nous jugeons leur œuvre.

n'admettait aucune préoccupation accessoire. C'est ainsi qu'il est arrivé à produire un édifice stable dans sa hardiesse et sublime dans sa simplicité.

Nous n'insisterons pas sur les dispositions de la grande voûte, qui sont celles de toute l'époque, avec arcs ogives embrassant deux travées et ayant amené l'alternance de gros et de moindres piliers. Cette disposition, nous la retrouvons dans nos rares églises du xiii° siècle.

Nous observerons le profil des arcs ogives, qui, dans la chapelle souterraine et aux voûtes du bas-côté extérieur du chevet, c'est à-dire aux parties les plus anciennes de l'édifice, sont à deux tores, avec une étroite bande entre eux, et nous reconnaîtrons-là les derniers vestiges des profils rectangulaires avec boudins aux angles que nous avons remarqués plus haut, dans nos édifices de transition. Ces arcs disparaissent dans les voûtes des deuxièmes bas-côtés et de la nef qui, par la nécessité même de la construction, sont un peu postérieurs et sont remplacés par des nervures simplement toriques.

Nous remarquerons aussi combien on était loin alors de rejeter l'emploi de l'arc plein cintre : ainsi les formerets de l'abside sont d'un plein cintre parfait; nous retrouverons des arcs plein cintre dans la tour du sud et dans le portail même du xiv° siècle.

Les portails latéraux, si célèbres, si dignes de l'être, avec leur architecture du xiii° siècle, et leurs sculptures bien plus anciennes, sont des exemples d'un sentiment de préservation assez rare à cette époque, et de cet archaïsme voulu des portes, dont on trouve des traces frappantes à Chezal-Benoît, Fontgombault, Noirlac, Déols, etc.

Nous nous bornons à signaler dans la sculpture : aux bases, le tore inférieur très-plat, debordant le socle avec pattes aux angles, la scotie devenue rainure, étranglée à ce point, que son mode de refouillement est presque un problème : aux chapiteaux de l'abside d'énormes bourgeons ou crochets angulaires et des feuillages presque plats : aux nefs la sculpture se développant, devenant de plus en plus étudiée, nerveuse et naturelle, en avançant vers l'occident de l'église, et nous abordons l'étude des rares églises que nous a léguées le xiiiᵉ siècle.

Dès l'abord un fait nous frappe : c'est que les églises de cette époque n'ont plus la forme cruciale, et à l'exemple de la métropole, peut-être sous l'influence des constructeurs que devait former un aussi vaste atelier, aucune d'elles n'a de transept; elles sont du reste en petit nombre dans le diocèse; nous n'en connaissons que trois de proportions importantes qui soient pleinement de cette période par leur plan et leur complète réalisation. Ce sont les églises de Saint-Pierre-le-Guillard de Bourges, de Levroux et d'Aubigny.

Saint-Pierre-le-Guillard est fort intéressant; il le serait bien plus si l'incendie n'eût détruit ses voûtes et tout le bas-côté et le mur septentrional, désastre qui a amené la reconstruction de toutes ces parties au xvᵉ siècle. Nous tâcherons en l'examinant de faire abstraction de ces additions confuses.

Le plan (pl. IX) est une nef simple avec galerie latérale formant déambulatoire. La forme première des piliers latéraux est difficile à déterminer, probablement rectangulaire comme ceux de Levroux ; mais les voûtes primitives étaient identiques de plan à celles de la cathédrale, c'est-

PL.IX

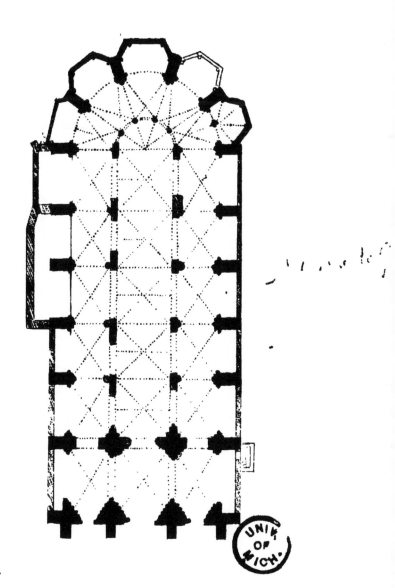

à-dire que les arcs ogives étaient les diagonales d'un carré, et que leur point d'intersection était maintenu par un arc doubleau, ce qui réduisait toutes les surfaces à voûter à des triangles. Nous avons vu qu'à la cathédrale ces arcs doubleaux secondaires reposaient sur des piliers moindres de diamètre : à Saint-Pierre, leur peu d'importance est encore plus apparente, leur retombée repose sur une colonnette portant sur le vide, au sommet de l'archivolte. Il n'y a d'arc-boutant extérieur qu'au droit des piles. Les embrasures des fenêtres descendent jusqu'aux clefs des archivoltes ; il n'existe point de triforium ; le fenestrage est reporté au parement extérieur, toute l'épaisseur du mur est à vide au-dedans. Cette disposition est, dit-on, fréquente en Champagne.

Le chevet de la nef est d'une grande élégance : les piliers cylindriques, l'acuité des archivoltes, des baies des fenêtres et des arcs formerets forment un ensemble gracieux, que devaient compléter les voûtes et leurs nervures du XIIIᵉ siècle avant les déformations ultérieures.

Les bas-côtés sont plus étroits que la nef; ils donnent ainsi pour chaque travée un plan excessivement barlong. Les nervures de leurs voûtes sont toriques, des faisceaux de colonnettes appliquées aux murs extérieurs en portent les retombées.

La première travée de la nef sur laquelle s'élève une vaste tribune et une énorme tour, a dû jadis former narthex. C'est à l'arcade intérieur que devaient être les portes, qui n'ont été placées à l'arcade extérieure qu'à l'aide de mutilations visibles; à cette arcade intérieure paraissent avoir existé quelques marches. Tous les piliers de cette partie sont revêtus d'un faisceau de colonnettes dont les bases sont aplaties et dont les chapiteaux portent ces fleurons au bout d'une tige nervée que l'on nomme crochets. Ils sont donc nécessairement du xiii° siècle, bien que deux des arcades communiquant de ce narthex dans la nef soient de plein cintre. De même toute l'église ne saurait être antérieure au commencement du xiiie siècle. En la comparant à notre grand type, la cathédrale de Bourges, nous arrivons, par la comparaison des profils et des nervures à cette époque, de 1220 à 1224, que la tradition de saint Antoine de Padoue indique comme fondation de l'église; et si la paroisse a existé dès le xii° siècle et probablement beaucoup plus tôt, c'est bien à l'époque traditionnelle que remonte l'église actuelle.

Signalons encore, avant de quitter Saint-Pierre-le-Guillard, une charmante chapelle polygonale du chevet, dont les voûtes viennent converger sur une pile mince formée d'un faisceau de quatre petites colonnettes adossées, pile qui porte aussi l'arc doubleau du bas-côté et les archivoltes du mur extérieur de l'église. Cette disposition est rare et de la plus élégante hardiesse.

L'église de Levroux, intacte et complète, est à trois nefs, mais n'a pas de déambulatoire (nous en donnons le plan pl. X). Les piliers sont sur plan rectangulaire avec des bases à profils aplatis et des chapiteaux à crochets. La voûte de la grande nef est telle qu'a dû être celle de Saint-Pierre-le-Guillard : même suppression des piliers et arcs-boutants au droit des arcs doubleaux secondaires. Mais les voûtes des bas-côtés sont tout autres, et formées de berceaux perpendiculaires à l'axe de l'église, c'est-à-dire suivant l'extrados des archivoltes latérales; des arcades peu élevées au droit des piles en supportent la

PLX

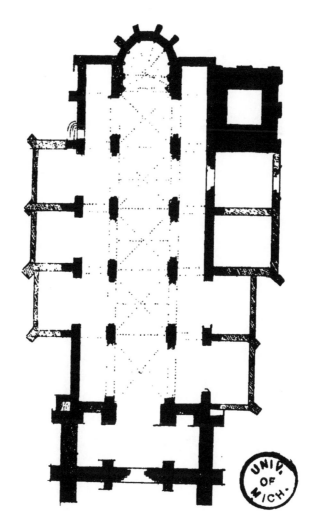

Sévrey

retombée. Cette disposition, assez primitive, fréquente dans le midi de la France, n'est pas heureuse : elle enlève toute élégance aux bas-côtés. La coupe perspective que nous donnons de cette église, pl. XI, donnera une idée de ce mode de construction.

L'abside de l'église est polygonale et relativement basse, et comme appliquée au pignon oriental dans lequel deux fenêtres sont percées au dessus d'elle. Les bas-côtés sont terminés par deux chapelles carrées. Le comble des bas-côtés ouvre directement sur la nef non par un triforium, mais par des ouvertures de dispositions variées : d'abord à la travée la plus orientale, deux petites portes carrées ; à la travée suivante, deux portes cintrées à belles moulures toriques ; puis aux autres, de petites arcades géminées. L'ornementation, très-sobre aux travées orientales, est un peu plus chargée aux parties de l'ouest, les moins anciennes, ce sont toujours les fleurons et les feuillages gothiques mélangés de quelques têtes.

La disposition de cette église n'était pas absolument jadis ce qu'elle est aujourd'hui. Une crypte s'étend sous le sanctuaire ; elle est sans ornements, voûtée de berceaux plein cintre ou ogivaux se pénétrant.

Outre d'étroits soupiraux extérieurs, elle prenait jour par trois petites fenêtres sur la nef même de l'église (1),

(1) Ces trois soupiraux, qui paraissent moins avoir eu pour but d'éclairer la crypte que de permettre aux regards de pénétrer de la nef supérieure dans l'étage inférieur, concordant avec d'autres indices, notamment avec deux étroites ouvertures dont nous avons constaté l'existence à la crypte de Léré, nous feraient croire qu'à une époque quelconque, qui ne fut peut-être pas celle de la

qui était en contre-bas du chœur, de 1 m. 20, quantité
dont elle a été remblayée, ce qui a enterré les bases des
piliers. Nous indiquerons, sans y insister, les dispositions du narthex, célèbre par ses guérisons, l'énorme
tour romane qui subsiste à l'angle sud-est et devait
occuper dans l'église précédente la droite du chœur, et
enfin la façade bien restaurée récemment, et qui doit
remonter aussi à la première moité du xiiiᵉ siècle.

L'église d'Aubigny (pl XII). est de plan identique à celui
de Levroux, seulement les piliers sont cylindriques avec
quatre colonnettes dégagées; les chapiteaux à feuillages
portent sur leurs sommiers carrés la naissance des arcs
des bas-côtés et les colonnettes triples qui montent
jusqu'aux grandes voûtes. Les combles des bas-côtés,
comme à Sancergues et à Levroux, donnent sur la
grande nef par des portes ogivales ouvertes à chaque
travée et, chose remarquable, les pas et les arêtes de
quelques-unes d'entre elles portent les traces évidentes
de frottement, et d'un long et fréquent passage : comme
elles donnent sur le vide, il faut de toute nécessité sup-

construction, mais à des siècles postérieurs, les cryptes furent uti-
lisées comme l'étaient jadis les *confessions* que nous trouvons
dans quelques anciens sanctuaires pour placer des reliques que l'on
permettait aux fidèles d'entrevoir par d'étroites ouvertures Nous
ne sommes pas en mesure aujourd'hui d'affirmer cette hypothèse que nous nous con'entons d'indiquer. Une étude sur les
cryptes, sur leur destination successive depuis leur construction
où elles étaient le sanctuaire primitif jusqu'à leur déclin au siècle
dernier, où, munies de portes extérieures, elles étaient devenues
les *celliers* des chapitres, ne serait pas sans intérêt.

poser soit des balcons, soit des galeries, probablement
en bois, longeant les murs de l'église, disposition demeurée en usage jusqu'à nos jours dans les églises basques,
mais dont l'usage, dans nos monuments, devait singulièrement modifier leur aspect et a laissé bien peu de traces
dans les souvenirs.

Les voûtes sont disposées sur travée double, mais au
lieu d'avoir refendu, comme nous l'avons vu jusqu'à
présent, chaque travée, de manière à ce que les deux
ensemble formassent une surface à peu près carrée,
chaque doubleau, à Aubigny, correspond à une pile, il
en résulte une disposition très-allongée dans le sens
de la longueur de l'église; ce mode de voûtes, dont
nous n'avons jamais rencontré d'autres exemples, peut
avoir été économique, mais il donne aux voûtes une apparence de pesanteur, jure avec le sentiment instinctif
de la construction, qui consiste à voûter les espaces sur
leur sens étroit, et en somme, ne nous paraît pas
heureux. La construction de l'église est en blocages
fort grossiers à l'extérieur. Les arcs-boutants sont presque
tous écroulés. Le chœur et l'abside ont été repris vers le
xv⁰ siècle, mais sans que les charpentes ni les toitures
aient été atteintes Une tour du xⁱv⁰ ou xv⁰ siècle forme
porche devant la façade occidentale. De la porte dans la
nef on entre en descendant un escalier intérieur de 1 m.
25 de haut.

En dehors de ces grandes églises, nous voyons, vers
le commencement du xⁱⁱⁱ⁰ siècle, quelques édifices
moindres et cependant assez complets. Aussi l'eglise de
la commanderie de Templiers des Bordes, près Jussy-le-
Chaudrier, nous montre une eule nef avec absides à sept

pans, avec grandes fenêtres à meneaux simples. Les
voûtes détruites ou non exécutées, mais dont on voit les
amorces, étaient ogivales simples avec arcs doubleaux et
ogives à moulures toriques. Ces arcs étaient portés par
des culs-de-lampes à feuillages ou à crochets appliqués
aux murs, des contreforts extérieurs maintenaient leurs
poussées, ainsi que celles des arcs rayonnants de l'abside.
Beaucoup de modillons extérieurs de l'abside sont des
têtes humaines Toutes ces dispositions indiquent bien
le commencement du xiii⁰ siècle. Un claveau d'arc à
double tore, un seul, trouvé à la préceptorerie de saint
Antoine, près Raymond, nous donne une date analogue
de construction, et c'est en effet l'époque où l'ordre du
Temple, repoussé de la Palestine, s'est établi en France.

Le xiii⁰ siècle produisit une grande quantité de parties d'églises, et ce furent surtout les absides qui furent
remplacées, peut-être à cause de leur exiguité antique.
L'abside de Saint-Palais, polygonale, qui, par ses arcs
doubleaux à double tore et son magnifique appareil,
rappelle les œuvres basses de la cathédrale de Bourges,
mérite d'être distinguée entre toutes.

Cependant, au xiii⁰ siècle, nous voyons certains édifices
religieux qui paraissent avoir négligé la voûte; leur plan
se réduit à une parallélogramme simple. Ainsi est la
petite chapelle assez bien conservée du monastère de
Bléron, dans la forêt d'Allogny, commune de Saint-Martin
d'Auxigny, fondé par Philippe-Auguste Le plan en est
rectangulaire, quelques fenêtres latérales en ogive l'é-
clairent; une autre fenêtre ouverte dans le pignon oriental a conservé ses meneaux dont la simplicité indique bien
le xiii⁰ siècle. La voûte lambrissée de planches était très-

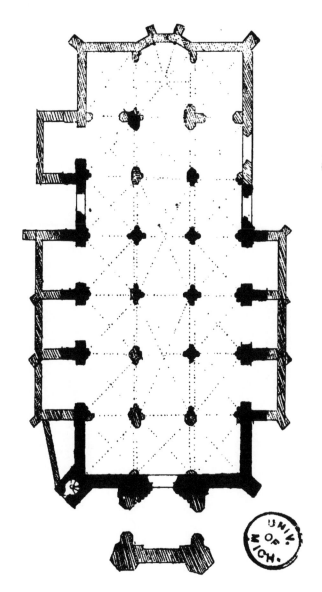

légèrement ogivale. La petite église voisine d'Allogny,
dont la porte présente des bases et des chapiteaux du xiii°
siècle, était construite sur ce plan ; l'abside de Mareuil, ·
carrée avec trois fenêtres ogivales (1), annonce les mêmes
idées, mais nous nous bornons à ces indications ; là où
la voûte n'existe pas l'intérêt artistique peut subsister
encore, mais l'intérêt architectural diminue singulièrement.

VI.

Sommaire. — xiv° siècle et suivants. — Eglise Saint-Satur. — Les
moulures prismatiques ou effilées. — Renaissance, archaïsme de
l'art religieux. — La tour neuve à la cathédrale, les églises de
Jars et de Menetou-Couture. — Edifices modernes. — Conclusion.

Le xiv° siècle fut pour nos provinces du centre un
siècle de désastres, l'architecture militaire seule s'y dé-
développa ; et si l'époque fut féconde en châteaux et
en fortifications, elle est pauvre en églises. Il importe
cependant d'en saisir les principaux caractères, ne fût-ce
que pour attribuer une date approximative à certaines
parties rapportées à nos églises plus anciennes.

A la fin du xiii° ou au commencement du xiv° siècle,
nous trouvons la façade, et surtout la tour méridionale

(1) Cf. De Caumont, *Architecture religieuse*, p. 898, figures.

10

de la cathédrale de Bourges. Le trait distinctif nous
paraît être dans les bases et dans les chapiteaux. Les
bases se composent d'une simple moulure, sur un tore
très-aplati, débordant un socle cubique ou prismatique;
le chapiteau présente les crochets sous un tailloir polygonal.

Cette date de la tour du sud ne laisse pas d'avoir un
assez vif intérêt; on y voit en effet, dans les oculus du
sommet, certains arcs d'arrière-voussures, qui sont de
plein cintre, appareillés de petits claveaux et qui ont
une apparence bien plus archaïque; là encore nous
voyons la preuve du sentiment rationnel qui conserva
l'usage du plein cintre en de nombreuses occasions; la
même remarque s'applique aux arrière-voussures des
portes de façade des premiers bas-côtés.

C'est au commencement du xivᵉ siècle, et avec plus
de certitude encore, que nous pouvons placer la construction des grandes voûtes; chacun a pu remarquer que
les cinq grand arcs doubleaux de la grande voûte portent
la trace frappante d'une reprise; les premiers claveaux
engagés dans les murs présentent un tore, tandis que le
reste des arcs présente un profil maigre et effilé. Or,
comme nous savons que Philippe-le-Bel, en 1313, abandonna quarante livres tournois au Chapitre de Saint-
Étienne pour une grande réparation à cette église, dont
les voûtes menaçaient ruine (1), on peut voir la trace de
cette réparation dans l'indice ci-dessus, et saisir ainsi,
d'un seul regard, ce que le xiiiᵉ siècle, en son entier,
amena de modifications dans les profils.

(1) Labbe, *Hist. abr*, p. 202.

PL XIII

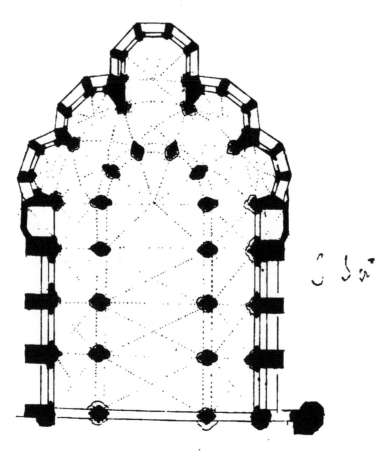

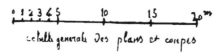

Encore à cette époque se rattache le portique du nord, les bases en sont d'une étude intéressante, c'est toujours le tore plat débordant un prisme Nous ne résisterons pas au plaisir de signaler, bien qu'il n'y ait là rien d'absolument significatif, deux cordons inscrits dans les gorges des arcs de ce portique. L'un est composé d'une série de démons dont la tête grimaçante forme crochet, l'autre d'une série d'oiseaux de dispositions analogues, en sorte qu'à quelques pas, tout cela semble la décoration banale des fleurons en crochets gothiques, et ne se révèle qu'à une observation assez attentive. Il n'y a là qu'un caprice de médiocre goût, mais caractéristique d'une époque.

Le plus intéressant monument que nous ait fourni le XIVe siècle est l'église de Saint-Satur, dont on peut placer la construction entre les années 1360 et 1370 (1).

Le chœur seul a été élevé, l'intention d'un transept se manifeste par l'élévation de sa paroi septentrionale (pl XIII). Ce chœur est composé d'une nef avec galeries latérales, déambulatoire et chapelles rayonnantes au chevet L'église entière repose sur un énorme socle qui monte jusqu'au niveau des fenêtres et donne de la stabilité à toute la construction : de robustes contreforts maintiennent les poussées des voûtes des bas-côtés. Les grandes voûtes, faites de briques placées sur plat, de telle sorte que leur longueur fasse l'épaisseur de la voûte, ne sont maintenues par aucun arc-boutant, et un seul point

(1) *Monographie de l'abbaye de Saint-Satur*, par M. Gemahling. Compte-rendu de la Société du Berry, 1866, p. 269.

présente des amorces qui en indiquent l'attente; le reste,
abside comme chevet, est parfaitement régulier d'appareil vertical, et la suppression de l'arc-boutant y est
parfaitement accusée, sans que cependant il y ait eu
aucun mouvement de la construction. Les fenêtres hautes,
rejetées au parement extérieur du mur, sont élevées sur
un bahut qui suppose un toit très-abaissé au bas-côté; du
reste, aucun triforium n'en masque le vide inférieur.

Les piliers présentent en plan une multitude de colonnettes appelées à soutenir toutes les nervures des voûtes;
les plus importantes ont une arête, les plus grosses
même, un bandeau qui en accuse la saillie; leurs chapiteaux ne se composent que d'une corbeille très-effilée
avec tailloir rond torique très-évasé; ils reproduisent les
arêtes et les bandeaux des colonnettes. Les bases sont
plus compliquées. Le socle est polygonal, il est ramené
par un empâtement surmonté d'un tore à des séries [de
prismes qui sont débordés par un tore aplati, suivant les
contours extrêmement compliqués des colonnettes. Au-
dessus de ce tore, une gorge peu profonde entre deux
filets remplace la scotie. Tout ce système de base, vu à
distance, a quelque chose de l'allongement des bases
purement prismatiques que nous rencontrerons au siècle
suivant.

Les nervures des voûtes, ainsi préparées dès la base,
s'accusent et se suivent nettement sans pénétration. La
travée occidentale et la baie du transept nous montrent
quelques traces de pénétrations de moulures; mais, par
une remarquable coincidence, nous trouvons à cette
travée des fenêtres où se voient des bases prismatiques
pyriformes si répandues au XVe siecle; nous devons donc

les considérer comme postérieures au reste de la construction.

Nous trouvons les bases prismatiques surmontées d'une doucine parfaitement indiquée dans le modèle réduit de la Sainte-Chapelle du duc Jean, de Bourges, construite en 1390, modèle qui est au musée de Bourges, et qui, bien que portant une date postérieure de quelques années à la destruction de l'édifice, a toutes les apparences d'une grande exactitude. Nous pouvons donc les regarder avec les arêtes saillantes des colonnettes et des nervures comme caractéristiques du xiv° siècle (1). Nous devons rappeler ici, cependant, que ces arêtes, vulgaires dès le xii° siècle, dans le nord et l'est de la France, à Noyon et à Notre-Dame de Châlons-sur-Marne ainsi que des bandeaux sur les tores, qui existent aux voûtes de la cathédrale de Reims, ont été trouvés par nous à Sancergues, à une époque que nous croyons fort antérieure, mais cet exemple nous a paru une importation, et en tout cas une exception.

Le xv° siècle nous offre peu d'édifices, mais de très-nombreuses chapelles seigneuriales accolées aux flancs de nos églises rurales, tellement nombreuses qu'on peut citer comme exceptions celles qui en sont dépourvues ; il n'y a là qu'un intérêt de moulures, de profils, de sculptures, mais point de traits d'ensemble. Généralement les nervures de leurs voûtes reposent sur des culs-de-lampe angulaires de forme variée et souvent armoriés; leurs nervures sont prismatiques ou à courbes évidées et

(1) Le château de Mehun sur Yèvre, de la fin du xiv° siècle, nous présente les mêmes caractères.

allongées. Les clefs des voûtes sont généralement des
écussons, souvent des feuilles de choux.

La fin du xv⁰ et le commencement du xvi⁰ siècle ont
construit à Bourges un grand nombre d'édifices partiels
ou entiers. Les grands incendies du xv⁰ siècle et notamment celui de 1487 avaient détruit tant d'églises qu'il
fallut en reconstruire un grand nombre, dont nous avons
ainsi la date certaine, tout au moins pour les voûtes. Ces
nombreuses créations se signalent généralement par les
profils de leurs moulures et se divisent en quelque sorte
en deux genres bien distincts que nous retrouvons coexis-
tants à cette époque, sans que nous ayons pu saisir entre
eux un ordre de succession, de priorité ou de dérivation
quelconque.

L'un de ses modes se retrouve avec tous ses caractères
dans la chapelle de Jacques-Cœur à la cathédrale. Il nous
présente une voûte soustendue par des arcs à nervures
prismatiques descendant le long des piliers et des murs
sans modifications, sans chapiteaux d'aucune sorte et reposant sur des bases qui vont pénétrer elles-mêmes une
base générale. Ces bases et ces pénétrations ont été admirablement décrites par M. Viollet-le-Duc, et nous ne·
voyons rien de particulier en notre pays à signaler dans
cette architecture toute de convention.

Nous retrouvons ce même système dans le réseau d'arcs
qui soustendent la voûte de rez-de-chaussée de la tour
neuve de la cathédrale, et dans une foule d'autres monuments importants.

Mais à côté continue d'être en usage une nervure formée en profil de deux autres courbes et terminées par un
tore étroit avec ou sans arête. Cette moulure, dont nous

trouvons la disposition dans les grands arcs doubleaux de
la cathédrale, repris probablement vers 1313, se continue,
s'effile, se complique de diverses façons, mais demeure
en usage jusqu'à dans les plus récentes constructions religieuses. Vers la fin du xv⁰ siècle, elle va ordinairement
fondre ses retombées par des pénétrations très-complexes,
très-difficiles, et toujours réussies, dans des cylindres
plaqués ou demi-tambours cylindriques appliqués aux
murs, ainsi que nous le voyons à Saint-Bonnet, à Saint-
Pierre-le-Guillard, à Notre-Dame, etc.

Sous cette forme la voûte à nervure s'allie avec l'art de
la renaissance.

Toute cette époque nous montre un fait très-sai-
sissable, c'est la persistance des formes et des principes de la construction ogivale se maintenant dans les
églises, bien au-delà du moment où déjà toutes les constructions civiles étaient revenues à ces aspects fantaisistes
et gracieux et soi-disant classiques que l'on nomme la renaissance. Du xi⁰ au xiv⁰ siecle l'architecture est essentiellement, presque uniquement religieuse, et les rares constructions civiles en pierre, généralement bornées aux
monastères et à quelques édifices communaux, ne sont
qu'une tardive application des grands principes réalisés
dans les temples. Au xv⁰ siècle, d'innombrables chapelles, logées aux côtés des églises de toute dimension, témoignent encore d'une architecture religieuse immobilisée,
banale et vulgaire, mais usuelle et vivante Au commencement du xvi⁰ siècle, pendant que l'architecture civile
engendre des merveilles et interprète avec verve et originalité les données réelles ou présumées de l'art antique,
l'art religieux s'attache à ses anciens errements, il cher-

che à imiter les grands exemples du passé. C'est ainsi que
la tour nouvelle de la cathédrale, commencée en 1507 et
continuée pendant plus d'un demi-siècle, manifeste une
intention imitatrice des dispositions de la tour primitive,
modifiée par les habitudes mêmes de l'époque, et cé-
dant aux fantaisies, aux habiletés, aux hardiesses, qui
avaient été lonstemps la suprème beauté de l'art religieux;
mait c'est à peine si l'artiste ose se livrer au goût du
temps, en revêtant un cul-de-lampe ou un dais, un chapiteau ou une frise, des rinceaux, des volutes, des élégances de la renaissance. Ces détails, qui sont charmants,
se dissimulent et se noient dans l'ensemble auquel on
veut garder son aspect antique.

Il suffit de comparer la tour Saint-Guillaume, de la cathédrale, avec la maison des frères Lallemant, qui, construite sous Louis XII, est bien antérieure à son achèvement, pour saisir toute la différence intentionnelle qui
existe entre ces deux monuments.

Cet instinct archaïque se retrouve du reste dans bien
des monuments ultérieurs, et se continua longtemps.

La tour de l'église Notre-Dame nous montre les dispositions antiques au sommet. Mais les niches qui ornent
ses angles ont des motifs de la pure renaissance et sont
une très-heureuse tentative d'application des détails classiques à un ensemble gothique.

Une petite église de campagne, celle de Jars, nous
montre des arceaux à nervures formant réseau et
soutenus par des demi-colonnes engagées, à chapiteaux
de la renaissance. Elle porte sur une de ses clefs une date
de 1532 qui doit être celle de sa construction.

L'église Saint-Bonnet semble même prouver que ce

système de voûtes à nervures imitatives du style ancien
ne fut jamais complétement abandonné; la chapelle de
Boucher, dont une inscription fixe la construction à l'an
1628, ne se distingue pas de ses voisines ; une autre
chapelle, la dernière au sud, bâtie dit-on au xviii° siècle,
présente des caractères identiques.

L'abside voûtée d'une infime église rurale, celle
de Menetou-Couture, dont la reconstruction paraît se
placer au plus tôt après les dévastations du duc de Deux-
Ponts en 1569, nous montre aussi de maigres nervures
prismatiques sous des voûtes basses et écrasées, elle n'en
a pas moins son intérêt d'étude, vu la rareté des édifices
d'alors.

Au xvii° siècle, nous trouvons quelques façades d'é-
glises : celles du Grand-Séminaire (ancien convent des
Ursulines), d'ordre ionique, mais point d'églises voûtées.
L'abside de Notre-Dame de Sales, sur la tour gallo-Romaine de l'archevêché, nous présente des pilastres plats
au dedans et au dehors. Elle remonte à la fin du xvii°
siècle (1) et nous montre les traditions gothiques ou ogivales complétement oubliées.

Le xviii° siècle fut encore plus pauvre; il avait construit en 1763 (2) cette façade de l'Oratoire, rue des Armuriers, qui vient d'être démolie : elle présentait comme l'on
sait quatre pilastres ioniques portant un fronton arrondi
soutenu par deux énormes volutes : elle était élevée sur
l'abside de l'ancienne église Saint-Hippolyte, dont on
avait ainsi changé complétement l'orientation.

(1) La Thaumassière, liv. II, chap. xii.
(2) Mémoires de la Société des Antiquaires du Centre, tom. I,
p. 161, art. de M. le président Hiver.

Malheureusement ce siècle ne se borna pas à l'abstention et on doit lui reprocher d'irréparables destructions : ainsi celle de la Sainte-Chapelle du duc Jean, accomplie par l'archevêque de Bourges avec une intensité d'aveuglement et un mépris des anciennes institutions que l'histoire a peine à comprendre. Les fureurs sauvages de 1793 promenèrent partout leurs ravages sans merci; leur rage s'attaqua surtout au mobilier des églises, aux ornements religieux, aux objets sacrés, aux statues et aux images plutôt qu'aux monuments eux-mêmes. Les propriétés monastiques vendues furent souvent conservées par les particuliers, les églises paroissiales furent préservées. Il faut d'ailleurs attribuer aux protestants pendant les guerres de religion, au xviᵉ siècle, beaucoup de ruines que des légendes mal justifiées mettent au compte de ces trop désastreuses époques.

Depuis quelques années un immense mouvement de restauration parfois heureux, mais souvent beaucoup trop hardi, mouvement qui tend de plus en plus vers des destructions totales et des reconstructions d'églises neuves, tend à défigurer et à détruire beaucoup de nos intéressants édifices : il menace de rendre insaisissables ces nuances que nous nous sommes efforcé de fixer pendant que les témoins du passé existent encore. Nous avons cru urgent d'esquisser les principales phases qu'a traverversées l'architecture religieuse dans nos contrées.

Cet aperçu doit contenir bien des lacunes et probablement bien des erreurs, mais il peut avoir son intérêt, ne fût-ce qu'en facilitant le contrôle de ses assertions et en servant de base même à la discussion. Il nous a conduit aux résultats suivants :

Pendant toute la période mérovingienne et carlovingienne, immobilité presque absolue, conservation latente et déclin des méthodes romaines, même aspect des appareils à larges joints, sauf la détérioration des mortiers et des modifications dans la taille de la pierre.

A partir de l'an mil apparition et vulgarisation du plan crucial à tour centrale, tantôt avec trois galeries parallèles au chœur, tantôt réduit à une seule abside, voûtes plein cintre, vastes pilastres au-devant des murs, voûtes en berceaux, symbolisme des chapiteaux.

Vers la fin du xi° siècle, et surtout au commencement du xii°, apparition de l'arc brisé : d'abord à peine sensible et concourant avec l'arc surhaussé, puis se répandant peu à peu des grandes archivoltes aux usages secondaires, mais sans modification des plans ni des ornements : voûtes en berceau ogival, intensité croissante de la richesse monumentale : apparition pour les petits espaces de la voûte à arêtes non pas de pénétration régulière, mais dite byzantine, surélevée au centre.

A partir du deuxième quart du xii° siècle, réaction cistercienne contre l'exagération ornementale, apparition du plan à abside carrée.

Puis bientôt, à la seconde moitié du xii° siècle, apparition des arcs ogives d'abord massifs, puis allégeant peu à peu leurs profils et modifiant les plans des édifices, absides polygonales, clochers à l'ouest.

Cathédrale de Bourges, type unique se distinguant entre tous par la logique et la hardiesse, résumant à elle seule tout l'art du xiii° siècle et répandant son influence

sur quelques édifices; mais nos campagnes, peuplées dès
le xɪɪᵉ siècle des églises que nous voyons aujourd'hui, ne
construisent au xɪɪɪᵉ que de très-rares spécimens.

Au xɪvᵉ siècle et au xvᵉ siècle, l'art religieux négligé ne
nous fournit que des portions d'édifices; devenu banal, sans
originalité locale, se modifiant dans ses profils et ses modes,
mais sans principes nouveaux, et sans amélioration, il
marche vers un déclin rapide. Au xvɪᵉ, l'art religieux
laisse le pas aux constructions civiles, il se rive à l'archaïsme de ses anciens édifices, qu'il ne sait plus
imiter que de loin et en conserve longtemps les traditions, et enfin au xvɪɪᵉ et au xvɪɪɪᵉ siècles l'architecture
religieuse n'existe plus à proprement parler. Elle n'est
qu'une application souvent malheureuse des règles vulgaires.

Cette étude sur l'architecture locale nous montre pendant un siècle et demi, le xɪᵉ et le commencement du xɪɪᵉ,
une énergie, une vitalité, une ardeur vers le mieux, une
puissance de conception, une audace d'exécution, une
suite dans les progrès, qui nous permettent de regarder
ses succès comme ne relevant que d'elle-même, et nous
donnent le droit d'attribuer à notre sol toute la gloire de
ces productions romanes, qui sont la splendeur et la joie
de nos campagnes.

Au xɪɪᵉ siècle, nous sentons quelques interventions
étrangères. Les grandes tentatives de l'art ogival naissant se font ailleurs. Nous n'avons pas de ces grands
spécimens de transition, Saint-Denis, Saint-Remy de
Reims, Notre-Dame de Châlons, la cathédrale de Noyon.
Aussi, par contre, toute cette science étrangère vient se
concentrer chez nous en un monument unique : la cathé-

drale de Bourges qui, moins vaste que Cologne, moins élégante qu'Amiens, moins ornée que Chartres et que Rheims, l'emporte sur tous par son originalité saisissante et sa majesté grandiose.

Dès lors l'art des constructions périclite et ses principes et son histoire sont bientôt oubliés des hommes, à ce point que le savant La Thaumassière, trois cent-cinquante ans après la dédicace de Bourges, et cent-cinquante ans après son achèvement, se refuse à croire à la date de cet édifice, dont il recule indéfiniment l'origine.

Mais cet art a vécu sur notre sol pendant trois cents ans et ce temps lui a suffi pour le couvrir d'édifices religieux, qui sont la gloire des siècles qui les ont vu naître et des générations qui ont su les produire.

DOCUMENT INÉDIT

POUR SERVIR A L'HISTOIRE DE LA CÉRAMIQUE

DANS LE DÉPARTEMENT DU CHER.

Par M. Ch. de LAUGARDIÈRE.

———

Je n'ai point la prétention d'essayer de faire, même pour ne l'esquisser qu'à grands traits, le tableau historique de *l'art de terre* dans le Berry. Les informations nécessaires me font défaut. Pour traiter convenablement, dans son ensemble, un sujet que l'on peut envisager sous tant d'aspects divers, les investigations préalables, multiples et spéciales, sont indispensables; or, le document que j'ai recueilli, je ne le dois qu'aux faveurs du hasard. Mais ce que je n'ai pas entrepris, d'autres seront peut-être un jour tentés de l'entreprendre; je plante pour eux un jalon, heureux si la présente communication pouvait paraître digne d'attention à ceux qui, dans nos rangs, s'intéressent à la question céramique.

Après avoir été une mode capricieuse et un engoue-
ment parfois désordonné, la recherche des poteries nationales, quels que soient leur âge, leur matière et leur
décoration, est devenue l'origine de travaux sérieux dont
la réunion fournira un jour, à quelque metteur en
œuvre habile et consciencieux, les éléments d'une véritable *Encyclopédie céramographique de la France*.

Bien qu'osant arborer ce titre d'encyclopédie, la troisième édition du *Guide de l'amateur de faïences et porcelaines, poteries, terres cuites*, etc. (1), par M. Auguste
Demmin, est loin de remplir les promesses de sa première ligne. Ce prétendu guide n'est bon qu'à dévoyer
ceux qui s'en rapporteraient à lui avec trop de confiance;
compilé sans savoir, sans soin, méthode ni critique, — je
parle surtout de ce qui concerne la France, — je l'ai toujours trouvé en faute grave sur tous les points particuliers
que j'ai pu vérifier. Aujourd'hui j'en offre une preuve authentique. Dans cette dernière édition, l'auteur a cru bon
de publier, d'après quelque dictionnaire d'adresses, une
liste alphabétique des localités françaises où l'on fabrique
actuellement des poteries opaques, *fabriques*, dit-il expressément, *qui ne pouvaient pas être mentionnées parmi les
anciennes*. On y trouve Henrichemont (imprimé *Henri-
chement*), avec les noms plus ou moins estropiés de huit
fabricants de poteries, qui tous exercent leur industrie
non pas au chef-lieu, mais à La Borne, village de cette
commune,—Neuvy-deux-Clochers,—et plusieurs autres
noms de lieux situés dans la même zône du département

---

(1) Paris, veuve Renouard, 1867; 2 vol. in-12 de 1227 pages.

du Cher (1). Et précisément je peux établir, pièces en main, qu'en 1657, date déjà respectable et nullement contemporaine, la fabrication de la poterie, vulgaire à la vérité, était en pleine activité à Neuvy-deux-Clochers, et que ses produits venaient chercher des débouchés jusqu'à Nevers. C'est à cette démonstration que servira le document inédit annoncé par mon titre, et que je transcrirai sans plus ample préambule.

Notte du Roy. Comparut en sa personne Thomas Panariou, marchand potier, demeurant en la paroisse de Neufvis à deux Clochers, province de Berry, lequel de son bon gré a vendu et promis livrer en ceste ville de Nevers, sur le port du Guichet du Rivage, dans d'huy en deux mois et demy prochains venans, à honnorable homme Gilbert Sionnest, marchant à Nevers, présent et accep-tant, assçavoir la quantité de cent pots tenant cinq escullées en bas, plus un cent d'escuelles, plus un demy cent de petites terrasses de toutes fassons, plus un demy cent de bouteille tenant trois pintes en sus, plus ung quarteron de grandes cruches à trois ansses, plus un quarteron de pots à salé du bœurre tenant douze livres en sus, plus un demy quarteron de grand beurriere, plus un demy quar-teron de grande fesselle, plus un demy cent tant de grands pots de cuisine, arousouers et aultres grandes pièces ; et ce moyennant le prix et somme de vingt sept livres tournois. Sur laquelle som-me a été présentement payé la somme de quinze livres et dont il c'est tenu contant et en quitte ledit sieur Sionnest, et le surplus lors de la livraison. Plus a ledit Panariou vendu et promis livrer dans le susdit temps, audit lieu, un cent et demy de plats, sçavoir trois quarterons de petitz pour les pères Récolletz, plus trois aul-

(1) Pages 563 et suiv. — Dans cette liste, où il y a jusqu'à des briqueteries, a été omise la fabrique actuelle de poteries d'Achè-res, — qui a pourtant l'honneur de figurer dans l'almanach Bot-tin, — et qui était en activité dès le xiii⁰ siècle.

tres quarterons de grands platz; plus un cent d'ancrière grande et petite, moyennant le prix et somme de six livres pour le cent et demy de platz et quarente solz pour ledit cent d'ancrière, payables par ledit sieur Sionnest audit vendeur, lors de la livraison. Et en faveur du présent marché, ledit vendeur a promis de donner audit Sionnest une douzaine de pièces de poterie, le tout bon et loyal et marchand. Et à l'entretenement de tout ce que dessus se sont lesdites partyes respectivement oblig'es.... Et pour l'exécution des présentes ledit vendeur a fait eslection de domicille audit Nevers, en la maison de la vefve Le Grand, où pend pour enseigne les Trois Cailles, où ledit vendeur veut que toutes sommations, significations et aultres actes de justice soyent faits.... Car ainsy. Fait et passé à Nevers, en l'estude du juré, après midy, le dixiesme jour de mars mil six cent cinquante-sept; en présence de Georges Gaulteron, maître sellier, et Olivier de Charme, marchand espicier, demeurants audit Nevers, tesmoings. Ledit vendeur a dit ne sçavoir signer, de ce enquis : *Ainsi signé :* G. Sionnest, Gaulteron, Olivier de Charme. Bourgoing, *notaire.*

Et le onziesme may m. vj c. cinquante-sept, à Nevers, après midy, fut présent en sa personne ledit Sionnest desnommé au contrat cy dessus, lequel a recognu avoir reçu cejourd'huy dudit Panariou, aussi y nommé, par les mains de Pierre Panariou, père dudit vendeur, pour luy stipulant, assçavoir un cent d'ancrière, sept quarterons de platz sçavoir un cent de petitz et trois quarterons de moyens, plus un cent d'escuelles, plus un cent de petitz pots à feu, plus cent quarante-deux grandes pieces, sur et en déduction de plus grande quantité que ledit Panariou vendeur estoit tenu livrer par le susdit contrat; de laquelle quantité il se tient contant et en quitte ledit sieur Panariou et tous autres, sans préjudice du surplus. Et par ces mesmes présentes a comparu Pierre Perot, voiturier par eau, demeurant au port de Saint-Thibault, lequel a recognu avoir reçu contant dudit Sionnest, trois livres pour la voiture de ladite poterie, laquelle somme ledit Panariou pere a promis de luy rendre et restituer audit Sionnest, toutefois et quante, à peine de tous dépens, domages et interestz, ce que ledit Sionnest accepte. Fait en présence de François Crille, boulanger, et Jean Chapotot, compagnon arquebuzier, demeurant audit Nevers, tesmoings. Ledit Pierre Panariou a dit ne sçavoir signer, de ce enquis. *Ainsi signé* : G. Sionest, Crille, Chapotot et Bourgoing, *notaire* (1).

Sans vouloir tirer de ce contrat des conséqences qu'il ne comporte pas, sans chercher la trace de l'œuvre artistique dans l'énumération des pots de toutes dimensions et de tous usages, des plats grands et petits, des *terrasses*, écuelles, bouteilles, cruches à trois anses, *fesselles*, arrosoirs, qui sortaient du four de Thomas Panariou, le maître potier (2), et en me restreignant à dire que si un art enfantin et rustique avait quelque part à ses productions, ce devait être seulement dans les *ancrières* grandes et petites, ornées peut-être de dessins primitifs ou de figures d'animaux et de personnages, comme certains encriers qui se font encore à La Borne; je crois pouvoir exprimer la pensée que le marché du 10 mars 1637 présente une importance vraie, au point de vue de l'histoire commerciale de nos contrées, et c'est à ce titre principalement, je le reconnais, que sa publication intégrale peut se justifier.

Quant aux poteries de La Borne, émanant d'un centre de fabrication industrielle et populairement artistique, dont l'établissement est, j'ai lieu de l'affirmer, antérieur à la fondation d'Henrichemont par Sully, j'en connais des

(1) Archives de la Chambre des Notaires de Nevers; minutes Bourgoing.

(2) Il y a encore, parmi ceux de La Borne, des potiers portant le même nom, et que M. Demmin désigne sous celui de Panarion.

spécimens datés du siècle dernier, et qui déjà suffiraient
pour permettre de mentionner *parmi les anciennes* les
modestes fabriques d'où elles sortent. A défaut d'une
simple indication dans la volumineuse et indigeste com-
pilation dont je n'ai que trop parlé, ces poteries auront
leur intéressant chapitre dans une histoire toute nouvelle
de Boisbelle et Henrichemont, que je sais en voie de préparation entre de bonnes mains. Elles ont attiré déjà
l'attention d'un *amateur* délicat, dont je respecterai l'anonyme, (laissant aux meilleurs souvenirs de la Société des
Antiquaires le plaisir de soulever ce voile), et qui leur a
consacré dans le *Bulletin monumental*, où l'on n'irait peut-
être pas la chercher, une page que je demande la permission de lui emprunter (1). C'est reprendre notre bien où
nous le trouvons; et le charme que, par ce moyen, je répan-
drai sur la fin de mon travail, me fera pardonner l'aridité
de ma communication personnelle.

« La Borne, comme beaucoup d'autres fabriques dis
parues, a inondé le marché de jouets d'enfants; elle a
couronné les édifices situés dans son rayon de faitières
à plusieurs étages; elle a fabriqué des bustes de grande
dimension; enfin elle a fait sa spécialité de pichets représentant des ecclésiastiques coiffés d'un tricorne à usage
de goulot ...

« Puisque le nom de la Borne s'est trouvé sous
notre plume, nous croyons devoir indiquer une particularité de sa fabrication. Beaucoup des céramiques
grossières que l'on venait y chercher avaient un ca-

(1) Volume de 1869, page 580.

ractere religieux. C'étaient, soit d'énormes calvaires destinés à orner les carrefours des sentiers ombreux du Sancerrois, soit des croix de cimetière que les habitants de quelques communes rurales aimaient à placer sur la tombe des leurs. Le calvaire du carrefour se compose ordinairement d'une croix assez lourde comme forme et comme décor, surmontée d'un coq, et dont les bras sont terminés par des boules ou des fleurs de lis. Le Christ, modelé d'une façon barbare, est représenté nu avec un rudiment de ceinture. Sur le socle rond se tiennent deux ou quatre personnages de fantaisie. Une inscription indique quelquefois la date de l'érection et le nom du propriétaire. Les croix de cimetière repro - duisent le même type dans des dimensions plus exiguës : deux *orantes* ou *pleureuses,* ou quelquefois deux des patrons du décédé sont placés à sa base, et dans une sorte de cartouche une brève épitaphe appelle les prières des passants, en fournissant sur le défunt les indications ordinaires.

« Il n'y a pas lieu de se le dissimuler. Les croix émail- lées, quelle que soit leur destination, sont frappées aujour - d'hui de défaveur. Dans le cimetière d'Henrichemont, où s'étalent toutes les productions de pacotille en marbre, en fer et en zinc de l'art funéraire moderne, elles semblent faire tache et sont exclusivement réservées aux ouvriers potiers et aux membres de leurs familles. Des causes de diverse nature tendent également à proscrire les calvai- res compliqués, dont les tons roux, au détour des chemins, s'harmonisaient si bien avec celui des feuillages Pour l'ar- tiste et le voyageur, ces monuments rustiques, d'un faire individuel et sans prétention, qui donnaient un cachet

spécial aux sentiers d'Henrichemont, ne seront pas remplacés. Nous ne croyons guère qu'il soit possible de lutter
avec chance de succès contre le courant aveugle qui les
emporte. Mais, en prévision de leur disparition, nous
avons voulu, en consignant ici l'impression qu'ils nous ont
laissée, conserver leur souvenir à l'adresse des rêveurs et
des archéologues de l'avenir. »

ESSAIS GÉNÉALOGIQUES

SUR LES ANCIENNES FAMILLES DU BERRY

Par M. Paulin Riffé.

AVANT PROPOS.

Nous avons entrepris depuis plusieurs années l'*Armorial du Berry*, mais ne voulant pas nous borner à enregistrer seulement les blasons des familles qui avaient le privilége d'en posséder, nous avons conçu la pensée d'y joindre, autant que faire se pourra, une notice sur chacune d'elles.

Pour mener à fin ce long travail, nous avons dû, et notre tâche n'est pas encore entièrement accomplie, consulter une quantité énorme de documents, soit aux archives du département, soit à celles de la ville et à sa bibliothèque, ainsi que nous renseigner auprès des familles elles-mêmes, qui toutes, je me plais à le dire, nous ont accueilli

avec la plus grande bienveillance. Les mines dans lesquelles nous avons le plus amplement puisé ont été les
registres des anciennes paroisses de Bourges, que nous
avons tous dépouillés, et les vieilles minutes des notaires
qui, par une circonstance particulière à notre département (1), ont été déposées aux archives de la Préfecture
du Cher.

(1) On n'ignore pas que c'est un fait anormal de voir les anciennes minutes des notaires enrichir des archives départementa-
les; et, si celles du Cher ont l'heureuse fortune de posséder cette
précieuse collection, cela tient à ce que la Chambre des Notaires
était autrefois installée dans une pièce de la Préfecture, mais qu'en
1823 le département ayant eu besoin de cette pièce, les notaires,
mis en demeure de la vider, ont préféré abandonner leurs archives
plutôt que de chercher un autre local et de les y aménager.

Plusieurs tentatives ont été faites à différentes reprises dans
l'intérêt de l'histoire des familles pour généraliser cette mesure,
mais il y a toujours été répondu par des fins de non recevoir, pui-
sées sur des motifs plus ou moins térieux. Celui sur lequel on
s'appuyait le plus, était que les minutes des notaires étaient leur
propriété, qu'ils en tiraient un droit utile par les expéditions qui
leur étaient demandées, qu'il n'appartenait à personne de les en dé-
posséder.

Cette raison ne nous semble pas irréfutable. Les notaires ne sont
pas propriétaires de leurs minutes, mais seulement dépositaires,
conservateurs, *gardes notes* enfin, comme on les appelait anciennement, et Dieu sait comment quelques-uns d'entr'eux les conservent! Sans vouloir les en rendre autrement responsables, combien
n'en a-t-on pas vus, qui, peu soucieux de vieilles paperasses dont
ils n'avaient que faire, les réléguaient dans leurs galetas exposés
aux injures de l'humidité, de la vermine et des rats, trop heureux
encore quand leurs ménagères n'employaient pas les pièces en parchemin, contenues dans les liasses, à clore leurs conserves domestiques et le papier à des usages moins courtois encore.

Dans les premiers, qui remontent pour la plupart à la fin du xvi° siècle, nous avons trouvé des généalogies presque complètes, car avant la révolution, non-seulement les familles ne s'éparpillaient pas comme elles le font aujourd'hui, mais encore elles habitaient la même ville pendant plusieurs générations et souvent la même paroisse, sur les registres de laquelle on les trouve toutes couchées depuis leur naissance jusqu'à leur mort.

Dans les minutes des notaires, nous avons vu une foule d'actes, qui corroboraient nos premières investigations et les complétaient, tels que les contrats de mariage, les actes de partage, etc., etc., qui, avec les noms de tous les enfants d'une même famille, nous donnaient comme des tableaux généalogiques des parents présents à ces actes.

Au moyen de tous ces matériaux laborieusement colligés, nous avons pu former pour chaque famille des dossiers individuels dépassant de beaucoup le cadre de renseigne-

---

D'ailleurs à quoi leur servent ces minutes qu'ils ne peuvent pas lire? car on peut être un excellent notaire et n'être pas élève de l'École des Chartes, et, si des expéditions leur étaient réclamées, ce qui n'arrive jamais pour les minutes remontant au-delà de la seconde moitié du xviii° siècle, ils se verraient pour la plupart forcés de décliner la compétence ou d'appeler un homme spécial pour les déchiffrer.

Il serait donc grandement à désirer, pour conserver à l'histoire ce qui reste de ces précieuses minutes, de se hâter de prendre un parti à cet égard, tout en conservant au notaire son droit de grosse, s'il y tient beaucoup, mais qui serait un minime appoint dans le produit de son étude.

ments sommaires que devra contenir notre armorial ;
nous avons cru qu'il pourrait être intéressant pour
l'histoire locale de compléter ces notes, de les coordonner
de manière à présenter un tableau à peu près complet
de la généalogie de chaque maison, du rôle qu'elle a rempli dans le pays, des services qu'elle y a rendus. Nous
présentons ce résultat de nos recherches sous le titre
d'*Essais généalogiques.*

On sait ce que des travaux de cette nature exigent de
recherches minutieuses et l'impossibilité d'arriver à un
résultat absolument complet ; malgré la rigoureuse exactitude dans laquelle nous nous sommes efforcés de demeurer,
nous pouvons avoir commis quelques erreurs involontai-
res que nous serons toujours heureux de rectifier dans
nos séries ultérieures, aussitôt qu'elles nous seront dé-
montrées.

Nos recherches générales se font simultanément pour
toutes les familles du pays, mais pour compléter la
généalogie de chacune d'elles, nous avons dû nous livrer à un travail spécial destiné à combler les lacunes et
à saisir l'enchaînement des différentes générations ; nous
ne pouvons donc les publier que successivement et nous
ne sommes aujourd'hui en mesure que d'en donner une
seule, celle de la famille Gassot, l'une des plus honorables et des plus étendues.

FAMILLE GASSOT

SEIGNEURS DE DEFFENS, OSMERY, BERLIÈRES,
LUET, LIZY, LA COUDRAYE, SAINT-MARTIN-DES-LACS,
BOUCHETIN, SOYE, PRIOU,
LALOUZE, CONTRES, LE CHAILLOUX, LE PLATET,
ROCHEFORT, LA VIENNE, CHAMPIGNY, LUXEMBOURG,
GALIFARD, LA VERNUSSE, FEROLLES, ETC.,
VICOMTES DE CHIPOU, DE FUSSY, ETC.,
EN BERRY.

ARMES : *d'azur au chevron d'or, accompagné de trois roses d'argent boutonnées du second, 2 et 1.* SUPPORTS : deux lions; TIMBRE : couronne de comte surmontée d'un casque fermé de face, sommé d'un lion tenant une rose avec ce vers pour DEVISE : *Præ reliquis fragrant soli*

virtutis odores. Les parfums de la vertu sont préférables à tous les autres.

L'obscurité la plus grande enveloppe le berceau de la famille GASSOT : on ne saurait dire si elle est originaire du Berry ou si l'un de ses membres, se détachant d'une autre province, est venu fonder une colonie à Bourges. Ce qui ferait croire cependant à la vraisemblance de cette seconde hypothèse, c'est qu'au commencement du XVIe siècle un Gassot habitait la ville de Bourges où il s'allia à une famille du pays, et que, dans les actes de cette époque, on ne trouve aucun de ses contemporains portant le même nom patronymique. On voit cependant dans des chartes des XVe et XVIe siècles le nom de *Gassault* orthographié par *ault* au tieu de *ot*; il y a même eu un Étienne Gassault, échevin de Bourges, en 1511 et 1512, dont les armes ont une certaine analogie avec celles des Gassot (elles sont d'*azur au chevron d'argent accompagné de trois étoiles d'or*). Ces deux familles pourraient bien descendre d'un commun auteur, et par conséquent n'en faire qu'une, car, dans les temps reculés, les scribes ne se piquaient pas d'un rigorisme absolu en fait d'orthographe ; mais n'ayant aucune preuve à présenter, il est bon de les tenir, jusqu'à plus ample informé, pour deux familles distinctes.

D'où que vînt donc ce Gassot, il fallait que la souche dont il sortait eut déjà une certaine importance, comme le mariage qu'il contracta le fait incontestablement supposer. Le sieur de Quantilly, allié lui-même à des familles considérables, et qui jouissaient, en Berry, à la Cour et dans le monde littéraire de cette époque, d'une noto-

riété justement acquise, n'eût pas laissé sa petite nièce
faire un mariage qu'il n'eût pas jugé convenable. Tout le
monde sait que Jacques Thiboust, seigneur de Quantilly,
avait une charge à la Cour (1) et était en commerce suivi
avec toute la pléïade des poètes du temps. Son château de
Quantilly était une véritable académie de bel esprit (2).

Par ce premier GASSOT, à l'exemple de Catherinot, de
La Thaumassière et de l'auteur d'une généalogie manuscrite sur velin, richement enluminée, que M. le vicomte
de Fussy a eu l'obligeance de nous communiquer, nous
commençons l'histoire de cette famille. De lui est descendue une postérité nombreuse, qui s'est divisée en
deux branches principales, lesquelles se sont subdivisées
elles-mêmes en plusieurs rameaux.

Ces deux branches ont fourni des membres qui ont
rendu aux souverains successifs et au pays de grands
services dans l'armée, l'église, la magistrature, la finance
et l'administration, et ont possédé de grands biens.

L'une d'elles s'est éteinte, ne laissant après elle que
le *parfum de ses vertus* (3). De l'autre, deux rameaux

(1) Il était notaire et secrétaire du roi. Les secrétaires du roi
étaient à cette époque, officiers de la maison du roi, origine de leur
qualité de commensaux et des grands priviléges dont ils ont joui
jusqu'en 1789, quoique par la suite leur institution ait été considérablement amoindrie, tout en leur conservant cependant de très-
belles prérogatives. (Voir *Dict. des Origines. —* Les *Décisions de
Denizart. —* Le *Dict. des institutions,* par Cherruel, etc., etc.)

(2) Voir *Un Ménage littéraire en Berry au* XVIᵉ *siècle,* par le savant M. Hippolyte Boyer, *Mémoires de la Commission hist. du Cher.*
Tom. I, deuxième partie, p. 96.

(3) Voir la devise de leurs armes.

subsistent encore, ceux de Fussy et de Champigny.

Il existe dans l'Orléanais une autre famille du nom de
Gassot; mais nous ne saurions dire si cette famille se
rattache d'une manière quelconque à celle du Berry. Le
hasard nous a procuré l'honneur de voir un de ses membres pendant un séjour que nous avons fait aux Pyrénées,
M. l'abbé Gassot, supérieur du Grand-Séminaire de
Toulouse. Ce vénérable ecclésiastique nous a appris que
sa famille était de l'Orléanais, et que son frère habitait
encore cette province; mais qu'il lui était impossible de
nous renseigner. Si nous parvenons plus tard à éclaircir
nos doutes sur l'origine commune de ces deux maisons,
nous nous empresserons d'en faire mention dans une publication ultérieure.

I. ANDRÉ GASSOT, que la généalogie, possédée par
M. de Fussy, dit être fils de Jean GASSOT, vivant en
1480, mais sans désigner le lieu de sa résidence, a dû
naître à la fin du XVᵉ siècle. Son début dans la vie fut
modeste, si on en juge par une sentence de la prévôté
de Bourges, de l'année 1503, signée « André Gassot,
clerc et commis du greffier » de cette juridiction (1); mais
il est supposable qu'il se préparait par cette cléricature
aux études de la pratique, car, en 1522, on le voit établi
notaire royal dans la même ville, recevant un contrat d'ar-
rentement sur une maison et jardin, situés cour Chertier,
légués à la fabrique de Saint-Bonnet par un nommé

(1) Archives du Cher. Fonds de l'abbaye de Fontmorigny. L. Nérondes, c. 24.

Jean Dupont (1). Il reçut encore, le 9 avril 1527, un acte
de foi et hommage rendu par Jacques Thiboust, oncle de
sa femme, pour sa seigneurie de Quantilly, qui relevait
de la comtesse de Nevers, dame de la Chapelle d'Angillon (2).

Selon Catherinot, dans son *tombeau généalogique*, il
avait épousé, en janvier 1520 (vieux style), demoiselle
Jeanne ROUSSEAU, fille d'Aignan ROUSSEAU, seigneur de
Lizy, contre-garde de la monnaie de Bourges et échevin
de cette ville, en 1490 et 1491, et de Collette, *alias* Céleste
THIBOUST, sœur de Jacques, seigneur de Quantilly ci-
dessus. C'est à la protection de ce dernier que ses enfants
ont dû les brillants emplois qu'ils ont occupés, les riches
bénéfices dont ils ont joui, ainsi que les alliances puis-
santes qu'ils ont contractées.

---

(1) Archives du Cher. Fonds de la cure de Saint-Bonnet.

(2) Archives du Cher. Registre noir du seigneur de Quantilly. Ce
registre, qui tire sa désignation de la couleur de sa reliure, servait
à Jacques Thiboust à transcrire une foule de choses étrangères
les unes aux autres. Il l'intitulait lui-même *Registre noir contenant
les contrats d'acquisition, quittances, recongnoissances, accords et
autres traictez, négoces et appointements fais par le sieur de
Quantilly, Me Jacques Thiboust, notaire et secrétaire du roy, aussi
secrétaire et valet de chambre ordinaire de Mme la duchesse d'Al-
lençon et de Berry, Éleu pour le faict des aydes et tailles audit
pays et élection de Berry, avecques les personnes et pour les
causes qui s'ensuivent. »* — Un pareil registre existe aussi à la
bibliothèque impériale où l'on voit une quantité de pièces de vers
à lui adressées par les poëtes du temps, ou à ses nombreux amis.

L'acte de foi et hommage en question porte : « Aujourd'hui, 9^e
jour d'apvril 1527 avant Pasques, en présence de moi André Gassot, notaire royal au bailliage de Berry. ci-dessoubs signé, etc. »

Soit que sa femme lui eût apporté de la fortune, soit
qu'il en eût acquis par lui-même ou reçu de sa famille,
après quelques années de mariage, il put faire successivement diverses acquisitions territoriales et constituer le
noyau de la terre de Deffens, qui fut érigée plus tard en
fief au profit de son fils aîné, comme on le verra ci-après,
et qui devint le surnom par lequel la branche principale de
sa maison fut désignée. Ainsi, le 11 mai 1543, il acheta,
moyennant le prix de 1,500 livres, par-devant Jean
Pelorde, « licencié ès-lois, lieutenant de par le roy de
M. le Bailly de Berry, conservateur des priviléges
royaux de l'université, » le lieu de Deffens et le *molin* de
la Bridoire. lesquels avaient été saisis sur les héritiers de
noble homme Denis David, seigneur dudit lieu et vendus
par décret, à la requête de Silvain Hurtebize écolier
étudiant en ladite université de Bourges, en recouvre-
ment de sommes à lui dues.

Ce lieu, situé dans la paroisse d'Osmery, *en la justice
foncière du roy au ressort de Dun-le-Roy*, n'était pas considérable, ainsi que l'indique le prix modique pour lequel
il a été adjugé au sieur Gassot; il consistait en deux
festz de maisons, deux granges, étables, jardins, terres
et buissons d'un seul tenant, mais, comme il est dit plus
haut, de nombreux héritages ont arrondi ce principal
lieu par des achats successifs. Seulement, il est à remarquer que, dans tous les actes relatifs à ces acquisitions, le
nom de l'acquéreur est toujours suivi de la qualification
de *notaire royal* jusqu'en 1556, qu'elle est remplacée par
celle de *bourgeois*. C'est donc avec une certaine réserve
qu'on doit accepter la qualité de seigneur de Deffens,

dont La Thaumassière gratifie André Gassot dans la généalogie qu'il a donnée de sa famille.

Parmi tous ces actes d'acquisitions, il en est un du 14 avril 1551, concernant la métairie de Berlières (paroisse d'Osmery), que le sieur Gassot acheta de la famille de Senecterre, avec deux maisons sises à Bourges, et plusieurs héritages séparés, le tout moyennant le prix de 2,000 livres.

La date de la mort d'André n'est pas connue. On trouve bien dans le fond de la cure de Saint-Bonnet une fondation pieuse constituée per Jeanne Rousseau, *sa veuve*, le 16 janvier 1579, mais rien ne fait présumer que cette fondation ait suivi de près le décès de son mari, l'acte n'indiquant pas l'intention pour laquelle elle était faite. On serait plutôt fondé à supposer qu'il mourut peu de temps après l'année 1556, époque du dernier acte connu passé en son nom (1).

Il laissa cinq enfants, savoir :

 1° Jacques GASSOT, qui suit ;

 2° Gabriel GASSOT, seigneur de Clérendry et de Paleau, lieutenant particulier au bailliage de Berry, puis prévost de Bourges, lequel épousa dame Gabrielle DE L'HÔPITAL, dame de Montifault, de Buffiou et de Moulin-du-Pont, veuve de feu Guillaume DOULLÉ, seigneur de Chenevière, contrôleur général des finances, fille de François DE

___

(1) Tous ces titres se trouvent aux archives du Château de Deffens, que M. le vicomte Arthur de la Guère, son propriétaire, a eu l'obligeance de nous communiquer.

L'Hôpital, seigneur de Montifault, etc., lieutenant particulier et enquêteur au bailliage de Berry, et de Françoise DE LA SAUSSAYE, et sœur de Jeanne de L'Hôpital, femme de son frère aîné, ainsi qu'on le verra plus loin.

Gabriel Gassot, sur la vie duquel on trouve peu de choses, décéda en 1584, laissant trois filles ci-après nommées. Après sa mort, Gabrielle DE L'Hôpital, sa veuve, se retira chez son gendre, M. Biet de Maubranches, lieutenant-général, où elle mourut le 3 juin 1587. Outre les trois filles nées de son second mariage, elle avait eu du premier : 1. Guillaume Doullé, seigneur du Moulin-du-Pont, conservateur des priviléges de l'université; 2. Catherine Doullé, mariée à Pierre Biet, seigneur de Maubranches et de la Tremblaye, lieutenant-général à Bourges.

Voici les trois filles de Gabriel Gassot :

A. Jeanne Gassot, mariée, le 29 juillet 1593, à Jean-Jacques Jaupitre, écuyer, seigneur de Dames, conseiller au présidial de Bourges, fils de Jean, seigneur de Vaugibault, échevin de la ville de Bourges en 1562 et 1571, et d'Hélène DE Cambrai. De ce mariage sortit toute la famille Jaupitre, dont la Thaumassière a donné une généalogie, et qui subsiste encore.

B. Marie Gassot, mariée vers 1595 à Pierre Heurtault, seigneur de Coquebelande, avocat en parlement, puis conseiller au présidial de Bourges, d'où une nombreuse postérité.

C. Gabrielle GASSOT, *aliàs* Marion (1), mariée à Louis de SAUZAY, écuyer, seigneur de Thérieux, fils de Guillaume, baron de Contremoret, seigneur de Milandres et de Perrette BARATHON. Elle eut de ce mariage deux fils, Charles et Guillaume de Sauzay, qui l'un et l'autre ont eu dix enfants. Étant décédée à un âge peu avancé, son mari convola en secondes noces avec Jeanne THIBAULT, et mourut vers 1612, laissant de cette seconde union une fille, Marie de SAUZAY, qui prit alliance avec François FOUCAULT, écuyer, seigneur de Rozay, conseiller au présidial de Bourges.

2. Jeanne GASSOT, devint femme d'André GIRARDEAU, conseiller et garde des sceaux au bailliage de Berry, qui mourut en 1584, et fut inhumé en l'église de Notre-Dame du Fourchaud, laissant entre autres enfants : André GIRARDEAU qui a succédé aux charges de son père, et Marie GIRARDEAU, mariée à Jean BOIROT, seigneur de Guales et de Guilly, échevin de Bourges en 1568, 1569 et 1574, fils de Louis, seigneur des Combes, et de Marie D'OFFERÉ (2).

(1) Voir Catherinot, *Tombeau généalogique*, page 35. *in fine*.

(2) Voir Pallet, *Histoire du Berry*, tome V, page 415. Généal. de la famille Boirot.

4. Françoise GASSOT se maria deux fois : 1° à
Pierre LAUVERJAT, receveur du domaine, à Bourges ; 2° à Pierre BIET, seigneur de la Tremblaye,
lieutenant particulier aux bailliage de Berry et siége
présidial de Bourges, fils de Gaston BIET, écuyer,
sire de Cassinel, capitaine d'une compagnie de
cent hommes d'armes, sous les ordres du comte
de Saint-Pol et de dame Marie-Anne BAULIN (1).
De ce second mariage naquirent Messieurs BIET
de Maubranches, qui ont été lieutenants-généraux
successivement à Bourges pendant trois générations, et dont l'un d'eux a immortalisé son nom
dans le Berry par sa belle conduite lors des trou-
bles de la fronde ; et Messieurs BIET de Courcelles
qui ont fourni des conseillers d'État, des conseillers au parlement de Paris, un capitaine au régiment des gardes, maréchal des camps et armées
du roi, chevalier de son ordre ; un chanoine de
Notre-Dame de Paris, abbé de Villers, et une
abbesse de Beaulieu.

5. Marie GASSOT se maria aussi deux fois : 1° à
Claude DU VERGIER, seigneur de Luet, conseiller
du roi, son procureur et avocat-général en Berry ;
2° à Pierre LE MERCIER, lieutenant particulier à
Bourges, de la même famille que le célèbre jurisconsulte de ce nom, l'une des lumières de l'université de cette ville.

---

(1) Voir le *Dictionnaire de la noblesse*, par La Chesnaye des Bois,
qui a donné une généalogie de cette maison.

Elle eut de son premier mariage Claude DU VER-
GIER, né à Bourges en 1566, qui devint conseiller
au parlement de Toulouse, puis évêque de La-
vaur en 1606, et mourut en 1636 (1). On ignore si
elle a laissé des enfants de sa seconde union.

II. JACQUES GASSOT, écuyer, seigneur de Deffens,
Osmery, Priou, Rochefort, Berlières et Lizy, est celui qui,
on peut le dire, commença l'illustration de la famille. Il
a dû naître vers 1521 ou 1522, en rapprochant la date du
mariage de ses parents, des enfants desquels il était l'aîné,
de celles des différentes phases de sa vie, et, selon toute
apparence, il fut tenu sur les fonds baptismaux par Me
Jacques Thiboust, seigneur de Quantilly, dont il a été
déjà parlé, son grand oncle maternel. Grâce à la protection de ce personnage, il put obtenir, très-jeune encore,
un office important dans les finances, celui de receveur-
général des décimes à Bourges (2). Mais, soit que ces
fonctions lui donnassent accès à la cour, soit que le sieur
de Quantilly, qui y avait une charge (secrétaire du roi),
pût lui en faciliter l'entrée, il fut présenté à la reine Éléo-
nore, femme de François Ier, et sut bientôt par son bon
air, son esprit et ses manières faciles, s'attirer les bonnes

(1) Voir la généalogie mss. conservée dans la famille Gassot et
actuellement possédée par M. le vicomte de Fussy.

(2) On appelait *décimes*, des subventions annuelles qui se levaient
pour le roi sur tous les biens du clergé. Il y avait dans chaque diocèse des officiers royaux qui levaient cette taxe, résidants dans
chacune des élections composant la province et un receveur général résidant au chef-lieu en centralisait la recette.

grâces de cette auguste princesse qui l'attacha à son
service.

Dans le cours de l'année 1546 le roi tomba malade; la
reine, pour obtenir du ciel la guérison de son royal époux,
chargea son jeune protégé d'aller implorer la miséricorde
divine sur le tombeau du Christ, et notre pèlerin s'em-
barqua pour la terre sainte dans les premiers jours d'octobre de la même année. Ce pieux pèlerinage n'eut pas le
succès qu'en espérait la reine, car François Ier mourut
avant son entier accomplissement; mais le mandataire
puisa dans cet intéressant voyage une instruction utile,
et rapporta pour son compte de Jérusalem un morceau de
la vraie croix dont il fit hommage plus tard à l'église de
Notre-Dame du Fourchaud, sa paroisse, à Bourges, où
il fut jusqu'à la révolution l'objet de la plus grande
vénération (1).

De retour en France, Jacques Gassot sut intéresser
Henri II, qui venait de monter sur le trône, au récit de
son inutile mission et ce monarque le dédommagea des
fatigues de cette excursion lointaine par une charge de secrétaire du roi, qui lui permit de se mêler plus directement
aux affaires du royaume et d'en étudier tous les rouages,
tant en politique qu'en administration.

Quelque temps après, le roi de France ayant intérêt à

(1) La vraie croix rapportée par Jacques Gassot a eu l'heureux
privilége d'échapper aux profanations, dont la majeure partie des
reliques honorées dans les différentes paroisses de Bourges ont été
l'objet pendant la terreur. Elle fait actuellement partie du trésor de
la cathédrale; on la voit plusieurs fois par an exposée dans un
magnifique reliquaire en vermeil à l'adoration des fidèles.

connaître la situation politique du sultan et les forces
dont il disposait, chargea son nouveau secrétaire d'une
seconde mission en Orient, qui consistait à voir les choses de près, à les étudier avec soin et à en rendre un
compte exact au souverain. Le prétexte apparent dont on
colora au yeux du Turc cette investigation royale, fut
de porter des dépêches à M. d'Aramon, notre ambassadeur à Constantinople. Le hasard voulut qu'un chanoine
de l'église de Bourges, messire Jacques de Cambray, fût
attaché à ce plénipotentiaire ; il procura en Turquie à
son compatriote le plus bienveillant accueil (1). Précisément
le sultan Suleiman, deuxième du nom, alors régnant, préparait une expédition contre la Perse. Il fut permis à
notre jeune diplomate de suivre cette guerre avec l'ambassade française, ce qui lui facilita à merveille les
moyens de remplir ses secrètes fonctions et d'observer avec
la plus grande exactitude tout ce qu'il désirait connaître.
Son voyage dura trois ans; il en a écrit lui-même la
relation et nous apprend qu'il alla s'embarquer à Venise
le 15 décembre 1547, se rendit à Constantinople, d'où il
partit bientôt à la suite du camp du *Grand seigneur*, vi-
sita les côtes de la Méditerranée, la Grèce, la Syrie,
l'Égypte, etc., etc. Cette relation, datée d'Alep, est une
espèce de journal contenant la note jour par jour de tout
ce qui avait fixé son attention pendant son rapide passage ;
la description sommaire des curiosités naturelles, les œuvres d'art et d'antiquités qui frappaient ses regards, ainsi
que les usages et les mœurs des peuples qu'il visitait. Si

---

(1) Voir l'*Histoire du Berry* par M. Raynal. tom. IV, page 140.

l'on jugeait cette œuvre au point de vue moderne, on y trouverait bien des naïvetés et un défaut complet de style ; mais il ne faut pas oublier qu'à cette époque il n'existait aucune relation de voyages et que ces pays d'outre-mer n'étaient connus que par ce qu'en avaient raconté, au retour des croisades, les débris des armées qui y avaient péri et par les lais poétiques des ménestrels.

Le manuscrit de cette narration fut adressé par Jacques Gassot à son grand oncle Thiboust, qui jugea la chose assez intéressante pour mériter les honneurs de l'impression, aussi parut-elle bientôt sous ce titre : « *Discours du voyage de Venise à Constantinople, contenant la querelle du Grand seigneur avec le Sophy, avec élégante description de plusieurs villes de la Grèce et choses admirables en icelles* ; par maistre Jacques Gassot, dédié et envoyé à Jacques Thiboust, seigneur de Quantilly, notaire et secrétaire du roy, et son esleu en Berry.» Paris 1550, in-8°.

Il faut croire que ce livre fut bien accueilli du public, car une seconde édition en fut donnée plus tard par *François Jacquin, imprimeur, demeurant rue des Massons, au tenant du collége des trésoriers.* Paris, 1606, in-8° de 67 pages. Ces deux éditions sont à la bibliothèque de la ville de Bourges.

Une troisième édition a paru vers la fin du XVIIe siècle avec un titre différent des deux premiers : *Lettre escripte d'Alep, en Surie, par Jacques Gassot, seigneur d'Effend, à Jacques Thiboust, seigneur de Quantilly, notaire et secrétaire du roy et son esleu en Berry, contenant son voyage de Venise à Constantinople, de là à Tauris en Perse et son retour au dit Alep.* Bourges, 1674, in 8°. imprimé vraisemblablement par Jean Toubeau.

Il n'existe pas, que nous sachions, d'autres ouvrages de Gassot, mais plusieurs manuscrits littéraires de lui se trouvent encore dans le registre noir de Thiboust, qui est à la bibliothèque impériale, copiés de la main du seigneur de Quantilly. Ce sont plusieurs pièces de vers latins, parmi lesquelles quatre distiques adressés à Jean Jolivet, son compatriote, géographe du roi François Ier et auteur de cartes de Berry et de France, qui ont eu dans leur temps un grand succès. M. Rathery, conservateur à la bibliolhèque impériale, a eu l'extrême obligeance de nous les faire copier et nous sommes heureux de présenter ici ce spécimen poétique :

A JOLIVET.

Cùm, Jolivœe, tui video monumenta laboris,
    Tunc cupio modulis te celebrare meis ;
At, cùm Divinœ penitùs contemplor acumen
    Artis, et ingenii munera tanta tui,
Hæc tunc consilium revocant studiumque morantur.
    Uraniœ cedit nostra Thalia tuœ.
Ergo, ne videar tenebras offundere laudi,
    Ut laudent magnis magna relinquo viris (1).

(1) A la vue des monuments, fruits de tes travaux, j'éprouve le désir, Jolivet, de te célébrer par mes vers : mais l'examen plus approfondi des difficultés de ton art divin, et des œuvres si considérables de son génie, ralentit mon zèle, change mes résolutions, et notre Thalie céde le pas à ton Uranie. Et pour ne pas paraître obscurcir l'éclat de ta gloire, je laisse aux grands hommes le soin de célébrer les grandes choses.

Les autres pièces sur saint Barnabé et saint Luc sont trop longues pour pouvoir être rapportées, mais voici comment M. Rathery les apprécie ; nous ne saurions mieux faire que de reproduire le passage *in extenso* de sa lettre :

« Quant aux trois autres pièces, voici ce que je puis vous en dire après un examen sommaire.

« Les deux pièces de vers *de divo Barnaba* et *de divo Luca* sont assez bien tournées et enferment beaucoup d'imitations de Virgile. Il paraît que l'auteur avait déjà fait des vers en l'honneur de Barnabé.

> Si tibi, Barnaba, musæ placuere priores, etc.

« Dans la pièce à saint Luc, il se demande pourquoi on a choisi le taureau pour en faire l'emblème du saint, et il donne cette raison (assez contestable) que tous deux sont chastes, etc.

« Dans la prière en prose : *quod ditiores sint etc.*, l'imitation cicéronienne remplace les emprunts faits à Virgile. Ses auditeurs sont traités de *viri ornatissimi* et de *commilitones amantissimi*.

« A la fin *Jacobus Gassotus, classic. Becod.*

« Le dernier mot est sûrement le nom d'un collége ou autre appellation locale. Dans la première pièce on parle aussi des *musæ becodiæ*. »

On trouvera aussi aux pièces justificatives une lettre de Jacques Gassot, adressée de Lyon à son oncle Thiboust, dans laquelle il raconte les suites d'une assemblée luthérienne qui eut lieu dans le Comtat-Venaissin, qui ne laissèrent pas d'être sanglantes. C'est un spécimen de style qui ne manque pas non plus d'intérêt.

Jacques Gassot revint en France en 1550, et le roi, pour le récompenser d'une mission qu'il avait su remplir avec intelligence et discernement, le nomma commissaire ordinaire des guerres, position qui correspondait à celle de nos intendants militaires, mais avec des attributions plus étendues, renfermant entr'autres la direction des fortifications. En cette qualité il fut chargé par Henri II de faire des études sur le système de défense des places fortes et fut envoyé à cet effet en Italie, pour lever les plans des forteresses du duché de Ferrare. Hercule d'Est, deuxième du nom, alors souverain de cet État, l'accueillit comme il convenait à un envoyé du roi de France et l'admit à sa cour, l'une des plus magnifiques et des plus importantes de l'Europe. On ignore le temps qu'il séjourna dans cette cour, mais on sait qu'il y établit des relations intimes avec une dame, dont le nom ne nous est pas parvenu, de laquelle il eut un fils naturel, dont il sera parlé après sa postérité légitime.

Jacques Gassot fut en outre attaché au duc d'Alençon, François de France, quatrième fils du roi, en qualité de trésorier ; mais à la mort d'Henri II, il revint à Bourges et il y épousa, en 1560, d^{lle} Jeanne de l'Hôpital, fille de François de l'Hôpital, seigneur de Montifault, Tierceville, Buffiou, Moulins-du-Pont, etc, conseiller du roi, lieutenant particulier au bailliage de Berry et siége présidial de Bourges, et de Françoise de la Saussaye (des seigneurs de Bressoles), et petite nièce par sa mère de Jean de Morvilliers, conseiller au grand Conseil, ambassadeur à Venise, puis évêque d'Orléans, ce qui lui permit

d'assister à ce titre au Concile de Trente, où il parut avec
éclat, et enfin garde des sceaux de France. Cette belle
alliance lui valut une parenté considérable par son importance, ainsi qu'on peut s'en convaincre en jetant un
coup d'œil sur le tableau qui se trouve aux pièces justificatives, à la fin de cette généalogie.

A partir de cette époque, Jacques, renonçant à la vie
brillante qu'il avait menée à la cour, semble n'être plus
sorti de sa ville natale que pour l'exercice de ses fonctions de commissaire des guerres qu'il remplit jusqu'à
la fin de sa vie, et auxquelles, par l'entremise de Mgr
de Morvilliers, il avait joint la charge de général des
finances. Il consacra une partie de son temps aux soins
de sa famille et à la prospérité de ses intérêts. Le lieu
de Deffens, avec toutes ses annexes, lui était échu après
la mort de son père; on le voit l'augmenter encore
par diverses acquisitions et en faire une terre assez considérable pour obtenir du roi Charles IX son érection en
seigneurie (1565) (1). Les lettres patentes de ce monarque contiennent l'ausorisation d'y établir un colombier et une garenne *défensable* pour *son passe-temps et sa
récréation*, afin d'y chasser *à chiens et oiseaux*, de clore
sa maison de fossés, protégés par un pont-levis pour la
sûreté de sa retraite et celle de sa famille, etc, etc. (Voir
la charte royale aux pièces justificatives).

Il ne laissa pas, cependant, de continuer à se rendre
utile à son pays et de mettre à sa disposition son expérience et ses lumières; aussi reçut-il trois fois de ses

_____

(1) Arch. du château de Deffens, à M. le vicomte de la Guère.

concitoyens le mandat d'administrer leur cité, en qualité
d'échevin, puis de maire, pour les années 1565, 1566,
1567, 1575 et 1576.

Pendant ces cinq années qu'il administra la ville, il
eut à surmonter des difficultés de plus d'une sorte, à
l'occasion des affaires de la Ligue, et se fit le médiateur
entre les volontés du roi et la résistance des habitants à
s'y soumettre (1). On le voit aussi jouer un rôle actif dans
la répression des rebelles enfermés dans la ville de
Sancerre et faire le siége de cette place sous les ordres du
maréchal de la Chastre (2).

La dernière année de son mairat, il reçut à Bourges,
en sa qualité de chef de la municipalité, M. le duc
d'Alençon et Berry, à qui, comme il a été dit plus haut,
il avait eu l'honneur d'être personnellement attaché; il
lui présenta les clefs de la ville, et le prince, se contentant de les toucher, lui dit : *Je les accepte, mais je vous les
laisse en garde, je sais qu'elles ne peuvent être en de meilleurs mains* (3). Cette réception fut fort brillante. François
de France fit son entrée en la ville de Bourges, le 15 juillet
1576, par la porte Saint Privé, et il lui fut fait hommage
d'un vase d'or contenant deux cents pièces de même
métal, pesant chacune trois écus *sol*, marqués d'un côté

---

(1) Voir *Histoire du Berry*, par M. L. Raynal, tome IV, page 146.

(2) Voir *Histoire de Sancerre*, par l'abbé Poupart. — Bourges,
Just-Bernard, 1838, p. 163.

(3) *Journal de Jean Chauvet*, à la fin de celui de Jehan Glaumeau, page 167. (Edition de Just-Bernard.)

de trois moutons, et de l'autre, d'un soleil (1). Ce fut
André Gassot, fils aîné du maire, qui fut chargé de lui
offrir ce présent de la ville, après lui avoir récité un
sonnet qu'il est regrettable de ne pouvoir rapporter (2).

Enfin, en cette même année 1576, les États généraux
du royaume étant convoqués à Blois, Jacques Gassot y
fut envoyé comme député du bailliage de Bourges (3).

Il mourut le 10 octobre 1585. « Il décéda, dit Gilles
Chauvet, sur les 10 à 11 heures du matin, et le lendemain
à la même heure, a été enterré en l'église de Notre-
Dame du Fourchaud, auquel enterrement tout le corps
de ville assista, et la procession fut faite par MM. de
Saint-Étienne, et il y avait de luminaire 24 torches, et
à chacune torche et cierge les armoiries du défunt y
étaient attachées, et il y avait aussi six torches où les
armes de la ville étaient attachées et portées par six
sergents de ville (4). »

Le musée de la ville de Bourges possède le portrait en
pied de Jacques Gassot; il est vêtu d'un justaucorps de

---

(1) On conserve une de ces pièces au cabinet des médailles; c'est
une pièce d'or mince du module de 36 millimètres, à la devise du
duc d'Alençon : le soleil dissipant les nuages avec les mots *Fovet
et discutit*, et au revers aux armes de la ville de Bourges avec
cette légende assez curieuse *Munusculum de grege tuo*. (Voir *Journal de Jehan Glaumeau*, page 163 et note de M. le président Hiver.)

(2) V. *Histoire du Berry*, par M. L. Raynal. Tome IV, page 133.

(3) Voir *Histoire du Tiers-État*, par Aug. Thierry, éd. de Furne,
1853, page 381.

(4) Voir *Jehan Glaumeau*, page 167.

velours noir passementé d'or, sur lequel se rabat un col
de fine dentelle en point de Venise ; à son côté pend une
large rapière sur le pommeau de laquelle sa main est
fièrement appuyée. Les traits de son visage sont em-
preints d'une mâle énergie que son existence accidentée
justifie pleinement. Cette peinture, qui appartenait à
la dernière héritière du nom de Gassot de Deffens,
Mme la comtesse de Comacre, a été remise à sa mort,
avec tous les papiers de famille, à M. le vicomte de
Fussy, le chef actuel, qui en a fait le dépôt au musée
pour remplir les intentions manifestées par la donatrice
avant sa mort.

Jacques Gassot eut, de son mariage avec Jeanne de
l'Hôpital, onze enfants, ainsi qu'on l'apprend par l'inventaire de ses biens dressé après son décès, le 11 août
1587, par devant François Régnier, conseiller du roi au
bailliage, de lui signée et de Tastereau, greffier, à la
requête de ses enfants y dénommés, au nombre de dix,
et de Jeanne de l'Hôpital, sa veuve (1). La onzième était
une fille religieuse qui n'avait point à paraître dans
l'acte, mais que La Thaumassière et l'auteur de la généalogie possédée par M. de Fussy font figurer avec
ses frères et sœurs (2).

(1) Voir cet acte entre les mains de M. le vicomte de Fussy,
dont l'analyse figure dans le catalogue des pièces qui ont été produites à l'appui d'une demande en maintenue de noblesse, laquelle
a été délivrée en 1716 par M. l'intendant du Berry, en faveur de
François Gassot, seigneur de Deffens et consorts.

(2) Voir *Nouvelle Biographie générale* publiée par Firmin-Didot.
Paris, 1857. Tome XIX. page 598, *verbo* GASSOT, dont M. Hippolyte
Boyer, est l'auteur. Cet article contient une foule de renseignements
intéressants sur Jacques Gassot.

Ces enfants sont :

1. André GASSOT, écuyer, seigneur de Deffens, majeur à la mort de son père. Il fut gouverneur de la grosse tour de Dun-le-Roi, ainsi qu'il est qualifié dans le testament de sa mère, du 10 juillet 1587, et dans la généalogie manuscrite déjà mentionnée. Il décéda en 1604 sans avoir été marié.

2. Jacques GASSOT, chanoine de Notre - Dame de Paris et prieur de Sancoins, fut pourvu d'un canonicat à la Sainte-Chapelle de Bourges, par lettres royales datées de Dunkerque le 1er mai 1583, et devint doyen du Chapitre de Saint-Étienne de cette ville. Il mourut le 23 août 1628, et fut inhumé sous les dalles de la cathédrale (1).

3. Claude GASSOT, qui suit.

4. Gabrielle GASSOT, religieuse de l'Annonciade.

5. Marie GASSOT, dame des dîmes de Fussy et du Pressouer de Coutremoret. Elle épousa Étienne BIGOT, seigneur d'Ormoy, des Fontaines et de la Vacherie, Secrétaire du roi et de ses finances, fils d'Étienne BIGOT, seigneur d'Ormoy, des Fontaines, de Quantilly et de la Vacherie, Secrétaire de Mme Marguerite de France, sœur du roi, et échevin de Bourges en 1559, et de Marie THIBOUST, auparavant veuve de François PAJONNET,

---

(1) Voir les registres capitulaires de la Sainte-Chapelle aux archives de la Préfecture et une histoire manuscrite de ce Chapitre par un ancien chanoine de cette église, au même dépôt.

contrôleur du domaine (1). Marie Gassot est morte en 1515, laissant deux fils dont l'un a continué la branche des Bigot des Fontaines, et l'autre fut l'auteur de celle de d'Ormoy.

6. Jeanne GASSOT, mariée à François REGNIER, seigneur de Thou, conseiller du roi au bailliage de Berry et siége présidial de Bourges, dont il était le doyen, en 1606. Elle resta veuve vers 1612, avec dix ou douze enfants qu'elle avait eus du dit Régnier, qui furent baptisés en l'église de Notre-Dame du Fourchaud, leur paroisse, sur les registres de laquelle on trouve tous les actes.

7. Jacqueline GASSOT, femme de Gabriel PICAULT, seigneur de la Grange - Saint - Jean, conseiller au présidial, à qui elle a donné dix-sept enfants, tous baptisés en la même paroisse, de qui sont sortis les seigneurs d'Hiery.

8. François GASSOT, auteur de la branche de Lizy, dont l'histoire viendra après celle de Deffens.

9. Claude GASSOT, dit le Jeune, primat et chanoine de l'église de Bourges.

10. Catherine GASSOT, mariée à Claude LHOTE, lieutenant-général à Montargis, de qui elle eut une fille, Catherine LHOTE, mariée à Georges GUYON, seigneur de la Mothe, d'où Catherine GUYON, mariée en 1646 à Joseph, prince DE COUR-,

(1) Voir *Armorial général de d'Hozier*, Reg°. V. généal. Bigot, page 13.

TENAY, seigneur de Montcelart et de Moulaine, d'où naquit Jean-Marie DE COURTENAY, mort sans alliance (1).

11. Renée GASSOT, religieuse de l'Annonciade.

Enfin, Jules GASSOT, écuyer, seigneur de La Coudraye, ce fils naturel dont nous avons parlé et qui a joué un rôle assez important dans la diplomatie et les lettres pour qu'il ne soit pas passé sous silence.

On ignore complétement comment et dans quelles conditions, né à Ferrare, il a été ramené en France. Il est présumable que son père l'emmena tout enfant avec lui à Bourges où il le fit élever, puis le conduisit à Paris où il le fit vivre avec lui dans le monde des poëtes et des savants de l'époque, et enfin, le présentant à la Cour, il obtint pour lui une charge de secrétaire du roy et de ses finances.

Il épousa, encore jeune, par contrat, du 15 janvier 1578, passé devant Bergeron et Foucart, notaires au Châtelet de Paris, demoisselle Renée DE LA VAU, fille de noble Jean DE LA VAU, conseiller du roi en sa Cour de Parlement,. et de demoiselle Radegonde BOUETTE, du consentement et autorité de Jacques Gassot, écuyer, seigneur de Deffens, etc., son père, et en présence de noble

(1) Voir Généalogie de M. de Fussy et La Chesnaye-des-Bois, *Dict. de la Nobl.*, *verbo* Courtenay.

messire Olivier Lefèvre, seigneur d'Ormesson, conseiler du roi et intendant de ses finances (1).

Après son mariage, il vint se fixer à Bourges où il avait, selon toute apparence, entretenu avec les parents de son père des relations convenables, puisqu'on les voit successivement tenir sur les fonts baptismaux des paroisses de Notre-Dame du Fourchaud et de Saint-Oustrillet, qu'il habita l'une après l'autre, avec sa femme, les quatre enfants qui leur sont nés, et dont il sera parlé à la fin de cet article.

Jules Gassot, tout en résidant à Bourges, ne laissait pas d'aller, chaque année, à Paris, où l'appelaient à la Cour les fonctions de secrétaire du roy. Il y entretenait alors un commerce assez suivi avec tous les poëtes du temps qu'il avait fréquentés avant son mariage, les chantant quelquefois dans des vers ou étant chanté pour eux; ainsi, on trouve dans les œuvres de Ronsard cette petite pièce, qui porte la date de 1573, assez courte pour trouver place ici :

A J. GASSOT, SECRÉTAIRE DU ROI.

Je suis semblable à la jeune pucelle
Qui va cherchant par les jardins fleuris
Au point du jour les roses et les lis
Pour se parer quand l'an se renouvelle;

(1) Le contrat de mariage figure dans les pièces à l'appui de la demande en maintenue de noblesse de 1715 dont il a été parlé, ce qui nous absout de la faute qui nous a été reprochée par un allié de la famille Gassot d'avoir fait figurer *un bâtard* dans la présente étude généalogique.

Mais ne voyant nulle rose nouvelle,
Ny d'autres fleurs les jardins embellis,
Prend du lierre, et, de ses doigts polis
Fait un bouquet pour se rendre plus belle.

Ainsi, Gassot, n'ayant roses ni fleurs
En mon vergier dignes de tes valeurs,
Œillets, soucis, lavandes ny pensées;

Ce petit don je présente à tes yeux,
Et tel présent vaudra peut-estre mieux
Qu'un grand trousseau de fleurs mal agencées (1).

On ne connaît pas, que nous sachions, de vers
français de Jules Gassot ; mais il existe des pièces
de lui en vers latins qui ne sont pas sans mérite.
On en trouve plusieurs dans le *tumulus Caroli IX*,
imprimé chez Morel, in-4°, où sa poésie figure à
côté de celle de Dorat, Vaillant de Guélis, Pas-
serat, Ronsard, Baif et autres (2).

Cependant, la culture qu'il accordait aux muses
ne lui prenait que ses moments perdus et ne l'empêchait pas de s'occuper assez sérieusement des
choses de l'État pour qu'Henri III, le jugeant
digne de sa confiance, ne l'employât dans des
missions diplomatiques dont il se tira avec honneur. On conserve, dans la famille Gassot, une
lettre autographe du roi pour l'accréditer auprès

(1) Œuvres complètes de Ronsard, édition elzévirienne. Paris,
A. Franck, 67, rue Richelieu, 1866, tome V, page 339.

(2) Voir aux *Annonces berruyères* du 9 juillet 1836 un article biographique sur Jules Gassot, par M. Chevalier, de Saint-Amand.

de la république vénitienne auprès de laquelle il
se rendit après après traité d'autres affaires avec
le Saint-Père. Nous sommes heureux de pouvoir
rapporter ici la copie de ce précieux original :

« *Très-chiers et grands amys alliez et confédérez.*
Nous envoyons par devers Notre Saint Père le
Pape, notre conseiller et secrétaire de nos finances,
M° Jules Gassot, pour occasions qui concernent
grandement le bien de nos affaires et service à notre
consentement, Et lui avons donné charge à son re-
tour de visiter de notre part vostre honorable répu-
blique, lui témoigner le désir que nous avons d'es-
traindre de plus en plus et confirmer le lien de
nostre ancienne et parfaicte amitié et n'obmettre au-
cuns des poincts et bons offices qui y pourront servir,
ainsi et plus particulièrement et au long il vous
représentera, vous priant adiouster à notre conseiller
et ambassadeur par de là le seigneur de Naisse et à
notre dict secrétaire en cet endroit pareille foy et
croyance que nous sçavons vous fistes l'année der-
dernière en semblable occasion et que pourriez faire
à nous-même. Et atant supplierons le créateur, Très-
Chiers et Grands Amys Alliez et Confédérez qu'il
vous ait en saincte et digne garde. »

« *Escript à Fontainebleau le XXX° jour de juil-*
let 1584. »

Les affaires plus sérieuses qui avaient motivé
son voyage à Rome ne sont malheureusement

définies nulle part, et cette triste époque était tellement troublée par la Ligue et les embarras sans cesse renaissants qu'elle occasionnait à la royauté, qu'il s'élevait souvent des questions nécessitant l'intervention du Saint-Siége. Il n'est donc pas invraisemblable de supposer que Gassot fut envoyé à Rome pour traiter une affaire de ce genre, affaire qui avait assez d'importance pour que le Roi correspondît directement avec son envoyé, ce qu'on apprend par la lettre du cardinal d'Ossat à sa majesté très-chrétienne du 3 décembre 1584 (1). Il eût été d'un grand intérêt pour l'histoire de la famille Gassot de connaître l'objet de cette mission spéciale et la conclusion que Jules en a obtenue ; mais nous n'avons pu parvenir à nous procurer quoique ce soit sur ce fait historique, bien que nous nous soyons adressé au ministère des affaires étrangères où des recherches minutieuses ont été faites, et que Sa Crandeur Mgr le prince de La Tour d'Auvergne, archevêque de Bourges, actuellement à Rome comme membre du Concile, ait bien voulu prendre la peine de faire explorer, sur notre prière, les archives du Vatican et de l'ambassade française.

Il n'est pas hors de propos de parler ici des relations de Jules Gassot avec le célèbre cardinal d'Os-

---

(1) Voir *Lettres du cardinal d'Ossat*, par Arnault de la Houssaye. Amsterdam, 1714. 5 vol. in-12, en tête desquelles figure une vie assez étendue de ce personnage.

sat, dont le nom vient d'être prononcé ci-dessus.
Arnault d'Ossat, l'un des plus grands hommes de
son temps, et dont la fortune est un exemple frappant de cette vérité que la Providence sait toujours faire sortir de la foule les hommes de génie,
partout où ils se trouvent, avait fait ses études de
droit à Bourges, où il avait suivi les leçons de
Cujas, et même, dit Morery, l'avait professé sous
la direction de ce grand jurisconsulte. Fils d'un
artisan d'Auch, trop pauvre pour qu'à son décès on
pût même trouver dans sa succession de quoi le
faire enterrer, d'Ossat fut mis à l'âge de douze ans
en condition chez un gentilhomme de son pays
qui le donna comme valet à son fils du même âge
que lui. Admis aux leçons de ce dernier, il sut en
profiter si bien qu'il devint en peu de temps son
émule, puis son maître, et c'est en cette qualité
qu'il vint avec son élève à Bourges pour fréquenter
les cours de cette fameuse université. Il serait superflu de donner ici la biographie de cet illustre
diplomate, biographie qu'il est facile de consulter
dans les recueils spéciaux, mais il peut être intéressant de savoir que Jules Gassot ait pu le connaître à Bourges avant de le rencontrer à Rome où
il était chargé des affaires de France depuis la
mort de l'ambassadeur, M. de Foix, arrivée en
1582, et dont il avait commencé par être le secrétaire. Il le remplaça complétement quelque temps
après, et le chapeau de cardinal fut la récompense

de ses éminents services (1). Se trouvant à Rome
dans des conditions analogues, ces deux hommes
eurent de fréquents rapports entre eux, et continuèrent, quand Gassot fut rentré en France, à les
entretenir par la correspondance. M. de Fussy
conserve parmi ses papiers de famille deux lettres
autographes du cardinal d'Ossat qui témoignent
de l'affectueuse considération que ce grand homme
portait à Jules Gassot; nous les donnons aux pièces
justificatives où l'on pourra les consulter.

On ignore en quelle année mourut Jules Gassot, et s'il mourut à Bourges. On sait seulement
qu'il a habité successivement les paroisses de
Saint-Oustrillet et du Fourchaud dans lesquelles
il lui est né quatre enfants, savoir :

A. Marie GASSOT, baptisée au Fourchaud
le 19 avril 1589, mariée à Charles Bai-
çonNET, chevalier, seigneur de Meusnières,
d'une famille de la Touraine.

B. Jacqueline GASSOT, baptisée à Saint-
Oustrillet, le 24 février 1591, et dont les
parrain et marraine ont été Claude et Jacqueline Gassot, ses oncle et tante, doit être celle
que la Thaumassière nomme Jeanne, qui
a épousé Jean DE MEAUX, seigneur de Va-
lières.

C. Jacques GASSOT, baptisé en la même

paroisse, le 30 octobre 1592, et a été tenu
sur les fonts par Étienne Bigot, seigneur
d'Osmoy, échevin de Bourges, son cousin
et son oncle, à cause de Marie Gassot sa
femme, et par demoiselle Jeanne Gassot, sa
tante, femme de M. Regnier. Il fut prêtre
de l'oratoire.

D. Élisabeth GASSOT, baptisée aussi à
Saint-Oustrillet, le 21 mars 1595, morte
au berceau.

III. CLAUDE GASSOT, seigneur de Priou, Rochefort,
Berlières, et plus tard de Deffens et d'Osmery, par l'héritage qu'il fit de ces terres à la mort de son frère aîné,
André Gassot, capitaine de la grosse tour de Dun-le-Roi,
arrivée en 1604, a continué la filiation, ce dernier ne
s'étant point marié. On sait peu de choses sur l'histoire
de Claude Gassot. On trouve seulement aux archives de
la préfecture, dans les registres du bureau des finances,
un acte de foi et hommage reçu en 1609 par MM. les
Trésoriers de France de la généralité de Berry, contenant
le serment de fidélité qu'il était tenu de prêter au roi pour
raison de la quatrième partie des dîmes de blé dans les
paroisses d'Osmery et Bussy à lui appartenant par la succession de ses père et mère, lesquels les avaient eues aussi
par l'héritage de défunt Me François de l'Hopital, en-
questeur au bailliage de Berry, son aïeul, lesdites dîmes
tenant et mouvant de sa majesté pour la grosse tour de
Dun-le-Roi. On voit aussi au même dépôt public, dans le
fonds des titres de M. Gassot de la Vienne, un contrat du
4 août 1637, par lequel Claude Gassot, demeurant à

Bourges, paroisse de Notre-Dame du Fourchaud, bailla
par accense à Jean de la Villaine, Claude-Michel, labou-
reurs, et Jean David, vigneron, les terrages et dîmes de
blé, fèves, etc., à lui appartenant, situés dans ladite paroisse d'Osmery. Il avait épousé en 1599 demoiselle
Claude HEURTAULT, fille de Gilles, seigneur du Soulier, et
de Catherine LAMOIGNON (1). Il fut maire de la ville de
Bourges en 1612 et 1613. On ignore l'année de sa mort,
mais on sait qu'il laissa une nombreuse progéniture ; ses
enfants ci-après nommés, furent au nombre de dix-neuf,
savoir :

1. Claude GASSOT, baptisée en l'église de Notre-
   Dame du Fourchaud, le 4 juillet 1600, mariée à
   François THIBAULT, seigneur du Carroy, conseiller
   au présidial de Bourges, morte en 1635.

2. Jeanne GASSOT, baptisée en la même paroisse,
   le 27 septembre 1601, religieuse au Calvaire,
   morte en 1663.

3. Pierre GASSOT, baptisé le 10 novembre 1602,

(1) Plusieurs auteurs, et entr'autres celui de la Généalogie manuscrite des Gassot ci-dessus mentionnée, ont semblé confondre
cette famille Lamoignon avec celle des Lamoignon de Malesher-
bes, qui s'est distinguée pendant plus de deux siècles dans les
premières charges de la magistrature et dans les conseils du roi;
c'est une grave erreur; ces deux familles n'ont rien de commun.
Celle dont il est ici question est de Bourges et a dû sa considération à l'échevinage; l'autre est une des plus anciennes familles du
Nivernais et tire son nom du fief de *Lamoignon*, situé dans l'un des
faubourgs de Donzy, dont elle a joui dès le XIIIe siècle, et qui relevait en grande partie de ladite ville de Donzy. Leurs armes sont
différentes.

fut tenu sur les fonts sacrés par noble Pierre
Heurtault, son oncle, conseiller au présidial de
Bourges, et par demoiselle Marie Gassot, sa
tante, femme de Étienne Bigot, seigneur des Fontaines et d'Osmoy. Il se consacra à la vie cénobi-
tique, et entra dans l'ordre des capucins où il fut
connu sous le nom de *Père Claude*. Il acquit bientôt une grande réputation, et après avoir été élu
plusieurs fois provincial de la province de Touraine, il fut deux fois définiteur général de l'ordre. Il fut aussi commissaire apostolique, mais il
eut dans l'accomplissement de ces fonctions de
grands déboires dont il sortit toutefois avec honneur. Sur la fin de sa carrière, voulant se consacrer tout entier à Dieu, il déposa volontaire-
ment toutes les charges de l'administration pour
s'occuper uniquement de son salut. Il se retira au
couvent de la Châtre où il vécut quelques années
en simple religieux, et mourut en odeur de sainteté en 1676.

4. Jacques GASSOT, baptisé le 20 février 1604,
entra dans les ordres, fut successivement prieur de
Reugny, chanoine et prieur de Notre-Dame de
Sales, puis chanoine de l'église de Bourges. Il
mourut en 1647.

5. Claude GASSOT, baptisé le 15 mars 1604, fut
capucin sous le nom de *Père Pierre*, mort en
1623.

6. François GASSOT, écuyer, seigneur de Deffens et de Rochefort, qui suit.

7. Guillaume GASSOT, baptisé le 10 février 1608,

entra aussi chez les Capucins et mourut en 1663,

8. Marie CASSOT, baptisé le 25 avril 1609, épousa Jean AGARD, seigneur des Rosiers, conseiller au présidial de Bourges, fils de Clément, seigneur du dit lieu, lieutenant général, au bailliage de Mehun, et de Françoise RAGUEAU. Elle lui donna une nombreuse postérité.

9. André GASSOT, baptisé le 20 février 1611, capucin, connu sous le nom de *père Félix*, mort en 1678.

10. Catherine GASSOT, baptisée le 12 avril 1612, se maria deux fois; 1° à Gabriel PINETTE, seigneur de la Vernusse, 2° en 1646 à Pierre BOURDALOUE, écuyer, seigneur de la Creusée, La Noue, Contres, etc.. veuf de.... et fils de Claude BOURDALOUE, avocat au présidial, et de Catherine DUCHIÈVRE. On ne saurait dire si elle eut des enfants du premier mariage, mais elle en eut plusieurs du second.

11. Gabrielle GASSOT, baptisée le 11 février 1614, morte en bas âge.

12. Jean GASSOT, baptisé le 19 mars 1615, seigneur de Berlières, chanoine de l'église de Bourges, mort le 11 juin 1667. Il légua ses biens à ses neveux à charge par eux de payer une rente à Étienne Gassot, seigneur de Priou, son frère, et les dits héritiers passèrent un contrat à cet effet entre eux le 1er août suivant. Jean Gassot fut inhumé dans la chapelle Bonne Nouvelle de l'église de Notre-Dame du Fourchaud.

13 Étienne GASSOT, auteur du rameau de

Priou, dont il sera parlé à la fin de la branche de
Deffens.

14. Magdeleine GASSOT, baptisée le 7 août 1618,
morte jeune.

15. Gabriel GASSOT, baptisé le 16 novembre 1619,
n'a pas vécu.

16. Anne GASSOT, baptisée à Saint-Outrillet le
3 septembre 1621, religieuse à la Visitation de
Bourges.

17. Anne GASSOT (la jeune), baptisée le 29 janvier 1623, morte enfant.

18. Charles GASSOT, baptisé le 23 juillet 1625,
n'a pas atteint l'âge de puberté.

19. Ignace GASSOT, baptisé le 23 septembre 1627,
mort en bas âge.

IV. FRANÇOIS GASSOT, (sixième enfant de Claude,
seigneur de Priou, Rochefort, Berlières et Deffens, et de
Claude Heurtault), écuyer, seigneur de Deffens et Rochefort, épousa vers 1632, D^{lle} Madeleine GIRARD, fils
unique d'Étienne, seigneur de Sassy, secrétaire de la
chambre du roi et de Catherine LEBÈGUE. Il testa le 27
décembre 1662, par devant Ragueau, notaire, et déclara
dans cet acte avoir huit enfants (il en avait perdu cinq),
lesquels à la mort de leur mère, arrivée le 29 avril 1666,
étant âgée de cinquante ans, partagèrent les biens délaissés
par leurs père et mère. La terre de Deffens fut dévolue à
Claude, celle de Berlières à Étienne et le lieu de Rochefort à François, etc.

Ces treize enfants furent donc :

1. Magdeleine GASSOT, baptisée en l'église de

Notre-Dame du Fourchaud, le 28 juillet 1633, morte jeune.

2. Jacques GASSOT, baptisé le 4 septembre 1634, entra au service et mourut à Sedan, où il était avec son régiment.

3. Claude Gassot, seigneur de Deffens, Osmery, etc., mort le 4 janvier 1667, sans alliance.

4. François GASSOT, mort quelques jours après sa naissance.

5. Étienne GASSOT, écuyer, seigneur de Deffens, qui suit.

6. François GASSOT, écuyer, seigneur de Rochefort, baptisé en l'église de Saint-Pierre le Puellier le 24 novembre 1639. Il entra jeune au régiment de Castelnau et devint ensuite capitaine au régiment de Bourbonnais. Il se retira du service pour épouser le 8 février 1670, d^{lle} Anne CHAMILLART, fille d'Henry, écuyer, seigneur de Villatte, de la famille de Michel CHAMILLART, secrétaire et ministre d'État, grand trésorier des ordres du roi, etc., etc., et d'Anne BOURDALOUE, dame de Saint-Martin-des-Lacs, et nièce par sa mère du célèbre prédicateur Louis Bourdaloue. Il mourut le 3 avril 1710 et fut inhumé dans le caveau de la famille Chamillart, en l'église de Saint-Oustrillet, ayant eu sept enfants, qui furent :

A. Étienne GASSOT de Rochefort, baptisé à Saint-Oustrillet, le 5 mai 1672, qui étudia la théologie, obtint le grade de docteur en cette faculté, et grâce à la protection de Bourdaloue, son grand oncle, fut

nommé par lettres royales, datées de Paris
le 22 avril 1691, chanoine de la Sainte-
Chapelle de Bourges, de laquelle il devint
grand chantre en 1694, à la mort de M.
Doullé, son prédécesseur dans cette dignité. Il fut aussi prieur commendataire
de Saint-Pierre de Ternay et régent en
théologie en l'université de Bourges. Il
trépassa le 17 novembre 1703, à l'âge de
31 ans et fut inhumé en l'église de Saint-
Oustrillet, sa paroisse.

B. Autre Étienne GASSOT, baptisé à
Saint-Outrillet le 22 février 1674, mort
jeune.

C. Robert GASSOT, baptisé le 18 août
1675, religieux bénédictin de l'ordre de
saint Bernard. Il fut élu abbé de Clairveaux
le 17 mai 1718 et le 20 novembre de l'année suivante installé dans ses fonctions par
l'évêque de Langres. Il fut le quarante-
neuvième abbé de cet ordre célèbre (1).
Son portrait est conservé par Mme la comtesse de la Guère.

D. François GASSOT, de Rochefort, chevalier, seigneur de Soix, baptisé à Saint-
Oustrillet le 4 janvier 1677. Il embrassa la
carrière des armes, devint capitaine au régiment de Médoc et le 23 mars 1706 fut

(1) Voir *Gallia Christiana*, tome IV, page 814.

fait colonel du régiment de Francheville infanterie, nom qu'il changea avec l'agrément du roi en celui de *Rochefort*. En 1683 il avait fait l'acquisition de la terre et seigneurerie de Soix, mouvant de la grosse tour de Dun-le-roi, de dame Jeanne du Coing, veuve d'Antoine de Toled, écuyer, seigneur de Boisiramé. Il en porta la foi et hommage au roi, en 1694 (1). Par contrat du 28 juin 1711, passé devant Sagordet et Monicault, notaires syndics à Bourges, François GASSOT de Rochefort, épousa d^lle Françoise GASSOT de Priou, sa cousine, fille d'Étienne GASSOT, écuyer, seigneur de Priou, conseiller du roi et son avocat au siége présidial de cette ville, et de feue Jeanne DE LA CHAPELLE, en qui finissait le rameau de Priou. Leur union fut de courte durée, il perdit sa femme le 17 juillet 1718, sans qu'elle lui laissât d'enfants, et celle-ci par son testament du.... 1717, institua pour son seul et unique héritier, messire Robert Gassot, seigneur de Soix, son beau-frère. François Gassot décéda lui-même le 16 avril 1748.

E. Anne GASSOT, baptisée le 31 août 1678, mariée à Pierre GASSOT, président en

_____

(2) Voir *Noms féodaux*, par Betancourt, *verbo Gassot*.

l'élection de Bourges, fils de Claude, conseiller du roi, aussi président en ladite élection, et de demoiselle Claude Desprès. Voir leur postérité à la branche de Lizy et la Vienne.

F. Clément Gassot, baptisé le 18 octobre 1680, jésuite.

G. François Gassot, baptisé le 13 janvier 1684, mort en bas âge.

H. Autre Robert Gassot, seigneur de Soix, du Plaix, etc., légataire universel de Françoise Gassot de Priou, sa belle-sœur, femme de François Gassot de Rochefort, son frère ainé. Il fit foi et hommage au roi, en 1724, pour sa terre du Plaix comprise dans ledit héritage, située paroisse de Levet, et mouvant de la grosse tour de Dun-le-Roi. Nous ignorons s'il se maria et s'il eut une postérité.

7. Catherine Gassot, baptisée à Saint-Pierre-le-Puellier, le 8 mai 1641, religieuse au monastère de la Visitation de Bourges.

8. Joseph Gassot, baptisé en la même paroisse, le 16 novembre 1642, n'a pas vécu.

9. Jeanne Gassot, baptisée en l'église de Notre-Dame du Fourchaud, le.... 1644, mariée en la même église, le 18 février 1664, à François Corbin, écuyer, seigneur de la Renardière, fils d'Étienne Corbin, écuyer, seigneur des Chaumes, la

11

Renardière, Vernillet et Prépoilé, et de Françoise Boisseau, d'où postérité.

10. Marie GASSOT, baptisée en la même paroisse, le 4 septembre 1648, aussi religieuse à la Visitation de Bourges.

11. Henri GASSOT, baptisé le 13 décembre 1650,
jésuite.

12. André GASSOT, baptisé le 20 décembre 1653,
capucin.

13° Robert GASSOT de Berlières, auteur du rameau de ce nom, dont l'histoire viendra avec celle
du rameau de Priou, après la filiation de la branche de Deffens.

V. ÉTIENNE GASSOT, écuyer, seigneur de Deffens
et d'Osmery, par la mort de son frère aîné, (cinquième enfant de feu François Gassot, écuyer, seigneur desdits lieux,
et de Madeleine Girard), fut baptisé à Saint-Pierre-le-
Puellier, le 23 août 1638, et épousa par contrat reçu Minereau, notaire royal à Bourges, le 13 janvier 1670, demoiselle Marie AGARD, fille de Clément AGARD, écuyer,
seigneur des Roziers, conseiller et maître d'hôtel ordinaire du roi, et de demoiselle Catherine LELARGE. Le 20
septembre 1671, il fit foi et hommage par devant MM. les
trésoriers de France, au bureau des finances de Languedouy, établi à Bourges, pour raison de la quatrième partie
du dixme du village d'Étrechy, mouvant de sa majesté à
cause de sa grosse tour de Dun-le-Roi, en qualité de fils
et héritier de François Gassot, son père Devenu veuf le
14 juin 1688, il vécut encore quelques années, puis mourut à son tour, le 30 septembre 1694, à l'âge de cinquante-

six ans, et son corps fut déposé près de celui de sa femme,
en l'église de Saint-Pierre-le-Puellier. Ils laissèrent les
huit enfants ci-après :

1. Clément Gassot, baptisé à Saint-Oustrillet.
   le 23 août 1671, dont la destinée est inconnue.

2. Catherine Gassot, baptisée en la même paroisse, le 6 août 1672, mariée le 15 janvier 1697,
   à Pierre-Philippe Fauvre, écuyer, seigneur d'A-
   louy, ci-devant capitaine au régiment du roi, fils
   de feu Claude Fauvre, écuyer, seigneur dudit
   lieu, et de dame Anne de Saint-Pere, dont postérité.

3. Étienne Gassot, dit l'*abbé de Deffens*, baptisé le 24 septembre 1674, chanoine de l'église de
   Bourges, mort le 5 mars 1721.

4. Mathias Gassot qui a continué la branche. Son
   article viendra plus loin.

5. Michel Gassot a été tenu sur les fonts baptismaux de l'église Saint-Oustrillet, le 17 octobre
   1676, par messire Michel Poncet, archevêque de
   Bourges, et dame madame Marie Betault, femme
   de messire Mathias Poncet de la Rivière, chevalier, comte d'Ablys, etc., intendant de la province
   de Berry. Destinée inconnue.

6. Gaspard Gassot, écuyer, seigneur de la Louze
   et d'Étrechy, a dû naître en 1680. Il épousa
   par contrat passé devant Thiolat, notaire royal à
   Bourges, le 15 juin 1710, demoiselle Jeanne
   Bouffet, fille de Jean Bouffet, écuyer, seigneur
   de Bouchetin et d'Étrechy, et de dame Jeanne
   Bengy. Jeanne Bouffet décéda le 12 octobre 1732,

à l'âge de cinquante-six ans, et Gaspard Gassot, le 20 février 1750, âgé de soixante-dix ans.

Les trois enfants qu'ils laissèrent, furent :

A. Étienne-François GASSOT, baptisé le 14 avril 1711, en l'église paroissiale d'Osmery, chevalier, seigneur de Bouchetin, qui figure dans la demande en maintenue de noblesse qui a été délivrée par messire Fouillé de Douais et de Martangy en 1716, ainsi qu'il a été dit ci-dessus, mais dont on ignore la destinée.

B. Anne-Jeanne GASSOT, ondoyée le 13 juillet 1713, baptisée avec sa sœur le 30 mars 1715.

C. Jeanne-Marie-Thérèse GASSOT, baptisée à Saint-Oustrillet, le 30 mars 1715; mariée le 10 juin 1741, par contrat reçu Gabard, notaire royal à Bourges, à François-Henri THOMAS des Colombiers, âgé de vingt-quatre ans, fils de René THOMAS des Colombiers et de dame Rose Nibelle. Elle dût mourir vers 1680, sans laisser d'enfants. Son mari prit une seconde alliance avec demoiselle Marie-Catherine BENOIST, fille de feu messire Antoine-Gabriel-François BENOIST, écuyer, chevalier de l'ordre royal et militaire de Saint-Louis, ancien capitaine dans les troupes françaises au Canada, et de dame Marie-Louise LE BER de Senneville. C'est de ce second mariage que descendent MM. Thomas des Colombiers de Boismar-

min, dont l'un à épousé mademoiselle de
Marolles, et l'autre mademoiselle Bon-
nesset, ainsi qu'on le verra plus loin.

7. Antoine Gassot, baptisé à Saint-Oustrillet,le 13
octobre 1681.

8. Madeleine Gassot, baptisée en la même paroisse, le 26 avril 1685, a épousé vers 1705 ou
1706, Joseph Guenois, écuyer, seigneur de Pru-
nay et Morthomiers, dont postérité.

VI. MATHIAS GASSOT, écuyer, seigneur de Deffens
(quatrième fils d'Étienne, seigneur dudit lieu et d'Osmery,
et de Marie Agard), fut baptisé en l'église Saint-Oustrillet, le 31 octobre 1675, et reçut son nom de *Mathias* de
messire Mathias Poncet de la Rivière, chevalier, comte
d'Ablys, conseiller du roi en ses conseils, maître des requêtes ordinaire de son hôtel, intendant de la province
de Berry, qui le tint sur les fonts sacrés. Il épousa par
contrat de mariage du 14 mars 1706, passé devant Thiolat, notaire royal à Bourges, et célébré le 16 en l'église
de Saint-Oustrillet, avec dispense de parenté, par messire Robert Gassot, chanoine et chancelier de l'église de
cette ville, demoiselle Jeanne Bouffet, fille de feu Gabriel Bouffet, écuyer, conseiller du roi au présidial, et
de dame Anne Riglet. Un fils unique fut le fruit de cette
union, qui fut de courte durée, car Mathias Gassot décéda le 9 avril 1710, âgé seulement de trente cinq ans, et
fut inhumé en l'église des Carmes. Il avait été maire de
Bourges en 1690 et 1691. Sa veuve se remaria le 16 février 1716, avec Pierre Gassot de la Vienne, veuf lui-

même d'Anne Gassot de Rochefort (voir la branche de
Gassot de Lizy). Son fils fut :

Étienne-François Gassot, qui suit.

VII. ÉTIENNE-FRANÇOIS GASSOT, chevalier,
seigneur de Deffens, fut baptisé à Saint-Oustrillet, le 4
mars 1708; ayant perdu son père à un âge très-tendre, il
eut pour tuteur Pierre Gassot de la Vienne, mari de Jeanne
Bouffet, sa mère, qui lui remit en mains son héritage paternel par acte du 7 septembre 1725, ayant obtenu, à cet effet,
des lettres de bénéfice d'âge, le 23 mars 1722. Parmi tous
les biens qui lui furent remis figuraient aussi ceux qui
composaient la succession de M. *l'abbé de Deffens*, son
oncle, mort le 5 mars 1721, comme on l'a vu plus haut.
Il épousa, le 30 août 1735, demoiselle Rose Moreau de
Chassy, fille de feu Alexandre Moreau de Chassy, écuyer,
capitaine d'une compagnie franche dans l'île de Cayenne,
et de dame Olive Boudré. Il est mort le 7 novembre 1762,
laissant les cinq enfants qui suivent. Son corps a été inhumé dans l'église d'Osmery, où l'on voit encore sa
pierre tombale.

1. Jeanne-Rose Gassot de Deffens, baptisée en
   l'église du Fourchaud, le 12 juillet 1736, mariée
   le 28 mai 1771, dans la chapelle du château de
   Deffens, à messire Jean-Charles de Bonnault,
   chevalier, seigneur de la Forest. Ce mariage a été
   célébré par M. l'abbé de Bonnault de Méry,
   chanoine de l'église de Bourges, docteur professeur en théologie en l'université de cette ville,
   et ancien grand archidiacre de Buzançais. Elle dé-

céda à Valençay, à l'âge de 53 ans, le 2 avril 1789.

2. Anne - Catherine GASSOT, baptisée en la même paroisse, le 18 mars 1738, mariée le 11 septembre 1766, à Jean FOUCAULT, chevalier, seigneur des Fontaines, Bascouët, Marcilly, Sévry et autres lieux, veuf de dame Marie-Anne GAUDINOT, (d'une honorable famille de la Charité), ancien capitaine au régiment de Hainault, fils de François FOU-CAULT, chevalier, baron d'Allogny, capitaine-commandant au régiment de Condé infanterie, et de dame Lucrèce d'ESTUT, dame d'Insèches en Nivernais (près Donzy). Elle mourut à l'âge de 71 ans, le 17 janvier 1810, sans laisser de postérité ; elle n'avait eu qu'un fils mort en bas-âge.

3. Alexandre-Mathias Gassot, qui continue la branche de Deffens.

4. Madeleine GASSOT, baptisée le 10 juin 1741, dont la destinée est inconnue.

5. Étienne - Gaspard GASSOT, baptisé le 20 février 1743, auteur du rameau de Rochefort.

VIII. ALEXANDRE-MATHIAS GASSOT, chevalier, seigneur de Deffens, Osmery, le Temple, Jartin et autres lieux, qualifié dans l'acte de son mariage *haut et puissant seigneur*, naquit le 16 janvier 1740. Il embrassa la carrière militaire et obtint un grade dans un régiment de dragons, mais il se retira du service pour se marier le 15 mai 1775, avec demoiselle Armande-Marguerite BERNARD de Montebise, damoiselle, fille majeure de feu haut et puissant seigneur messire Michel-Jean-François BER-

NARD, chevalier, marquis de Montebise, et de haute et
puissante dame Élisabeth-Ursule HOUEL, fille de Charles
HOUEL, marquis de Houelbourg à la Guadeloupe, seigneur de la Roche-Bernard, maréchal des camps et armées
du roi, gouverneur de l'île de Ré, et de Anne-Henriette
de CORDOUAN, fille de René DE CORDOUAN, marquis de
Langey, seigneur de la Roche-Bernard, Thoreau, etc.,
et de demoiselle Diane de MONTEAUX DE BLENAC (1) Quoique mademoiselle de Montebise habitât ordinairement
à Paris avec sa mère, la bénédiction nuptiale fut donnée,
en vertu de la permission de monseigneur l'évêque de
Blois, dans la chapelle du château de Monteaux (2), propriété de cette dame, au milieu d'un concours nombreux
de parents et d'amis des deux familles, et entr'autres du
côté de l'épouse, de haut et puissant seigneur Augustin-
Pierre BERNARD, chevalier de Montebise, son frère, etc.,
etc., qui sont tous dénommés et qualifiés dans l'acte de
mariage. Les nouveaux époux revinrent peu de temps
après en Berry, et partagèrent leur résidence entre
Bourges et leur fief de Deffens, dont les constructions
trop anciennes et insuffisantes demandaient à être rajeu-
nies. M. de Deffens fit remplacer le vieux manoir paternel par un nouveau corps de logis plus vaste, qui subsiste
encore, mais auquel M. le comte de La Guerre a fait
ajouter deux ailes. La chapelle, à laquelle il n'a point été
touché, est encore dans un excellent état de conserva-

---

(1) Voir le *Mercure de France* de janvier 1786, page 879.

(2) Situé dans le département de Loir-et-Cher, au chef-lieu de la
commune de ce nom.

tion ; son style rappelle celui que les Jésuites ont adopté pour toutes leurs églises. Elle a dû être construite aux environs de 1670, c'est la date la plus reculée à laquelle remontent les différentes permissions d'y dire la messe, accordées par l'autorité diocésaine.

En 1789, lors de la nomination des députés aux États généraux, M. de Deffens fut désigné comme secrétaire de l'ordre de la Noblesse. A cette occasion, il n'est peut-être pas inutile de rapporter un fait qui causa un grand émoi dans toute la province à cause de la gravité des conséquences qu'il aurait pu amener, et qui témoigne de l'estime dont jouissait M. de Deffens.

Parmi les gentilshommes faisant partie de l'assemblée de la noblesse, dans une séance générale où les trois ordres étaient réunis en l'église des Carmes sous la présidence de M. de la Chastre, se trouvait un M. de Guibert, comte de Fontillay. Ce gentilhomme était membre du conseil de la guerre, où il jouissait d'une considération vraisemblablement justifiée; il avait été chargé, en cette qualité, de faire des études sur la discipline militaire, et dans un rapport qui eut une grande publicité, il avait fait ressortir l'avantage de l'organisation prussienne sur la française La méthode correctionnelle du grand Frédéric n'était pas du goût des jeunes officiers de notre armée, aussi d'un bout de la France à l'autre, ce rapport avait excité contre son auteur un *tolle* universel. Quand M. de Guibert parut en séance, et dès son entrée dans la salle, de bruyants murmures l'accueillirent; il voulut se faire entendre, le tapage redoubla, et pendant plusieurs jours M. de la Chastre s'efforça en vain de rétablir le bon

14*

ordre dans l'assemblée. On dit que M. de Deffens, dont l'esprit de conciliation était généralement écouté, sut trouver des arguments assez convaincants pour faire entendre raison à toutes ces têtes exaltées, et conjurer des événements fâcheux.

Quand vinrent les mauvais jours, Alexandre-Mathias Gassot resta à Bourges avec sa famille, mais il dut partager le sort de tous ceux qui n'étaient point partisants du nouveau régime; il fut d'abord seulement taxé *d'incivisme,* mais *ennemi tranquille et modéré,* et comme tel, aux termes de l'article 7 de l'arrêté du 29 mars 1793, consigné dans sa maison jusqu'à nouvel ordre, avec défense d'en sortir sous peine *d'être incarcéré dans la maison des ci-devant Ursulines.* Il faut croire que le Comité du Salut public ne le jugea pas toujours aussi inoffensif, car peu de temps après il fut écroué dans ladite maison des Ursulines avec sa femme et ses deux filles, et leurs biens mis sous le sequestre. Ils restèrent en prison pendant dix-huit mois avec un grand nombre de leurs parents et amis aussi coupables qu'eux; heureusement qu'ils avaient, pour veiller à leurs intérêts et à leur alimentation de chaque jour, de vieux serviteurs qui se multiplièrent pour leur adoucir les rigueurs de l'écrou, entr'autres une excellente femme, leur cuisinière, véritable Caleb, dont le dévouement ne connut pas de limites.

Au retour de l'ordre, M. de Deffens rentra dans ses biens qui lui furent restitués, et il contina à vivre au milieu des siens, répandant les bienfaits autour de lui. Il mourut le.... 18...., à l'âge de.... ans, laissant les deux filles ci-après :

1. Anne-Rose GASSOT DE DEFFENS, baptisée à

Saint-Oustrillet, le 3 octobre 1776, et tenue sur
les fonts sacrés par messire Jean-Philippe BER-
NARD, chevalier, marquis de Cordouan et de Montebise, baron de la Grange-Menestrier, seigneur
de Pierre-Levée, la Courte-Souppe, etc., mestre
de camp de dragons, chevalier de l'ordre royal et
militaire de Saint-Louis, son oncle maternel, représenté par messire Pierre-Louis-Guillaume
Granger, prieur de Saint-Ursin, et par dame Anne-
Rose Moreau de Chassy, son aïeule paternelle,
veuve de feu messire Étienne-François Gassot,
chevalier, seigneur de Deffens. Elle épousa, le 8
septembre 1808, Louis-Charles CANTINEAU, comte
de Comacre, ancien capitaine au régiment de Royal-
Roussillon infanterie, fils de Jean-Charles-Gabriel
CANTINEAU, chevalier, comte de Comacre, lieutenant des maréchaux de France, à Tours, et de
dame Madeleine-Hélène SURIREY DE SAINT-REMY.
Elle mourut à Bourges, étant veuve depuis longtemps, le 7 mai 1856, à l'âge de 80 ans. Elle
n'avait eu qu'un fils :

> Félix CANTINEAU, comte de Comacre,
> mort vers la fin de janvier 1842, sans avoir
> été marié.

2. Anne - Augustine GASSOT DE DEFFENS, baptisée à Saint-Oustrillet, le 13 août 1781, et tenue sur les fonts baptismaux par haut et puissant
seigneur messire Augustin-Pierre Bernard de
Montebise, son oncle maternel, chevalier de
Saint-Jean de Jérusalem, et dame Anne-Catherine Gassot, veuve de feu Jean de Foucault, che-

valier, seigneur de Marsilly, sa tante paternelle.
Elle épousa par contrat du 13 juillet 1804, Claude-
Austregésile DE BENGY-PUYVALLÉE, qui fut membre de la Chambre des députés où il a siégé aux
sessions de 1820 et 1824, fils de Philippe-Jacques
DE BENGY, chevalier, seigneur de Puyvallée, Vasselay, Coulers, Savoye et autres lieux, et de demoiselle Marie-Madeleine SOUMARD. Elle mourut
à Bourges, le....., n'ayant eu que deux filles en
qui s'est éteinte la branche aînée de la famille Gassot, dite *la branche de Deffens*.

>   A. Armande - Marie de BENGY, née le 24
>   juillet 1806, mariée le 26 août 1826, à Ber-
>   nardin-Jean PANTIN, comte DE LA GUÈRE,
>   officier dans la division de l'armée royale
>   d'Anjou, commandée par le comte *Pantin
>   de Laudemont*, son cousin, puis capitaine
>   au troisième régiment d'infanterie de la
>   garde royale, chevalier de l'ordre du Phé-
>   nix de Hohenlohe, fils de Bernardin-Ma-
>   rie PANTIN, chevalier DE LA GUÈRE, capi-
>   taine au régiment de Penthièvre, chevalier
>   de Saint-Louis, et de Thérèse-Delphine
>   ALIX. De ce mariage est issue une nom-
>   breuse famille (1).
>
>   B. Marie - Hélène-Angèle DE BENGY, née
>   le 28 décembre 1815, mariée à Léon COR-
>   DIER DE MONTREUIL, de qui elle a eu plu-
>   sieurs enfants.

(1) Voir *Archives de la Noblesse*, par Lainé, Généal. Bengy.

RAMEAU DE PRIOU.

IV. ÉTIENNE GASSOT, écuyer, seigneur de Priou, le
Platet, Ferolles, etc. (treizième enfant de Claude Gassot,
écuyer, seigneur de Priou, Rochefort, Berlières, puis de
Deffens, par la mort de son frère aîné, et de demoiselle
Claude Heurtault), fut baptisé le 31 janvier 1647. Il
étudia le droit, prit ses grades à Bourges, exerça pendant
quelque temps comme avocat en parlement et devint conseiller du roi au bailliage de Berry et siége présidial de
Bourges, titre auquel il joignit celui de docteur agrégé en
l'université de cette ville. Il épousa, le 30 novembre
1647, demoiselle Marie CATHERINOT, fille de Denis, seigneur de Montchemin, conseiller du roi auxdits sièges,
et de Michelle RIGLET. Elle décéda le 13 mars 1681, à
l'âge de 51 ou 52 ans, ayant eu douze enfants, dont
six moururent avant d'avoir atteint l'âge de puberté.
Le seigneur de Priou lui survécut jusqu'au 13 octobre
1698, qu'il mourut, ayant presque atteint l'âge de 82
ans. Son portrait, en costume de conseiller au présidial,
se trouve au musée de Bourges, et figure sur le catalogue sous le n° 216 ; il y a été déposé par M. le vicomte
de Fussy, suivant les intentions de madame la comtesse
de Comacre, à qui il appartenait avant lui.

Les enfants qui survécurent, furent :

1. François GASSOT, baptisé à Saint-Oustrillet,

le 6 juillet 1650, succéda à son père dans les terres de Priou, le Platet et Ferolles, et fit hommage au roi, en 1701, pour cette dernière seigneurie qui mouvait de la grosse tour de Bourges, comme héritier en partie de feu Étienne Gassot, écuyer, seigneur desdits lieux. Ce fief consistait, aux termes de l'acte, « en un hôtel ou château dont il ne « restait alors que d'anciennes murailles à l'en- « tour, dans l'enclos desquelles il y avait des buis- « sons et un bois taillis, le tout environ d'une « boisselée, et un colombier. » Il consistait en outre en terres, bois, prés, cens, rentes, dîmes, etc. Il avait été acheté par le père de l'avouant, de messire Charles Bonnin, écuyer, seigneur du Courpoy, et de dame Marie Pigné, son épouse, par contrat du 8 février 1669.

François Gassot mourut peu de temps après sans avoir été marié, et ses biens passèrent à ses frères. C'est ainsi qu'Étienne Gassot, seigneur de Boisfort, dont l'article sera donné ci-après, devint seigneur de Priou, et continua le rameau de ce nom.

2. Robert Gassot, seigneur de Férolles, chanoine et chancelier de l'église de Bourges. Il fut aussi chancelier de l'université de cette ville, dignité que M de la Chapelle, qui en était investi, résigna en cour de Rome en sa faveur. Il fut installé dans ses fonctions au couvent des Jacobins, où l'université se réunissait pour ses solennités, le 20 septembre 1701.

3. Étienne Gassot, qui suit.

4. Étienne-Jean GASSOT, baptisé au Fourchaud, le 27 janvier 1661, jésuite.

5. Marie GASSOT, baptisée à Saint-Oustrillet, le 25 mai 1666, religieuse ursuline, en religion *sœur du bienheureux Louis de Gonzague*. Elle mourut à l'âge de 46 ans, le 26 septembre 1712.

6. Geneviève GASSOT, rapportée par la Thaumas-lière, et qui figure aussi dans la généalogie de la famille possédée par M. de Fussy, aussi religieuse ursuline.

V. ÉTIENNE GASSOT, 11ᵉ du nom, écuyer, seigneur de Priou et de Boisfort, premier avocat du roi au présidial de Bourges, fut baptisé en l'église de Notre-Dame du Fourchaud, le 4 septembre 1659. Il épousa, le 12 janvier 1692, demoiselle Marie-Jeanne DE LA CHAPELLE, fille de Pierre DE LA CHAPELLE, seigneur du Plaix, docteur en droit, et de dame Marie CHENU, fille de M. Chenu, aussi docteur en droit, et professeur en l'université. Il perdit sa femme au bout de peu de temps, ainsi que deux enfants sur trois qu'il en avait eu. Le 22 septembre 1704, il prit une seconde alliance avec demoiselle Marie BECUAU, fille de feu Pierre BECUAU, élu en l'élection de Bourges, et de Marie MONTAGU, dont il n'eut pas de postérité. Ce mariage a été célébré en l'église d'Humbligny.

Étienne Gassot de Priou était réputé pour son savoir et la justesse de son esprit. Le 11 mai 1715, ayant été choisi comme arbitre dans une contestation entre messire Colbert, marquis de Châteauneuf, et les héritiers de Gilbert Gillet, fermier de sa terre du Colombier, il rendit une sentence arbitrale à la satisfaction des parties (1). Il fut aussi docteur agrégé en l'université de Bourges.

Il a laissé plusieurs ouvrages manuscrits, entr'autres des mémoires qui ne manquent pas d'un certain intérêt (2), bien qu'ils n'aient pas cependant une grande portée historique. C'est un journal dans le genre de ceux de l'*Étoile* et de *Jehan Glaumeau*, qui (ce dernier) a été édité par le savant et regretté M. le président Hiver, dans lequel il consignait, jour par jour, les événements qui se passaient sous ses yeux. On y trouve plusieurs détails concernant sa famille, et un grand nombre d'autres de la province, tels que des mariages et des décès; il y a aussi des contestations entre les différents corps au sujet de questions de préséance, questions vivaces dans tous les temps, mais principalement dans le sien. Enfin, on y remarque avec plaisir la mention d'usages locaux qui sont perdus maintenant et qui font vivre par la pensée dans l'ancienne société de Bourges. Ces mémoires qui commencent en 1691 vont jusqu'au 23 novembre 1715. Il mourut le 1er février 1730, et fut inhumé dans l'église du Fourchaud, laissant de son premier mariage les enfants ci-après :

1. Françoise GASSOT DE PRIOU, baptisée à Saint-Oustrillet, le 1er décembre 1692, mariée le 29 juin 1711, à messire François GASSOT, écuyer, seigneur

---

(1) Voir aux *Archives du Cher*, les minutes de Masson, notaire royal, à Bourges, à cette date.

(2) Le manuscrit de ces mémoires est entre les mains de M. de Boismarmin, qui a eu l'obligeance de nous le communiquer. Il nous a révélé bien des particularités précieuses dont nous avons pu nous servir.

de Soix, ancien colonel d'un régiment d'infanterie qui a porté son nom, et de dame Anne DE CHA-MILLART, son cousin. Elle mourut le 17 juillet 1718, sans laisser d'enfants; en elle s'éteignit donc le rameau de Priou, ses frères n'ayant pas vécu.

2. Pierre GASSOT DE PRIOU, baptisé en la même paroisse, le 7 mars 1694, mort le 5 mars suivant, et inhumé en l'église de Saint-Martin d'Auxigny.

3. Étienne-Robert GASSOT DE PRIOU, baptisé le 7 septembre 1695, mort le 8 janvier 1697.

RAMEAU DE BERLIÈRES.

V. ROBERT GASSOT, écuyer, seigneur de Berlières, de La Motte-Turlin et des Bergeries (13° enfant de François Gassot, seigneur de Deffens, Rochefort, etc., et de Madeleine Girard), fut baptisé en l'église de Notre-Dame du Fourchaud le 10 décembre 1655. Il entra au service militaire, devint lieutenant dans un régiment d'infanterie, puis commanda une compagnie dans le régiment royal. Ayant épousé le 11 janvier 1678, en l'église de Saint-Médard, demoiselle Marie-Michelle CA-THERINOT, fille de Denis, écuyer, seigneur de Champigny et de la Motte-Turlin, conseiller du roi, receveur général des décimes à Bourges, et de demoiselle Catherine DIVOY, il résida à Bourges et habita la paroisse Saint-Médard; mais il mourut n'étant âgé que de trente-sept ans, le 5 août 1692, et fut inhumé dans l'église du Fourchaud, lieu de sépulture de sa famille. Il laissa sept enfants, qui suivent :

1. Catherine GASSOT, baptisée à Saint-Médard le 10 octobre 1678, dont on ignore la destinée.

2. Denis GASSOT, tenu sur les fonts baptismaux par Denis Catherinot, le fécond historien du Berry, le 16 décembre 1679, mort en bas âge ;

3. Nicolas GASSOT, qui a continué le rameau de Berlières ;

4. Marie-Catherine GASSOT, baptisée à Saint-Médard le 26 mars 1681, mariée en 1699 à Guillaume CORBIN, écuyer, seigneur des Chaumes, fils de feu Étienne CORBIN, écuyer, seigneur dudit lieu et de Vernillet, conseiller du roy au bailliage de Berry et siége présidial de Bourges, et de Jeanne DU COING, dont elle eut un fils et quatre filles. Devenue veuve le 10 décembre 1709, elle prit une seconde alliance qui fut célébrée en l'église de Saint-Pierre-le-Guillard le 4 mars 1717, avec Charles TURPIN, écuyer, seigneur de Sauldres, fils de Samuel TURPIN, écuyer, seigneur de Lepinière et de dame Charlotte MARPON. Elle eut encore quatre filles de ce second mariage, dont l'une, Marie-Catherine TURPIN, épousa le 10 juin 1724, messire François-Antoine DE BONNAULT, son parent au quatrième degré (vieux style).

5. Magdeleine GASSOT, baptisée à Saint-Pierre-le-Marché, le 30 mai 1684.

· 6. Marie-Magdeleine GASSOT, baptisée en la même paroisse, le 9 septembre 1686.

VI. NICOLAS GASSOT, écuyer, seigneur de Berlières, le Platet et Ferolles, baptisé à Saint-Médard le 26 mai 1683, épousa, le 18 juin 1711, demoiselle Catherine DE BEAUVOIR, fille de feu François DE BEAUVOIR, écuyer, seigneur de Nointeau, avocat au Parlement, échevin de Bourges en 1673 et 1674, et de dame Marguerite DE LIGONNAC. De ce mariage naquirent deux fils, savoir :

1. François GASSOT de Berlières, baptisé à Saint-Pierre-le-Guillard, le 8 mars 1712, mort à l'âge de 9 ans, le 26 avril 1721.

2. René GASSOT, qui suit.

VII. RENÉ GASSOT, écuyer, seigneur de Ferolles et du Courpoy, fut baptisé à Saint-Pierre-le-Guillard le 18 janvier 1714. Il épousa en 1744 demoiselle Anne-Madeleine SOUMARD, fille de Vincent SOUMARD, écuyer, seigneur de la Grange et Villeneuve, président-trésorier de France au bureau des finances de la Languedouy, établi à Bourges, et de Marie LE NORMAND, qui lui donna dix enfants, savoir :

1. Anne-Catherine GASSOT DE FEROLLES, baptisée au Fourchaud le 25 juillet 1745, morte à l'âge d'environ vingt ans, sans alliance.

2. Madeleine GASSOT DE FEROLLES, baptisée le 23 juin 1746, dont la destinée est inconnue.

3. Charles-René GASSOT DE FEROLLES, baptisé le 20 juin 1746, mort en bas âge.

4. Marie-Catherine GASSOT DE FEROLLES, baptisée le 14 novembre 1749, qui s'est mariée deux
fois : 1° le 28 avril 1778 à messire François DE
FRANÇAIS DE BOISGISSON, chevalier, seigneur dudit lieu de Boisgisson, capitaine au régiment
d'Enghien, fils de feu Charles DE FRANÇAIS DE
BOISGISSON, chevalier, seigneur des Bergeries,
Lantan et autres lieux, et de dame Jeanne VAIL-
LANT DE GUÉLIS, dont elle n'eut qu'un fils mort à
l'âge de trois ans ; 2° le 18 novembre 1683, à messire Mathias DE CHABENAT, chevalier, capitaine au
régiment de Médoc, chevalier de l'Ordre royal et
militaire de Saint-Louis, fils de René DE CHABE-
NAT, chevalier, vicomte de Savigny, seigneur
de Nohant, le Préau et autres lieux, et de Madeleine CADIER DE VEAUCE. De plusieurs enfants
qu'elle eut de ce second mariage elle ne conserva
qu'un fils, qui lui-même n'a laissé que deux filles,
Mᵐᵉˢ de Rancourt et de Culon de Trois-Brioux.

5. Jean-Baptiste-Clément GASSOT DE FEROLLES,
baptisé le 24 novembre 1752, mort jeune.

6. Claude-Germain GASSOT DE FEROLLES, baptisé le 21 janvier 1754, seigneur du Courpoy,
mort à 16 ans, le 14 juillet 1773.

7. Silvain GASSOT DE FEROLLES, baptisé le 1ᵉʳ avril
1755, qui n'a pas vécu.

8. Jeanne-Marie-Thérèse GASSOT DE FEROLLES,
baptisée le 5 novembre 1756, morte enfant.

9. François GASSOT DE FEROLLES, baptisé le 7 juin
1658, mort aussi en bas âge.

10. Madeleine-Catherine GASSOT DE FEROLLES, baptisée le 11 octobre 1764, mariée le..... 1792 à Mathieu-Éloy DOAZAN, ancien commissaire des guerres, puis maire de la commune de Bouy, fils de N.... DOAZAN, fermier général, propriétaire de la terre d'Yvoy-le-Pré, qu'il avait acheté de la maison de Durfort, et de dame N...

> A. Anne-Honorine-Désirée DOAZAN, née vers 1795, mariée le 22 avril 1816 à Claude-Thomas-d'Aquin ARCHAMBAULT de Montfort, fils de feu Jean-baptiste-Thomas-d'Aquin ARCHAMBAULT des Chaumes, et de dame Ursule GARROS, dont postérité ;
>
> B. Gustave DOAZAN, marié à demoiselle N.... GIRARD de Villesaison.

RAMEAU DE ROCHEFORT.

VIII. ÉTIENNE - GASPARD GASSOT DE ROCHEFORT, chevalier, seigneur de la Breuille. (5ᵉ enfant de feu Étienne Gassot, chevalier, seigneur de Deffens et d'Osmery, et de dame Anne-Rose Moreau de Chassy), fut baptisé au Fourchaud le 20 février 1743, entra au régiment d'Auvergne, dans lequel il devint successivement lieutenant, puis capitaine. A l'âge de 24 ans il se retira du service et rentra à Bourges pour contracter mariage, le

10 février 1767, (son contrat de mariage fut passé devant
J. Dumont, notaire royal à Bourges, le 7 février précédent,) avec demoiselle Françoise-Reine ANJORRANT, plus
âgée que lui d'un an, fille de feu Claude-Charles ANJOR-
RANT, chevalier, seigneur de la Croix, Boubars et autres
lieux, et de feu dame Françoise TULLIER. En 1784, il
était veuf, à en juger par un compte devant notaire entre
lui et le fermier du domaine de Lunerettes, situé paroisse de Lunery, qu'il arrêtait à cette date au nom et
comme tuteur légitime ayant la garde noble de ses enfants mineurs, à qui cette terre appartenait du chef de
leur mère décédée M. de Rochefort assista en 1789, avec
ses parents du même nom que lui, à l'assemblée de la
noblesse du bailliage de Bourges, pour la nomination des
députés aux États généraux du royaume. En 1793 il fut
compris sur la liste des personnes suspectées d'*incivisme*,
mais ennemis tranquilles et modérés ; cependant il faut
croire qu'il ne se conforma pas exactement aux prescriptions du comité de salut public, car il fut incarcéré et figure sur la liste des détenus qui furent mis en liberté, le
13 brumaire an III, par ordre du citoyen Cherrier, représentant du peuple, envoyé en mission dans le Cher
par la Convention.

Ses enfants, au nombre de neuf, furent :

1. Marie-Lucie GASSOT DE ROCHEFORT, baptisée
à Saint-Pierre-le-Guillard, le 7 novembre 1767,
morte le 27 décembre 1772.

2. Anne-Angèle GASSOT DE ROCHEFORT, baptisée
à Saint-Jean-le-Vieil le 2 novembre 1768, morte
sans alliance en 1848, à l'âge de 80 ans.

3. Gabriel GASSOT DE ROCHEFORT, qui suit :

4. Jeanne-Rose GASSOT DE ROCHEFORT, baptisée à
Saint-Jean-le-Vieil, le 8 janvier 1771, morte subitement, dit son acte de décès, le 8 novembre
1792. Jeanne-Rose et Anne-Angèle Gassot de Rochefort, qui précède, ont dû être élevées dans la
maison royale de Saint-Cyr, ainsi qu'il résulte de
l'inventaire des pièces qui ont été produites lors
de la demande formée pour l'obtension de leur
admission dans cette maison d'éducation des filles
nobles. Ces pièces, produites devant d'Hozier, ont
prouvé la filiation légitime et la noblesse de race
et d'extraction des présentées, dont tous les ancêtres avaient vécu d'une manière conforme à leur
naissance et pris les qualités qui sont dues aux
gentilshommes, ainsi que s'exprime l'acte pré-
cité.

5. François GASSOT DE ROCHEFORT, baptisé le 19
septembre 1772, écuyer, seigneur de Lunerettes,
mort garçon le 4 octobre 1821.

6. Michelle-Geneviève GASSOT DE ROCHEFORT, baptisée le 14 février 1774, décédée le 24 brumaire
an XII.

7. Marguerite-(Armande) GASSOT DE ROCHEFORT,
baptisée le 6 septembre 1775, ayant eu pour
marraine dame Armande-Marguerite Bernard de
Montebise, femme d'Alexandre-Mathias Gassot
de Deffens, sa tante. Elle épousa, le 23 novembre
1807, Abraham-Jean-Félix TARBOICHER DE BREZÉ,
fils de feu Antoine TARBOICHER DE BREZÉ, chevalier, conseiller du roi en ses conseils, président
honoraire en la cour des monnaies de Paris, et de

dame Françoise De Montagu. Elle décéda sans laisser d'enfants en 1839.

8. Étienne Gassot de Rochefort, baptisé le 28 décembre 1776.

9. Jeanne-Adelaïde Gassot de Rochefort, baptisée le 27 février 1779.

IX. GABRIEL GASSOT DE ROCHEFORT, cheva-lier, baptisé à Saint-Jean-le-Vieil, le 25 octobre 1769, fit ses premières études à Bourges et fut admis sur preuves de noblesse à l'école militaire de Brienne, où il eut l'honneur d'être le condisciple de Napoléon Ier. Il en sortit officier et fut placé en qualité de sous-lieutenant au régiment de Royal-Auvergne. Il fut convoqué à l'assemblée de la noblesse du bailliage de Bourges pour la nomination des députés aux États-Généraux de 1789, comme on peut le voir sur les procès-verbaux de cet ordre ; mais quand la Révolution éclata, jugeant que son devoir l'appelait à dé-fendre la royauté, il alla rejoindre l'armée des Princes en Allemagne, fit avec elle plusieurs campagnes, puis ayant été blessé d'un coup de lance dans la poitrine, qui lui mérita la croix de Saint-Louis, il attendit qu'il pût ren-trer en France pour revenir à Bourges. Il épousa, à Bus-sy, le 13 octobre 1813, demoiselle Catherine-Rosalie-Célestine Busson de Villeneuve, fille de Louis-François Busson de Villeneuve, écuyer, et de feue Marie-Anne de Rolland, et cinq filles ci-après furent le fruit de cette union.

1. Anne-Louise Gassot de Rochefort, né le 18 décembre 1814, mariée le 3 février 1845 à Alfred-

Marie-Louis-François Baucheron de Boissoudy,
licencié en droit, fils de Benigne Baucheron de
Boissoudy, et Victorine Le Ber, de Sully-sur-
Loire (Loiret).

2. Armande-Henriette-Rose Gassot de Rochefort, née le 11 juin 1817, mariée le 10 juillet
1836 à Armand-Jules de Goy, fils de Jean-Adam
de Goy, ancien officier d'ordonnance de Masséna,
puis aide-de-camp du général de la Poype quand il
commandait la 19e division militaire à Bourges,
et de demoiselle Marie-Guillemette-Désirée de
Filhon, sa première femme.

La famille de Goy est d'ancienne extraction noble,
originaire des Pays-Bas, où elle est connue depuis
1200, époque à laquelle Pierre de Goy fit l'expédition de la Terre-Sainte ; de là elle s'est répandue
successivement en Languedoc, Auvergne, Bourbonnais et Berry. (Voir La Chesnaye des Bois,
les *Noms féodaux* de Bétancourt, les nobiliaires
de Flandre et d'Auvergne, l'*Armorial du Bourbonnais*, par le comte de Soultrait, preuves pour
l'école militaire, titres divers conservés aux Archives de l'empire, etc., etc.,) d'où trois enfants,
savoir :

> A. Marie-Aline-Marguerite de Goy, ma-
> riée à Osmery le 20 novembre 1860, à
> Edmond Rapin, licencié en droit, juge
> suppléant au Tribunal de 1re instance de
> Bourges, adjoint au maire de cette ville,
> fils de François-Jules Rapin, conseiller

honoraire à la Cour impériale de Bourges.
chevalier de la Légion d'honneur, et de
dame Reine-Sarah MARTIN DE LIGNAC, d'où
un fils et une fille.

B. Anne Luce-Marie-Louise DE GOY, mariée le 7 novembre 1859 à Marie-Jac-
ques-Edgard VIVIER DE LA CHAUSSÉE, fils
de Hyacinthe VIVIER DE LA CHAUSSÉE et de
dame Anaïs JOURDAIN DE GRANDMAISON,
d'où deux enfants.

C. Marie-Robert-Georges-Pierre DE Goy,
écolier.

3. Ernestine GASSOT DE ROCHEFORT, mariée le
..., 18..., à Ernest BUSSON DE LA VESVRE, son
cousin germain, fils de Étienne-Henri BUSSON
DE LA VESVRE, et de dame Coralie AUPART, d'où
plusieurs enfants.

4. Maria GASSOT DE ROCHEFORT, morte sans alliance.

5. Caroline GASSOT DE ROCHEFORT, morte aussi sans
alliance.

BRANCHE DE LIZY ET DE LA VIENNE.

III. FRANÇOIS GASSOT, écuyer, seigneur de Lizy
(3ᵉ enfant de Jacques Gassot, écuyer, seigneur de Deffens,
Osmery, etc., secrétaire du Roy et commissaire ordinaire

des guerres, et de Jeanne de l'Hôpital) fut destiné de bonne
heure à la magistrature. Après avoir fait de solides
études, il prit ses grades à l'Université de Bourges, qui
était alors dans toute sa splendeur et florissait entre
toutes les universités de France, rivalisant même avec
celles d'Italie, et devint conseiller au présidial de
Bourges. Il se maria deux fois : 1° En 1604 à d^lle Catherine HEURTAULT, sœur de Claude HEURTAULT, femme de
Claude GASSOT, seigneur de Deffens, son frère, toutes les
deux filles de Gilles HEURTAULT, écuyer, seigneur du
Solier, et de Catherine LAMOIGNON, dont il a eu trois
enfants; 2° en 1611, à d^lle Marie TULLIER, fille de François
TULLIER, écuyer, seigneur de Mazières, prévost de la ville
et septaine de Bourges, et de Marie SARRAZIN, dont il
eut également trois enfants, en tout six, savoir :

Premier lit ;

1. François GASSOT , baptisé en l'église du Fourchaud, le 18 août 1605 ;
2. Jacques GASSOT, qui suit ;
3. Robert GASSOT, baptisé le 7 septembre 1607,
   mort jeune ;

Second lit ;

4. Marie GASSOT, baptisée le 25 janvier 1613,
   mariée en 1634 à Nicolas GIBOT, écuyer, seigneur
   du Breuil et de la Saussaye, d'une famille de
   la Touraine et de l'Anjou, veuf de Jeanne BENGY,
   fille d'Antoine BENGY, écuyer, seigneur des Bergeries, des Clavières et de Puyvallée en partie, et
   de Catherine AMIGNON. Elle n'eut pas de postérité

de cette alliance et mourut, à l'âge de 80 ans, vers la fin d'octobre 1693, étant veuve depuis un grand nombre d'années. Elle habitait la Chapelle-d'Angillon lors de son décès, fut inhumée dans l'église de ce lieu, et laissa dans le souvenir des habitants de ce pays la plus grande vénération, à cause de la sainteté de sa vie (1);

5. Gabrielle-Alice-Madeleine GASSOT, baptisée le 9 novembre 1614, religieuse au monastère des Ursulines de Bourges.

6. Autre Marie GASSOT, baptisée le 4 septembre 1616, morte jeune.

IV. JACQUES GASSOT, écuyer, seigneur de Lizy (second fils de François, seigneur du dit lieu, et de Catherine Heurtault), naquit le 27 septembre 1606 et fut baptisé le lendemain, en l'église du Fourchaud; il étudia aussi le droit à Bourges, fut reçu avocat en Parlement et suivit pendant quelque temps le barreau, mais il acheta bientôt après une charge d'élu en l'élection dont il devint plus tard premier Président. Il épousa par contrat du 29 octobre 1 30, passé devant Désiré Desbarres, notaire royal à Bourges, d^lle Jeanne PINETTE, âgée de 18 ans, fille de Gabriel PINETTE, écuyer seigneur de la Vernusse, dont le père, Jean Pinette, avocat, avait été échevin de la ville de Bourges, pour les années 1593 et 1594, et de Marie SARRAZIN. Il était mort en 1673, car

(1) Voir les *Mémoires* de M. Gassot de Priou, ci-dessus mentionnés.

le 13 août de cette même année, Mme Gassot, sa veuve, fournit l'aveu et dénombrement, devant Bellemer, notaire royal à Mehun, de la terre, fief et seigneurie de la Vernusse dont elle venait d'hériter de son père et qui relevait en plein fief du Roy. Elle décéda elle-même à l'âge de 83 ans, le 5 janvier 1692, ayant eu de son mariage 22 enfants, au dire de M. Gassot de Priou, dans ses *Mémoires*, mais dont 17 seulement sont connus, savoir :

1. Claude GASSOT, qui suit ;

2. François-Xavier GASSOT, écuyer, seigneur de Lizy, fief qu'il reçut dans le partage des biens de son père, et est nommé dans le testament de Marie Sarrazin, sa grand'mère maternelle, qui lui laissa, en 1676, par cet acte de dernière volonté, *la garniture d'une chambre*. Il épousa, en 1683, Marie-Élisabeth Brossier, dame de Fontillay, âgée de 41 ans, veuve de Claude DE GUIBERT, écuyer, seigneur de Fontillay, dont elle avait eu deux enfants, savoir : François de Guibert, écuyer, seigneur de Fontillay, qui a continué la famille, et Jeanne DE GUIBERT, mariée à Matthieu LEFER, écuyer, seigneur d'Authon, qui n'a eu qu'une fille alliée en 1714 à la maison de SAUZAY, des barons de Contremoret. Xavier Gassot était mort en 1714, car sa femme est qualifiée *veuve* au mariage de sa fille ci-dessus ; elle décéda elle-même le 7 août 1716, a l'âge de 74 ans, n'ayant eu de cette seconde union qu'un fils unique :

Charles-François GASSOT, baptisé au

Fourchaud le 14 mai 1684, mort à 15 ans, le 5 mai 1699.

3. Marie GASSOT, baptisée au Fourchaud, le 27 juillet 1632, religieuse au monastère des Ursulines de Bourges.

4. Jeanne Gassot, baptisée en la même paroisse le 27 juin 1633, épousa Guillaume DU COING, écuyer, seigneur d'Ascon et de Chalus, fils de François DU COING, écuyer, seigneur des dits lieux, conseiller du Roy, contrôleur et élu en l'élection de Bourges, et de Jeanne DU CHÈVRE, dame du dit Ascon. Elle est morte à l'âge de 25 ans, en 1658, sans laisser d'enfants. Son mari prit une seconde alliance avec d^lle Françoise BOITYÈRE de Saint-Georges, laquelle se remaria aussi avec Pierre BIGOT, écuyer, seigneur de Terlan.

5. Gabrielle GASSOT, sœur jumelle de la précédente, fut baptisée le même jour et mourut en bas âge.

6. Joseph GASSOT, chanoine de l'église de Bourges, qui fut légataire de Marie Sarrazin, sa grand'mère maternelle, en 1676, de la maison et principal manoir du lieu de la Vernusse, *clôserie d'icelle*, colombier, moulin, etc., mais dont sa jouissance ne commencerait qu'à la mort de Jeanne Pinette mère. Il est mort en son dit château de la Vernusse, près Vierzon, et a été enterré dans l'église cathédrale où il avait été apporté, le 12 septembre 1694. Avant de mourir, il s'était démis de son canonicat en faveur de son

neveu, Claude Gassot, dont l'article viendra plus
loin.

7. Jean Gassot, écuyer, seigneur des Huchettes
   et de Luxembourg, né vers 1636, épousa, le 20
   janvier 1671, d^{lle} Madeleine Berthet, veuve de
   feu noble Pierre d'Estat, vivant conseiller du
   Roy et assesseur en la prévôté de Bourges, fille
   de Philippe Berthet, seigneur des Bruères, conseiller du Roy et assesseur en la prévôté de
   Bourges, et de Jeanne Bonnet. Il mourut le 25
   janvier 1681, et sa femme le 29 juin 1694, laissant
   trois enfants, savoir :

   A. Philippe Gassot, baptisé à Saint-Pierre-
      le-Marché, le 10 novembre 1671, dont
      on ignore la destinée;

   B. Catherine, *aliàs* Jeanne-Catherine Gas-
      sot, baptisée en la même paroisse, le 4
      février 1673, mariée à Saint-Pierre-le-Puel-
      lier, le 24 septembre 1696, à René Heur-
      tault, seigneur de Rigny, fils de feu Denis
      Heurtault, seigneur de Tripelerie, com-
      missaire provincial de l'artillerie de France,
      et de Françoise Dorsanne, de la paroisse de
      Limeau. Le mariage fut célébré par mes-
      sire Jean-Claude Heurtault, chanoine de
      l'église de Bourges, prieur de Saint-Gelais,
      en présence de noble Claude Gassot, cha-
      noine de la même église; de Claude
      Gassot, écuyer, seigneur de la Vernusse,
      conseiller du Roy, président en l'élection

de Bourges; de Gilles Léveillé, écuyer, seigneur de Clerandry, etc.; d'où plusieurs enfants

C. Claude GASSOT, baptisé le 2 janvier 1675, chanoine de l'église de Bourges par la résignation que fit en sa faveur Joseph Gassot, son oncle, quelques jours avant sa mort. Il prit possession de son canonicat le 8 juin 1694.

8. Marie GASSOT, religieuse à la Visitation de Bourges;

9. Étienne GASSOT, religieux augustin;

10. Jacques GASSOT, capucin;

11. Madeleine GASSOT, religieuse aux dames Ursulines de Bourges;

12. Catherine GASSOT, baptisée à l'église de Notre-Dame du Fourchaud, le 5 juillet 1648, religieuse à la Visitation.

13. Vincent GASSOT, baptisé le 6 avril 1650, religieux bénédictin de la congrégation de Saint-Maur, décédé à l'âge de soixante-six ans, le 17 mai 1715.

14. Anne GASSOT, baptisée au Fourchaud le 24 juillet 1651, morte fille en 1678, à l'âge de vingt-sept ans. Deux ans avant, en 1676, Marie Sarrazin, sa grand'mère maternelle, lui avait laissé la plus grande partie de son héritage, ainsi que sa maison, rue de Paradis. Ces biens devinrent le partage de ses frères et sœurs.

15. Ursule GASSOT, baptisée le 15 novembre 1653, religieuse aux dames Ursulines de Bourges.

16. Françoise GASSOT, baptisée en l'église du Fourchaud, le 10 juillet 1655, mariée le 18 mars 1681, en la même paroisse, à Sébastien DE LA RUE, seigneur du Razé et de Vieille-Forêt, fils de feu Toussaint DE LA RUE, avocat en parlement, et d^{lle} Marie BAUCHERON, d'où postérité.

17. Thérèse GASSOT, baptisée le 13 décembre 1656, religieuse de Notre-Dame du Carmel.

V. CLAUDE GASSOT, écuyer, seigneur de la Vienne et de la Vernusse, vicomte de Chipou (fils aîné de Jacques, écuyer, seigneur de Lizy et de Jeanne Pinette), a dû naître en 1636 et être baptisé en l'église du Fourchaud, mais on ne connaît pas la date certaine à cause d'une lacune de douze années qui existe dans les registres paroissiaux de cette église. Il occupa, à l'Élection de Bourges, la charge de premier président, que son père avait exercée avec honneur pendant toute sa vie, et épousa, le 22 janvier 1663, contrat reçu Rose, notaire royal à Bourges, d^{lle} Claude DES PRÉS, fille de Gaspard DES PRÉS, chevalier, seigneur de la Mothe, en Nivernais, et de Geneviève LE MARÉCHAL. Par un arrêt du Conseil d'État du 26 juin 1696, signé Dujardin, contradictoirement rendu, Claude Gassot fut déchargé, ainsi que ses parents de son nom, de la confirmation de noblesse que le Roi demandait aux nobles du siècle (1). Par cet arrêt, Sa Majesté ordonne qu'ils jouiront, eux, leurs veuves

---

(1) C'est-à-dire ayant moins de cent ans de noblesse.

et enfants nés et à naître, du privilége dont jouissaient les autres nobles du royaume, et *fait défense à toutes personnes de les y troubler*. Il décéda en son château de la Vienne, situé en la paroisse d'Étrechy-les-Bois, le 3 décembre de cette même année, et fut inhumé dans l'église de ce lieu. Des treize enfants qu'il avait eus de Claude DES PRÉS, sa femme, onze étaient morts ou entrés en religion lors de son décès, car M. Gassot de Priou, dans ses Mémoires, dit qu'il ne laissa dans le monde qu'un fils et une fille.

Ces enfants sont :

1. Claude GASSOT, baptisée à Saint-Pierre le Puellier, le 2 avril 1664, religieuse ursuline à Bourges ;

2. Étienne GASSOT, baptisé en la même église le 11 juillet 1665, religieux recollet ;

3. Jean Gassot, baptisé le 19 septembre 1666, mort avant son père ;

4. Marie GASSOT, baptisée le 11 septembre 1667, religieuse ursuline à Bourges ;

5. Reine GASSOT, baptisée le 7 septembre 1667, morte jeune ;

6. Madeleine GASSOT, baptisée le 11 octobre 1670, religieuse à la Congrégation de Bourges ;

7. Ignace GASSOT, baptisé le 29 avril 1673 et tenu sur les fonts par messire Ignace Heurtault, chanoine de l'église de Bourges, mort jeune ;

8. Jeanne GASSOT, baptisée le 8 mai 1674, qui a eu pour parrain messire Gaspard des Prés, chevalier, seigneur de la Motte, son grand père,

et pour marraine, dame Madeleine Berthet, femme de Jean Gassot, seigneur de Luxembourg, sa tante. Elle épousa, le 24 septembre 1696, N.... Heurtault, ancien capitaine d'infanterie.

9. Autre Étienne Gassot, baptisé le 1er juillet 1675, mort avant son père.

10. Françoise Gassot, baptisée le 8 novembre 1676, même sort.

11. Pierre Gassot, qui a continué la lignée.

12. Autre Madeleine Gassot, baptisée le 27 mai 1682, morte jeune.

13. François Gassot, baptisé le 20 avril 1685, aussi mort jeune.

VI. PIERRE GASSOT, écuyer, seigneur de la Vienne et de la Vernusse, vicomte de Chipou (onzième enfant de Claude, seigneur desdits lieux et de Claude des Prés), fut baptisé en l'église du Fourchaud, le 19 février 1678, et tenu par Pierre Bigot, écuyer, seigneur d'Atilly, et par dame Françoise Guyot, comtesse de Rozay. Il succéda à son père dans sa charge de conseiller du roi, président en l'Élection de Bourges; mais il abandonna plus tard ces fonctions pour celles de receveur général des gabelles en Berry. Il épousa, n'ayant que vingt ans, par contrat du 27 décembre 1698, passé devant Sagordet, notaire royal à Bourges, demoiselle Anne Gassot, fille de François Gassot, écuyer, seigneur de Soix et de Rochefort, et d'Anne Chamillart, sa cousine au quatrième degré (vieux style). Cette union fut de courte durée, car Anne Gassot mourut le 22 avril 1710, laissant quatre enfants.

Pierre Gassot se remaria le 14 février 1716, par contrat passé devant L'Éclopé, notaire royal à Bourges, avec dame Jeanne BOUFFET, veuve de Mathias GASSOT, son cousin au quatrième degré (voir la branche de Deffens, 6ᵉ génération), qui lui donna deux enfants et mourut en 1744. Il décéda, à l'âge de quatre-vingts ans, le 10 septembre 1757, ayant eu de ses deux femmes les enfants qui suivent :

Premier lit :

1. François-Clément GASSOT, qui continua la branche de la Vienne.

2. Anne GASSOT, baptisée en l'église de Notre-Dame du Fourchaud le 3 mai 1701, mariée, le 4 juillet 1722, à messire Léonard DE MONTSAULNIN, chevalier, seigneur, baron de Fontenay, âgé de cinquante-six ans, veuf de dame Marie-Gabriel-Thérèse DE BOITEAU et fils de messire Claude DE MONTSAULNIN, chevalier, baron de Fontenay, seigneur de Nérondes, Ignol, Tendron et autres lieux, et de dame Catherine HEURTAULT.

3. Étienne GASSOT, baptisé en la même paroisse le 28 janvier 1703, seigneur de la Vernusse. Il avait obtenu un bref de S. S. le Pape Clément XI, en l'an 1708, ainsi qu'une bulle du Grand-Maître de l'Ordre de Saint-Jean de Jérusalem, de la même année, pour dispense d'âge, aux fins d'être reçu chevalier de cet Ordre; mais il ne profita pas de cette faveur, il entra dans les Ordres et mourut chanoine de l'Église de Bourges.

4. Jean GASSOT, baptisé le 4 juillet 1704, mort jeune.

Second lit. :

5. Pierre-Étienne GASSOT, baptisé en la même paroisse, le 13 novembre 1716, dont la destinée est inconnue.

6. Gabriel GASSOT, baptisé à Saint-Oustrillet, le 10 mai 1717, auteur du rameau de Galifard et de Fussy, dont l'histoire viendra après celle de la branche de Lisy et la Vienne.

VII. FRANÇOIS - CLÉMENT GASSOT DE LA VIENNE, chevalier, seigneur de Contres, Boisbuard, Soix, Allogny et autres lieux, vicomte de Dun-le-Roy (1),

(1) La vicomté de Dun-le-Roy n'est pas un titre foncier, ainsi que certains fiefs en possédaient, c'était ici une sorte de magistrature que dans d'autres provinces on appelait *viguerie* et *veherie*, qui était établie dans les villes où il y avait des siéges de bailliages ou de sénéchaussées.

Piganiol de la Force dit qu'en Provence le viguier était un officier royal de robe courte, qu'il marchait avec les consuls et échevins dans les cérémonies publiques et assistait aux assemblées de la ville où il avait toujours la préséance. Il portait l'épée et un bâton morné d'ivoire et avait juridiction sur les fautes légères regardant la police plutôt que la justice, particulièrement sur les filous pris en flagrant délit dans les foires et autres assemblées.

Ragueau, notre savent commentateur de la *Coutume de Berry*, dit que le vicomte ou viguier était un juge ordinaire, un juge châtelain ou prévot, comme était celui de Bourges ou de Corbeil, un juge royal comme vicomte en Normandie, dont les sentences ressortissaient des présidiaux.

(fils aîné de Pierre, seigneur de la Vienne, et de dame
Anne Gassot de Rochefort), fut baptisé, en l'église du
Fourchaud, le 7 octobre 1699. Il embrassa la carrière des
armes et devint capitaine au régiment de Chartres et chevalier de l'Ordre royal et militaire de Saint-Louis. Retiré
du service, il épousa, à l'âge de 42 ans, le 5 septembre
1741, en l'église de Saint-Oustrillet, demoiselle Anne-
Jeanne LEBÈGUE, âgée de dix-neuf ans, fille de Mathias LE-
BÈGUE, chevalier, seigneur d'Allogny, Charpeigne et autres lieux, conseiller du roi, maire perpétuel de la ville de
Bourges, et de feu dame Jeanne HEURTAULT, sa parente
du troisième ou quatrième degré de consanguinité (vieux
style). Cette alliance augmenta beaucoup sa fortune; c'est
par elle qu'il devint propriétaire de cet hôtel dit *de la
Vienne*, qui a été dernièrement démoli pour construire à
sa place le nouveau bâtiment occupé par le tribunal de
première instance (1).

Ces magistrats ont été supprimés par édit du mois d'avril 1749
et réunis aux bailliages et sénéchaussées. La plupart de ceux qui
étaient investis de ces fonctions en conservèrent le titre après l'é-
dit de suppression.

(1) Nous ne pouvons résister à l'occasion qui nous est offerte de
manifester nos regrets d'avoir vu surgir, à la place de l'hôtel de la
Vienne, le malencontreux bâtiment qu'on appelle le *prolongement
de Jacques-Cœur*. Non pas que nous critiquions précisément cette
construction en elle-même, mais parce que, comme dirait Horace,
non erat hic locus. La maison de Jacques-Cœur est un joyau admirable dans ses proportions comme dans la richesse de son architecture, et au lieu de l'encadrer dans des massifs de verdure
comme dans un écrin, il est souverainement regrettable qu'on
l'ait flanqué d'un édifice qui l'écrase en déplaçant son centre et en

L'hôtel de la Vienne était fort ancien, et avant que M. de la Vienne lui eût donné son nom, il était connu, à Bourges, sous celui d'*hôtel de la Levrette*. Dans l'acte de foy et hommage que rendit au roi François-Clément Gassot, le 2 novembre 1760, devant MM. les trésoriers de France, parce qu'il était aussi bien que le fief de la Chaussée, son voisin (la maison Jacques-Cœur), fief noble mouvant de la grosse tour de Bourges, il est donné une description très-complète de cet hôtel, et on y apprend qu'il avait été acheté par Mathias Lebègue, son beau-père, par contrat reçu Prévost, notaire à Paris, le 10 juin 1731, de la dame Baudouin, veuve de Pierre Bengy, écuyer, lieutenant général criminel au bailliage de Berry. La famille Bengy l'avait possédé pendant plusieurs générations et le tenait de demoiselle Jacqueline Thiboust, veuve de feu Pierre Sardé, qui en fit elle-même foy et hommage, le 10 novembre 1583. Il avait été possédé antérieurement par la famille Gassault, dont il a été parlé dans l'introduction de cette généalogie. Alors cette maison portait le nom d'*Hôtel de l'Écrevisse*. M. de la Vienne avait dû y faire d'importantes réparations et changements, car, lors

abaissant sa hauteur. Si seulement on pouvait alléguer pour excuse les besoins du service de la justice et l'impossibilité de le placer ailleurs, on est bien obligé quelquefois de se rendre à la nécessité, mais on ne peut pas ici s'appuyer sur cette raison, car les tribunaux de première instance et de commerce, ainsi que la justice de paix sont fort mal installés et se plaignent tous à l'envi de la disposition de leurs locaux respectifs.

On aurait pu trouver, nous croyons, un autre emplacement qui aurait eu le double avantage de sauvegarder le parfait ensemble de Jacques-Cœur et d'assurer d'une manière plus large et surtout plus commode les besoins judiciaires.

de sa démolition, il était facile de voir qu'il avait été considérablement rajeuni, et la porte cochère, qui subsiste
encore à la barrière Saint-Sulpice, où elle a été transportée, n'est pas antérieure au règne de Louis XV.

François-Clément Gassot mourut à l'âge de soixante-
douze ans, le 21 janvier 1771, et fut inhumé en l'église
Saint-Oustrillet, dans la chapelle de Saint Jean, où il
avait un caveau de sépulture. Sa femme lui survécut de
quelques années et décéda elle-même le 22 février 1779;
mais on éprouva de grandes difficultés pour réunir ses
restes à ceux de son mari; de récentes ordonnances de
police étaient venues formellement interdire les inhumations dans l'intérieur des églises, et cependant, par des
instances pressantes de la famille auprès de M. le lieutenant général, une autorisation spéciale, et pour cette
circonstance seulement, fut accordée.

M. et Mme de la Vienne ne laissèrent qu'un fils. Ils
vécurent pendant vingt ans sans avoir de progéniture et
ce ne fut qu'après ce long espace de temps que Dieu
exauçant leurs ferventes prières, leur envoya :

Étienne GASSOT DE LA VIENNE, qui suit.

VIII. ÉTIENNE GASSOT DE LA VIENNE, cheva-
lier, vicomte de la Vienne, seigneur d'Allogny, Contres,
Parnay, Saint-Loup et la Chaspt, fut baptisé en l'église
de Saint Oustrillet, le 7 octobre 1761 ; il épousa demoiselle Amélie-Jeanne-Catherine DE MIGIEU, d'une famille de la Bresse et du Bugey. En 1789, il fut convoqué à l'assemblée des gentilshommes du bailliage
de Bourges, pour la nomination des députés aux
États généraux du royaume. Nous ne savons s'il avait

été militaire avant la révolution, mais ce qu'il y a de
certain, c'est que quand le règne de la terreur arriva,
M. de la Vienne était émigré, soit pour mettre son
épée au service de la royauté, soit pour échapper aux
persécutions dont la noblesse, et généralement tous
ceux qui n'embrassaient pas les idées nouvelles, étaient
l'objet. Ses biens furent confisqués et vendus révolu-
tionnairement, en 1794. On trouve aux archives du
Cher les titres de tous ses biens, dont la Nation s'était em-
parée, et qui forment un fonds considérable. Après avoir
erré sur la terre étrangère tout le temps que durèrent
les mauvais jours, vivant misérablement d'une petite
industrie que sa fierté sut improviser; il lui fut possible, dans le courant de l'an IX, d'obtenir sa radia-
tion de la liste de proscription et de revenir en France.
Il eut l'heureuse fortune de pouvoir rentrer dans ses
biens qui avaient été achetés par un honnête homme, le
sieur Raymond, son régisseur, qui ne les avait soumis-
sionnés que pour les lui conserver.

Il mourut vers 1810, ne laissant qu'une fille unique,
ainsi que le constate un acte de notoriété passé à Paris,
devant Gillot, notaire, à l'occasion du mariage de celle-ci,
en 1813.

Cette fille fut :

Amélie-Catherine-Étiennette Gassot de la
Vienne, mariée, à Paris, le 23 mars 1813, à
François-Raymond-Ayméric comte de Narbonne-
Pelet, gentilhomme de la chambre du roi, de
l'illustre maison de Narbonne-Pelet, originaire
du Languedoc, dont on voit la généalogie dans

l'histoire des grands officiers de la couronne; d'où un fils unique en qui finit la branche des Gassot de la Vienne et qui en a recueilli l'important héritage :

né vm 1814 ? Joseph - Raymond - Théodoric, d'abord comte, puis depuis quelques années duc de NARBONNE-PELET, par l'extinction de la branche aînée de la famille.

Il n'a pas pris d'alliance.

RAMEAU DE GALIFARD ET FUSSY.

VII. GABRIEL GASSOT, chevalier, seigneur de Galifard, (6ᵉ enfant de Pierre Gassot, seigneur de la Vienne, et de Jeanne Bouffet, sa seconde femme,) fut baptisé en l'église de Saint-Oustrillet, le 10 mai 1717, et épousa le 25 juin 1744 demoiselle Claude-Madeleine ALABAT, âgée de vingt-neuf ans, fille de feu Louis ALABAT, écuyer, seigneur des Vazeaux, conseiller et avocat du roy au bailliage de Berry et siége présidial de Bourges, et de demoiselle Françoise MONICAULT. Le mariage fut célébré en l'église de Notre-Dame du Fourchaud, en présence de François-Clément Gassot, chevalier, seigneur de Contres, chevalier de Saint-Louis, et Étienne Gassot, chanoine de Bourges, ses frères; d'Étienne Gassot, chevalier, seigneur de Deffens, etc. Le 21 avril 1769 il devint acquéreur de la vi-

comté de Fussy par l'adjudication qui fut tranchée en sa
faveur moyennant le prix de 17,136 francs. Il était héritier
pour un septième de René de Cocqueborne, vicomte dudit
Fussy, avec ses deux frères ci-dessus nommés, MM. Crublier et Saint-Ciran, la dame Selleron, née Crublier, et
la demoiselle de Boislinard. Comme cette terre n'eût pu
être partagée, elle fut mise aux enchères et elle lui fut
adjugée; c'est ainsi que ses descendants sont devenus
vicomtes de Fussy. Gabriel Gassot de Galifard fit partie
de l'assemblée de la noblesse de Berry pour l'élection
d'un député aux États généraux de 1789. On ignore la
date de sa mort, il laissa cinq enfants ci-après :

1. Françoise GASSOT, baptisée au Fourchaud le
   23 mai 1745, morte à l'âge de 16 mois et inhumée
   en l'église de Saint-Pierre-le-Marché, le 23 septembre 1746.

2. Anne GASSOT, baptisée le 16 avril 1746, dont
   la destinée est inconnue ;

3. Gabriel GASSOT, qui a continué la lignée.

4. François GASSOT, docteur en théologie de la
   Faculté de Paris, maison et société royale de Navarre, vicaire général du diocèse de Bourges,
   archidiacre de Buzançais, chanoine honoraire de
   Saint-Denis, a été baptisé le 13 avril 1750. Après
   avoir fait ses humanités au collége des Jésuites de
   Bourges, il fut envoyé étudier la théologie et y
   prendre ses grades, y compris le doctorat, dans la
   célèbre maison de Navarre, fondée à Paris en
   1304 par la reine Jeanne de Navarre, femme de

Philippe-le-Bel (1). Pendant qu'il délibérait avec
lui-même s'il reviendrait à Bourges où s'il s'agré-
gerait à la communauté des prêtres attachés à la
paroisse de Saint-Sulpice de Paris, « afin de s'af-
fermir, disait-il, dans les habitudes de la vie ecclésiastique et de se former à la pratique du saint
ministère, » il fut pourvu d'un canonicat à la cathédrale de Bourges, et la question fut tranchée
(1775). A peine installé dans son bénéfice, Mgr
Phélipeaux, alors archevêque, se l'attacha pour
partager avec lui les travaux de l'épiscopat en le
nommant grand vicaire et archidiacre, fonctions
qu'il exerça avec zèle, prudence et habileté jusqu'à
la Révolution.

Quand vint la terreur, Mgr de Puységur, occu-
pant alors le siége de Bourges, se vit forcé, pour
échapper aux rigueurs de la persécution, de se ré-
fugier en Allemagne; il confia en partant l'administration du diocèse à M. l'abbé Gassot et lui délégua

(1) Le collége de Navarre, qui occupait les bâtiments où est actuellement l'École polytechnique, et qui n'étaient autres que l'ancien Hôtel de Navarre, résidence de sa fondatrice, comprenait les
études de grammaire, de philosophie et de théologie. Le duc
d'Anjou, plus tard Henri III et Henri de Navarre qui devint Henri
IV, étudièrent dans cette célèbre maison. Parmi les *docteurs de
Navarre* figurent en première ligne Nicolas Oresme, précepteur de
Charles V et grand-maître *de Navarre*, Pierre d'Ailly, Jean Ger-
son, Nicolas Clémengis, le cardinal de Richelieu, Jean de Launay,
qui a écrit en latin l'histoire de ce collége, et enfin Bossuet. La
maison de Navarre a été naturellement supprimée à la Révolution.
(Voir Cherruel, *Dict. des Instit. de France.*)

tous les pouvoirs nécessaires pour le remplacer pendant une absence dont on ne pouvait prévoir le terme. Il ne demeura pas au-dessous de sa mission. Non-seulement il resta constamment à son poste, se cachant alternativement dans sa famille et chez des personnes pieuses qui ne craignaient pas d'exposer leurs vies pour le soustraire aux investigations du Comité de Salut public ; mais du fond de sa retraite, et malgré les actives recherches dont il était personnellement l'objet, il ne cessa pas un instant de veiller et de pourvoir aux besoins multipliés de cette désastreuse époque ; il correspondait même avec Rome pour l'obtention des dispenses qu'il ne pouvait accorder lui-même. On raconte un procédé assez ingénieux qui fut employé avec succès dans ces circonstances. Il trouvait quelquefois asile dans le château de Souesmes, qui était sous la garde de domestiques religieux et dévoués à sa famille. L'un d'eux fit plusieurs fois le voyage de la Ville éternelle, à pied et sans autre bagage qu'un bâton creux dans lequel il introduisait les dépêches, qu'il pouvait ainsi remettre à destination et dont il rapportait la réponse sans être inquiété par la police, qui ne suspecta jamais le stratagème qu'il savait exécuter avec une habile bonhomie.

Au retour de l'ordre (1802), l'abbé Gassot remit le diocèse entre les mains de Mgr de Mercy, ne demandant pour toute récompense que de vivre ignoré ; mais le nouvel archevêque ne voulut point se priver d'un concours aussi éclairé. Il se remit

donc à l'œuvre et son expérience et son zèle furent
d'un grand secours pour la réorganisation du diocèse (1811). Plusieurs archevêques se succédèrent
à Bourges, et tous furent heureux d'avoir cet
homme vénérable à la tête de leur conseil.

Il couronna sa longue carrière, pleine de vertus
et de bonnes œuvres, par une mort édifiante le 3
janvier 1836, à l'âge de quatre-vingt-six ans. Cette
perte fut vivement sentie par tout le clergé et un
grand nombre de fidèles. Les regrets qu'il emporta
avec lui dans la tombe subsistent encore dans le
cœur de ceux qui l'ont connu (1).

Après sa mort son portrait, que nous avons sous
les yeux et qu'on juge avoir dû être ressemblant,
quoique dû à un crayon mal exercé, devint très-
populaire à Bourges ; le respect et la vénération
que l'on portait à l'original firent passer sur le
peu de mérite artistique de la copie. On trouve
encore cette œuvre informe dans quelques anciennes familles ouvrières de cette ville où il est
religieusement conservé, en souvenir sans doute
des bienfaits qu'elles ont personnellement reçus
de cet excellent vieillard.

Par une faveur toute spéciale, ses restes furent
déposés à la cathédrale, dans la crypte qui sert de
sépulture aux archevêques de Bourges ; ils ont été
ainsi réunis à ceux de MMgrs de Mercy, de Gal-

(1) Voir la circulaire du 10 janvier 1836, de Mgr de Villèle, où
nous avons puisé une grande partie des détails qui précèdent.

lois de la Tour, de Fontenay et de Villèle, dont il avait été pendant plus de soixante ans le conseil et le lieutenant.

5. Jean-Baptiste-Charles GASSOT, baptisé le 25 juillet 1753, auteur du rameau de Champigny, dont l'histoire sera donnée après celle du rameau de Fussy.

VIII. GABRIEL GASSOT, chevalier, vicomte de Fussy, (3ᵉ enfant de Gabriel, chevalier, seigneur de Galifard et autres lieux, et de dame Claude-Madeleine Alabat des Vazeaux,) fut baptisé en l'église Notre-Dame du Fourchaud le 14 janvier 1749, entra jeune au service et devint officier au régiment de Poitou. Revenu à Bourges avec le grade de lieutenant, il épousa, le 23 avril 1778, demoiselle Marie-Élisabeth-Hélène MOREAU de Chassy, fille d'Alexandre-Antoine MOREAU de Chassy, chevalier, seigneur de Souesmes, ancien major commandant les milices de l'île de Cayenne, chevalier de Saint-Louis, et de défunte dame Hélène MUSNIER. Il reçut en dot la vicomté de Fussy. Gabriel Gassot avait renoncé en se mariant au métier des armes, mais vers le milieu du règne de Louis XVI, le vieux marquis de Bussy-Castelnau ayant été nommé commandant des armées de terre et de mer au-delà du cap de Bonne-Espérance, pour lutter, de concert avec le bailly de Suffren, contre la flotte anglaise, puis gouverneur de l'Inde française, il reprit du service et accompagna ce général avec le grade de capitaine en qualité d'aide-de-camp. Il ne le quitta qu'à sa mort, arrivée en 1785. De retour dans sa ville natale, il comparut avec son père, en 1789, à l'assemblée la noblesse du bailliage de

de Bourges, pour la nomination des députés aux États
généraux du royaume. Il émigra vraisemblablement pendant la Révolution, car sa femme figure sans lui, sous la
dénomination *femme Gassot-Fussy*, sur la liste des prisonniers qui furent élargis le 20 brumaire an III. M. le vicomte de Fussy mourut dans la commune de Villequiers
le 14 septembre 1811, laissant quatre enfants, savoir :

1. Alexandre-Marie GASSOT DE FUSSY. qui suit;

2. Marie-Rose GASSOT DE FUSSY, baptisée au
   Fourchaud le 26 novembre 1780, morte en bas
   âge ;

3. François-Marie-Augustin GASSOT DE FUSSY, baptisé le 14 janvier 1787, mort jeune ;

4. Charles-Marie GASSOT DE FUSSY, baptisé le 15
   décembre 1788, entra dans les gardes d'honneur à la formation de ce corps, qui se composait
   généralement des jeunes gens de familles riches
   qui avaient pu échapper à la conscription en se
   faisant remplacer, mais qu'on forçait à partir en
   les enrôlant dans cette garde privilégiée. A la
   chute de l'Empire, il fit partie d'une des quatre
   compagnies des gardes du corps, suivit le roi à
   Gand et, à la seconde Restauration, fut fait chevalier de la Légion d'honneur ; il passa ensuite dans
   un régiment de chasseurs à cheval avec le grade
   de lieutenant et quitta définitivement le service
   pour se marier, vers 1820. Il épousa, à Sens, demoiselle Caroline DE LAURENCIN, fille de M. DE
   LAURENCIN, ancien chevalier de Malte, d'une vieille
   famille de la Franche-Comté ou de la Bourgogne.

Il mourut au mois de février 1838, et sa femme,
l'année suivante, le 26 février 1859, sans laisser
d'enfants.

5. Élisabeth-Marie GASSOT DE FUSSY, baptisée à
Saint-Pierre-le-Puellier le 29 mars 1791, morte à
l'âge de 18 ans, le 23 juillet 1809.

IX. ALEXANDRE-MARIE GASSOT, vicomte de
FUSSY, baptisé en l'église de Notre-Dame du Fourchaud le
2 février 1779, commença ses études au collége des Orato-
riens de Bourges, mais il fut forcé de les interrompre
quand la Révolution vint fermer les portes de cet établissement par le renversement de toutes les institutions du
passé. Son entrée dans la vie ne fut pas exempte de vicis-
situdes ; comme fils d'émigré, il ne tarda pas à devenir
suspect, fut incarcéré avec sa mère et plusieurs de ses parents dans l'ancien couvent des Ursulines converti en
prison, et n'en sortit qu'un an après, le 20 brumaire an
III, par arrêté du citoyen Cherrier, représentant du peuple en mission.

Une année de détention, la confiscation et la vente
d'une partie des biens de sa famille n'étaient guères propres à concilier au nouveau régime, dont on voulait do-
ter la France, les sympathies d'un jeune homme ardent
et au caractère déterminé; aussi s'associa-t-il, avec toute
l'énergie dont son cœur était doué, à tous les projets de
contre-révolution qui se tramaient à cette époque dans le
département du Cher.

On se souvient des efforts que firent les Vendéens
pour rétablir la royauté; un vaste complot s'organisa

17

à cet effet, ayant des ramifications dans plusieurs provinces, notamment dans l'Indre, avec Palluau pour
siége, et dans le Cher, dont le foyer était Sancerre et ses
environs. Le chef de l'insurrection, qu'on essaya de provoquer, était un officier d'artillerie distingué du nom de
Le Picard de Phelippeaux, ancien camarade de l'empereur Napoléon Ier à l'école de Brienne. Venu dans le
Sancerrois avec un certain nombre de compagnons aussi
déterminés que lui, il fit appel aux mécontents qui se ral-
lièrent à lui, et s'empara de la ville de Sancerre où il
s'enferma avec sa petite troupe. Mais que pouvait cette
poignée d'hommes contre un gouvernement établi, dis-
pôsant de forces régulières? Des ordres furent donnés à
Bourges, les généraux Desenfants et Devaux, à la tête de
volontaires et de milices, se portèrent sur les lieux, atta-
quèrent Sancerre le 13 germinal an IV (2 avril 1796), et
cette ville était en leur pouvoir avant la fin de la journée.
Phelippeaux fut pris, amené à Bourges, jugé et condamné. Quand il fut dans la prison de cette ville, ses parti-
sans cherchèrent à le faire évader; le jeune Gassot de
Fussy, de concert avec son cousin germain, Jacques Anjorrant, se chargèrent de cette tâche, et prirent si bien
leurs mesures qu'ils effectuèrent avec succès cette tentative hasardeuse. Ils cachèrent le prisonnier dans la maison de Mme de Fussy (aujourd'hui hôtel de Panette, où
don Carlos fut depuis interné), l'y tinrent pendant les
premiers jours à l'abri des recherches, puis le conduisi-
rent au château de Souesmes, chez leur aïeul, M. Moreau de Chassy, d'où, après un repos convenable, il put gagner Orléans et échapper aux poursuites dirigées contre lui.

Pendant l'Empire. Alexandre-Marie Gassot s'efforça

autant qu'il le put de se rendre utile ; on le voit successivement officier de la garde nationale de Bourges, membre du Conseil général de cette ville et eut l'honneur en
cette qualité de faire partie de la députation qui fut con-
viée au baptême du roi de Rome (23 mai 1811).

Nommé maire de Sainte-Thorette au mois d'août 1811,
puis de Preuilly en 1814, il administra simultanément
ces deux communes jusqu'au 20 juin 1817.

A cette époque la récolte des céréales ayant manqué en
France, les blés furent chers et les marchés orageux. Le
maire de Bourges, M. de Bonnault d'Houet, déjà atteint
de la maladie qui devait l'emporter, n'avait plus la force
de veiller à la tranquillité de la ville ; de ses deux ad-
joints, l'un était absent pour raison de santé ou d'affaires
graves, l'autre ne pouvait supporter à lui seul le poids
d'une aussi lourde administration. On jeta alors les yeux
sur M. de Fussy, qui, sous le titre d'*adjoint provisoire*,
remplit réellement les fonctions de maire et sut, par ses
manières conciliantes, sa prévoyante activité et son énergique attitude, calmer l'agitation des esprits, assurer l'a-
limentation publique et comprimer les tentatives d'é-
meute les jours de marché.

Sa belle conduite dans ces moments de crise lui mérita
la reconnaissance du pays, l'estime du gouvernement et
le désigna naturellement à l'obtention du titre dont il
avait si bien rempli les charges ; il fut donc nommé
maire le 28 mars 1818 puis, trois ans après, continué
dans cet honorable poste qu'il occupa jusqu'au 8 février
1822. Il serait trop long de rapporter ici tous les actes de
son administration ; mais ses contemporains, dont le nombre, hélas ! diminue chaque jour, gardent encore le sou-

venir des éminents services qu'il a rendus, services qui
lui valurent le 1er mai 1821 sa promotion au grade de
chevalier de la Légion d'honneur, et de la part de ses
concitoyens le mandat de conseiller général.

En 1824, M. de Fussy posa sa candidature à la députation, mais le ministre, craignant qu'il ne fit échouer
celle de M. Boin, au collége d'arrondissement, et que ce
dernier, se portant à son tour au grand collége, l'empor-
tât sur M. de Perronet, la sous-préfecture de Sancerre
lui fut offerte (23 janvier 1824). Néanmoins, se présentant au grand collége, il fut élu député le 7 mars suivant. Sa conduite à la chambre fut indépendante; il
marcha avec cette petite phalange dont M. Hyde de Neu-
ville était le chef.

Élu de nouveau, le 25 novembre 1827, il résigna la
représentation de ses mandants pour la préfecture de
la Creuse, puis celle de l'Indre, auxquelles il fut successi-
ment nommé, les 3 mars et 12 novembre 1828.

Son administration, comme préfet, ne dura que trois
ans, car la révolution de juillet vint y mettre fin; mais ce
peu de temps a suffi pour faire apprécier « toute la mo-
dération de son caractère, toute l'affabilité de ses rapports;
à Guéret comme à Châteauroux, on se souvient de lui
non-seulement avec estime, mais encore avec affection.
Tous ceux à qui il a été permis de l'approcher savent
encore ce qu'il avait de générosité, de franchise dans son
cœur, d'aménité dans son esprit, de naturel dans ses
manières, d'attrayant dans sa conversation (1). »

----

(1) Voir l'article nécrologique de M. de Fu-sy dans la *Gazette du
Berry* du 24 janvier 1844.

Alexandre-Marie GASSOT DE FUSSY avait épousé, le
23 mai 1809, demoiselle Angèle BRISSON DE PLAGNY,
fille de Jacques BRISSON DE PLAGNY, d'une ancienne famille du Nivernais, dont une branche s'était établie en
Berry, au milieu du xvii⁰ siècle, maintenant éteinte dans
les deux provinces, et de Suzanne MILLET. Il mourut le
22 janvier 1844, n'ayant eu de son mariage que les deux
enfants ci-après :

1. François-Marie GASSOT, vicomte de FUSSY, qui
    suit ;
2. Cécile-Marie-Élisabeth GASSOT DE FUSSY, née
    le 15 août 1811, mariée, le 30 mai 1836, à
    Charles MARTIN DE MAROLLES, fils de François
    MARTIN, écuyer, seigneur DE MAROLLES, et de
    demoiselle Catherine-Angèle DE BENGY-PUYVAL-
    LÉE, d'où deux enfants :

    A. Oscar-Marie MARTIN DE MAROLLES, né
        le 16 juillet 1837, mort le 16 juillet
        1839;
    B. Marie MARTIN DE MAROLLES, mariée,
        le 28 août 1866, à Christian THOMAS DES
        COLOMBIERS de Boismarmin dont il sera
        parlé plus loin, (branche de Champigny
        X⁰ génération), dont deux enfants.

IX. FRANÇOIS-MARIE GASSOT, vicomte de Fus-
sy, né le 23 mai 1811, licencié en droit, fut nommé sous-
préfet de Forcalquier par ordonnance royale du 9 mai 1841,
puis transféré à la sous-préfecture de Civray le 6 avril
1846. Il remplit ces fonctions avec honneur jusqu'à la

révolution de 1848. Rentré dans la vie privée, il fut élu
par ses concitoyens membre du conseil municipal de la
ville de Bourges, et ce n'est qu'aux élections de 1865,
qu'il a cessé de faire partie de cette assemblée Il épousa,
le 20 avril 1847, Charlotte-Clémentine DE CORVOL, fille
de Jean-Baptiste DE CORVOL de Maubranches, ancien officier supérieur d'infanterie, d'une très-ancienne et très-
respectable famille du Nivernais, et d'Adelaïde DU PRÉ
DE SAINT-MAUR. Il n'est né de cette union qu'une fille :

> Noëmi-Marie Adelaïde GASSOT DE FUSSY, née,
> à Civray (Vienne), le 1er février 1848.

RAMEAU DE CHAMPIGNY.

VIII. JEAN-BAPTISTE-CHARLES GASSOT, chevalier, seigneur de Champigny, Moulières, Ribemoulin et
autres lieux (cinquième enfant de Gabriel Gassot de Gali
fard et de Claude-Madeleine Alabat des Vazeaux), fut
baptisé en l'église de Notre-Dame du Fourchaud le
25 juillet 1753 et eut pour parrain et marraine messire
Charles-Martin Dorsanne, prêtre, chanoine et chantre de
la Sainte-Chapelle de Bourges, qui a administré le sacre-
ment, et dame Jeanne-Françoise Gascoing, épouse de
François Robert de Margat, chevalier, seigneur de Crécy.
Il choisit la profession des armes et entra dans les dragons
au régiment de la reine, où il mérita d'être fait chevalier

de Saint-Louis. Il revint en Berry pour épouser, le 6 juin 1780, devant le curé d'Étrechet, demoiselle Jeanne-Louise CRUBLIER DE CHANDAIRE, fille de messire Léon CRUBLIER DE CHANDAIRE, écuyer, seigneur de Chandaire, Fougères, Mirar, Châron, Menas et autres lieux, conseiller du roi, trésorier de France au bureau des finances de Bourges, et de dame Anne PERRIER(?) de la Rue, de la paroisse de Saint-André de Châteauroux, dont il n'eut pas d'enfants. Devenu veuf, il épousa en secondes noces, le 7 mai 1785, demoiselle Aimée-Ursule DE FERMÉ, fille de Louis-Marcel DE FERMÉ et de demoiselle Marie-Ursule LE GROING de Treignat, demeurant au château de la Gaité, paroisse de Saint-Pierre à Montluçon.

Jean-Baptiste Gassot fut convoqué avec ses parents du même nom que lui à l'assemblée de la noblesse du bailliage de Bourges, en 1789, pour la nomination des députés aux États généraux. Il émigra en septembre 1791, fit la campagne de 1792 dans les gardes du corps, celle de 1793, dans le 7ᵉ régiment de la cavalerie noble, rejoignit, en 1796, l'armée de Condé et fit avec elle la campagne de 1797.

Pendant ce temps, Mme de Champigny resta à Bourges, où elle eut à subir le sort commun à toutes les personnes dans sa position; elle fut incarcérée dans le couvent des Ursulines et séjourna dans cette maison de détention jusqu'au 3 brumaire de l'an III, époque où le représentant Cherrier, envoyé en mission à Bourges par la Convention, leva l'écrou de presque tous les prisonniers. Elle figure sur la liste d'élargissement sous la désignation de *la femme Gassot-Champigny*.

M. de Champigny rentra en France avec le grade de

lieutenant-colonel de cavalerie et mourut, à Bourges, le 29 janvier 1832, à l'âge de soixante-dix-huit ans, ayant eu de son second mariage deux enfants, savoir :

1. Gabriel-Marie GASSOT DE CHAMPIGNY, qui suit;

2. Adrien-Gilbert GASSOT DE CHAMPIGNY, né le 2 juin 1789, mort jeune.

IX. GABRIEL-MARIE GASSOT DE CHAMPIGNY, né le 2 juin 1787, épousa en 1810 demoiselle Angèle DE BENGY, fille de Silvain-Charles-Pierre DE BENGY, vicomte des Porches, et de Marie COUGNY de la Presle. Il mourut à Bourges le 16 novembre 1830, laissant quatre enfants, ci-après.

1. Marie-Jean-Baptiste GASSOT DE CHAMPIGNY, dite Jenny, née le 5 juillet 1812, mariée le 13 janvier 1834 à Edmond THOMAS DES COLOMBIERS DE BOISMARMIN, fils de François THOMAS DES COLOMBIERS et d'Alexandrine FOURNIER DE BOISMARMIN, dont deux fils :

    A. Georges THOMAS DES COLOMBIERS DE BOISMARMIN, ancien officier d'infanterie, marié le 11 décembre 1866 à demoiselle Marie-Joséphine BONNESSET.

    B. Christian THOMAS DES COLOMBIERS DE BOISMARMIN, docteur en médecine, marié le 28 août 1866 à demoiselle Marie MARTIN DE MAROLLES, dont postérité.

    NOTA. — MM. Georges et Christian Thomas des Colombiers ont été autorisés à ajouter à leur nom patronymique celui

de *Boismarmin*, par décret du 4 mars
1868, enregistré sous le n° 1580 au bulletin des Lois. Le jugement du Tribunal civil de Bourges ordonnant, d'après ce décret, la rectification des actes de l'état civil,
a été rendu le 23 avril 1869.

2. Marie-Jacques-Raoul GASSOT DE CHAMPIGNY, qui
suit;

3. Marie-Françoise-Aimée GASSOT DE CHAMPIGNY,
née le 18 juin 1818, mariée le.... 1841.... à
Charles-Henry IMBERT DE TRÉMIOLES, chef d'escadron d'artillerie, officier de la Légion d'honneur,
fils de Charles-Henry IMBERT DE TRÉMIOLES, officier de cavalerie, puis secrétaire général de la
préfecture de l'Allier, et d'Anne GRANGON. Elle
décéda le.... laissant pour seul et unique enfant.

Adrien IMBERT DE TRÉMIOLES, licencié en
droit, juge suppléant au tribunal de première instance de Bourges.

4. Marie-Joseph-Emmanuel GASSOT DE CHAMPIGNY,
né le 18 juin 1818, frère jumeau de la précédente,
marié le ,.. à demoiselle Delphine-Claire DE POM-
MEREAU, fille de Marcel DE POMMEREAU et de Clé-
mence DE CHABROL DE CROUSOL, fille du ministre
de la marine sous Charles X. Il mourut le 30 août
1867, ayant eu deux enfants :

A. N*** GASSOT DE CHAMPIGNY, mort en naissant;

17

B. Joseph GASSOT DE CHAMPIGNY, né peu de
temps avant la mort de son père.

X. MARIE - JACQUES - RAOUL GASSOT DE
CHAMPIGNY, né le 21 juillet 1814, épousa le 19 juillet 1837 demoiselle Marie-Madeleine-Aimée DE LA SAIGNE
DE SAINT-GEORGES, fille d'Edme-Philippe DE LA SAIGNE,
marquis de Saint-Georges, chevalier de la Légion d'honneur, et de dame Louise-Marie MAUBLANC DE CHISEUIL.
Il mourut le 2 mai 1865, à l'âge de 51 ans. M. de Champigny savait charmer ses loisirs par la culture des lettres;
on a de lui diverses pièces de littérature tant en prose
qu'en vers, qui sont intéressantes au point de vue du style,
de la composition et de la moralité du but qu'il se propo-
sait en les écrivant. Parmi les principales ont peut citer *La
Couronne de roses*, recueil de poésies, Paris, 1839; *Essai
dramatique*, Moulins, 1849; *Place à Dieu, reflets historiques*, Moulins, 1850; *le Fils du roi*, étude lyrique, *idem*
1850; *le Martyre des Macchabées*; *Les deux Lettres de
faire part*, étude morale, 1851; *Saül et David* oratorio
biblique, 1852; *Mlle de la Garde*, ou *la Vision de Charles
IX*, roi de Suède, 1853, etc. Il a écrit généralement dans
le *Keepsake de l'art en province*, imprimé à Moulins chez
Desrosiers, 1840. On peut citer entr'autres choses *Marguerite*, historiette; *un Otage*, extrait d'un roman inédit;
un Nid, *une Violette*, poésies, etc., etc. Marie-Jacques-
Raoul Gassot de Champigny a eu de son mariage avec
Mlle de Saint-Georges les quatre enfants qui suivent :

1. François-Marie-Gabriel GASSOT DE CHAMPIGNY,
né à Moulins en Bourbonnais le 25 novembre
1838.

2. Marie Madeleine GASSOT DE CHAMPIGNY, née au château de Mirebeau, près Moulins, le 11 septembre 1840, mariée à M. Édouard BOUQUET DES CHAUX, fils de Ferdinand BOUQUET DES CHAUX et de demoiselle Laure MEILHEURAT, habitant Varennes sur Têches, en Bourbonnais.

3. Marie-Jacques-Raoul GASSOT DE CHAMPIGNY, né le 13 mai 1842, mort le 17 juin 1868.

4. Marie-Françoise-Thérèse GASSOT DE CHAMPIGNY, née le 13 février 1845, mariée en 1866 à M. Charles DE PROVENCHÈRES, fils de Jean-Baptiste-Alexis DE PROVENCHÈRES et de Marguerite-Jeanne-Clotilde PELICIER DE FÉLIGONDE, habitant le château de Grimardys (Puy-de-Dôme).

e Ne
eur d
, sa
et de
et n
trois

rassa
homme
léans..
c écla
ante,
retrai
Tour

Ma
la S
Evêqu
léans
signa
faveu
de
son o

G
Bue
de
bau
livo
nota
liqu
de

François d'A-
lesso, Seigneur
d'Eragny, Maî-
tre des Comp-
tes, marié à
Marie du Buis-
son.

illame
d'hon
nel d
Mémoi

PIÈCES JUSTIFICATIVES.

LETTRE DE JACQUES GASSOT A THIBOUST.

« L'on ne dict rien de nouveau de pardeça sinon qu'il est bruit d'une grande et merveilleuse assemblée et deffaicte de Lutheriens qui estoient en grand nombre, c'est assavoir de ii à iii mil (2 à 3,000), tous meschantes gens et ramassez de tous pays et estoient ja venuz à si grande puissance qu'ilz tenoient une ville par force nômée Chabriere, entre Cavailhon et Tarascon près de Provence, estant du Comtat d'Avignon: terre du Pappe et là faisoient beaucôp de meschancetez et volleries. Le Sr d'Avignon y a envoyé plusrs fois grand nombre de gens, vingt mille et quinze cens. Toutes fois ne leur ont rien faict. Et ont résisté et les ont repoulsez jusques au bout, de la quelle chose le Roi estant aduerty par le Sr d'Avignon et des grands inconvéniens qui en pouvoient advenir y a envoyé mille souldars bien en ordre des vieilles bendes de Piedmont avec bien ii c. (200) ou plus Provençaulx et gens du pays qui s'assembloient de jour en jour pour les combattre ont esté vaincuz et domptez en telle sorte (que l'on dict avoir esté tous deconfitz sauf quelque nombre qui s'en sont fouyz). Et semblement tous ceulx de la ville ont esté tuez et chassez de leur ville et maisons car la plu-

part était party avec les d. Luthériens. Et maintenant ledit S^r d'A-
vignon est dans la ville avec III c. (300) hommes en garnison et
donne et vend toutes les maisons terres et seigneuries et heritages
de la ville. Et y fait un grand monde nouveau quy est un très grand
bien et dont chacun se doit rejouyr. Je l'ay encore ce jourd'buy
sceu asseurément par un marchant de Marseille qui est logé avec
nous chez le s^r Bugonneau, orfevre en la rue de la Frenette, et ce
a esté faict depuis XV jours en ça. Icy sera fin de la présente, Monseigneur, priant Dieu de vous donner en santé longue vie.

« A Lyon ce XXVIIe avril soubzscrites. V^re humble serviteur et nep-
veu, Ja. Gassot. *Et sur la suscription des d. lettres est escript :*
Monseigneur et oncle mons^r de Quantilly Jacques Thiboust, notaire et secretaire et esleu en Berry, à Bourges.

CHARTE DU ROI CHARLES IX

*Par laquelle il est donné à Jacques Gassot permission de
construire colombier, garenne, pontlevis, etc.*

« CHARLES, par la grâce de Dieu Roy de France. A tous présents et
advenir salut. Nostre amé et feal secretaire de nostre chambre
Me Jacques Gassot nous a faict dire et remonstrer qu'il est possesseur et s^r propriétaire de la terre et lieu de Deffends, situé et
assis en nostre pays et Duché de Berry au siège et ressort de Dun-le-
roy, le quel est à présent d'assez bon revenu en bon et convenable
pays destendue et très à propos pour y faire colombier et garenne defensables Et que oultre cela il est basty et construict et en
assiette aisée pour y faire fossés et pontlevis pour la seureté de sa

retraicte et de sa famille Nous supplyant que nostre bon plaisir lui donner congé et licence de construire le dict colombier faire garenne defensable fossey et pontlevys autour de sa d. maison et aussy que pour sa récréation audit lieu il y puisse chasser aux lieures perdrix et aultre gibier. Et sur ce nos grâces liberalement lui impartir. Sçavoir faisons que nous voulons bien et favorablement traicter le d. Gassot en faveur des bons et agréables services qu'il nous a cy devant faictz en plusieurs charges et commissions esquelles il a esté employé pour nostre service. A iceluy Gassot pour ces causes et à ses successeurs en la d. terre avons permis accordé et octroyé permettons accordons et octroyons de nostre grâce espécial plaine puissance et auctorité royal par ces présentes qu'ils puissent et à leur loyse quand bon leur semblera faire construire lever et édifier au d. lieu de Deffends ung colombier et semblablement une garenne es lieux plus propres et aysez qu'ils adviseront de telle façon sorte et qualité qu'ils verront estre convenable et necessaire pour la decoration proffict et augmentation du d. lieu. Et aussi qu'ils puissent faire fermer la d. maison de fossez et pontleuys. Et pour le passe temps et récréation chasser et faire chasser es environs d'icelle terre de Deffends à chiens et oiseaux aux lieures perdrix aultre gibier fors et excepté aux bestes rousses et noires et au de-dans de nos bois et foretz. Sans que en en faisant aucune chose en puisse estre demandée ou imputée au d. Gassot à ses d. successeurs en la dite terre en aucune manière. Si donnons en man-dement au Bailly de Berry ou à son lieutenant au d. Dunleroy et à tous nos aultres justiciers et officiers ou leurs lieutenants pre-sents et advenir qu'il appartiendra que de nos presents conge' li-cence et permission ils facent souffrent et laissent le d. Gassot et ses d. successeurs jouir et user pleinement et paisiblement sans en ce leur faire mectre ou donner ne souffrir leur estre faict mis ou donné ores ne pour le temps advenir aucun arrest trouble, destourbier ou empeschement au contraire le quel si faict mis ou donne leur estait facent incontinent le tout remettre et reparer a plaine delivrance et au premier estat et deu. Car tel est nostre plaisir nonobstant quels conques ordonnances faictes sur le faict des chasses et aultres statuts ordonnances restrinctions, mandements ou deffances à ce contraires Ausquelles nous auons dérogé et derogeons pour ce regard et sans y préjudicier en aultres choses par ces d. presentes Ausquelles affin que ce soit chose ferme et stable a tousiours nous avons faict mettre et apposer nostre scel sauf en aultres choses notre droict et l'aultruy en toutes. Donné à Bordeaulx au mois d'apvril l'an de grâce mil cinq cens soixante et cinq de nostre regne le cinquieme. »

Sur le pli :

« Par le Roy le sr d'Orsay, Me des
« requestes ordinaires de l'hostel present.

« Signé : DE LAUBESPINE. »

———

.

LETTRE DE A. D'OSSAT

Chargé d'affaires à Rome, à M. Jules Gassot, conseiller du Roy et secretaire des finances de Sa Majesté en cour.

« Rome ce 19 juillet 1585.

« Monsieur, j'ay reçu la lettre qu'il vous pleust m'écrire le 23 juin et vous remercie bien humblement de la bonne nouvelle que vous m'avez annoncée de la reconciliation des choses de delà et désirerois que en contre eschange je puisse vous envoyer q.q. chose de bon deça; mais je ne sais comment le malheur nous suit partout. Notre seigneur est indigné de ce que le Roy la supplié très humblement de prendre en bonne part une requeste qu'il avait à lui faire pour le bien de son Estat et nécessité de ses affaires, de lui envoyer un autre Nonce que Mr de Nazaret avec lequel par beaucoup de causes de suspicion qu'il avait contre luy il ne pourrait traicter avec la confiance requise et necessaire, et indigné encore de ce que Sa Majesté a prié le dit s^r de Nazaret de s'arrêter et se reposer à Lyon jusqu'à ce qu'il eust nouvel avis de Sa Sainteté : a fait commander à M. l'Ambassadeur de sortir de Rome le même jour et de l'Etat ecclésiastique dans 5 jours. Et mon dit sieur l'Ambassadeur partit le même jour qui fust vendredy 26 de ce mois : Il est encore à Tivoli d'où l'on dit qu'il partira demain pour s'acheminer en France. Je suis marri qu'il faille que je vous rende mal pour bien là où mon désir eust été de vous rendre bien pour bien, ains pour bien mieux.

« Dernièrement je me rencontrai en une querelle que le s^r Doyen Annibal de céans faisait au s^r Philippe Muzot pour un breviaire que le dit s^r Annibal disait que vous aviez promis d'envoyer pour luy au s^r Muzot et que ledit s^r Muzot luy retenait. Pour laquelle querelle apaiser je fus prié par l'un et par l'autre de vous faire souvenir et de vous prier d'envoyer le dit breviaire et même d'autant que le dit s^r Annibal dit que l'attente du dit breviaire est cause qu'il se damne ne disant pas ce pendant son breviaire. — J'ay rendu vos lettres à Messieurs les Cardinaux d'Est et Pellevé et ay envoyé les aultres à Messieurs de la Magdeleine, Nicolaï Hatton (?) Choisean et Lorideau, et s'il vous eust plu me demander q.q. chose de plus grand prix, je l'eusse faite aussi volontiers. Je ferai très bien tout ce qu'il vous plaira me demander. A tant je vous baise bien humblement les mains priant Dieu qu'il vous doint Monsieur en parfaicte santé longue et heureuse vie.

« Votre très humble et obéissant serviteur,

« Signé A. DOSSAT. »

Lettre du même au même.

Rome, ce 9 fevvrier 1604.

« Monsieur, la lettre qu'il vous plust m'écrire le 31 décembre me fust rendue le 14 janvier par M. Bachelier advocat en la cour de Parlement au quel je m'offris de le servir en tout ce qu'il serait possible : tant pour l'estime que je fais de votre recommandation que pour le bon temoignaige que vous me rendez de ses parents. Que si je m'employe en quelque chose, il connoistra par effet que je fais encore mieux que je ne dis. Vous observant que j'ay été très aise de recevoir vostre lettre; et l'eusse été encore plus, si vous vous feussiez aperceu de m'escrire de votre estat et de celui de vos enfants et de toute vostre famille, dont je n'ay rien entendu, il y a fort longtemps. A tant je me recommande de tout mon cœur à vostre bonne grâce; et prie Dieu qu'il vous doint,

« Monsieur, nne parfaicte santé, tout autre bien et prosperité.

« Votre très humble et très affectionné serviteur,

« Signé Card. D'ossat. »

ARMORIAL DES ALLIANCES

DE LA FAMILLE GASSOT.

——

AGARD. D'azur au chevron d'or, accompagné, en chef, de 2 étoiles d'argent, et, en pointe, d'un visage de léopard du second. — *Priviléges de Bourges.* La Thaumassière. *Armorial général.*

ALABAT. De gueules à trois grillets, autrement sonnettes d'or.—*Priviléges de Bourges.* Père Labbe, etc.

ANJORRANT. D'azur à trois lys de jardin d'argent, soutenus et feuillés de sinople, 2. 1. — *Priviléges de Bourges.* La Thaumassière, etc.

BAUCHERON DE BOISSOUDY. D'or au chevron d'azur, accompagné de 3 étoiles de même, 2 et 1.— *Armorial général.*

BEAUVOIR (DE). Écartelé, au 1 et 4, d'azur au soleil d'or
accompagné de cinq étoiles de même, trois en
chef et deux en pointe ; au 2, d'argent au chevron de sable chargé de trois béliers passants et
acornés du premier; au 3, de gueules au besan
d'argent en abime, accompagné de trois rocs
d'échiquier d'or, 2 et 1 ; au chef cousu d'azur,
chargé d'un croissant montant d'argent.—La
Thaumassière.

BECUAU. D'azur à un épi de blé en pal, soutenu et
feuillé de sinople, lesdites feuilles supportant
deux oiseaux affrontés d'or, à deux croissants
montant d'argent en chef. — *Priviléges de Bourges.* La Thaumassière, etc.

BENGY. D'azur à trois étoiles d'argent posées 2 et 1. —
P. Labbe. *Priviléges de Bourges.* La Thaumassière, etc.

BERNARD DE MONTEBISE. D'azur à la licorne d'argent. (Orléanais.)—La Chesnaye des Bois.

BERTHET. D'azur au besan soutenu d'un croissant et
surmonté d'une étoile, le tout d'argent. — Généal. mss. de la famille Gassot du XVIIe siècle
app. à M. le vicomte de Fussy.

BIET. De gueules à une branche d'arbre sèche en abime périe en bande, à trois montjoies d'argent,
l'un en chef, l'autre en pointe, et le troisième
au point de la partie senestre de la pointe. —

La Thaumassière. *Priviléges de Bourges*. P. Labbe. Chaumeau, etc.

BIGOT D'ORMOY. De sable au chevron surmonté d'une étoile de huit rais d'or, accompagné de trois visages de léopards de même, lampassés de gueules, 2 et 1. — *Priviléges de Bourges*. La Thaumassière.

Nota. Ces armoiries étaient une brisure des primitives portées par les aînés qui sont : de sable à trois visages de léopard d'or, 2 et 1.—D'Hozier, Reg. V. page 13.

BONNAULT (DE). D'azur au chevron d'or, accompagné de deux étoiles de même en chef, et d'un dauphin couronné d'or en pointe.—(*Armorial d'Auriac et Acquier*, reg° 1er. — *Armorial* mss. du chanoine Hubert, à la biblioth d'Orléans, tome IV, page 63.)

BOUFFET. D'azur à trois trèfles d'or, 2 et 1. — *Priviléges de Bourges*.

BOUQUET DES CHAUX. D'azur au chevron d'or, accompagné de trois roses d'argent. (Forez et Bourbonnais.) — Voir *Armorial gén. de Lyon*, *Armorial du Bourbonnais*, par le comte de Saultrait, etc.

BOURDALOUE. D'azur au lion couronné d'or, adextré d'un soleil de même. — *Priviléges de Bourges*. La Thaumassière.

·BRIÇONNET (de). D'azur à la bande componée d'or et
de gueules, de cinq pièces, chargée sur le premier compon de gueules, d'une étoile d'or, accompagnée d'un autre de même en chef. (Touraine.) — P. Anselme, *Grands Off. de la Cour.*
Tome VI, p. 427. La Chesnaye des Bois.

BRISSON de PLAGNY. D'azur à la fasce d'or, accompa-
pagnée en chef d'un croissant d'argent, surmonté d'une étoile d'or et en pointe d'une rose
d'argent, boutonnée de gueules (Nivernais).
— Comte de Soultrait, *Armorial du Nivernais,*

BROSSIER. D'azur au chevron d'or accompagné de 3
grues d'argent 2 et 1, les deux du chef affrontées. — Généal. mss. des Gassot.

BUSSON. De sable au lion d'argent, armé, lampassé et
couronné d'or. — *Priviléges de Bourges.*

CANTINEAU de COMACRE. D'argent à trois molettes
d'éperon de sable, 2 et 1. (Touraine.)—Lainé,
Arch. de la Noblesse.

CATHERINOT. D'argent au chevron d'azur, accompagné de trois merlettes de sable, 2 et 1.—*Priviléges de Bourges.*

CHABENAT. D'argent à la fasce en devise de gueules,
soutenue de trois pensées au naturel feuillées
de sinople, 2 et 1; au chef d'azur, chargé d'un
soleil d'or.—*Priviléges de Bourges.* La Chesnaye
des Bois. Du Buisson. La Thaumassière.

CHAMILLART. D'azur à une levrette d'argent, colletée de gueules; au chef d'or, chargé de trois étoiles de sable. — La Chesnaye des Bois. La Thaumassière.

CHAPELLE (DE LA). D'azur à la fasce d'argent, accompagnée de trois étoiles d'or, 2 et 1. — La Thaumassière.

CORBIN. D'or à la fasce ondée d'azur, accompagnée de trois cors de chasse du second, enguichés et virolés d'argent, liés de gueules. — La Thaumassière.

CORVOL ou COURVOL (DE). De gueules à la croix ancrée d'or, accompagnée en chef de deux étoiles d'argent. (Nivernais). — La Chesnaye des Bois. Morery. Comte de Soultrait.

CRUBLIER. D'argent au palmier de sinople planté de même. (Communiqué).

DESPRÉS. D'azur au chevron d'argent, accompagné de trois coquilles d'or, 2 et 1. (Nivernais.)—Comte de Soultrait.

DUVERGIER. D'azur à la fasce d'argent, chargée d'une escarboucle de gueules, accompagnée en chef d'un lion passant d'argent et d'une rose de même en pointe. — Gén. mss. de la famille Gassot.

DUCOING. D'azur au chevron de gueules, chargé de trois coquilles du premier, accompagné de trois lar-

mes, *aliàs*, coings d'azur.—*Priviléges de Bourges.*
La Thaumassière. P. Labbe. Comte de Soultrait.

FAUVRE. D'argent au chevron de gueules, accompagné de deux croissants de sable en chef et d'un
sanglier passant de même en pointe, denté et allumé du 1er; au chef d'azur, chargé d'un soleil
d'or.—*Priviléges de Bourges.* La Thaumassière.

FERMÉ (DE). D'argent au lion de sinople, au chef d'a-
zur, chargé de trois besans d'argent. (Paris.)—
Armorial général.

FOUCAULT. D'azur à la fasce d'or, accompagnée de trois
étoiles de même, 2 et 1, à un croissant montant
d'argent mis au point d'honneur. — *Priviléges
de Bourges.* La Thaumassière.

FRANÇAIS (DE). D'or à trois fasces de gueules, accom-
pagnées en chef de trois étoiles de même.—La
Thaumassière.

GIBOT. D'argent au léopard de sable. (Anjou).—Jouffroy d'Eschavannes.

GIRARD. D'azur à deux morailles où colonnes tortillées
posées en chevron d'or, liées d'argent en croissant d'or.—*Priviléges de Bourges.* La Thaumassière.

GIRARDEAU. D'azur à la main dextre de carnation,
vêtue de gueules, tenant en pal une palme d'or,

accostée de deux croix ancrées d'argent.—Généal. mss. Gassot.

GOY (DE). Écartelé, au 1 et 4, d'or à la fleur de lys de
de gueules, au chef de sable chargé de trois coquilles d'argent; aux 2 et 3, d'azur à trois cors
de chasse d'or, virolés du même, et quelquefois
le dernier écu seulement. (Auvergne et Bourbonnais.) — La Chesnaye des Bois.

Le comte de Saultrait, d'après l'*Armorial de
la généralité de Moulins*, dit dans son *Armorial
du Bourbonnais* que les cors de chasse sont virolés d'argent.

GUENOIS. D'azur à une balle de Marchandise d'argent
en fasce, liée de sable, à trois étoiles de même
en chef. — *Priviléges de Bourges.*

HEURTAULT. D'azur au chevron d'or, accompagné de
trois croissants montant d'argent, 2 et 1, celui de
la pointe surmonté d'un bras droit revêtu du
second, à la main au naturel tenant une poignée
d'épis de blé de même. — *Priviléges de Bourges.*
La Thaumassière.

HOPITAL (DE L'). D'azur au croissant montant d'argent,
au chef d'or, chargé de trois tourteaux de sable,
surchargés d'étoiles du second.—*Priviléges de
Bourges.*

IMBERT DE TRÉMIOLLES. De sable au chevron
d'argent, accompagné en chef de deux têtes ar-

rachées de lion, en pointe d'une gerbe, les trois
pièces d'or; au chef de gueules, soutenu d'argent,
à trois étoiles de même.—(Armes communiquées.)

JAUPITRE. D'azur au coq hardi, membré, becqué,
barbé et crêté d'or, couronné de même, élevé
sur une terrasse de sinople.—*Priviléges de Bourges*. La Thaumassière.

LA SAIGNE DE SAINT-GEORGES. Écartelé, au 1 et
4 de sable au lion d'argent, armé et lampassé
de gueules ; au 2 et 3, d'argent à la croix de
gueules.—*Généalogie de la famille de Bosredon*,
par M. Bouillet, à la biblioth. de Bourges.

LAURENCIN (DE). De sable au chevron d'or accompa-
pagné de trois étoiles de six rais d'argent, 2 et 1.
(Bourgogne.) — *Armorial général*.

LAUVERJAT, D'azur à la fasce d'argent, chargée de
trois roses de gueules, accompagnée de trois
bâtons noueux d'or, posés 2 et 1. — La Thaumassière.

LA VAU (DE). D'azur à un chevron d'or, accompagné
de trois triangles de même; au chef d'argent,
chargé d'une billette et de deux tourteaux de
gueules. (Paris.) — *Armorial général*.

LEBÈGUE. D'azur à la fasce d'argent, accompagnée
d'un soleil d'or en chef et d'une gerbe de même
en pointe.—*Priviléges de Bourges*. La Thaumassière.

LHOTE. D'azur au chevron d'or, accompagné de trois étoiles de même, 2 en chef et 1 en pointe. (Soissons.)—*Arm. gén. de France.*

MARTIN DE **MAROLLES.** D'argent à trois fasces ondées d'azur. — Saint-Allais. La Chesnaye des Bois.

MEAUX (DE) D'argent à cinq couronnes d'épines de sable, 2, 2, 1. — La Thaumassière. *Armorial général.*

MERCIER (LE). D'azur au chevron d'or, accompagné de trois roses d'argent, soutenues et feuillées de sinople, 2 et 1. — *Privilèges de Bourges.*

NOTA. — Les armes qui sont représentées dans la généalogie mss. des Gassot sont brisées d'une étoile d'azur au-dessus du chevron et la rose de la pointe est remplacée par un lion rampant de même.

MIGIEU. De sable à trois étoiles d'argent. — Voir *Hist. de Bresse et du Bugey*, par Guichenon, page 162 de la continuation de la deuxième partie.

MONTSAULNIN (DE). De gueules à trois léopards d'or couronnés, l'un sur l'autre. (Originaires du Nivernais.) — La Thaumassière. Le comte de Soultrait.

MOREAU DE **CHASSY.** D'azur au dauphin d'argent, denté, barbé, allumé de gueules, cantonné de deux roses et de deux étoiles du second, les

deux roses aux premier et dernier quartiers, les
étoiles aux second et troisième. — La Thaumassière.

NARBONNE-PELET (DE). De gueules plein, qui est de
Narbonne ancien, à l'écu d'argent en abîme ; au
au chef de sable, qui est de Melguel —*Hist. des
grands officiers de la couronne.*—La Chesnaye
des Bois, etc.

PANTIN DE LA GUÈRE. D'argent à la croix de sable,
cantonnée de quatre molettes à cinq rais de
gueules. (Poitou, Anjou et Bretagne.)—Jouffroy d'Eschavannes; La Chesnaye des Bois.

PICAULT. D'argent au chevron d'azur, accompagné de
trois œillets de gueules, soutenus et feuillés
de sinople, à la bordure du second. — *Priviléges
de Bourges.*

PINETTE. D'azur à trois pommes de pin d'or, 2 et 1.
— *Ibid.*

POMMEREAU. D'or au pommier de sinople, fruité de
gueules ; au chef d'azur, chargé de trois croissants d'argent. — (Armes communiquées.)

PROVENCHÈRES (DE). D'azur au chevron d'argent, surmonté d'une étoile de même, accompagné en
chef de deux étoiles et d'un croissant montant
en pointe, le tout d'argent.

REGNIER. D'or au palmier arraché de sinople, posé en
pal, accosté de deux oiseaux affrontés de gueules.—Gén. mss. de la famille Gassot.

ROUSSEAU. D'or à une marque de monnaie de sable ombrée d'or. — *Priviléges de Bourges.*

> NOTA. — Jeanne Rousseau brochait sur les armes de Triboust, qui sont écartelées de Rusticat, Villemer et du Moulin. — Voir la gén. mss. de la famille Gassot, entre les mains de M. de Fussy.

RUE (DE LA). De gueules à l'arbre de rue d'or, à la licorne d'argent traversante sur le tronc de l'arbre, à deux étoiles de même en chef. — La Thaumassière.

SAUZAY (DE). D'azur à la tour ronde bretessée de cinq pièces d'argent, maçonnée de sable et élevée sur une terrasse de sinople, accostée en chef de deux étoiles d'argent. — *Priviléges de Bourges.*

SOUMARD. D'azur à deux épées d'argent, posées en sautoir, traversant une aigle de même. — La Thaumassière.

TARBOICHÉ DE **BREZÉ.** D'argent à trois roses de gueules, 2 en chef et 1 en pointe, à un croissant contourné de sable posé en abîme. (Paris.) — *Armorial général.*

> NOTA. — Nous ne saurions affirmer que ces armes appartiennent réellement à la famille *Tarboiché de Brezé.* Nous n'avons trouvé cette famille dans aucun recueil d'armoiries, il n'y a qu'à l'*Armorial général* manuscrit de d'Hozier, que figure une famille *Tarboucher*, que nous avons

pensé être la même, sachant combien il est arrivé souvent aux agents chargés de faire l'enregistrement des armoiries, en 1696, d'estropier les noms propres.

THIBAULT. D'azur au lion d'or, au chef cousu de gueules, chargé de trois fers de cheval d'argent. — *Priviléges de Bourges*.

THIBOUST. Écartelé, au 1 et 4, d'argent à la fasce de sable, chargée de trois glands attachés à leurs coupettes et branchettes d'or, accompagnés de trois feuilles de chêne de sinople, deux en chef et une en pointe, qui est de *Thiboust*; au deuxième d'argent à une anille de moulin de sable, qui est de *du Moulin*; au troisième d'or, à deux perroquets de sinople, membrés et becqués de gueules, qui est de *Rusticat*; sur le tout : d'azur à une étoile cométée d'or, qui est de *Villemer*.

Nota. — Il portait quelquefois écartelé de Villemer et de Rusticat, sur le tout de Thiboust.—Voir La Thaumassière, p. 738.—Livre noir du sieur de Quantilly aux Archives du Cher, sur lequel se trouve son *ex libris* à ses armes.

THOMAS des COLOMBIERS. D'azur semé de molettes d'éperon d'or, au lion de même brochant sur le tout. — La Thaumassière.

TULLIER. D'azur au chevron d'or, accompagné de trois

étoiles d'argent. — *Priviléges de Bourges.* La
Thaumassière, etc.

Ces armes se voient sur le vitrail de la chapelle dite des Tulliers, à la cathédrale de Bourges.

TURPIN. D'argent à l'aigle de sable, au chef de gueules,
chargé de trois molettes d'or. — La Thaumassière.

Ces armes sont encore sculptées sur le fron-
ton de la maison de Mme de Clamecy, rue des
Arènes. Cette maison appartenait à la famille
Turpin.

VAILLANT DE GUÉLIS. D'azur à deux molettes d'argent en chef, à l'ancre de même en pointe,
sommée d'un cœur d'or. (Orléans.) — V. *Antiquités d'Orléans*, par Le Maire.—Mss. du chanoine Hubert, tome VII, page 465, à la bibl.
d'Orléans.

INAUGURATION

DU CANAL MARITIME DE SUEZ

Par M. CORBIN-MENGOUX.

———

Messieurs,

Les Sociétés archéologiques ont été principalement instituées pour rechercher, expliquer et préserver de l'oubli les Œuvres du passé. Mais elles ne sauraient être indifférentes aux Œuvres contemporaines. Je suis sûr que notre Société du Centre ne se refusera pas à enregistrer dans ses archives l'inauguration et le succès d'une des entreprises les plus mémorables des temps modernes!

J'ose donc, à mon retour d'Égypte et de Jérusalem,

19

vous prier, Messieurs, d'accueillir avec indulgence le récit sommaire de l'inauguration du grand canal maritime de Suez.

La célébrité de Christophe Colomb a été d'avoir enrichi le globe d'un immense *continent!*

La célébrité de Ferdinand de Lesseps sera d'avoir mis en communication directe tous les *continents* du globe.

Depuis deux mille cinq cents ans, les efforts et les essais, six fois renouvelés, par les Pharaons, les Ptolémées, les empereurs et les kalifes, n'avaient obtenu, par la voie du Nil, que des communications insuffisantes.

La gloire de la science moderne est d'avoir entrepris et accompli un percement réputé impossible, d'avoir rompu une barrière de 160 kilomètres d'étendue et traversé les marais fangeux des lacs Mensalehs, abaissé deux collines, déraciné les dunes, d'avoir amené la Méditerranée au lac Tymsah, ramené la mer Rouge dans les bassins desséchés des lacs amers; enfin, d'avoir opéré le mélange, inespéré si longtemps, des eaux des deux golfes jusqu'ici séparés par la nature.

Ce grand fait intéresse spécialement notre province, par la grande part qu'y ont prise deux de ses enfants.

Un ingénieur d'une grande notoriété, M. Bourdaloüe, a le premier, par la précision de ses opérations de nivellement, révélé la possibilité de l'entreprise et réduit à néant toutes les prétendues difficultés qui s'opposaient à la mise en communication des deux mers; son nivellement a donné un démenti à toute l'antiquité et constaté définitivement qu'elles étaient parfaitement de niveau. Ses travaux ont servi de base à tous les calculs et à toutes les opérations, et aujourd'hui, la réalisation est venue justifier, de la façon la plus éclatante, la précision et la justesse de ses affirmations. Il est mort avant d'avoir vu ce succès. N'est-il pas juste que, dans nos recueils locaux, nous rendions témoignage à sa mémoire, en rappelant, au lendemain de la réussite, la part qui lui revient dans cette grande victoire de la science.

C'est aussi au Berry, et ce sera une de ses gloires, qu'appartient l'illustre promoteur de l'entreprise, M. Ferdinand de Lesseps, dont le nom y demeurera spécialement attaché.

C'est enfin dans le Berry que, dès la formation de la Compagnie, à la voix de l'illustre promoteur, le patriotisme éveillé a pu réunir de nombreux souscripteurs, dont l'ardeur et la confiance ne se sont pas démenties. Nos annales publieront que c'est non loin des bords du Cher et de l'Indre, dans l'élégante demeure de Mme Delamalle, belle-mère de M. de Lesseps, près Vatan, que la première pensée en a été conçue, le premier avant-projet élaboré, le premier capital offert généreusement, et assuré pour y fournir, en 1852.

Après un long et laborieux séjour au désert, le travail exécuté a démontré l'exactitude du nivellement obtenu.

Permettez-nous d'aborder la description fort abrégée des cinq journées pendant lesquelles a été célébrée l'inauguration du canal.

Vous vous souvenez, Messieurs, qu'il n'avait pas fallu moins de cinq années, pour préparer les plans de l'avant-projet proposé à S. A. Saïd-Pacha et formulé par M. de Lesseps; il en a fallu le double pour la mise à exécution, depuis 1859 jusqu'en 1869. L'histoire révèlera à la postérité les contradictions successives, les oppositions soulevées, les difficultés de toutes sortes qu'il a fallu vaincre, au-dedans et au dehors; l'histoire dira avec quelle force de volonté, quelle énergique et habile persévérance M. de Lesseps a surmonté tout cela, et comment, avec le concours des auxiliaires de son choix, il a enfin atteint le but désiré, au jour et à la date par lui marqués.

Le 17 novembre 1869 était le jour solennel! S. A. le Khédive y a déployé toutes les magnificences d'une royale hospitalité; les têtes couronnées y avaient été invitées, les Sociétés savantes, les délégués des villes les plus intéressées.

S. M. l'Impératrice devait être la reine des fêtes. Il faut en avoir été témoin, Messieurs, pour se faire une idée de la surprise et de l'admiration dont furent saisis les invités et les hôtes étrangers!

Nous avons vu des pleurs d'émotion dans les paupières de voyageurs et de marins.

Le digne amiral Pâris essuyait ses yeux et répétait que, dans sa longue carrière, il n'avait jamais été témoin d'un spectacle plus grandiose.

Au début de la prise de possession de l'isthme, le vice-roi Saïd-Pacha n'avait annoncé et promis qu'un passage libre et un canal assez profond pour la grande navigation.

Les nations convoquées venaient, en 1869, y trouver, avec un port et ses jetées prolongées, trois villes populeuses surgies, comme par enchantement, du fonds des marais bourbeux Mensaleh et des sables brûlants; chacune de ces cités, nées d'hier, a eu son jour de fêtes.

1re et 2e journées, 16 et 17 novembre, à Port-Saïd.

Dès la veille, la plupart des vaisseaux de toutes nations, au nombre de cinquante, étaient rangés dans le port; l'arrivée de l'*Aigle*, yacht de S. M. l'Impératrice, fut saluée par toutes les flottes réunies sur son passage.

Dès le matin, tous les bâtiments étaient appareillés, les rues de la ville pavoisées et ornées de guirlandes.

La grande avenue du quai était garnie d'un plancher appliqué sur le sable macadamisé, jusqu'aux grands pavillons élevés en face de la rade extérieure; la principale estrade, richement décorée, fut occupée par S. M. l'Impératrice, l'empereur d'Autriche, S. A. le prince de Hollande et la princesse, le vice-Roi, Abdel-Kader et tous les principaux personnages étrangers et lords anglais et amiraux, les administrateurs et les délégués; spectacle frappant et sans exemple. Pour la première fois, depuis Mahomet, on a vu s'élever deux dômes élégants surmontés, l'un, à droite, de la croix chrétienne, l'autre, à gauche, du croissant musulman.

La cérémonie commença par le *Te Deum* romain, suivi d'une lecture d'un passage du Coran, par un vénérable chérif; elle se termina par le discours de l'éloquent M. Bouier, qui produisit une impression profonde, et le cortége fut escorté et reconduit en grande pompe jusqu'au palais flottant de l'Impératrice ! La soirée fut plus éclatante encore que la journée ; la ville et les flottes étaient illuminées.

3ᵉ *journée*, 18 *novembre*.

Dès 8 heures du matin, tous les vaisseaux pavoisés étaient prêts au signal attendu.

Le yacht impérial s'élança le premier, M. de Lesseps y faisant à bord les honneurs à l'Impératrice. L'ordre marqué pour le départ, parfaitement observé le premier jour, assura dans la marche du convoi solennel les distances prescrites. Les délégués hollandais, accoutumés aux embarras de toute sorte de la navigation sur leurs canaux, admiraient la facilité de la marche, sur des lignes larges et droites à perte de vue.

A peu d'exceptions près, tout le convoi se trouva réuni le soir, dans le beau bassin du lac Tymsah, en face d'Ismaïlia ; sa vaste étendue permettait à chaque navire de se ranger en un immense cercle autour de l'aigle impérial.

Jamais les eaux du lac ne réfléteront plus de feux électriques et d'illuminations.

Un premier bal étincelant avait été donné à Port-Saïd, à bord de la frégate du vice-roi ; la grande fête fut offerte par son Altesse, au palais nouveau, bâti exprès à Ismaïlia, en moins de trois mois, pour fêter S. M. l'Impératrice.

On sait le luxe et la prodigalité qui règnent dans les fêtes de l'Égypte; tout fut dépassé ce jour-là, et ce fut là, sans flatterie, que je trouvai l'occasion de rendre justice à l'hôte magnifique et de lui dire : que le khédive savait faire les choses à la Louis XIV. `

4e et 5e journées, 19 et 20 novembre.

Le lendemain de l'ovation célébrée au centre de l'isthme, au milieu d'un concours incalculable d'étrangers, tous défrayés le soir et toute la nuit, dans des tables servies à la Lucullus, le convoi d'honneur, formé des mêmes éléments, se déployait vers le sérapeum et les lacs amers, l'Aigle toujours en tête !

Soit précipitation, soit mouvement moins bien réglé, par excès d'enthousiasme, le départ des cinquante vaisseaux agglomérés ne fut pas ménagé avec le même soin ; quelques légers embarras s'ensuivirent, sans nuire au passage du plus grand nombre ; l'hélice du *Péluse*, occupé par la haute administration, s'engagea dans une chaîne de fond, et par suite, arrêta le vaste navire sur la berge asiatique ; la nuit suffit pour l'alléger et lui faire reprendre le fil du grand canal; sa marche dans les courbes des lacs amers fut l'objet de l'admiration des marins.

La rade de Suez le vit bientôt se placer à son rang et concourir à la solemnité; la ville était bien autorisée à se lever en masse sur le passage de Leurs Majestés et à faire éclater la joie universelle, puisqu'aucune localité, en Égypte, ne gagnait plus à l'inauguration que la reine du golfe, jusqu'ici abandonnée, oubliée et privée de toutes ressources.

C'était pour la seconde fois que la mer Rouge fêtait l'œuvre de M. de Lesseps; Suez en jouissait, en vertu d'une inauguration dont j'ai eu le bonheur d'être témoin, au 31 décembre 1863, jour solennel, précurseur du triomphe plus solennel encore ; celui où notre canal d'eau douce est venu, après une solution de continuité de 1,230 ans, verser le Nil dans le golfe, rafraîchir et fertiliser le sol d'une cité desséchée.

Il appartenait bien à l'ancienne reine de la mer Arabique, de célébrer la clôture de l'ovation; le jour et la nuit y ont à peine suffi, et jamais sa rade immense ne verra réunies des flottes plus nombreuses et plus brillantes; c'est là que, le lendemain, avant de quitter les eaux asiatiques, Sa Majesté a reçu les hommages et les félicitations, à son bord, de MM. les administrateurs.

C'est à la présence de Sa Majesté que se rapportaient l'enthousiasme et les honneurs des cinq célèbres journées. Ses bonnes grâces et ses témoignages de satisfaction en ont été la plus précieuse récompense

BULLETIN NUMISMATIQUE

Par M. A. BUNOT de KERSERS.

———

Nous avons à donner quelques éclaircissements sur différents points restés obscurs de notre dernier bulletin (1).

Les types désignés et gravés sous les n°ˢ 1 et 4 (pl. I) ont été regardés par le savant M. de Saulcy comme inédits ; suivant le même numismate, le triquetra du n° 2 composé de l'A et du P grecs appartiendrait aux Arvernes. Le symbole du n° 3 serait une dégénérescence de la foudre classique, où le cylindre du milieu aurait été remplacé par un globule. Il accepte la lecture CASAIΓES ou CII du n° 17 (pl. II) inédit. Quant au revers du n° 22, il y a reconnu de suite une mauvaise épreuve de ce type

(1) *Mémoires de la Société des Antiquaires du Centre*, II° volume, 1868, p. 327.

du lion dont il avait lui-même signalé de nombreux spécimens venant de Levroux. Enfin le type de l'aigle lui
semble acquis au Bituriges tout au moins en partie.

Le triens insuffisamment déterminé par nous et gravé,
pl. II, n° 28, a été reconnu par M. de Longpérier comme
une imitation marseillaise du monnayage byzantin d'Héra-
clius ou de Constantin Pogonas (654-685). Les deux
lettres du champ MA seraient les initiales du mot Marseille.

Nous reprenons notre revue annuelle,

I. — GAULOISES.

Le nombre de pièces gauloises recueillies cette année,
à notre connaissance, n'est pas considérable, mais l'obligeance de plusieurs de nos savants amis nous a permis d'étudier quelques collections de pièces trouvées
en Berry et nous a ainsi mis à même d'asseoir nos observations sur une plus large base.

Ces collections sont celles :

1° De notre regrettable ami M. Alfred de la Chaussée,
mort il y a douze ans, et conservée intacte par les soins
de sa famille ;

2° De M. Berry, le savant auteur d'un ouvrage estimé
sur les monnaies françaises ;

4° De M. Charles de Laugardière, un de nos plus distingués collaborateurs.

Les types que nous avons rencontrés, et que nous
croyons devoir signaler, sont :

Or. 1. Tête d'un bon style à gauche.—℞. Cheval à droite, victoire très-inclinée au-dessus; dessous triquetra et symbole composé d'un épi avec une tige (?). Or blanc. Poids, 1 gr. 72. Quart de statère appartenant à M. Berry. Gravée.

2. Tête d'un style médiocre à droite,—℞.Cheval à droite, dessus victoire très-inclinée, dessous serpent. Or, quart de statère appartenant à M. de Laugardière. Gravée.

3. Tête d'un bon style à gauche. — ℞. Cheval à droite, dessus victoire très-inclinée; devant le cheval symbole composé de deux épis séparés par un globule, ou la foudre; chaque partie de ce symbole a une analogie frappante avec celui décrit au n° 1. Or. Quart de statère trouvé près de Farges en 1866, appartenant à M. de Laugardière. Gravée.

4. Tête d'un bon style à droite. — ℞. Cheval à gauche, dessus victoire couchée presque horizontalement, desous triquetra et annelet centré d'un fort point (?). Or. Quart de statère. Poids. 1 gr. 64. Trouvée dans une mare du hameau du Grand - Malleray, commune de Primelles, en octobre 1869, appartenant à M. Charot, instituteur à Primelles, qui a bien voulu nous la communiquer. Gravée.

Il est inutile que nous fassions ressortir

l'analogie que tous les symboles de ces pièces ont entre eux et avec les types publiés
par nous l'année dernière.

Argent. Nous nous plaignions l'année
dernière de la rareté des trouvailles de pièces d'argent isolées. En 1869, nous n'en
avons point davantage rencontré. Mais
nous avons été à même soit d'acquérir,
soit d'étudier entre les mains de M. de
Laugardière et de M. Bouchardon, amateur à Argenton (Indre), un nombre assez
considérable de pièces d'argent, en tout
41, provenant très-probablement du trésor
découvert à Buxeuil (Indre) en 1862. De
plus, M. Berry a recueilli les trois types
principaux du trésor trouvé à Vierzon en
1847 dans les déblais du chemin de fer,
trésor qu'il a eu entre les mains et examiné.
Il y a là un ensemble que nous devons décrire et examiner.

5. Tête à gauche à grosses boucles terminées
   par un globule. — ℞. Deux chevaux galopant à gauche superposés ; au-dessus,
   grand triquetra à branches recourbées et
   terminées par des globules, dessous une
   croix terminée par quatre points, un point
   entre les chevaux. Arg. : Bouchardon, 6
   de Laug. 1, moi 3. (Gravée l'année der-
   dernière. pl. I, n° 7.)   10

6. Tête à droite. — ℞. Même type, moi.   1

Ex.

Ces deux types (n°ˢ 5 et 6) ne se confondent pas avec les suivants, ils s'en distinguent et par le triquetra du dessus et par la croix du dessous.

7. Tête à droite. — ℞. Deux chevaux galopant à droite superposés, au-dessus deux feuilles de laurier (?). Au-dessous fleuron ressemblant à un vase avec són couvercle. Bouch. 8. M. Berry, trésor de Vierzon, 1, moi, 3. Gravée. **12**

8. Même type, les chevaux à gauche. Laug. **3**

9. Même tête à droite. — ℞. Cavalier à droite portant un bouclier long, dessous fleuron analogue au précédent ou prenant des formes variées. Laug., 4; moi, 1. Gravée. **5**

Nous donnons gravées (a. b. c. d) diverses formes de ce symbole, qui paraissent les variantes d'un même type de fleuron à deux ou trois feuilles, ayant quelque parenté avec la fleur de lis officielle moderne, et dont le fleuron en forme de vase nous paraît une dégénérescence. Ces formes seraient les degrés que cette filiation paraît avoir parcourus.

10. Même tête à droite. — ℞. Cavalier à droite, dessous main levée. M. Berry, Vierzon, 1; Laug., 1 ; Bouch., 2; moi, 2. Gravée sous le n° 6, pl. I de l'année 1868. **6**

11. Même tête. — ℞. Même cavalier à droite, dessous trois annelets. Laug., 1; moi, 1. **2**

Ex.

12. Tête à coiffure complétement différente,
   à plaques rectilignes.—℞. Même cavalier,
   dessous main levée. Laug.,

13. Tête à grosses boucles à droite, sur la joue
   quatre globules formant la croix, torques.
   — ℞. Cheval à droite, dessus sanglier ou
   animal accroupi conduisant, dessous symbole composé de trois croissants réunis.
   Laug. Gravée.   2

14. Même tête à gauche, sans les globules sur
   la joue. — Même revers.

15 Même tête à droite. — Même cheval, animal conducteur analogue, dessous deux
   croissants adossés. M. Berry, Vierzon.
   Gravée.

16. Même tête à droite. — ℞. Cheval à droite,
   dessus fleuron, dessous une lyre. Laug.
   Revers gravé.

17. Tête à nombreuses mèches de cheveux
   très-contournées. — ℞. Cheval à droite,
   dessus conducteur, dessous symbole ancré.
   Laug. Cette pièce n'a pas la même physionomie que les autres, nous hésitons grandement sur sa provenance, encore plus
   sur son attribution. Tête gravée.

   ───────
   Exemplaires d'argent.... 45

Nous ferons remarquer les rapports frappants qui existent entre toutes ces pièces dont les têtes sont presque
semblables et par le type et par la coiffure et dont les re-

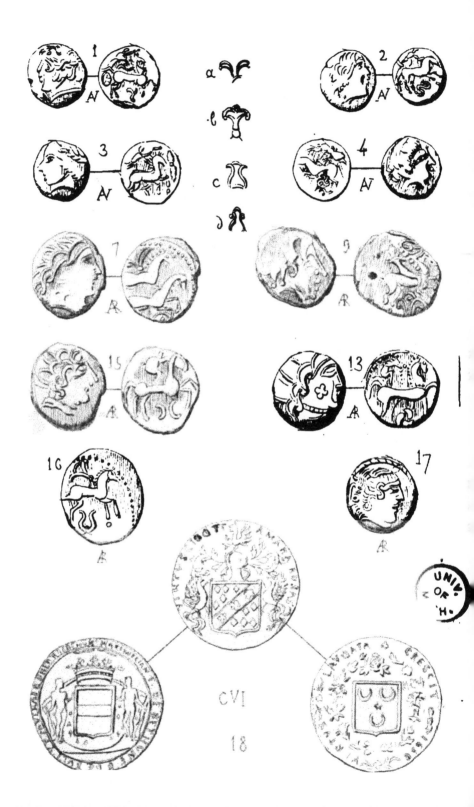

vers représentent tous le cheval naturel simple où double.
La variété existe seulement dans les symboles, nous les
avons décrits avec soin, convaincus qu'une étude attentive et continue peut seule arriver à résoudre le problème.

En pièces de bronze nous devons signaler la similitude
de celles observées par nous dans les collections de MM.
Berry, de Laugardière et de La Chaussée, avec celles que
nous avions déjà décrites et gravées l'année dernière.
Nous nous permettrons donc, pour désigner les pièces
trouvées cette année, de renvoyer aux numéros de nos
planches du second volume.

Nous avons recueilli deux pièces sortant des environs
de Bourges, une au type de cheval et à la légende ABV-
DOS, l'autre au type de l'aigle éployé, accosté de deux
étoiles à cinq pointes et de deux annelets ; on voit au-
dessus quelques traits qui semblent des débris de la légende VADNAIOS.

M. Berry, dans les belles fouilles de la villa romaine
qu'il a découverte à Feulardes, près Bourges, a trouvé une
monnaie gauloise.

Tête informe à gauche. — ℞. Cheval à la queue recourbée sur le dos, filet autour.

Potin grossier. (N° 11 de notre série de l'an dernier.)

On a trouvé dans le cimetière gallo-romain du prieuré
de Saint-Martin, près Bourges, trois pièces de potin des
plus grossières, deux du n° 13 et une du n° 20 de nos
planches précitées.

Ces deux derniers faits confirment de plus en plus, et
presque jusqu'à l'évidence, l'hypothèse que le monnayage
autocthone continua sous cette forme infime, même après

la conquête romaine, et que ces pièces affreuses conservèrent longtemps une humble place dans la circulation
locale, à côté même de la monnaie romaine officielle.

II. — ROMAINES.

Nous avons à signaler les découvertes faites par M.
Berry dans sa villa romaine de Feulardes et décrites par
lui ailleurs (1). Ces pièces, outre la monnaie gauloise que
nous avons décrite plus haut, étaient :

Une consulaire ;

Quinze moyens bronzes de Vespasien à Julia Mammæa,
plusieurs à fleurs de coin et avec une belle patine verte ;

Vingt-trois petits bronzes de Tetricus à Constant.

On a découvert à Bengy-sur-Craon un trésor composé
de pièces romaines vulgaires, petits bronzes, la plupart de
Tetricus à Gallien.

III. — FRANÇAISES.

M. Amédée Rapin a recueilli et nous a donné une jo-
lie obole de Louis-le-Gros, trouvée au Grand-Châtelier,

---

(1). *Bulletin du Comité diocésain d'histoire et d'archéologie*
p. 184.

commune de Levet. Elle est connue, mais assez rare et
intéressante pour notre monnayage local, pour que nous
croyions devoir la signaler et la décrire. ·

╋ LVDOVICVS REX. — Tête de face barbue et mi-
trée. — ℞. VRBS BITVRICA. Croix fleuronnée à long
pied. Billon. poids : 0 gr. 60.

M. Edmond Rapin, dans des travaux d'irrigation faits
sur la rive droite (occidentale) du Collin, entre le Poirion
et le Nointeau, commune de Sainte-Solange, a trouvé
des squelettes nus et les deux pièces suivantes :

1. ╋ CAROLUS X. D. G. FRANC. REX. Écu couronné aux trois fleurs de lis, accosté de deux C. —
℞ ╋ SIT NOMEN etc. 1593. Croix échancrée
cantonnée de quatre couronnes. Billon. Blanc
très-fruste de Charles X, le roi de la ligue.
2.   Blanc très-fruste d'Avignon, de Clément VIII,
1592-1605, du cardinal-légat Aquaviva.

Ces pièces et surtout leur état de vétusté prouvent
qu'elles avaient déjà un usage de plusieurs années lorsqu'elles furent enfouies. Elles pourraient, ainsi que les
squelettes, être attribuées à ces bandes de pillards qui
désolèrent le pays de longues années après la paix de
1593 et ne furent détruites que successivement (1).

(1) Raynal, *Histoire du Berry*, tom. IV, p. 214 et suiv.

IV. — MÉREAUX ET JETONS.

Un méreau de l'église du Château de Bourges, ECCA DE CASTRO BIT. Trois fleurs de lis deux et une. ℞ même légende, dans le champ XXIIII. Ce chiffre seul est inédit.

Deux méreaux portant le buste de saint Étienne entouré de fleurons, sous le buste les lettres D. R. (Dun-le-Roi.) Au ℞ les chiffres inédits II sur l'un et IIII sur l'autre. Nous nous décidons à mentionner ces chiffres parce qu'ils peuvent avoir leur utilité pour déterminer le rôle de ces méreaux.

Nous avons rencontré le jeton suivant :

VIRTVS LAVDATA CRESCIT 1659. Écu à trois croissants 2 et 1 et une étoile en abîme, guirlandes de fleurs autour de l'écu. — ℞. VIRTUS CINGIT AMARA ROSAS. Écu chargé de billettes en losange, à une barre chargée de trois roses, pour support et sommier trois griffons. Gravé. N° 18.

L'écu du droit a tout l'air d'appartenir à Thadée de Bourgeot, échevin de Bourges en cette même année 1659 (1), et qui portait dans ses armes les mêmes pièces. Mais si nous rappelons que nous avons déjà trouvé le même revers sur un jeton de Maximilien de Béthune, prince d'Henrichemont, appartenant à M. Louis Jacque-

---

(1) La Thaumassière, liv. III, chap. LXXXVII.

met, que nous avons décrit tom. I, page 335, et dont nous gravons le droit sous le même n° 18, nous constatons là un problème dont la solution nous échappe.

On a trouvé dans la commune de Saint-Ambroix, à côté d'une truelle, sous une première pierre de pont portant elle-même des vestiges d'une ancienne inscription, le jeton suivant :

LVDOVICVS XIII FRANCORVM ET NAVAR REX. Écussons de France et de Navarre.— ℞. SVMMA IMPERII APUD BITVRIGES, les armes de la ville. En exergue, 1635.

Ce jeton était connu et gravé (*Histoire monétaire du Berry*. Pierquin de Gembloux, pl, XI, 13), avec la date de 1632. Sa rencontre en ce lieu a un certain intérêt. Le pont en question était, croyons-nous, sur l'Arnon et faisait suite à l'ancienne voie romaine. Nous voyons là une trace non équivoque des nombreux travaux de restauration faits aux chemins par l'administration ancienne, sous Richelieu (1).

Nous ne voyons rien d'intéressant à ajouter à ce rapide exposé.

(1) Notons, comme un fait d'un certain intérêt pour l'étude des jetons du Berry, l'acquisition par M. de Laugàrdière de la partie berrichonne de la belle collection du docteur Duleau. Notre collègue a ainsi porté sa collection locale déjà importante à une richesse contre laquelle nulle autre ne peut certainement lutter.

LISTE DES MEMBRES

Bureau.

Président : M. des MÉLOIZES, O. ✳.
Secrétaire : M. Alphonse BUHOT de KERSERS.
Secrétaire-adjoint : M. Alphonse de la GUÈRE.
Trésorier : M. Albert des MÉLOIZES.

Membres
du comité de rédaction :
{ MM. du LIÉGE.
GEOFFRENET de CHAMP-
DAVID.
RIFFE.
Edmond RAPIN.
De LAUGARDIÈRE.

Membres d'honneur.

MM. le général de division baron de POLHES', C. ✳, Commandant de la 19ᵉ division militaire.

CORBIN, C. ✳, Premier Président de la Cour impériale de Bourges.

S. G. Mgr de LA TOUR D'AUVERGNE-LAURAGUAIS, ✳, Archevêque de Bourges.

MM. DEMANCHE, O. ✻, Préfet du Cher.

LEVÉ du MONTAT, ✻ Procureur général près la Cour impériale de Bourges.

CHÉNON, ✻ Maire de Bourges.

Membres titulaires.

MM. BERCIOUX, Docteur médecin, à Bourges.

BOIN, ✻, Membre du Conseil général du Cher, président de chambre à la Cour impériale de Bourges.

BOISSOUDY (de), Propriétaire à Bourges.

BUHOT de KERSERS (Alphonse), Avocat, *id.*

CHOULOT (comte de), O. ✻, ancien officier, *id,*

CLÉRAMBAULT (de), Vérificateur de l'enregistrement et des domaines, à Bourges.

CLAMECY (le baron de), Conseiller à la Cour impériale de Bourges, *id.*

CORBIN-MENGOUX (Adrien), ✻, Conseiller honoraire à la Cour impériale de Bourges, Administrateur de la compagnie du canal de Suez, *id.*

D'EGUZON, Juge au Tribunal de Châteauroux.

DU LIÉGE, ✻ Conseiller à la Cour impériale de Bourges, *id.*

GEOFFRENET de CHAMPDAVID, Conseiller à la Cour impériale de Bourges, à Bourges.

GUILLOT père, ✻ Avocat, *id.*

JAUBERT (le comte), O. ✻, Membre de l'Institut, ancien Député du Cher et ancien Ministre des travaux publics, à Jouet (Cher).

JOUSLIN (Gaston), Avocat, à Bourges.

LA GUERE (Alphonse de), *id.*

LAUGARDIÈRE (Charles Ribault de), Substitut de M. le Procureur général, *id.*

MM. LAUGARDIÈRE (Max Rıʙauᴌᴛ ᴅᴇ), Avocat, à Bourges.

MARTIN, Conseiller à la Cour impériale de Bourges, *id*.

MASSÉ, ✳, Avocat, Vice-Président du Conseil général du Cher, Vice-Président de la Société d'agriculture du Cher, *id*.

MÉLOIZES (ᴅᴇs), O. ✳, Conseravteur des forêts, *id*.

MÉLOIZES (Albert ᴅᴇs), Avocat, *id*.

MONTSAULNIN (le comte Ernest ᴅᴇ), Membre du Conseil général du Cher, au château de Bernay, commune du Chautay (Cher).

NICOLAÏ (le comte ᴅᴇ), au château de Blet (Cher).

NOYERS (ᴅᴇs), Directeur de l'enregistrement, des domaines et du timbre, à Bourges.

RAPIN (Amédée), Juge de paix, à Levet (Cher).

RAPIN (Edmond), Adjoint au Maire de Bourges, à Bourges.

RIFFÉ, Conseiller de préfecture, *id*.

ROBILLART ᴅᴇ BEAUREPAIRE (Eugène ᴅᴇ), Conseiller à la Cour impériale de Caen, à Caen.

SALLÉ (Charles), propriétaire, à Bourges.

TOUBEAU ᴅᴇ MAISONNEUVE (Ernest), Avocat, *id*,

Associés libres.

MM. AUGIER (Edmond), Propriétaire, à Vallenay (Cher).

AUMERLE (Ernest), Membre du Conseil d'arrondissement, à Issoudun (Indre).

BARRE ᴅᴇ LEPINIÈRE (Paul), Juge au Tribunal civil d'Issoudun, membre du Conseil général de l'Indre, à Issoudun.

MM. BEAUFORT (DE), Membre de la Société des antiquaires de l'Ouest, à Saint-Benoît du Sault (Indre).

BLANCHEMAIN, homme de lettres, 7, rue de l'Est, à Paris.

BONNEGENS (DE), Avocat, Propriétaire, à Ivoy-le-Pré (Cher).

BRUNETON, Directeur de la manufacture de porcelaine de Foëcy (Cher).

CARTAULT DE LA VERRIÈRE, Percepteur, à Bourges.

CHAROT, Instituteur primaire, à Primelles.

CHAZEREAU, Maire d'Aubigny sur Nère (Cher), Membre du Conseil d'arrondissement, à Aubigny.

FAGUET, Procureur impérial, à Issoudun (Indre).

FAUCHET, Inspecteur des écoles primaires, à Sancerre.

FAUCONNEAU-DUFRESNE, ✳, Docteur en médecine, à Châteauroux (Indre).

GANGNERON (Henri), Avocat, à Bourges (Cher).

GUINDOLLET, Instituteur, à Meillant (Cher).

HOUDAS, Inspecteur des écoles primaires, à Bourges.

HUARD DE VERNEUIL, Substitut du Procureur impérial, à Nevers (Nièvre).

JACQUEMET (Louis), à Aubigny sur Nère (Cher).

LAPEYRE DE LAMERCERIE, propriétaire, à Bourges.

LA VILLEGILLE (Arthur DE), ✳, Secrétaire du Comité des travaux historiques et des Sociétés savantes, 12, rue de Seine, à Paris.

LENORMAND DU COUDRAY, Notaire, à Nérondes (Cher).

LESPINASSE (René LEBLANC DE).

MARCILLAC (DE), Juge, à Nevers (Nièvre).

MÉLOIZES (DES), ✳, Directeur des contributions directes, à Versailles (Seine-et-Oise).

MONNIER (Francis), Maître des requêtes au Conseil d'État, à Paris.

MM. MONTREUIL (vicomte Alfred DE), à Ivoy-le-Pré (Cher).

MOREAU (René), Avocat, à Paris.

MOULINET (l'abbé), Archiprêtre de la Cathédrale, à Bourges.

PASCAUD (Edgard), Juge-suppléant au Tribunal civil, *id.*

PÉNIGAUD (Emile), Propriétaire, à Issoudun (Indre).

PINEAU (Joseph), Docteur médecin, *id.*

POISSON (Louis-Alfred), Propriétaire, à Vierzon (Cher).

RAYNAL (DE), C. ✳, Premier avocat général à la Cour de cassation, Membre du Conseil général du Cher, 2, rue de la Pépinière, à Paris.

RICHARD-DESAIX (Ulric), à Issoudun (Indre).

ROUBET, Juge de paix, à la Guerche.

SUPPLISSON (Camille), Juge au Tribunal civil de Sancerre (Cher).

TENAILLE D'ESTAIS, ✳, Procureur général près la Cour impériale d'Orléans, à Orléans.

TOURANGIN DES BRISSARDS, Juge d'instruction, à Issoudun (Cher).

TREMIOLLES (DE), Avocat, à Bourges.

Membres correspondants.

MM. ADVIELLE (Victor), Membre du Conseil général de la Société française d'archéologie, de l'Académie d'archéologie de Belgique, etc., à Pont-Audemer (Eure).

BARIAU, Président de l'Association scientifique de Moulins sur Allier.

BORDEAUX (Raymond,), Avocat, Inspecteur de la Société française d'archéologie, à Évreux.

CAUMONT (Arcis DE), O. ✳, Directeur de l'Institut des provinces et de la Société française d'archéologie, à Caen.

21

MM. CHARMA (Antoine), ✳, Doyen de la Faculté des lettres, Secrétaire de la Société des antiquaires de Normandie, à Caen.

DELISLE (Léopold), ✳ Membre de l'Institut, à Paris.

LAISNÉ (André-Marie), Président de la Société d'archéologie, à Avranches.

LA SICOTIÈRE (Léon DE), Avocat, Membre du Conseil général de l'Orne, à Alençon.

LECHANTEUR DE PONTAUMONT, ✳ Inspecteur de la marine, Membre de la Société des antiquaires de Normandie et de la Société académique de Cherbourg, à Cherbourg.

LE HÉRICHER (Édouard), Professeur de rhétorique, Correspondant du Ministère de l'instruction publique, à Avranches.

LOYSEL, Docteur en médecine, à Cherbourg.

PARIS (Paulin), ✳, Membre de l'Institut, à Paris.

RENARD (Charles), Bibliophile, Membre de la Société des antiquaires de Normandie, à Caen.

ROBILLARD DE REAUREPAIRE (Charles (DE), archiviste de la Seine-Inférieure, Membre de l'Académie de Rouen, à Rouen.

SOULTRAIT (comte Georges DE), ✳, Receveur particulier à Lyon, Membre non résidant du Comité impérial des Travaux historiques et des Sociétés savantes.

TRAVERS (Julien), Secrétaire de l'Académie de Caen, Conservateur de la Bibliothèque publique à Caen.

TABLE

MÉMOIRES

DE

LA SOCIÉTÉ DES ANTIQUAIRES

DU CENTRE

MÉMOIRES

DE

LA SOCIÉTÉ DES ANTIQUAIRES

DU CENTRE

1870-1871-1872

IV° VOLUME

BOURGES

E. PIGELET, IMPRIMEUR DE LA SOCIÉTÉ DES ANTIQUAIRES

DU CENTRE

—

1873

RAPPORT

SUR LES TRAVAUX DE

LA SOCIÉTÉ DES ANTIQUAIRES

DU CENTRE

ANNÉES 1870, 1871, 1872

Par M. A. BUHOT DE KERSERS

SECRÉTAIRE

MESSIEURS,

Près de trois années se sont écoulées depuis que
vous avez imprimé votre troisième volume et il nous
suffira de rappeler la date de son apparition, le mois
de juillet 1870, pour que la longue série de désastres qui ont suivi cette époque, explique et justifie,
trop suffisamment hélas! le retard survenu depuis
lors dans vos publications. Pendant ce temps tou-

tefois vous n'avez pas abandonné vos travaux, vous avez profité de tous les instants de répit, de toutes les éclaircies de l'horizon, pour reprendre vos calmes et saines études, dont ce quatrième volume est le résultat et le meilleur résumé.

Il contient en tête le catalogue du musée lapidaire, qui seul donne à cette collection toute sa valeur, et que ne cessait de réclamer, au nom de la science, M. de Caumont, ce guide infatigable des études de la province, dont nous regrettons aujourd'hui la mort, ce savant distingué, modeste et bon, qui suivait avec le même intérêt les progrès de la science européenne et les efforts des plus humbles sociétés; qui, au milieu de ses travaux sans nombre, trouvait moyen de se faire l'ami de chacun de nous.

Ce catalogue, pour être suffisant, ne devait pas se borner à une simple nomenclature; il devait indiquer, pour chaque fragment, les circonstances de provenance et de découverte. Enfin la société a pensé, en outre, qu'il devait présenter sommairement les principales hypothèses, non de restitution, mais de classement qu'une étude journalière avait fait naître dans l'esprit de ceux qui ont manié, retourné, rangé, déchiffré ces débris. Certes, les hypothèses qui y sont émises, si sobres qu'elles soient, ne peuvent manquer de provoquer des controverses : mais par l'ordre qu'elles introduisent dans la collection, par l'assiette solide qu'elles offrent à la discusssion même, elles ont une incontestable utilité : nous pouvons dire aujourd'hui que, par cette belle collection et son catalogue, Bourges offre aux études d'architecture gallo-romaine des ressources que possèdent peu de villes de France.

Vous avez admis ensuite dans votre volume deux mémoires posthumes d'un jeune archéologue, M. Alfred de Lachaussée, enlevé tout jeune à la science, il y a quelques années. Ces mémoires sont les procès-verbaux minutieusement exacts de fouilles exécutées par lui sur deux sépultures, l'une tumulaire, l'autre difficile à classer et qui, regardée par l'auteur comme mérovingienne, pourrait bien, elle aussi, remonter à l'époque gauloise.

M. Amédée Rapin vous a communiqué les résultats de fouilles opérées par lui sur une villa romaine dont les annexes lacustres inusités méritaient, à tout point de vue, l'attention scrupuleuse que notre confrère a apportée à leur étude.

L'archéologie comprend encore un trop long mémoire sur les inscriptions romaines dans le département, travail aride dont l'étendue n'a d'excuse, aux yeux de son auteur, que dans la nécessité même d'être le plus complet possible en une telle matière. La difficulté qu'il a eue à contrôler les monuments qu'il décrit, justifie dans une certaine mesure l'opportunité de cette publication, qui, d'ici à peu de temps, fût peut-être devenue impossible.

Enfin M. Albert des Méloizes vous a présenté une étude sur un vitrail de l'église souterraine de la cathédrale, qu'il regarde comme datant de la fin du XI° siècle. Cette étude, d'une critique aussi serrée au point de vue de l'art qu'à celui de l'archéologie, est appuyée sur un excellent dessin colorié. Un autre dessin, d'une verrière de Jean Lescuyer, inséré dans le volume, indique chez M. Albert des Méloizes une habileté consommée à reproduire les compositions les plus charmantes et les plus compliquées de nos artistes verriers. Nous avons lu quelque part qu'il se propose de continuer et d'étendre aux vitraux de la renaissance de la cathédrale, la belle publication de MM. Martin et Cahier sur ceux du XIII° siècle Le travail que nous produisons prouve chez l'auteur toutes les qualités voulues pour traiter avec supériorité ces sujets artistiques

M. Toubeau de Maisonneuve vous a donné dans une étude sur le *droit du Treizième* à Bourges un premier résultat des recherches assidues qu'il poursuit depuis plusieurs années aux archives de la ville. Au moment où la question des taxes publiques s'impose si lourdement aux méditations ardentes des populations, M. Toubeau ne pouvait, certes, choisir un sujet plus propre à intéresser et à instruire.

M. Riffé continue le cours de ses essais généalogiques sur les familles du Berry. Les travaux de l'auteur, exclusivement appuyés sur des documents originaux, ont déjà acquis un crédit sérieux auprès de tous ceux qui s'occupent de notre histoire.

Nous avons aussi à enregistrer diverses communications qui n'ont pas pris place dans les mémoires du volume et qui par cela même exigent ici une exposition moins sommaire.

M. le docteur Pineau a continué, malheureusement sans succès bien décisif, le cours de ses recherches préhistoriques Il a abordé la seule grotte naturelle qui existe dans le département, celle de la Lutonnière, commune de Farges-Allichamps, que sa renommée un peu fantastique et sa situation dans les bois de la Baume (*Balma*, *grotte*) indiquaient comme ayant été connue à une époque très-reculée. Il a constaté le caractère parfaitement naturel de cette grotte (1) causée par la désagrégation de filons d'argile dans la roche calcaire. Il a parcouru jusqu'au fond ses galeries, dont quelques-unes, étroites fissures, ont jusqu'à huit ou dix mètres de profondeur ; il a fait faire en divers endroits des fouilles qui ont donné seulement quelques centimètres d'une argile rougeâtre sur le sol du rocher. En un point reculé, au fond d'une galerie, il trouva, à en-

(1) *Bull. Stat.* de la Commission historique du Cher. p. 89.

viron 0,30 centimètres de profondeur, dans cette argile, du charbon pilé et un objet cylindrique, qu'il reconnut, non sans un certain désappointement, pour un bâton de soufre jaune, découverte qui pouvait concorder avec l'habitation légendaire dans cette grotte de contrebandiers et de réfractaires, fabricateurs momentanés de poudre, mais qui rejetait l'explorateur bien loin de l'*ursus spelœus* et de l'*elephas primigenius*. Les fouilles faites au-dehors de l'entrée n'ont rien produit : il nous faut donc renoncer à trouver sur les rives du Cher ces traces de l'humanité primitive que les rives de la Loire ont gardé si précieusement (1).

Toutefois aux âges préhistoriques paraissent se rapporter certains faits que la société a suivis avec un intérêt soutenu.

A Nohant-en-Goût, canton de Baugy, dans une locature (2), en creusant une cachette destinée à mettre le mobilier à l'abri de l'invasion prussienne en 1870, on tomba sur une galerie ouverte dans le tuf calcaire, dont les parois mal unis étaient en certains points maintenus par des murs en pierre sèche. Rien n'y a prouvé, rien non plus n'y combat l'hypothèse d'habitation humaine. On sait que des faits analogues ont été signalés sur bien des points

(1) *Congrès scientifique* de France 8ᵉ session, tenue à Moulins, 1872 tom. II p. 107.

(2) Nº 184, section B du plan cadastral.

déjà, notamment à la Celette (1) ; dans un champ
du domaine de Bourdoiseau, commune de Nérondes. Le sol de Bourges est sillonné de galeries, qui
probablement n'ont pas toujours été maçonnées.

Dans un champ aride de la même commune de
Nohant, au sud de la route de Bourges à La
Charité (2), on a trouvé en 1872, en plantant de
la vigne, une excavation creuse d'un mètre, large
d'autant, longue de quatre à cinq, remplie et recouverte de pierres brutes calcinées comme ses parois :
point de traces d'habitation. Il est bien difficile de
voir là un four à plâtre ou à chaux, on pense bien
plutôt à ces excavations d'argile calcinée, que
M. Bulliot découvre au mont Beuvray et où il voit
des ateliers gaulois de forgeron.

De toutes parts, à la surface de nos plaines essentiellement calcaires, on trouve épars des fragments
de silex gris comme à Villegenon (3), rouges, ou
blancs ayant subi le travail de l'homme. M de Couet
avait exhibé à l'exposition du concours régional de
1870 toute une collection de silex taillés, recueillis
par lui dans le Sancerrois. M. François Sallé en a

(1) *Bull. Stat.* de la Commission historique du Cher. p. 93.

(2) N° 1 bis, section C du plan cadastral.

(3) Un champ à sol siliceux du parc de Villegenon, à la famille
de Bonneau, présente à foison des silex taillés par la main des
hommes.

recueilli une série à Choux, commune de Moulins-sur-Yèvre, ayant les formes de haches, pointes de flèche, racloirs : deux de ces haches sont à demi-polies et nous conduisent ainsi à des ustensiles plus civilisés que nous retrouvons jusqu'aux époques romaines.

Tout cela est encore bien vague et confus, mais forme un ensemble déjà imposant, que des observations journalières complètent, et qui tôt ou tard, sous quelque regard attentif et instruit, permettra de rétablir les premières pages de notre histoire primitive, qu'il y a quelques années on ne soupçonnait même pas.

Les fortifications passagères de 1870 ont permis quelques constatations topographiques intéressantes. On a coupé successivement entre l'Auron et l'Yévrette, les trois aqueducs déjà connus. Celui de Traslay au polygone, précédemment détruit ; un second à cinquante mètres au nord de l'angle nord-est de la pyrotechnie, celui-ci en dalles posées à plat et de champ. C'est sous cette forme qu'on l'avait trouvé en construisant l'angle nord-ouest des mêmes établissements ; le troisième plus bas, près des hangards de l'artillerie, était en béton revêtu à l'intérieur d'un ciment rouge. Au nord on a coupé à l'est de la route d'Aubigny un quatrième aqueduc. La partie au sud de l'Auron est seule restée inexplorée.

Les mêmes fortifications ont amené la découverte, à l'est de la tranchée qui monte au nord du cimetière Saint-Lazare à Archelet, d'un dépôt de débris romains analogues, quoique moins riches, à ceux du musée lapidaire. Etaient-ce les vestiges de quelque sacellum antique ayant existé en ce lieu? Toute cette région a fourni, à diverses reprises, des sépultures et des stèles romaines.

La replantation de la place Séraucourt a amené la découverte d'un caveau funéraire étudié par M. A. des Méloizes, qui fournit le résumé suivant de ses observations :

« Au mois d'avril 1872, pendant les travaux de replantation de la place Séraucourt, à Bourges, les ouvriers rencontrèrent, en creusant une tranchée, l'angle d'un mur antique. M. Louriou, président de *la Société historique du Cher,* fut informé de cette découverte par l'Administration municipale et voulut bien en faire part à notre président. A la suite de son obligeante communication, nous suivîmes les fouilles qui furent faites et dont il n'est pas inutile de consigner ici les résultats, bien qu'elles n'aient pas fourni ce qu'on en attendait.

« La construction découverte est une chambre voûtée de 3 m. 55 sur 3 m. 95. Sa hauteur devait être d'environ 2 m. 20, mais la voûte ayant été défoncée, probablement à l'époque du nivellement de la place Séraucourt, qui s'étend actuellement à environ 2 mètres au-dessus du sol de cette chambre, son existence ne se traduit que par un infléchissement des deux parois opposées du caveau à 0,70 c. au-dessus de l'aire bétonnée.

« Le mur entourant la chambre ne présente pas d'ouverture. Il avait été démoli à son angle N-O dans une violation antérieure. Épais de 0,80 c., il est revêtu intérieurement d'un enduit qui nous a paru moins ancien que lui. Le parement extérieur, noyé dans les terres, n'est pas régulièrement dressé. Les deux parois opposées, est et ouest, d'où part la voûte, présentent au-dessous de celle-ci, à 0,50 c. du sol, une rainure de 0,17 c. de profondeur et 0,07 c. de hauteur, allant d'un bout à l'autre du caveau. La face inférieure de cette rainure est formée de briques posées à plat, engagées dans le mur, et de 0,33 c. sur 0,25 c.

« La planche ci-contre montre, en plan et coupe, l'aspect de la construction après le déblaiement qui en fut fait sous la direction de M. Louriou.

« A peu près au milieu de la longueur du mur ouest, on trouva un sarcophage en pierre à demi brisé, recouvert à son extrémité nord par un fragment de couvercle. Il était formé par le rapprochement de pierres plates posées les unes à plat, les autres de champ. En voici les dimensions : longueur prise à l'intérieur 1 m. 95; largeur à l'extrémité nord 0,58 c.; largeur au sud 0,52 c.; profondeur

Plan.

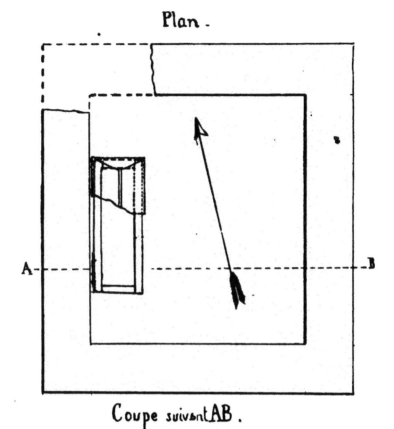

A - B

Coupe suivant AB.

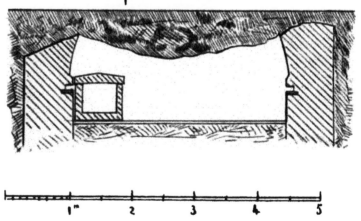

1ᵐ 2 3 4 5

Caveau funéraire de Séraucourt.

0,47 c ; épaisseur des parois 0,12. Le couvercle, prismatique, de 0,18 c. d'épaisseur au centre et de 0,08 c. sur les bords. est légèrement concave en dessous.

« Il est manifeste que ce sarcophage, qui semble appartenir au IIIe ou au IVe, peut-être au Ve siècle, est moins ancien que la chambre dans laquelle on l'a trouvé, Celle-ci est évidemment un caveau funéraire qui, après avoir subi plusieurs violations, se présente à nous sous son troisième état.

« A l'origine, vers le Ier ou le IIe siècle, il y avait là probablement un *sepulcrum* destiné à renfermer des urnes cinéraires en assez grand nombre, et peut-être à servir de sépulture de famille. Si on n'y voit aucune des niches (*columbaria*) où étaient d'ordinaire déposées les urnes, il est permis de penser que la rainure des murs devait maintenir un système de traverses de bois supportant un plancher qui aurait divisé le caveau en deux étages. Les *ollæ* y auraient été déposées. — On n'a trouvé, du reste, aucune trace du mobilier funéraire se rapportant à ce premier état.

« Il est à supposer qu'après un temps plus ou moins long, postérieur en tous cas à la période d'incinération, le caveau fut aménagé pour servir à d'autres sépultures. Les urnes qui pouvaient s'y trouver furent enlevées, l'étage, s'il existait alors, fut supprimé, un enduit nouveau revêtit les murs et en cacha la rainure et le sarcophage y prit place.

« Beaucoup plus tard et peut-être seulement à l'é-
poque de l'établissement de la place Séraucourt, les
travaux de nivellement rencontrèrent la voûte qui
fut démolie, le sarcophage fut à moitié brisé, les
ossements qu'il renfermait furent repoussés sous le
reste de couvercle où on les a trouvés amassés et
le caveau fut comblé avec des terres prises autour
de lui.

« C'est en cet état qu'il a été de nouveau fouillé
l'année dernière, sans qu'aucune céramique, ni
aucune pièce numismatique y ait été rencontrée,
qui puisse fournir des indications précises sur l'époque de sa construction et sur celle de son utilisation
postérieure (1). »

M. de Laugardière a suivi des découvertes d'un
caractère inusité faites à Saint-Doulchard et au sujet desquelles il a communiqué à la société la note
suivante :

« Des travaux de nivellement, pratiqués sur la
place qui longe le côté gauche de l'église de Saint-
Doulchard, ancien cimetière de cette localité, ont
récemment amené quelques découvertes dont M.

---

(1) Un caveau dont le dessin, fait par Hazé, a longtemps figuré
au musée de Bourges, et qui avait été découvert au faubourg
d'Auron, montrait, si nos souvenirs sont exacts, de frappantes
analogies avec celui dont nous avons étudié les vestiges.

l'abbé Merceret, curé actuel de la paroisse, a bien voulu venir me donner avis et dont je crois bon de tenir note.

« M'étant transporté sur les lieux en compagnie de deux membres de la société des Antiquaires, notre zélé secrétaire, M. Buhot de Kersers, et mon frère, j'ai pu recueillir les renseignements suivants :

« Un certain nombre de sarcophages ou cercueils de pierre ont été trouvés par les ouvriers, cercueils affectant la forme usitée au moyen-âge, c'est-à-dire se rétrécissant d'une manière sensible vers les pieds. L'un était encore en place, et nous a paru de pierre tendre blanche, comme celle des carrières de la route de Dun-le-Roi ; nous avons également vu un fragment de couvercle prismatique en pierre dure. Dans l'un de ces cercueils, au moment de l'exhumation, se trouvait placé, entre sa paroi supérieure et l'extrémité de la tête du squelette, une petite bouteille à eau bénite en terre blanche, la base large, la panse très-arrondie et le col fort court. Sous la base une croix avait été tracée à la pointe, après la cuisson, et sur la panse se voient deux gouttes seulement d'un vernis jaunâtre marbré de taches vertes. Cette bouteille était en la possession de M l'adjoint de la commune, qui s'en est obligeamment dessaisi en ma faveur. Nous en avons vu chez lui une seconde, de même forme et de même terre, qui se distingue par une couverte rouge non vitrifiée et par une bande circulaire de ce même vernis jaunâtre, marbré de vert Depuis notre excursion, M. Bubot de Kersers s'est procuré, auprès de l'un des ouvriers, deux bouteilles analogues à cette dernière, plus trois autres moins intéressantes dont l'une est en terre rouge. M. Legrand, maire de Saint-Doulchard, en possède une vingtaine. Les unes ont été trouvées dans les sarcophages, d'autres étaient perdues dans les terres, ce qui semble indiquer que les corps près desquels on les avait placées avaient été inhumés dans des bières en bois, dont l'emploi n'a été définitivement substitué à celui de la pierre qu'au xv° siècle (1).

« La société des Antiquaires du Centre n'ignore point que, dans nos contrées, l'usage païen de la pièce de monnaie funéraire s'est continué presque jusqu'à nos jours. L'ancien cimetière de Saint-Doulchard devait donc rendre et a fourni en effet à ses explorateurs un certain nombre de monuments numismatiques, par malheur sans intérêt pour la plupart. Je dois cependant signaler un bronze gaulois, bien connu, portant la légende VADNAIOS, que l'on attribue aux Carnutes, mais qui, fréquemment rencontré en Berry, pourrait avec une cer-

(1) Arthur Mercier, *La Sépulture Chrétienne en France*, Paris, Vivès, 1855; in-8, p. 5.

taine vraisemblance être attribué aux Bituriges Cubi. Je signalerai aussi une obole de Robert de Dampierre, comte de Nevers de 1271 à 1296, et un hardi de Charles VIII. Ces trois pièces, acquises par M. Blanchet, orfèvre à Bourges, m'ont été communiquées par lui. M. Daniel Mater m'a signalé un denier anonyme de Vierzon, du xiiᵉ siècle, et M. l'abbé Merceret nous a montré quelques doubles tournois du xviiᵉ siècle. Enfin M. Buhot de Kersers m'a remis vingt-deux monnaies qui lui ont été cédées par l'un des ouvriers, en même temps que les bouteilles dont j'ai parlé plus haut; trouvées éparses dans les déblais, elles ne méritent pas les honneurs d'un catalogue détaillé, aussi me bornerai-je à dire que la plus ancienne est un douzain d'Henri II et la plus récente un liard de Louis XIV, et que parmi elles, on remarque un double tournois d'Henrichemont de 1641.

« Quelques bagues en cuivre nous ont également été présentées. Sur le chaton de deux d'entr'elles était gravée une large croix pattée ; le chaton d'une troisième est décoré de trois croix de saint André, une grande et deux petites, disposées de telle sorte que l'ensemble du dessin paraît représenter deux A majuscules se touchant par le sommet. Je crois cette bague du xviiᵉ siècle ; les deux premières doivent être à peu près de la même époque.

« J'aurais fini ce court exposé si je ne croyais
devoir consacrer quelques mots à une trouvaille
que j'ai faite moi-même, dans le voisinage des déblais que l'on transporte de l'ancien cimetière sur
le bord du chemin de Saint-Doulchard à Bourges,
pour de là les répandre dans les vignes voisines.
J'y ai donc ramassé, en rentrant de notre excursion,
un fragment de tuile à rebord, sur l'une des faces
duquel une croix de quelques centimètres paraît
avoir été anciennement creusée à la pointe, après
la cuisson, comme sous la bouteille que je possède.
Je n'ose tirer de ce fait aucune conséquence trop
précise, et je me refuse à affirmer que cette croix
remonte aussi haut que pourrait le faire supposer
la tuile à rebord sur laquelle elle est tracée Il me
suffit d'avoir, sur ce point comme sur ceux qui précèdent, appelé l'attention de la société.

« Elle se demandera sans doute, comme moi, si
ce qui peut rester de l'ancien cimetière de Saint-
Doulchard ne serait pas digne d'une exploration
méthodique et poussée à fond (1).

« 27 mars 1872. »

La société a suivi avec intérêt les réparations du

---

(1) Depuis, les travaux de déblaiement ont été repris, mais sans
amener, paraît-il, d'autre résultat que la découverte de nouvelles
monnaies du xvi° et xvii° siècle.

palais archiépiscopal incendié en 1871. Leur reprise en 1873 a amené la découverte du mur gallo-romain qui existe encore longeant un peu en arrière la façade orientale du palais, direction connue du reste, par les sondages de M. Bourdaloüe et d'une tour romaine analogue à celle du musée lapidaire.

On a trouvé appuyées sur cette tour et faisant saillie d'environ trois mètres cinquante centimètres en avant du mur romain toute une série de substructions voûtées, n'ayant aucune apparence romaine, et qui semblent être des débris de quelques-uns des nombreux palais archiépiscopaux, qui ont précédé, sur le même emplacement, celui de Mgr Phélypeaux de la Vrillière.

Tels sont, Messieurs, les principaux travaux qui vous ont occupés.

Tel est votre quatrième volume, qui emprunte un intérêt singulier aux circonstances dans lesquelles il paraît, car ce sera un honneur pour vous de n'avoir point, au milieu des émotions douloureuses du présent et des incertitudes de l'avenir, désespéré du salut intellectuel et scientifique de la patrie, et d'avoir ainsi maintenu la société dans cette voie des études précises et des observations locales, la seule qui convienne aux sociétés scientifiques de province, la seule où elle peuvent espérer pour leurs modestes travaux l'humble gloire de l'utilité.

6 mai 1878.

CATALOGUE

DU

MUSÉE LAPIDAIRE DE BOURGES

———

Le Musée Lapidaire a été établi dans le jardin de l'Archevêché en 1870 et offert à la ville de Bourges par la Société des Antiquaires du Centre, à l'aide de ses propres ressources et d'une souscription. Les objets qu'il renferme proviennent tous du sol de Bourges, ou de ses environs et reçoivent de cette provenance un intérêt historique tout particulier. Recueillis pendant les vingt dernières années et accumulés dans le jardin de l'Archevêché, puis déplacés une première fois, ils restaient exposés à toutes les intempéries des saisons et aux injures plus brutales encore des passants. Plusieurs de ces fragments ont beaucoup souffert d'un tel état de choses;

1

les gelées en ont brisé et effrité certaines parties : La
terre et la mousse avaient envahi leurs sculptures, comblé
leurs refouillements et couvert toute leur surface d'une
couche verdâtre qui en voilait les délicatesses.

Heureusement, l'abri dont ces pierres jouissent depuis
deux années déjà a réparé une parties de ces avaries. On
a réuni autant que possible les fragments brisés, et sous
l'action de la sécheresse les mousses meurent et se détachent chaque jour, les ciselures reparaissent et prennent
une valeur inespérée.

Le rapprochement des fragments analogues de style
ou de proportion, sans permettre encore de restitution
formelle des monuments auxquels ils ont appartenu,
donne cependant dès aujourd'hui une notion grandiose
de ce qu'ils ont dû être, rend possibles les comparaisons
sur les mérites relatifs de leur exécution, et fournit ainsi
de précieuses facilités aux études historiques et même
techniques de sculpture et de dessin.

Cette tentative de classement, qui n'a nullement la
prétention d'être définitive, aura du moins pour effet de
mettre de l'ordre dans ce catalogue comme dans le
Musée. Elle facilitera les recherches et les observations
des visiteurs dont le temps est mesuré, en même temps
que le contrôle et les critiques utiles de ceux qui l'exa-
mineront avec la volonté et la possibilité des études
patientes et approfondies.

Les objets actuellement déposés au Musée se rattachent
à deux époques distinctes.

L'époque Romaine, où nous examinerons successivement.

1° L'Architecture ;

2° L'Épigraphie ;

3° Les monuments funéraires anépigraphes.

Et l'époque du Moyen-Age, où nous ferons seulement deux divisions :

1° L'Architecture;

2° Les monuments funéraires.

I. ÉPOQUE ROMAINE

1. Architecture

Les fragments que nous allons décrire dans cette série ont été découverts à plusieurs reprises, depuis vingt ans, à la base des tours Gallo-Romaines qui existaient à la porte de Lyon et devant la terrasse de la caserne à l'esplanade Saint-Michel. C'est surtout à M. Bourdaloüe, alors adjoint de Bourges, que revient l'honneur de leur conservation et de leur dépôt dans le jardin de l'Archevêché.

On sait que sous toute l'enceinte Gallo-Romaine de Bourges, celle-là même à laquelle est adossé le Musée Lapidaire et dont dépend la tour qui le ferme au nord, sont établies comme fondations plusieurs assises de débris d'anciens monuments juxtaposés sans mortier ni ciment. C'est ce mode d'emploi qui a conservé jusqu'à nous intactes, mais confuses, ces splendeurs de l'art antique. L'époque de construction de cette enceinte et la cause de cette enfouissement sont imparfaitement connues. Sans traiter ici ce problème commun du reste à une

foule d'autres villes, nous rappellerons que l'établissement de ces murs paraît avoir eu lieu à l'occasion des
invasions des barbares, au ıv° siècle, suivant les uns,
notamment M. Thiollet, qui a traité cette question au
Congrès archéologique tenu à Bourges en 1849, mais
beaucoup plus probablement au v°. Cette enceinte n'a
entouré qu'une minime partie de la ville Romaine dont
elle coupe les maisons et les monuments. Il semble donc
tout naturel de supposer que les invasions barbares, les
Vandales peut-être, qui ont traversé Bourges en 410,
auraient ravagé et détruit ses monuments et ses temples;
que les habitants, revenant en leurs murs après le départ
des nomades destructeurs, auraient compris l'urgence de
parer au retour de semblables désastres, auraient achevé
la destruction des temples que le culte chrétien leur rendait indifférents et odieux et utilisé leurs matériaux pour
la construction des murailles.

Quoiqu'il en soit, on peut regarder comme certain que
ces murs, qui n'existaient pas avant le ıv° siècle, faisaient
de Bourges une ville très-forte à la fin du vı° (1), et
cela suffit pour concevoir comment ils ont recueilli et
conservé tant de riches débris de la civilisation Romaine.

1.

Fragment de corniche avec modillon. Le modillon a
0,30 c. de hauteur, 0,40 c. de largeur, 0,48 c de longueur;

(1) En 583. — Greg. de Tours. — Raynal, 1. 173.

ces proportions considérables, qui se retrouvent dans quelques autres fragments, indiquent, suivant Vitruve, un ordre Corinthien d'environ 16 à 18 mètres de hauteur. La sculpture par sa beauté, la largeur de son dessin et la hardiesse savante de son modèle, accuse la meilleure époque Romaine. La profusion des ornements indique le second siècle plutôt que le premier. Tous ses détails, oves, perles, rais de cœur, feuillages variés, trouvent des analogues dans les monuments de cette époque, la colonne Trajane, la maison Carrée de Nismes, le Temple du Soleil par Antonin à Balbeck. La doucine supérieure est brisée.

Largeur : 0,80 c. — Profondeur : 1 m. 55. — Hauteur : 0,67.

[Ce fragment ainsi que plusieurs autres que nous trouverons par la suite, a été lithographié dans une très-belle publication, malheureusement incomplète, faite par la Commission historique du Cher et due au crayon de MM. Romagnési, Dumoutet et de La Chaussée. Les planches de cette publication ne portant pas de numérotage, nous devons nous borner à signaler ceux des objets qui y ont été reproduits.]

Dessiné par M. Romagnési.

2.

Fragment de corniche analogue très-mutilé; le modillon est un peu plus étroit.

Longueur : 0,91 c. — Hauteur : 0,67 c.

Dessiné par M Romagnési.

3.

Beau fragment d'architrave très-richement décoré
de rinceaux, filets, ornements divers:
Longueur 1 m. — Hauteur 0,65 c.

4 et 5.

Fragments analogues au précédent : bien qu'ils paraissent avoir fait partie d'un même ordre, il existe entre
eux quelques différences : s'ils ont appartenu au même
monument, il faut que celui-ci ait été de grande étendue.

N° 4. Longueur : 1 m. 25. — Hauteur : 0,48 c.
N° 5. Longueur : 1 m. — Hauteur : 0,50 c.

6.

Frise à superbes rinceaux, même style.
Longueur : 0,83 c. — Hauteur : 0,48. c.

7.

Frise à rinceaux en volute.

Longueur : 0,70 c — Hauteur : 0,60 c.
Dessiné par M. de Lachaussée.

8.

Assise de pilastre à rinceaux, même style : à droite
figure mutilée portant un arc ?
Longueur : 1 m. 23. — Hauteur : 0,45 c.
Dessiné par M. Romagnési.

9.

Architrave à trois bandeaux ; le bandeau supérieur
est orné d'une grecque, le listel qui le surmonte est
chargé de feuillages obliques.
Longueur : 0,95 c. — Hauteur : 0,60 c.

10.

Fragment semblable.
Longueur : 1 m. 37. — Hauteur : 0,51 c.

11.

Fragment de corniche très-orné avec modillon.

Hauteur du modillon : 0,15 c. — Largeur : 0,22 c.
— Longueur : 0,24 c.

Longueur : 0,67 c. — Hauteur : 0,58 c.

Dessiné par M. Romagnési.

12.

Fragment analogue ; la doucine supérieure brisée.
Cette pierre formait parpaing et faisait corniche en
arrière, ce que l'on peut voir. Le mur ou l'entablement
avait 0,70 c. à 0,80 c. d'épaisseur : de là l'opinion que
cette pierre et ses analogues ont pu appartenir à un arc
de triomphe ou à une porte monumentale (1).

La hauteur du modillon est de 0,15 c., sa largeur de
0,18 c., l'espace entre les modillons est de 0,25 c.

Largeur : 0,68 c. — Hauteur : 0,60 c. — Longueur
totale : 1 m. 38.

13.

Corniche très-mutilée.
Largeur : 0,38 c. — Hauteur : 0,48 c.

(1) L'on n'a pas besoin de faire remarquer que cette porte, si
elle a existé, ne saurait rien avoir en de commun avec l'enceinte
du ve siècle. puisqu'elle était détruite lors de sa construction. Les
riches murailles des grandes villes Romaines, comme celle d'Autun,
par exemple, remontant au belles époques de l'art Romain, n'a-
vaient aucun débris dans leurs bases, point de rangée de briques
et leur apparcil était soigné. C'est à une telle enceinte, qu'eût
appartenu la porte dont cette pierre est supposée avoir fait partie.

14.

Architrave à trois bandeaux sans grecque.
Longueur : 1 m. 14. — Hauteur : 0,52 c.

15.

Fragment de frise ou de tympan? Bas-relief présentant une tête d'aigle colossale et un torse nu et ailé très-mutilé.
Dessinée par M. de Lachaussée.
Longueur : 0,72 c. — Hauteur 0,44 c.

16.

Claveau d'archivolte avec partie du *tympan* : la partie antérieure (dessous du cintre) présente des rinceaux ; l'*archivolte* à droite et à gauche est ornée de rinceaux et d'oves très-frustes. Le tympan de gauche présente un bras étendu devant l'extrémité d'une aile gigantesque : celui de droite présente un trophée d'armes, bouclier et épée. Ce claveau qui formait parpaing a pu appartenir à une porte triomphale.
Largeur : 0,70 c. — Épaisseur . 0,40 c. — Longueur : 1 m. 08.
Dessiné par M. Romagnési.

17.

Claveau analogue au précédent; mêmes rinceaux. A gauche une hache et une pioche ou ascia; à droite une cuirasse et une hache d'armes.

Largeur : 0,70 c. — Épaisseur : 0,40 c. — Longueur : 1 m.

18.

Fragment représentant une aile d'oiseau et faisant parement de deux côtés en angle.

19.

Partie médiane d'un fronton circulaire, surmonté d'une riche corniche et représentant le torse d'un silène jouant de la double flûte.

Dessiné par M. Romagnési.

Largeur : 0,80 c. — Hauteur : 0,70 c. — Profondeur : 0,70 c.

20.

Assise d'un fût de colonne cannelée, très-mutilé.

Diamètre : 1 m. — Hauteur : 0,80 c.

21.

Assise d'un chapiteau à feuilles d'acanthe très-mutilé.
Diamètre : 1 m. 25. — Hauteur : 0,40 c.
Dessiné par M. Romagnési.

22.

Fûts de colonne cannelée.
Dessinés par M. Romagnési.
Diamètre variant de 0,50 c. à 0,60 c.

23.

Six tambours ou assises d'un fût de colonne revêtu de
feuilles renversées et imbriquées, leur diamètre varie de
0,70 c. à 0,85 c.
Dessinés par M. Romagnési.

24.

Pierre cintrée formant archivolte et couverte de fines
sculptures. Dessinée par M. Dumoutet, mais aujour-
d'hui affreusement délitée par la gelée.

Tous les numéros précédents, malgré la diversité de leurs proportions, accusent le même style et la même époque. Les débris qui suivent sont d'un moins beau travail.

25.

Fragments de colonne revêtue de feuillages abaissés et imbriqués.
Dessiné par M. Romagnési.
Diamètre de 0,55 c. à 0,60 c.

26.

Chapiteau de sculpture grossière : deux rangs de feuillage ou fleurons.
Diamètre en bas : 0,55 c. — Hauteur : 0,58 c. — Hauteur de la pierre entière : 0,70 c.

27.

Chapiteau de colonne semblable.

28.

Chapiteau de pilastre analogue au précédent.

Largeur : 0,80 c. — Hauteur : 0,62 c. — Profondeur : 0,80 c.

29.

Chapiteau de colonne engagée à trois rangs de feuillage : à droite, vestiges de bas-relief.

Diamètre en bas : 0,62 c. — Hauteur : 0,75 c. — Longueur : 0,80 c — Épaisseur : 0,95 c.

30.

Chapiteau de colonne d'un travail très-fin.
Diamètre : 0,54 c. — Hauteur : 0,47 c.

31 et 32.

Chapiteaux semblables très-mutilés.
Largeur du fragment : 0,59 c. — Hauteur : 0,46 c.

33.

Chapiteau de pilastre d'un travail très-fin; même style et mêmes motifs que les précédents.
Dessiné par M. Romagnési.
Largeur : 0,59 c. — Hauteur : 0,45 c.

34.

Chapiteau ; la corbeille se détache d'un rang de feuilles d'acanthe. Malgré les mutilations qu'il a subies, il est remarquable par l'élégance de ses profils et la sobriété de son ornementation.

Diamètre au bas : 0,38 c. — Hauteur : 0,45 c.

35.

Sommet d'un chapiteau de pilastre, qui semble avoir quelque analogie de style et d'ornements avec le précédent.

Largeur (de la pierre) : 0,93 c. — Hauteur : 0,35 c. — Profondeur : 0,64 c.

36.

Fragment de corniche bien conservé de même style.

Largeur : 0,32 c. — Hauteur : 0,40 c. — Saillie : 0,50c·

37.

Rosace sculptée.

Diamètre : 0,50 c.

38.

Fragment de chapiteau.
Diamètre : 0,45 c. — Hauteur : 0,25 c.

39.

Modillon d'un travail très-énergique, mais mutilé.
Longueur du fragment : 0,50 c. — Largeur : 0,29 c.

40.

Assise de pilastre d'angle à caissons carrés : les quatre caissons supérieurs formant une même assise présentent des enfants ailés, des amours simulant des combats. Au-dessous quatre autres caissons malheureusement incomplets et très-mutilés présentent quatre têtes de grandeur naturelle.

Largeur de la face antérieure du pilastre : 0,57 c; — de la face gauche : 0,53 c. — Hauteur : 0,50 c. — Dimension des caissons : 0,23 c. sur 0,23 c.

41.

Base et assise d'une colonne cylindrique ornée de caissons. Les uns représentent des rosaces, les autres des enfants à genoux, malheureusement incomplets. A rapprocher du précédent.

Dessiné par M. Romagnési.

Diamètre : 0,58 c. — Hauteur totale : 1 m. 10.

42.

Assise de pilastre présentant un bas-relief entre deux bandeaux verticaux. Le sujet du bas-relief est une femme naissant d'une fleur et portant les mains à sa chevelure; le mouvement du torse et des bras est élégant et gracieux. Deux animaux naissant aussi de fleurs s'appuient sur la tige qui supporte la femme; quelques rinceaux accompagnent la composition. Ce charmant fragment rappelle les sujets dont se sont inspirés les artistes de notre renaissance.

Dessiné par M. Romagnési.

Largeur : 0,34 c. — Hauteur : 0,60 c.

43.

Fragment présentant le sommet d'une tête sous un rinceau formant comme une arcade; peut-être morceau de stèle.

Largeur : 0,25 c. — Hauteur : 0,25 c.

44, 45, 46, 47 et 48.

Assises ou pieds droits d'un même pilastre, présentant en haut, sur la partie antérieure, deux personnages nus, d'un bon mouvement, mais dont la tête manque, séparés par un vaste fleuron. Au-dessous rinceaux et têtes.

Sur la partie gauche, au sommet, deux grands fleurons surmontés de têtes. Au-dessous deux guerriers ou enfants portant le bonnet phrygien et rinceaux.

Dessinés par MM. Dumoutet, de Lachaussée et Romagnési.

Largeur du parement de face : 0,60 c; — du parement de gauche : 0,67 c.

49, 50, 51, 52 et 53.

Parties d'un pilastre analogue au précédent.
Mêmes dimensions.

[Tous ces pilastres, si on les rapproche des types numismatiques, paraîtraient devoir appartenir à la fin du IIIe siècle ou au commencement du IVe. Revers des bronzes de Dioclétien à Constantin. On pourrait les rapprocher des numéros 25 à 29.]

54.

Architrave à trois bandeaux bordés de filets, surmontés d'une cimaise ou listel.

Hauteur totale : 0,55 c.

55.

Architrave à trois bandeaux sans filets ; chaque bandeau a sa partie supérieure rentrante.
Hauteur totale : 0,60 c.

56.

Fragment d'architrave analogue formant parpaing ; l'inclinaison en dedans du parement des bandeaux est encore plus sensible.
Longueur ou profondeur : 0,95 c. — Largeur : 0,82 c. — Hauteur : 0,60 c.

57.

Assise de colonne engagée devant un pilastre ; le fût est légèrement prismatique à 12 faces (1).
Diamètre : 0,42 c. — Saillie du fût : 0,28 c. — Hauteur : 0,42 c.

58.

Base attique, à deux tores, d'un pilastre cannelé.
Longueur : 1 m. 07 c. — Hauteur : 0,59 c.

(2) Cette pierre ne serait-elle pas du moyen-âge ?

59 et 60.

Chapiteaux de pilastre d'angle.
N° 59. — Largeur : 0,77 c. — Hauteur : 0,38 c.
N° 60. — Longueur totale : 0,95 c. — Hauteur :
0,60 c.

61.

Base de colonne engagée, peut-être destinée à être
recouverte de stuc.
Diamètre de la base : 0,95 c. — Hauteur de la base ·
0,50 c. — Diamètre du fût : 0,77 c.

62.

Assise du même fût.
Même diamètre : 0,77 c. — Hauteur : 0,40 c.

63.

Fragment de corniche d'angle (renversé) la doucine
supérieure manque.
Dessiné par M. Romagnési.
Largeur : 0,52 c. — Hauteur : 0,38 c.

64.

Fragments de corniche de proportions plus fortes.
Longueur : 0,52 c. — Largeur : 0,63 c.

65.

Base de colonne.
Diamètre de la gorge : 0,44 c. — Hauteur : 0,42 c.

66.

Fragment de pilastre d'angle représentant à gauche partie du corps, le bras droit et la main gauche d'une femme drapée ; à droite quelques rinceaux. Ce morceau de sculpture est très-remarquable par la pureté du style et la science du modelé.

Dessiné par M. Romagnési.

67.

Fragment de pilastre d'angle ; à droite rinceaux ; en face, enfant cueillant des raisins qu'il reçoit dans une corbeille.

68.

Fragments d'une statue drapée colossale. Tous les renseignements recueillis ne permettent pas de douter qu'ils ne soient sortis avec les autres débris romains, des fondements de la tour Saint-Michel; il nous faut donc y voir un spécimen de la statuaire romaine de nos contrées; l'état de mutilation rend toute attribution difficile.

Largeur : 0,72 c.

69.

Architrave à plusieurs bandeaux confus et à très-fines moulures.

70.

Assises cylindriques ou tambours de colonnes romaines, peut-être jadis recouvertes de stuc.

71.

Fragment d'un aqueduc en béton, recueilli place de l'Arsenal.

Largeur du conduit : 0,18 c.

72.

Pierre forée de deux trous d'inégal diamètre; semble avoir servi d'embranchement à une distribution d'eau.

Trouvée aussi place de l'Arsenal.

Diamètre du gros cylindre : 0,33 c. — Diamètre du petit : 0,12 c.

73.

Pierre paraissant avoir servi de couverture au *regard* d'un aqueduc.

2. Monuments épigraphiques.

74.

Fragment présentant un tableau encadré d'une dou-cine et portant l'inscription suivante :

M..M...
AIITIONI
MAMERCI LVPI
FILIAE

que l'on peut lire : *memoriæ Aetioni Mamerci Lupifiliœ.*
A la mémoire, à Aélio fille de Mamercus Lupus.

Les bords de la pierre à droite et à gauche et une partie de l'encadrement visible à droite nous permettent de
regarder cette inscription comme entière dans le sens de
la longueur. On y remarquera l'emploi du double I pour
E et surtout la beauté épigraphique. Les lettres qui ont
0,07 à 0,08 c. de hauteur ne sont pas incisées suivant
des angles vifs, mais ont leurs contours légèrement ar-
rondis. Pendant que le trait principal est net, profond et
rigide, les lèvres de l'incision sont finement adoucies, ce
qui les rend à la fois très-douces à voir de près et très-
énergiques à saisir de loin. Cette harmonie et cette liberté,
qui dénotent chez le lapicide une grande habileté ma-
nuelle, la rapprochent d'une autre inscription de même
provenance, qui se trouve au musée de Bourges, et que
sa consécration à Drusille, sœur de Caligula, place au
1er siècle de l'ère chrétienne. Nous avons donc ainsi l'âge
approximatif de ce beau monument.

Longueur : 0,94 c. — Hauteur : 0,36 c. — Profondeur : 0,72 c. — Largeur de l'encadrement : 0,09 c.

75.

Pierre à la surface légèrement arrondie en creux, paraissant avoir été engagée dans un mur circulaire et présentant
un vaste cartouche encadré d'une doucine. On y lit l'inscription qui suit :

CAVIAE QVIETAE
AEMILI AFRI IIVIR
FILIAE
.... BLAESI
..... BIT CVB
.. OCVS.

qu'on peut lire : *Caviæ quietæ Aemili Afri duumviri filiæ
... Blaesi ... Biturigum cuborum locus* et traduire : *Place de
Cavia quieta, fille d'Aemilius Afer duumvir [épouse] de . .
Blaesus [décurion ?] des Bituriges cubes.*

Cette inscription, que la netteté un peu dure des traits
place vers le second siècle, présente, bien qu'incomplète, un
haut intérêt par les mentions qu'elle contient. La deuxième ligne nous fait connaître l'existence à Avaricum de
la dignité municipale de duumvir ou échevin et le nom
d'un titulaire. La cinquième nous donne une désignation
expresse de la cité des Bituriges cubes, où Blésus paraît
avoir rempli une fonction que, malheureusement, une lacune ne permet pas de désigner avec certitude. On conçoit toute l'importance historique et géographique de
cette épitaphe.

Largeur : 1 m. — Hauteur : 1 m. 40. — Épaisseur :
0,32 c. — Largeur du cartouche : 0,48 c.

76.

Stèle présentant deux pilastres soutenant un bandeau
et portant l'inscription

DM.
M.ADVITINIO
FRVENDO.M.PVD
ADVENTVS.MIL
LEG. XXX V.V.P.F.
ET PATAVINIA
ROMANA PAT
RES P.FIL. MEN
SIVM. XI.

Dis manibus, Marco Advitinio fruendo, Marcus Pudens Adventus miles legionis XXX, Ulpiæ Victricis piæ fidelis et Patavinia Romana Patres posuerunt filio mensium XI. Aux dieux Mânes, à Marcus Advitinius leur espérance. Marcus Pudens Adventus, soldat de la trentième légion Ulpienne, victorieuse, pieuse, fidèle, et Patavinia Romana, ses père et mère ont élevé ce tombeau à leur fils, âgé de 11 mois.

Sur le pilastre de gauche se voit un trait vertical ou I, sur celui de droite un C.

L'épithète *fruendo, dont ils devaient jouir,* mérite d'être signalée.

Cette inscription est du second siècle, car c'est seulement vers Trajan que la trentième légion reçut la qualification d'Ulpienne.

Trouvée sur l'emplacement de l'Oratoire, rue des Armuriers, N° 8 chez M. Leblanc. A peu de distance de cette stèle, fut trouvée, paraît-il, une pierre représentant un fronton triangulaire et une tête d'enfant, qui peut-être la complétait, mais que nous n'avons ni vue, ni retrouvée.

Largeur : 0,59 c. — Hauteur : 0,68 c.

77.

Stèle brisée présentant dans sa partie supérieure un personnage drapé, tenant de la main droite les plis de son manteau, et de la main gauche un rouleau ? Au dessous est l'inscription suivante :

DM
MEMORIAE MRT
LITTI OSSA VXOR

Dis manibus, memoriæ mariti littiossa uxor Aux dieux mânes, à la mémoire de son mari Littiossa (?) son épouse.

On remarquera les traits horizontaux, qui fixent les lignes ; les lettres jointes A et E, M et A, I, T, I, à la deuxième ligne, les deux I de la troisième, l'un supérieur, l'autre inférieur. Ces altérations de lettres paraissent indiquer une époque plus tardive que la précédente.

Largeur : 0,28 c. — Hauteur : 0,75 c.

78.

Fragment de stèle présentant un tableau avec bandes

d'encadrement. Au centre un objet mutilé, probablement un autel, au-dessus un demi-cercle, peut-être un croissant. Sur le bandeau du haut l'inscription douteuse : .

DMALVCN. M.

Dis manibus Alucni, aux dieux mânes d'Alucnus (1), trouvée au cimetière de Saint-Martin de Brives, au rond-point, près la fonderie, en 1865.

Largeur : 0,32 c. — Hauteur : 0,60 c.

79.

Petile stèle d'un travail grossier présentant un portique surmonté d'un fronton avec deux ailes et un disque au milieu du fronton ; sur le tableau se voient les traces très-frustes d'une inscription au trait. peut-être D. MANIBVS. en caractères confus et barbares.

Largeur : 0,35 c. — Hauteur : 0,57 c.

80.

Grande stèle présentant un portique avec deux pilas-

(1) Publiée dans le 3e vol. de Société des Antiquaires du Centre où on avait proposé la lecture : *Julia Lucina.* — Rap. sur les trav. pl. I fig. 2 et p. VII.

tres, stylobate au pied et fronton triangulaire avec croissant à la pointe : sur le bandeau supérieur, on lit :

D MARTIANI...

Dis Martiani manibus? Aux dieux mânes de Martianus (1)?

Trouvée à Saint-Martin de Brives.

Largeur : 0,39 c. — Hauteur : 1,20 c.

81.

Stèle chrétienne encadrée de deux filets. Au bas du tableau est gravée l'inscription :

HIC RE
PVIESCIT
BADAR
PVS.

Hic requiescit Badarpus. Ici repose Badarpus. On remarquera la barbarie des lettres et du no n (2) qui du reste n'est pas douteux. Le haut du tableau présente une ligne diagonale de droite à gauche et des vestiges d'une croix pattée au simple trait. (St-Martin.)

Largeur : 0,36. — Hauteur : 0,81 c.

(1) Lue AEMILIANI par M. Boyer. (*Revue archéologique* de 1865, p. 392.)

(2) Lu PVDARIVS par M. Boyer. *Revue archéologique*, 1865, p. 392.

82.

Stèle analogue brisée encadrée de deux filets. Au sommet croix pattée à quatre branches dans un cercle orné ; au-dessous l'inscription :

HIC REQVI
ESCIT LVNI
DIA.

Hic requiescit Lunidia. Ici repose Lunidia. Les caractères sont barbares, les trois lignes sont séparées par des traits horizontaux (St-Martin.)
Largeur : 0,50 c. — Hauteur : 0,63 c.

3. Monuments funéraires anépigraphes.

83.

Fragment très-mutilé d'une grande stèle à deux personnages en bas-relief, surmontés d'une coupole radiée. Cette sculpture a été presqu'entièrement détruite pour être transformée en couvercle de sarcophage.
Trouvé au cimetière des Capucins.
Largeur en haut : 0,77 c. — Largeur en bas : 0,64 c. — Longueur : 1,71 c.

84.

Grande stèle à deux personnages d'un très-fort relief, celui de face vêtu d'une tunique à capuchon, a la main droite levée sur sa poitrine et de sa main gauche tient des tablettes, sa figure a été enlevée par une épaufrure. A droite et de profil est une femme, dont la figure a une expression douce encore saisissable, malgré de graves mutilations, et dont la main gauche tient un rouleau de papyrus. Ces personnages sont de bon style ; la coiffure de la femme rappelle celles de Faustine la jeune, femme de Marc-Aurèle, et de Lucille, femme de Lucius Verus, et donnerait pour date à cette stèle la fin du 11ᵉ siècle.

Elle a été transformée en bière aux époques chrétiennes, et dans ce but évidée jusqu'à rencontrer et mettre à jour les refouillements de la sculpture.

(Cimetière des Capucins.)

Largeur : 0,64 c. — Longueur : 1,92 c.

85.

Sarcophage en marbre blanc, présentant de face deux enfants nus, qui soutiennent un cartouche rectangulaire presqu'entièrement détruit. Les enfants sont ailés et du meilleur style. La moulure qui encadre le cartouche est une simple doucine. Ces débris, quoique très-massifs, ont beaucoup souffert de leurs déplacements successifs. On

sait tout l'intérêt qui s'attache à ces sarcophages de
marbre apportés probablement d'Italie, nombreux dans
le midi de la France, mais rares dans nos contrées. Ils
sont ordinairement du iii° et du iv° siècle. Celui-ci, par la
simplicité et la noblesse de ces sculptures paraît remonter
plus haut.

Il a été trouvé dans le cimetière de St-Aoustrille du
Château où une église existait, comme l'on sait, dès le
cinquième siècle, et qui en outre longeait la grande voie
Romaine de Bourges à Lyon.

Largeur : 0,82 c. — Longueur : 2,32 c.

86.

Fragment de stèle chrétienne, présentant des bandeaux,
celui du sommet dentelé. Au haut est une croix à six
branches pattées, entourée d'un large cercle. Aux angles
sont des fers de pique ou de flèche? La partie basse
manque.

Trouvée à Saint-Martin de Brives.

Largeur : 0,40. — Hauteur : 0,54 c.

87.

Fragment analogue au précédent, les branches de la
croix sont bordées d'un filet, le cercle du tour est chargé
de stries.

(Saint-Martin.)

Largeur : 0,45 c. — Hauteur : 0,41 c.

II. ÉPOQUE DU MOYEN AGE.

1. Architecture.

88.

Fût et chapiteau de colonne engagée du xɪ^e siècle, remarquable par les traces de polychromie qu'a conservées la sculpture.

89.

Chapiteau du xɪ^e ou du xɪɪ^e siècle.

90.

Tailloir de la même époque.

91.

Base d'une colonne du xɪɪ^e siècle.

92.

Modillon du xii° siècle, animal se mordant la patte.

93.

Chapiteau d'un faisceau de colonnette du xiii° siècle.

94.

Fragments de statues, trouvés dans le mur de fortification de Bourges, au droit de la place Villeneuve, précisément au point ou fut pratiquée la brèche, par laquelle entra Charles IX en 1562. Elles viennent très·probablement du portail de la Cathédrale, et après avoir été renversées et brisées par les Huguenots de Montgommery, auront été employées comme moellon pour la réparation de la brèche.

Découvertes en 1870 et 1871.

95.

Statue de femme de même provenance, également brisée, mais d'un travail beaucoup plus fin. Elle porte un vêtement semé d'hermines et orné d'une bordure de perles précieuses ; le bas de la robe est richement brodé, au côté gauche est une épée ; tout ces détails sont très-soignés.

96.

Base d'un faisceau de nervures du xv⁰ siècle.

97.

Fragment de la balustrade, aujourd'hui renouvelée, qui couronnait la corniche de l'Hôtel Jacques-Cœur. On y déchiffre une partie de la devise : A VAILLANTS (deux cœurs) RIENS IMPOSSIBLE, et deux lettres R G attachées par une cordelière et d'une interprétation difficile.

3. Monuments funéraires.

98.

Bière en pierre très-étrécie vers les pieds, présentant à la tête une croix à quatre larges bras ; celui du haut porte des objets d'une qualification difficile. Malgré leur aspect qui fait penser à *l'ascia*, nous croyons plutôt qu'il n'y faut voir qu'un alpha et un oméga mal interprétés par un ouvrier illettré : symboles très-fréquents sur les sépultures chrétiennes dès le ve siècle ; on sait toutes les dégénérescences de ces lettres sur nombre de monnaies. Autour de la croix est un cercle orné.

Largeur à la la tête : 0,65 c. — Aux pieds : 0,40 c.
Hauteur à la tête : 0,58 c. — Aux pieds : 0,40 c.
Longueur totale : 1,95 c.
Trouvée à Saint-Aoustrille du Château.

99.

Bière en pierre dont la tête est ornée de losanges variés. Dans l'un d'eux est une croix latine dont les deux bras sont largement pattés

Largeur à la tête : 0,65 c. — Aux pieds : 0,40 c.
Hauteur à la tête : 0,58 c. — Aux pieds : 0,40 c.
Longueur totale : 1,95 c.
Saint-Aoustrille du Château.

100.

Fragment de couvercle de sarcophage avec bande ornée de feuillages.

101

Couvercle de bière en deux morceaux, peut-être manque-t-il entre eux un tronçon, mais de peu de largeur,
on y déchiffre les lettres suivantes :

† IC REQVIESCT... DNS BONE MEMOR
ROCOCINVS QV... N..... ORATE
REQVIEMAETN.... NA EI DNEETLV
PPETVA LVCEA.... PORTA INFERI ERVE
DNE ANIMAEIVS.... CAT IN PACE
AMEN OBIIT.... KLAGS.

Q'on pourrait lire et restituer à peu près ainsi.

*Hic requiescit dominus bonæ memoriæ Rococinus, qui...
orate. Requiem æternam dona ei, Domine, et lux perpetua
luceat [ei] a porta inferi erue, Domine, animam ejus [requies]
cat in pace. obiit... kalendarum augusti.*

On peut remarquer les lettres jointes et surtout intercalées dans les autres, dans le Q à la première ligne et le
D à la cinquième. La forme tantôt ronde et tantôt carrée
des C et des G ; la barbarie des lettres et du nom place
cette inscription dans les temps les plus barbares, aux époques mérovingiennes ou carlovingiennes.

Trouvée au Château.

Largeur : 0,62 c. — Longueur : 1,19 c.

102.

Couvercle de bière portant l'inscription :

CLAVDITVR OC GREMIVM
SPERENDEVS RTE SEPVLTVS
QVI STVDVIT VITAM SEMPER
ABERE PIAM
OBIIT VIIII $\overline{\text{ID}}$ IVLII.

Clauditur hoc gremium Sperendeus rite sepultus
Qui studuit vitam semper habere piam
Obiit VIIII *idorum julii*

Ce distisque de forme barbare ne paraît pouvoir se prêter qu'à la lecture : *dans ce tombeau est renfermé Sperendeus (Espérant en Dieu? nom propre) enseveli conformément aux rites, qui s'appliqua à avoir une vie toujours pieuse. Il mourut le 9 des ides de juillet.*

Oc gremium serait là par une licence poëtique hardie jusqu'au barbarisme pour *in gremio hujus tumuli*. Le nom propre *Sperendeus* mérite d'être noté, il est moins fréquent que *Deo datus*, et autres composés du même genre. La forme carrée des C et des G, nous paraît indiquer une époque ancienne, probablement carlovingienne.

Largeur : 0,47 et 0,40 c — Longueur : 1,35 c.

Trouvée au Château.

103.

De l'inscription précédente se rapproche le fragment suivant :

...TMEMBRABE...

...MEMO...

...IT VITA SEMP...

. .KL IVN.

(*Hic requiescun*) *t membra be* (*ata domini bonæ*) *memo* (*ric.... qui studu*) *it vitam semp* (*er habere piam*) *Obiit...* *Kalendarum junii.*

Largeur : 0,40 c. — Longueur : 0,51 c.

Trouvée au Château.

104.

Couvercle de tombe d'un beau travail imitant la forme du toit d'une église de plan crucial, et chargé d'une imbrication de tuiles arrondies ou squames.

A l'extrémité ou pignon du chevet est sculptée une croix ancrée. A l'extrémité du bras ou pignon droit est une dague ; à l'extrémité gauche est une sorte de cœur. Cette tombe que sa forme place au xiii° siècle (1) vient du cimetière du couvent de femmes de Charly, près Blet.

Largeur : 0,62 c. — Longueur : 1,85 c.

105.

Tombe de forme analogue mais sans imbrication, a servi de boute-roue sur le pont Saint-Privé, dégagée en 1872.

Largeur : 0,62 c. — Longueur : 1,94 c.

106.

Fragment d'épitaphe du xv° siècle où on distingue les mots, *feu Guénin... de cette paroisse.* Vient de la collection de feu M. A. de Lachaussée.

107.

Épitaphe de Nicolas Paleau, chanoine de Notre-Dame

(1) De Caumont *Archéologie Religieuse,* p. 555.

de Sales, mort le 28 avril 1514, comme le porte l'inscription reproduite ci-dessous :

Hic jacet egregius vir dominus Nico —
- laus Paleau legum doctor, actus Bituris Re -
- gens, quondam hujus ecclesie de Salis ca -
- nonicus preb adatus, qui huic capelle plu -
- res libros donavit et officium beate Barbare
- die festi ejusdem in dicta ecclesia fundavit
» ac anniversarium solempne die obitus
» sui celebrari ordinavit et pro eodem sum -
- mam quadraginta quinque librarum tu -
- ronensium dicte ecclesie dedit et legavit.
        Obiit que die vicesima octava mensis a -
- prilis anno domini millesimo quingen -
- tesimo decimo quarto.
        Anima ejus requiescat in pace. Amen.

Cette pierre, comme la précédente, vient de la collection
de feu M. A. de Lachaussée.

AU

TUMULUS DE LA PÉRISSE

PRÈS DUN-LE-ROI

Par M. A. de LACHAUSSÉE, en 1857 (1).

———

Le tumulus, connu dans le pays sous le nom de Butte
de la Périsse, est situé à 3 kilomètres et dans la commune

(1) La découverte de ce manuscrit de M. Alfred de Lachaussée,
quelques années après sa mort, et la remise que son frère M. E. de
Lachaussée a bien voulu en faire à la Société des Antiquaires du
Centre, permet la publication *in extenso* du compte-rendu de ces
fouilles, dont les résultats principaux avaient déjà été signalés,
d'une façon incomplète, dans un travail sur les tumulus, inséré
au deuxième volume des *Mémoires* de la Société, p. 51.

La relation détaillée présente un intérêt que l'on n'a pas besoin
de faire ressortir. La Société a été heureuse de faire figurer au
nombre de ses travaux ceux d'un homme enlevé si jeune à de
sérieuses études et à de nombreuses amitiés ; elle rend ainsi un
juste hommage à sa mémoire et sauve de l'oubli un document
précieux pour notre archéologie locale. (Note de la Rédaction.)

de Dun-le-Roi, à droite et non loin du chemin vicinal
N° 28, qui va de cette ville au bourg de Levet. Il couronne une légère éminence, dominant d'un côté, au sud
et au sud-ouest, les marais de Contres et de l'autre la
vaste plaine qui fait face au château de Dun-le-Roi. Cette
éminence va graduellement en s'abaissant jusqu'à l'étroit
ruisseau qui traverse les marais, vers lesquels elle pro-
jette une sorte de contrefort allongé. En tête de ce contrefort une ceinture de pierres blanches, se coupant comme de
la craie, couverte de quelques centimètres de terre végé-
tale, et large de 7 à 8 mètres, circonscrit presque de toutes
parts un petit renflement circulaire naturel, formé de
couches de pierres gelives. Au-delà de cette ceinture, on
trouve le sol de la plaine composé d'un mélange de terres
et de pierres dures crevassées, de toutes dimensions.
Beaucoup de parties de cette plaine sont incultes, les bru-
yères et les genièvres seuls y poussent ; le fond du
terrain en est bon cependant, mais la charrue n'y peut
pénétrer.

C'est sur ce renflement, qui peut avoir 80 ou 100 mètres
de circonférence, que l'on a enseveli les morts dont j'avais
entrepris de retrouver les restes, dans la pensée que
j'aurais affaire à une sépulture Celtique. Le tumulus s'é-
lève aujourd'hui de 3 ou 4 m. au-dessus des champs
voisins, la hauteur du remblai factice étant d'environ
1 m. 80. Primitivement, elle devait être plus considérable.

Le centre du massif tumulaire, ainsi que cela résulte de
mes constatations, était formé de plusieurs cellules irrégulières ou sortes de cercueils particuliers, indiqués plutôt
que bâtis en pierres bruttes énormes, prises dans la plaine
même. Plusieurs des squelettes en avaient sous la tête,

placées là comme un oreiller et déposées évidemment à dessein. Les cellules sépulcrales construites, d'autres grosses pierres de même nature avaient été superposées en forme de cône tronqué ; de la terre avait été jetée sur le tout et ainsi s'était trouvé formé un tumulus-boule du genre de ceux que, vu leur apparence arrondie, les archéologues anglais appellent *Boul-barrow* et qui pouvait à l'origine mesurer 3 m. d'élévation. Mais avec les siècles, les pierres en croulant et les terres fines en remplissant les interstices qui existaient entre elles, l'ont réduit au chiffre précédemment indiqué. Quant à sa circonférence, elle est de 50 m. 20 c. de telle sorte que la butte naturelle qui lui sert de base ressort tout à l'entour en forme de gradin d'une largeur moyenne de 9 mètres.

Quelques personnes de la localité prétendent que ce tertre devait être autrefois surmonté d'un monument druidique. Elles donnaient pour appui à leur conjecture la déclivité que l'on remarquait avant nos fouilles à sa partie supérieure, déclivité produite, disaient-elles, par l'enlèvement des pierres qui formaient le monument, détruit peut-être à l'époque où les Conciles, tonnant contre l'idolâtrie des pierres, en ordonnèrent la chute et tâchèrent de faire disparaître ainsi le culte qu'on leur rendait. On verra plus tard que cette dépression est due tout simplement à une fouille antérieure dont on a depuis longtemps perdu le souvenir. Toujours est-il qu'elle existait au sommet du tumulus, autour duquel viennent presque aboutir plusieurs voies fort anciennes. Une de ces chaussées qui semble partir du nord-ouest de Dun-le-Roi et qui doit être un embranchement de celle qui va de Bourges à Allichamps, tombe perpendiculairement sur le mamelon et s'arrête à 60 m. environ de sa base, puis le contourne et reprend sa direction première.

De nombreux travaux antiques existent à cet endroit ou dans les alentours. On y voit un large fossé qui sem-·ble être la défense d'un retranchement. C'est à 500 m. de ce point que M. Duroisel, ancien conducteur des ponts et chaussées et membre correspondant de la Commission ·historique du Cher, en perçant un canal de dérivation destiné à conduire au grand canal du Centre les minerais que l'on trouve à 30 ou 40 m. sous terre, au nord du tumulus, découvrit un aqueduc en briques parfaitement conservé, aqueduc qui semble se diriger sur Dun-le-Roi ou venir de ce lieu (1); son niveau n'a point été cherché.

Du reste toute la plaine jusqu'à la rivière de l'Auron est parsemée de tumulus de moindre dimension que celui dont je parle ici, et qui n'ont point été explorés.

Je fis commencer les fouilles le 30 septembre 1857 et ouvrir la première tranchée à 1 m. environ du bord sud du tumulus, en A (fig. 1). Elle fut poussée sur deux mètres de large en suivant toujours sur le terrain naturel, jusqu'à 3 m. du bord opposé en B. (2) Cette tranchée d'un mètre 80 c , de profondeur donne l'épaisseur approxima-tive du tumulus Une fois arrivé en H, un des ouvriers, fatigué de ne rien découvrir, revint sur ses pas et pro-longea la fouille de A en L; à peine avait-il donné quel-

(1) Les fouilles exécutées, depuis lors, au lieu de la Touratte, ont démontré que c'était à cette importante *villa* qu'aboutissait l'aque-duc dont il est question (V. Tome . des *Mémoires* de la Soc. p. 5.) (Note de la R.)

(2) Voyez le plan, à l'échelle de 0,004.

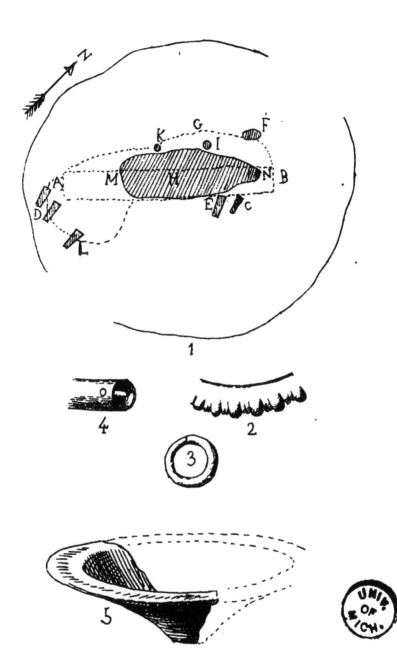

ques coups de pioche qu'il trouva un squelette, puis un autre, ayant tous les deux la tête en A et les pieds en D, c'est-à-dire du nord au sud, l'un et l'autre sans aucun ornement. Un petit débris de vase seulement fut trouvé dans l'une des fosses remplies de blocs de rochers énormes, et que deux hommes avaient de la peine à soulever.

Pendant ce temps mon second ouvrier découvrait un crâne en E. En détachant avec son aide la terre qui entourait ce crâne, j'aperçus un grand collier ou torques en bronze placé immédiatement dessous, et pendant un peu sur les ossements de la poitrine. Je vis alors que mes suppositions se réalisaient et que le tumulus que je fouillais appartenait bien réellement à la période Celtique (1).

Ce torques a 28 c. de diamètre, il est uni et sa soudure forme une espèce de bouton qui pendait sur la poitrine. Je continuai de dégager le squelette et j'arrivai aux bras autour desquels je trouvai deux bracelets également unis de 5 c. 1/2 de diamètre, puis les jambes apparurent ornées chacune d'un bel anneau perlé placé sur la cheville, ces anneaux ont 11 c. de diamètre (fig. 2); la main droite renfermait le petit anneau dessiné (fig. 3) à moitié de sa grandeur, était-ce une bague? je ne le pense pas, car il est plat et entre à peine dans le petit

(1) Le savant abbé Cochet m'a fait l'honneur de m'écrire, au sujet d'une découverte postérieure, une lettre pleine d'intérêt, comme tout ce qui sort de sa plume. J'en extrais cette phrase : « Règle générale : si pour moi la boucle est franque ou teutonique, si la fibule est romaine, l'armille à tous ses degrés (collier, bracelet, brassard, cuissard etc.) est Gauloise. »

doigt d'une femme; peut-être était-ce une bouc.e d'oreille, mais comment ne s'en trouvait-il qu'une seule, et placée dans la main droite ? Je le regarde comme un de ces anneaux-monnaies dont on connaît le fréquent usage dans les Gaules (1)

Par la grandeur et la grosseur des ossements de cet individu, nous jugeâmes qu'il devait être d'une haute stature. Je le mesurai depuis l'os du talon qui était resté enfoui dans la terre, jusqu'au sommet du crâne légèrement rabattu sur la poitrine. Il avait 1 m. 90 c., ce qui donnerait 2 m. de hauteur, en y comprenant l'os du talon et l'épaisseur des chairs. Polybe n'exagérait donc pas lorsqu'il disait en parlant de la bataille de Télamone : « Il y « avait quelque chose de bizarre et d'effrayant dans la « contenance et les gestes de ces corps *énormes* et *vigou-* « *reux* qui se montraient aux premiers rangs sans autres « vêtements que leurs armes. » César, dans ses *Commen-taires*, parle également de la constitution et de la vigueur des Gaulois. On peut se rappeler aussi la terreur qu'é-prouvèrent les soldats de Marius en face des Cimbres, pères des Gaulois, qui leur semblèrent des géants. M. Castan dans les fouilles récemment pratiquées à Alaise, dans la

(1) Un passage de César souvent cité (*de bello gallico* lib. V. cap. 12.) nous apprend qu'avant son arrivée en Bretagne les Bretons se servaient, pour leurs transactions, concurremment avec les monnaies et quelquefois même en guise de monnaies, d'anneaux de fer et de bronze de poids différents, et c'est là ce qui fit croire à plusieurs écrivains que les monnaies à empreinte étaient de date postérieure à l'arrivée de ce conquérant dans la Gaule. (Voy. *Revue Numismatique* T. II 1837 p. 24.)

Franche-Comté (l'ancienne *Alesia des Commentaires*), a trouvé un squelette de Gaulois, qui, d'après son évaluation, appartenait à un homme de 8 pieds de hauteur.

Quelques débris de vases se trouvèrent dans la fosse, remplie, comme les deux premières, de blocs énormes de rochers écroulés.

L'orientation de cette sépulture était aussi du nord au sud.

A 1 m. de là, en C, on découvrit de même, sous de grosses pierres, un nouveau squelette dont les ossements étaient mélangés de fragments de poterie. Mais ce squelette, à peu près de la même taille que le précédent, n'était accompagné d'aucun ornement de bronze. Un seul de ses bras était engagé dans un anneau d'un bois brunâtre et compact de 5 c. de diamètre qui fut brisé en le retirant. Le bois avait 0,012 m. de diamètre.

Parvenu à ce point, j'arrêtai les deux ouvriers, et les mis à élargir la tranchée en allant vers le nord, dans le sens H G. Ils trouvèrent en K un gisement d'os présentant toutes les traces d'une violation fort ancienne. Ce n'était plus qu'un amas informe où on distinguait un os frontal, une partie de mâchoire, des côtes, une omoplate et quelques vertèbres. L'une d'elles était entièrement couverte d'oxide de cuivre, ce qui fait croire qu'elle avait été en contact avec un objet ou ornement de ce métal. A deux mètres plus loin, en I, se manifesta un second amas d'os provenant sans aucun doute du même cadavre que le précédent et également mélangés. Les jambes manquaient, le crâne brisé se trouvait à 0,25 ou 0,30 c plus haut que le dépôt principal dont il était séparé par de grosses pierres. Tout avait été bouleversé, cela paraissait

d'autant plus évident qu'un torques magnifique en bronze
uni fut découvert, avec deux bracelets à ressort, au milieu
des ossements en désordre; le torques, le véritable *Maniac*
des gaulois, est creux et doré. Chacune de ses extrémités
(fig. 4.) est traversée par une goupille en bronze destinée à
tenir une tige en bois disparue qui devait entrer des deux
côtés dans l'intérieur du collier, et l'empêcher ainsi de
s'ouvrir. Il a 0,22 c. 1/2 de diamètre et la baguette
creuse dont il est formé a 0,036 m. de circonférence. Les
deux bracelets, renflés dans leur milieu, sont bombés extérieurement et plats dans l'intérieur. Ils ont une forme
légèrement elliptique, et leur plus grand diamètre, de
0,055 m., est exactement le même que celui des bracelets
déjà décrits.

Il semble résulter clairement de ces deux découvertes
voisines et de l'apparence de ces deux réenfouissements
sur la limite de la dépression dont j'ai signalé l'existence, (M, N fig. 1) que celle-ci est due à la spoliation
partielle de la sépulture. On pourrait admettre à la rigueur que le bouleversement aurait été opéré lors de
l'enlèvement des pierres qui formaient le monument
druidique dont il a été question, si tant est que ce monument ait réellement existé. Toutefois, la première
hypothèse me paraît la plus exacte.

A deux ou trois mètres de là, en F, sur le bord nord-
est du tumulus, était un amoncellement de 1 m. carré
environ de cendres de bois au milieu desquelles se trouvaient des charbons (1), des fragments d'os d'animaux, et

---

(1) M. Castan, dans les secondes fouilles d'Alaise, a trouvé, au

deux ou trois pierres de silex blanc qui ne m'ont pas paru offrir d'intérêt par leur taille, mais qui certainement ont été apportées là avec intention, puisqu'il n'en existe pas dans le pays (1).

Je changeai alors un des ouvriers de place et lui fis faire de nouvelles recherches dans la fouille A D, en descendant vers le sud-est. Il rencontra en L la septième sépulture, composée comme les précédentes et renfermant comme elles deux débris de vases, l'un à la tête et l'autre aux pieds. Le squelette était intact et avait au col un cercle de bronze ; ses bras étaient engagés dans de petits bracelets à ressort en laiton, de 0,09 c. de diamètre et si minces qu'un d'eux fut brisé en le détachant. Les jambes aussi étaient parées d'anneaux perlés de 0,13 c. de diamètre, moins lourds que ceux qu'on avait déjà découverts. La taille de ce squelette ne répondait en rien à celle des précédents. Il n'avait que 1 m. 45 et sa petitesse porte à croire que c'étaient les restes d'une femme. Telle est d'ailleurs l'opinion de M. le docteur . . . . . . de Bourges,

---

lieu dit les *Rettes*, un vaste tumulus parsemé, dans toutes ses régions, de débris d'une poterie noirâtre, ainsi que de *nombreux fragments de ces charbons purificateurs qu'on rencontre dans toutes les sépultures celtiques*, et qui, dit-il, d'après l'abbé Cochet (*Normandie souterraine* 2e édit. p. 227) sont restées dans le sol comme un témoin parlant de sa consécration première. (Auguste Castan, *les Tombelles celtiques et romaines d'Alaise. Rev. Archéol.* 15e année, 2e vol. p. 591.)

(1) Je me suis étonné de ce que mes fouilles n'avaient point donné une seule hache ; ces morceaux de silex étaient sans doute là pour rappeler l'idée qu'ils expriment ordinairement.

qui a examiné sur ma demande la mâchoire inférieure
de ce sujet, seul fragment que j'en aie pu conserver.

J'ai essayé à plusieurs reprises de recueillir les crânes
entiers des squelettes que l'on découvrait dans ces fouilles, afin de les soumettre à un examen spécial ; mais ma
persévérance échoua devant la trop grande décomposition
des os, qui les rendait friables comme du bois pourri, et
ne permit point la réalisation de ce désir. Cette décomposition des os me semble provenir, non pas seulement de
la haute antiquité de l'enfouissement, mais bien aussi des
influences athmosphériques et de l'humidité du sol, élevé
au milieu des marais et composé de blocs de rochers mélangés à très-peu de terre, où la pluie pouvait facilement
pénétrer (1).

Les débris de poterie que j'ai recueillis dans ces sépultures proviennent de vases de petite dimension. Ils se ressemblent tous, on dirait qu'ils appartiennent au même
vase, et pourtant, malgré tout le soin que l'on a mis à en
rassembler les plus petits fragments, il me fut impossible
d'en adapter plusieurs morceaux ensemble. Ce sont des
débris que l'on a mis dans la fosse, et ce sont des débris
que l'on a voulu y mettre. On remarque dans leur dépôt
une intention arrêtée ; ils s'en trouvait généralement un

(1) M. Castan a remarqué la même particularité dans les sépultures du massif d'Alaise ; et M. Max. de Ring, qu'il cite, l'a également observé dans les tombes d'Heidolsheim et de Burmath.
(Auguste Castan, *Les Tombelles celtiques du Massif d'Alaise*. —
Premier rapport. — *Rev. Archéologique*, 15e année, 1er volume,
pag. 305.

à la tête, et l'autre aux pieds. Quatre des sépultures que j'ai rencontrées dans le tumulus m'ont présenté cette particularité intéressante. Parmi les autres, une d'elles ne fut point fouillée en ma présence, et les deux dernières avaient été bouleversées ; je ne puis donc rien affirmer à leur égard. Ces débris de vases du reste n'ont aucun rapport avec les urnes que l'on découvre fréquemment dans les sépultures gauloises. Avant leur mutilation, ces vases avaient dû être de petits plats ou soucoupes de 0,10 c. de diamètre en y comprenant le large rebord du sommet, de 0,04 c. à la baze et de 0,04 c. de hauteur. Ils avaient été percés de trous destinés peut-être à les suspendre, et pratiqués à l'aide d'un instrument pointu, après la cuisson du vase, à deux centimètres du rebord. Ces plats sont les uns d'un rouge gris, les autres d'un noir de charbon. Leur cassure laisse voir de gros graviers mélangés à la terre, leur cuisson est mauvaise, et les débris s'écrasent si on les presse un peu fortement. Ils ont été faits à la main, et on distingue facilement les traces que les doigts y ont laissées sur la matière molle. Plusieurs de ces débris ont deux trous placés sur la même ligne parallèlement au rebord. (fig. 5.) D'autres n'en ont qu'un, mais on voit dans la brisure la moitié de la seconde ouverture (1).

_____

(1) M. de Caumont, dans son *Cours d'Antiquités Monumentales*, cite quelques exemples de vases destinés à être suspendus ; mais ce sont des pots ou bouteilles et non des plats. « Les vases trouvés dans les tumulus, dit-il, sont d'une petite dimension, on croit qu'ils étaient remplis de parfums et qu'ils étaient suspendus (de Caumont, *Cours d'Antiquités Monumentales*, T. I p. 131)

Il ne m'a pas été loisible de pousser plus loin les fouilles du tumulus, mais il y a lieu de croire qu'en continuant l'exploration elle serait aussi fructueuse qu'elle l'a été dans ses commencements, et qu'elle aurait encore de bons renseignements à fournir à l'Archéologie. Peut-être un jour achèverai-je de remplir la mission que je me suis donnée et peut-être l'étendrai-je successivement aux nombreux tumulus dont j'ai constaté l'existence dans le voisinage (1).

(1) Dans le tumulus de Fontenay-lès-Marmion, fouillé aux frais de la Société des Antiquaires de Normandie, on a trouvé deux vases; dant l'un a 5 pouces 8 lignes de hauteur. A deux pouces au-dessous du collet et sur le renflement on remarque deux bourrelets placés à une distance égale l'un de l'autre et percés chacun de quatre petits trous qui paraissent destinés à recevoir des cordes sans doutes placées en guise d'anses pour suspendre le vase. Le second présente aussi deux bourrelets munis de deux trous chacun; mais, au lieu d'être en dehors, ils se trouvent à l'intérieur, tout près de l'orifice. — (De Caumont, *Cours d'Antiquités Monumentales*, T. I. p. 136.)

EXPLORATION

D'UNE SÉPULTURE A DUN-LE-ROI

Par M. Alfred de LACHAUSSÉE (1).

———

Le 12 juin 1857, j'appris qu'après avoir enlevé, pour établir une place entre la porte de l'Hòrloge et la rue des Porcs, les remblais intérieurs des fortifications de l'ancienne ville ou castel-vieil, à proximité des tours Buchaille

———

(1) Ce manuscrit, écrit en 1857, a été, comme le précédent, retrouvé longtemps apres la mort de M. de Lachaussée. Il n'existait qu'à l'état de notes tracées au crayon et la clarté de ces descriptions écrites de premier jet fait le plus grand honneur à son jeune auteur. Cette triste qualité de posthume inspirait le respect absolu de la pensée et des opinions qui y sont émises et dont quelques-unes eussent pu être modifiées par des réflexions plus mûres et par la mise au net du travail. (*Note de la Rédaction.*)

et Tournoise, des ouvriers, creusant les fondations d'un
mur destiné à clore cette place, avaient trouvé une grande
quantités d'objets antiques en fer et de poteries brisées.

On m'apprit en outre, que le tout avait été déposé chez
M. Duroisel, ancien conducteur des ponts et chaussées.
Je me transportai immédiatement chez lui et il me mon-
tra effectivement la presque totalité des objets découverts
jusqu'alors ; le reste, jeté dans les tombereaux avec la
terre, avait été emporté et mêlé aux remblais que l'on
faisait à l'extérieur des remparts du côté opposé à celui
où avait eu lieu la trouvaille. M. Duroisel, dont l'habitation est voisine, avait fait mettre en lieu sûr ce que les
ouvriers avaient sauvé et leur avait recommandé de ne
plus continuer leurs travaux qu'avec ménagement. L'état
d'oxydation des fers les rendait pour ainsi dire friables :
peu de vases étaient restés intacts au sein même de la
terre ; mais les travailleurs, bien qu'inexpérimentés, s'efforcèrent d'obéir au zèle éclairé qui les dirigeait et à part
les objets négligés et perdus avant l'arrivée de M. Duroi-
zel, ceux recueillis par ses soins présentent un caractère
de conservation suffisant pour qu'il soit possible de les
étudier avec fruit.

L'examen du théâtre de la découverte et les récits de
ceux qui en avaient été les acteurs et les témoins me
convainquirent que l'exploration n'avait pas été poussée
à bout et je me décidai à l'achever. Un plan figuratif joint
à ce mémoire (1) présente la disposition approximative des

_____

(1) Ce plan hypothétique n'a pu être retrouvé. (*Note de la Rédaction.*)

objets découverts, sur une espace de 3 m. 50 de longueur et 1 m. 80 de largeur, formant une fosse de 60 c. de profondeur au-dessous de la surface du terrain naturel. Les terrains rapportés formaient au-dessus d'elle une élévation de 5 mètres.

En replaçant par la pensée dans cette fosse et dans leur position originelle les objets extraits, voici ce qui nous frappera d'abord : sur tous les points des bandes de fer, les unes larges de 4 c., les autres de 2 c., d'autres de moins encore, percées de trous de distance en distance et gardant en beaucoup de points les clous destinés à les fixer. Plusieurs sont comme soudées ensemble par la rouille, peu-être par l'action du feu ; parmi elles des anneaux, la plupart en fer, quelques-uns en bronze, fixés à des crampons. Au milieu de ces pentures et au centre de la fosse, se trouvent étroitement agglomérées deux chaînes en fer à chaînons recourbés, terminées chacune par une douille en fer, trois passoires en cuivre presque fondues, et plusieurs ustensiles ou ornements dont je n'ai pu spécifier le caractère. Auprès de cette masse sont rangés dans un ordre encore apparent, malgré le tassement des terres et le dérangement produit par la combustion ; un marteau, une petite enclume portative, deux petites serpes, deux haches, trois *plaines*, une grande douille, de nombreux cercles, deux pinces et l'un de ces instruments nommés *asciaux* dans le langage du pays : tout cela en fer. A l'extrémité, on trouve placées trois magnifiques épées en fer, une grande entrée de serrures, trois fers de lance, un bracelet, une bague en bronze et la plus grande partie des vases découverts. Vers l'ouest, sont réunis quelques autres vases et des plats, une clef, une petite entrée de

serrure, deux cercles en fer faisant sans doute partie du
même instrument que ceux désignés plus haut, un marteau à deux pointes, un grillage en fer ressemblant vague-
ment à une lyre, et au milieu de tout cet ensemble un
grand nombre de petits anneaux en fer, une quantité
énorme de clous de toutes formes et de toute grandeur
et de morceaux de grains et de paille brulés. Quelques
os également brulés étaient mélangés au dépôt.

Cette réunion d'objets provient évidemment d'une
sépulture et mes observatiens me permettent de croire
qu'après avoir pelé le terrain jusqu'à la carrière, qui se
trouve à 60 c. du sol arable, on avait préparé sur cette
aire un bucher sur lequel on avait posé tous les objets
que les rites religieux de l'époque en la volonté du défunt
prescrivaient d'y placer ; le feu fut alors mis au bûcher
et tout passa par les flammes. Voilà du moins ce que semble prouver la grande quantité de charbon de bois mé-
langé à tout, et ce que démontre d'une manière convain-
cante la vue seule des ferrements trouvés, qui ont eu à
subir l'action d'un feu si violent, qu'il y a des parties
pour ainsi dire fondues, tandis que d'autres n'ont sup-
porté qu'une chaleur modérée ; les pierres de la carrière
formant le sol du tombeau sont calcinées et fendues, leur
couleur est d'un rouge brun foncé.

A mon arrivée, différents bruits circulaient dans la
petite ville de Dun-le-Roi et chacun donnait son mot,
disait son avis sur la découverte. Ce qui flattait surtout
l'imagination de quelques personnes et ce qu'elles vou-
laient me soutenir, c'est qu'il y avait eu là la boutique
d'un forgeron, devenue la proie des flammes, du temps
des grandes guerres de religion, que l'on appelle dans ce

pays la guerre de *Mouron* ou *Mont-Rond*. L'énorme quantité de ferrements exhumés donnait un certain poids à cette conjecture pour quiconque ignorait ce qu'était une sépulture dans l'antiquité, et surtout la sépulture d'une personne de distinction. Mais la position des divers objets composant l'enfouissement, l'absence complète de murailles pouvant enceindre une boutique et le simple examen des lieux, annonçaient ouvertement une sépulture de quelque importance.

Après ce premier coup d'œil jeté sur l'ensemble de la sépulture, nous allons examiner en détail chacune des parties qui la composaient, en commençant par les pentures en fer qui, suivant nous, sont les débris des coffrets destinés à contenir tout le reste. Cet examen nous donnera des indications précieuses sur la vie privée, les outils usuels de cette époque éloignée, et nous révèlera de singulières similitudes entre les mœurs industrielles de ces temps barbares et celles de nos ouvriers actuels.

Les Crampons.

Des crampons en fer dont quelques-uns sont parfaitement conservés se sont rencontrés en grand nombre dans toute cette fosse Je suis porté à croire qu'ils devaient être fixés à des coffrets pour en faciliter le transport. Le plus long a 15 c. de longueur d'un coude à l'autre, les pointes ont 4 c. Il est plat à l'intérieur et arrondi extérieurement. D'autres sont de bien moindre dimensions : un d'eux n'a que 4 c. de longueur.

Les Anneaux.

On y a trouvé aussi une grande quantité d'anneaux de toutes grandeurs. J'en ai une quinzaine en fer et une demi-douzaine en bronze. Quelques-uns possèdent des crampons qui servaient à les fixer sur du bois et cela me confirme dans la pensée, qu'ils étaient attachés aux coffrets dont nous retrouvons les pentures. Les uns ne sont qu'un simple fil de fer soudé par les deux bouts ; d'autres sont plats à l'intérieur et ronds à l'extérieur ; deux sont formés de petites bandes de fer tournées en spirale et dont les bouts vont en s'amincissant, il en est un autre tout petit qui devait servir de boucle et posséder un ardillon.

Mais voici la pièce la plus curieuse, c'est un grand anneau de 10 c. de diamètre en fer arrondi pouvant jouer dans un autre petit anneau plat et qu'on dirait formé de trois parties par deux rainures taillées dans son pourtour. Un clou à tête ronde le tient fixé à l'extrémité d'une plaque de fer, large de 5 c. et longue de 16 c. Il m'est impossible de savoir quel en était l'usage, peut-être était-il fixé à un coffret et servait à le porter, il était placé dans la fosse au milieu de l'amas de ferrements dont j'ai parlé, entre une entrée de serrure et une autre plaque de fer, tout auprès de ces chaînes recourbées que l'on prendrait pour les chaînes d'un criminel.

Je lui trouve un analogue dans un rapport de M. Charma sur les fouilles du Catillon. Celui qu'a

trouvé cette antiquaire présente un diamètre d'à peu près
10 c. Ces anneaux, dit-il, jouaient dans un autre de 3 c.
de large et de 13 à 14 c. de tour, qui, d'une seule pièce,
semblait cependant découpé par les rainures qu'on avait
creusées à sa surface en trois boucles distinctes qu'aurait
réunis une traverse en fer de 2 c. de largeur fixée par
deux clous, sur ce qui pourrait être un sommet. Cet
archéologue ignore aussi l'usage et la destination de cet
anneau.

Les Coffrets.

La position relative de tous ces débris nous amène à
l'hypothèse suivante :

Quatre coffrets munis de serrures et contenant l'atti-
rail complet de l'artisan soldat furent posés entiers sur le
bûcher préparé pour les recevoir. Les flammes détruisirent
les planches formant leurs parois et atteignirent les ustensiles et autres objets de ménage composant le mobilier
funéraire du défunt. Les bandes en fer servant à maintenir les couvercles, se laissèrent aller sur les objets de
même métal qui s'y trouvaient enfermés et qui, fortement
chauffés eux-mêmes, se soudèrent entre eux et ne firent
plus qu'un avec les bandes, les serrures et les anneaux
des coffres. On a sorti de la fosse des masses compactes
de ferrements calcinés, mêlés à des ustensiles d'une toute
autre nature. Ces coffrets étaient-ils fabriqués pour servir dans les cérémonies funéraires, ou bien étaient-ils
d'un usage domestique et journalier, comme le sont nos

malles de voyage? Je pencherais à y voir des meubles
propres au service du défunt pendant sa vie; car les pentures, les anneaux et les serrures ne me semblent pas
nécessaires pour des meubles funèbres, destinés à passer
immédiatement par les flammes. Peut-être ont-ils été mis
là comme complément indispensable de la dépouille
usuelle du guerrier et pour servir à son redoutable et
dernier voyage.

Les entrées de Serrure.

Un de ces coffres devait être de dimensions assez considérables si on en juge par la grandeur de l'entrée de serrure, qui y était probablement fixée. Elle a 0,15 c. de
long sur 0,11 de large; c'est une plaque de fer mince en
forme de carré long et dont les 4 côtés sont taillés en arcs
rentrants, ce qui lui donne une certaine élégance : quatre
petits trous sont percés aux quatre angles pour la fixer
au meuble. Le passage de la clef forme une équerre ajou-
rée au milieu (fig. 1).

Ce vaste coffre renfermait sans doute d'autres coffrets
plus petits dans lesquels étaient placées les différentes
hardes du défunt. Deux autres entrées de serrure semblables à celle-ci, mais moins grandes, faisaient partie d'un
amas de ferrements soudés entre eux par la fusion et attenant à des chaines. Une quatrième (fig. 2), plus petite, de
0,06 c. de long sur 0,04 c., était placée à l'extrémité sud
de la fosse.

Les Clefs.

Une nouvelle preuve de l'existence dans notre sépulture de ces coffrets, est la découverte au milieu des plaques et des pentures de fer de deux clefs du même métal dont l'une est de forme assez extraordinaire et l'autre brisée. La première (3), parfaitement conservée, est composée d'une tige plate de fer, terminée par un anneau propre à la suspendre ; cette tige longue de 0,05 c. se coude à angle droit et se continue sur une longueur de 0,08 c. jusqu'à la rencontre d'une troisième tige de 0,03 c. paral_lèle à la première et possédant deux dents en retour. Je n'en connais pas d'autre semblable. M. l'abbé Cochet, dans un beau travail sur les sépultures gauloises et franques en Normandie, nous en montre deux qu'il a trouvées suspendues à la ceinture d'un squelette. L'une d'elles a deux dents comme la nôtre, mais sa forme est moins tourmentée. La seconde de nos clefs qui est brisée (4), n'était qu'un morceau de fer recourbé, servant à soulever le pêne de la serrure. La partie supérieure de cette clef manque, ce qui en reste ressemble entièrement aux clefs gallo-romaines les plus grossières découvertes dans quelques tombeaux du champ de foire, à Bourges. Je n'hésite pas à les regarder comme se rapprochant des époques franques et mérovingiennes.

Mais où sont, me dira-t-on, les serrures de ces meubles dont vous nous montrez les clefs et les entrées? Là mon embarras se manifeste ; j'avoue n'avoir rien vu d'en-

tier, que l'on puisse prendre pour des serrures : elles ne
font sans doute plus qu'un avec les amas de fers soudés
qu'il est impossible de diviser.

Les Chaînes.

Ces chaînes faisaient lors de leur découverte partie de
la masse (1) de fer agglomérée par la fusion et la rouille.
En voulant les détacher on les a brisées. Dans leur état
actuel il est assez difficile de juger leur disposition première. Peut-être ne formaient-elles qu'une chaîne et y
manque-t-il des chaînons. Telles qu'elles sont, elles n'en
sont pas moins curieuses et leur structure vaut la peine
d'être étudiée. Des lingots de fer de 0,02 c. environ en
tous sens sont fixés par la rouille au milieu de leurs anneaux. Quatre ou cinq en sont détachés, un est encore
adhérent. Leur forme extraordinaire, difficile à comprendre, l'est encore plus à décrire ; aucune des personnes que
j'ai consultées jusqu'ici sur leur destination probable, ne
m'a pu fournir d'explication satisfaisante.

Un autre objet nous présente de grandes difficultés
d'attribution. C'est une serrure de forme cylindrique,

(1) Cette masse était formée de clous, de bandes, des deux
entrées de serrure, de la grande boucle, ci-dessus décrite, des
deux chaînes, de petits lingots de fer, d'une garniture inférieure
de fourreau d'épée.

ayant 0,06 c. de longueur sur 0,07 c. de diamètre : une chaîne est fixée à demeure par une de ses extrémités à l'un des bouts de la serrure, l'autre extrémité de la chaîne vient s'adapter à la serrure pour en recevoir le pêne. Du côté opposé du cylindre, une seconde entrée est disposée pour recevoir une chaîne semblable. Je suis porté à croire que cet objet servait à conduire des malfaiteurs ou des prisonniers en les accouplant par la ceinture, car la chaîne a exactement la mesure du corps et la dimension du cylindre correspond à la grosseur du bras.

l'Asciau.

Un genre d'instrument d'une excessive rareté et que les stèles antiques nous montrent parfois gravé avec la formule encore inexpliquée *sub ascia*, a été découvert dans cette tombe.

C'est un charmant petit outil en fer, large de 0,05 c. au tranchant et long de 0,15 c. en comprenant sa douille. Cet instrument s'appelle un *asciau* dans nos campagnes, où il est employé journellement par les charrons. Il a la la forme d'une pioche et était destiné, comme la doloire des tonneliers, à préparer les pièces de bois concaves et courbées. Il est habilement travaillé : sa tournure est élégante L'ouvrier qui l'a fait n'avait pas l'intention de faire un outil commun. Sa douille est à six pans et a conservé sa forme primitive parfaitement intacte, on y pourrait introduire un manche avec autant de facilité que lorsque l'instrument était neuf.

Parmi les morceaux les plus intéressants sortis des fouilles de Dun-le-Roi, sont sans contredit les outils que l'on nomme *plaines* dant nos campagnes, et dont je n'ai trouvé d'analogue dans aucun des ouvrages spéciaux que j'ai consultés. Les trois instruments en fer de cette sorte que m'a présentés cette sépulture étaient placés les uns sur les autres : deux d'entre eux sont encore superposés et adhérents. Ils se composent d'une lame de métal tranchante d'un seul côté, aux deux extrémités de laquelle sont ajustées deux tiges pointues qui entraient dans des poignées de bois et permettaient de manier l'instrument. Deux de ces outils sont à peu près d'égale force (fig. 5 et 6), ils ont 0,05 c. de largeur depuis le dos jusqu'au tranchant et 0,15 c de longueur. Les tiges des manches ont environ 0,05 c., leur dos est recouvert d'une lame mince de métal placé là pour leur donner plus de force et formant une petite moulure qui leur sert d'ornement.

J'ai dit ajustées en parlant des tiges, c'est qu'en effet elles n'ont pas seulement été soudées avec la lame de fer quand l'ouvrier a fait l'outil, mais bien renforcées d'autres tiges semblables faisant corps avec elles et arrondies à la jonction avec la lame. Un trou pratiqué un peu au-dessus des autres servait sans doute à la suspendre.

Le troisième de ces instruments était plus grand; sa largeur était de 0,07 c. Mais une de ses extrémités est brisée et l'on ne peut préciser la longueur : je n'ai pu re-

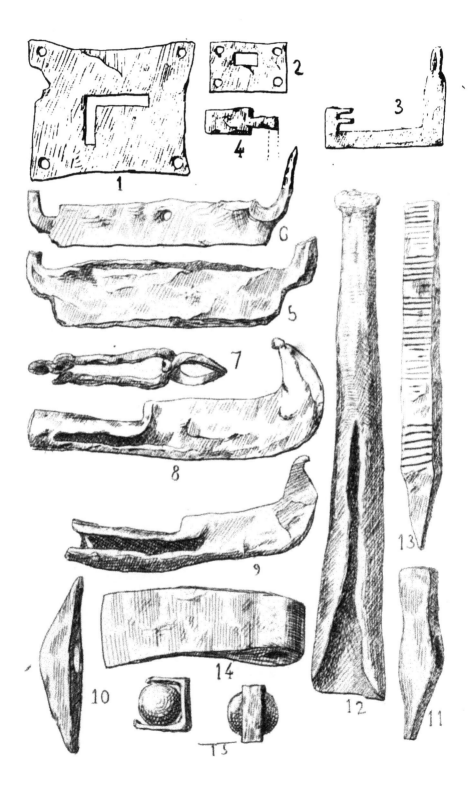

trouver la partie manquante. Peut-être faisait-il suite,
comme semble l'indiquer sa largeur et son épaisseur, à
un autre débris se terminant par une douille, et formait-
il ainsi un de ces outils dont se servent les sabotiers.

Les Serpes.

Les instruments très-simples dont nous avons à parler
sont appréciés par les savants de façons fort diverses. La
sépulture de Dun-le Roi nous a donnés deux petites serpes d'une parfaite conservation, peut-être en existait-il
une troisième, mais elle aura été jetée dans les remblais.
La plus grande, (fig. 8) a 0,25 c. de long sur 0,04 c. de
large au tranchant. Sa douille fermée à la base est ouverte sur une partie de sa longueur. Un trou pratiqué
sur le dos donnait passage au clou destiné à la fixer au
manche. Sa pointe après s'être recourbée se relève et
forme un petit bouton. La plus petite (fig. 9) n'a que
0,22 c. de long sur 0,05 c. de large. Sa douille qui possède encore le clou qui la fixait au manche est ouverte
dans toute son étendue. Voici ce que dit M. Charma
dans un rapport (1) sur des fouilles exécutées au Catillon,
d'un instrument semblable trouvé par lui dans un bal-
néaire antique:

(1) *Mémoires de la Société des Antiquaires de Normandie*, 2ᵉ série
9ᵉ volume. — Rapport sur les fouilles exécutées au Catillon par
une Commission. p. 489.

« Je vous décrirai d'abord cet instrument dont la
« figure semble assez supposer l'usage et dans lequel,
« comme quelques savants antiquaires que nous avons
« consultés à son propos (1), vous ne verrez probablement
« qu'une serpe; remarquez-en la figure grossière et la
« douille ouverte de haut en bas, sur un de ses côtés, et
« le clou qui y fixait le manche dont elle était munie : ce
« manche pourrait indiquer que l'outil était fait pour at-
« teindre à distance comme par exemple le croissant de
« nos jardiniers, ou ce que l'on appelle dans le commerce
« un ébranchoir (2). »

(1) C'est l'opinion de M. Worsaë, inspecteur général des monuments historiques du Danemarck, qui a vu cette serpe à Caen au
mois de janvier 1852, et celle de M Tuym de Lausanne, à qui j'en ai
communiqué le dessin. M. Tuym a trouvé un outil semblable
dans un tumulus helveto-burgonde de l'époque mérovingienne, et
déjà on l'avait reconnu dans les ruines de Pœstum.

                                          (Note de M. Charma.)

(2) M. L'abbé Durand ne pense pas que ce puisse être une
serpe, son poids qui n'est guère que de 250 grammes (une
demi-livre) ne lui paraissant pas en harmonie avec cette destination.
Il incline à y voir une arme avec laquelle on pouvait frapper et
couper du bois : le cas cité par M. Tuym le confirme dans cette
idée : il trouve assez invraisemblable qu'on ait enseveli auprès
d'un mort et pour l'honorer un instrument qui n'a en lui rien
d'honorable. — Notons cependant qu'on ensevelissait souvent
avec le mort les objets qu'il avait aimés ou dont il s'était servi
pendant sa vie, quels qu'ils pussent être du reste.

                                          (Note de M. Charma.)

Les Pinces et les Marteaux.

[Nous trouvons encore, dessiné par M. de Lachaussée sur les planches de ce travail, et nous reproduisons un instrument dont la forme indique suffisamment la destination, ce sont des pinces ou tenailles ayant à l'extrémité des branches un anneau en forme d'S destiné à les suspendre. Cet objet, comme beaucoup de ceux décrits dans les paragraphes ci-dessus, ne paraît pas avoir jamais eu de destination militaire : sa description manque dans les notes au crayon que nous transcrivons, mais la netteté du dessin y supplée.

Il en est de même des deux marteaux (fig. 10 et 11) mentionnés comme les pinces dans l'énumération sommaire du commencement et dont la description se sera égarée. Là aussi la clarté du dessin suffira à combler la lacune du texte.]

La Charrue.

Une douille énorme fermée dans la moitié de sa longueur seulement (fig. 12) et accompagnée de cercles de fer de différentes dimensions ne pourrait-elle pas être regardée comme le débris mutilé d'une charrue mérovin-

gienne, à laquelle on pourrait encore trouver des analogues en usage dans certaines parties du Bas-Berry.

L'Enclume, la Faulx.

L'objet dont il s'agit est un petit pieu de fer à peu près
carré (fig. 12), de 0,04 c. d'épaisseur sur un sens et de
0,03 sur l'autre : il a 0,30 c. de longueur en y comprenant la pointe destinée à s'enfoncer dans la terre ou dans
une bille de bois qui lui servait de base Il est orné d'une
tige mince de fer qui s'enroule en spirale depuis l'endroit
où commence la pointe jusqu'à la tête. Cette tête est légèrement bombée et ressemble à celle d'un marteau après
un fréquent usage. La destination de cet objet ne nous
laisse aucun doute, c'est là dans toutes ses parties l'enclume du faucheur propre à battre la faulx lorsque la lame
est émoussée. Peut-être cet instrument avait-il encore
pour but de former le taillant des autres outils dont nous
trouvons des spécimens dans l'enfouissement.

De cette enclume est née pour moi l'idée de la faulx :
il a dû y en avoir une dans la sépulture et, si son extrême fragilité n'a pu résister aux nombreuses causes de
destruction qui l'entouraient, certains débris dont
je ne m'expliquais pas d'abord l'origine pourraient
bien avoir appartenu à un de ces instruments d'a-
griculture. Notre défunt joignait donc à ses causes d'illustration et à ses nombreuses industries la qualité d'agriculteur? La question est difficile à résoudre et cependant
la charrue, l'enclume, la faulx permettent de le penser.

La Pierre à aiguiser.

Deux grès de 0,14 c. de long sur 0,12 c. de large et
0,08 c. d'épaisseur avaient été déposés l'un sur l'autre
vers le centre de la sépulture. Tout auprès se trouvait
également une pierre à effiler très-usée, semblable à celle
dont se servent nos faucheurs : elle fut brisée par quelqu'un qui voulut s'en servir après ses quatorze ou quinze
siècles de repos : il n'en reste plus qu'une partie. Ces grès
gris calcinés par la chaleur du bûcher et devenus aussi
tendres que de la brique mal cuite, paraissent avoir eu
deux usages différents dont le principal eût été de moudre
le grain : en effet ils ont tous les deux les parties qui se
touchaient par superposition lors de leur découverte pi-
quées dans le milieu, comme le sont ces petites meules à
bras que l'on trouve journellement dans les fouilles. Il
reste le long des bords une bande de quelques centimètres, qui n'a pas été piquée. La partie extérieure de ces
grès est arrondie et usée par le frottement et peut-être
était-ce à eux que l'on avait recours, comme usage secon-
daire, pour le repassage. Lorsque le taillant de l'outil ou de
la lame avait été battu sur l'enclume, ils le dressaient, et
la pierre à effiler enlevait les bavures et leur donnait ce
qu'en terme de coutellerie on appelle le fil. Une découverte de ce genre est rapportée par M. l'abbé Cochet dans
sa Normandie souterraine. « A Loudinieu, dit-il, en 1850,
on a rencontré une pierre noire, fine et polie, qui peut-être
fut emmanchée et que je considère comme une pierre à
aiguiser les armes. Je crois en avoir trouvé de sembla-

bles à Envermeu. M. Baudon en a également recueilli
dans le cimetière de Channay, j'en ai remarqué plusieurs
dans sa collection Burgonde. Quelques-unes ont été percées d'un trou afin d'être suspendues parmi les bagages
du guerrier. Je suis disposé à croire que nos Francs portaient ces pierres à la ceinture. »

Vases.

La poterie funèbre, cette véritable médaille de l'humanité (1), tenait une grande place dans la sépulture
de Dun-le-Roi; et sa médiocre fabrication, le mauvais
choix de la terre employée, nous montre ce qu'était devenu l'art de la Céramique en ces temps corrompus, où
la civilisation romaine s'écroulait de toutes parts et où les
barbares du nord brûlaient et ravageaient la Gaule.

Quelques-uns de ces vases sont une copie grossière des
formes romaines, on y reconnaît un type perpétué mais
dégénéré, dont les contours sont devenus rudes et angu-
leux comme les mœurs des peuples.

La terre de ces vases n'est pas aussi fine que celle dont
se servaient les Romains, ce n'est plus leur beau vernis
noir : ce n'est pas non plus la forme exacte dont on trouve
des exemples chez les Francs et les Mérovingiens. Il y a
moins de finesse d'exécution que dans les vases des derniers temps de l'empire, il y en a plus que dans les pots
funéraires que nous a décrits M. l'abbé Cochet dans

---

(6) Sép. Gaul. Franques. p. 339.

son intéressant ouvrage sur les fouilles qu'il a exécutées en Normandie.

Ils tendent à se rapprocher des vases découverts par M. l'abbé Cochet, dans les sépultures de Benouville et d'Etretat, et leur fabrication se place ainsi entre la fin de l'empire romain et les premiers temps de l'époque mérovingienne.

Trente vases au moins, si l'on en juge par les débris que je possède, ont dû être placés, ou même rangés dans ce lieu de repos. Malheureusement, comme nous l'avons dit, la maladresse et l'incurie des premiers travailleurs et avant tout l'affaissement des terres, ce fléau des antiquaires, en avait considérablement diminué le nombre. Quatre seulement sont intacts, sept sont rétablis à peu près dans leur entier : des autres il ne reste que des débris pouvant indiquer leur forme et faire regretter leur mutilation.

Une partie de ces vases a dû contenir des mets et des boissons chères au défunt; d'autres ont pu servir aux libations funéraires restes du paganisme, d'autres ont dû contenir les restes brûlés du mort.

C'est à cette destination que nous attribuerons deux vases ayant 0,30 c. de diamètre à la panse et 0,20 c. de hauteur, et qui se rapprochent singulièrement par la forme et l'ornementation de ceux décrits par M. l'abbé Cochet, page 406.

La passoire.

Trois vases en bronze parfaitement semblables entre eux, ayant 0,60 c. de diamètre et 0,50 c. de hauteur et un rebord de 0,03 c. furent trouvés placés auprès de masses de fers soudés par la rouille.

Ces vases sont percés de trous d'une exiguité extrême et rongés d'une telle façon qu'ils forment des festons et des étoiles, et qu'on les prendrait pour une fine dentelle, de petites poignées de bronze en forme d'ancres y étaient fixées et servaient à les tenir à la main.

Ce sont là de véritables passoires destinées sans aucun doute à la préparation des mets. Malheureusement, l'affaissement des terres et le feu, auxquels il faut sans ménagement ajouter la maladresse des ouvriers et leur promptitude à tout détruire, les ont rendus pour ainsi dire méconnaissables; l'une d'elles cependant est moins détériorée que les autres. Un petit rebord parfaitement suivi et tourné avec moulures parallèles lui donnait plus d'élégance.

Nous avons là une preuve matérielle irrécusable de ce que devait être l'art culinaire à cette époque et de la légèreté que l'on y cherchait dans les mets.

Chose à remarquer, ces trois passoires manquent complètement de fond, soit qu'ils aient été enlevés primitivement avec intention, soit plutôt qu'ils aient été brûlés sur le bûcher.

Les Haches.

Les haches sont de la plus grande simplicité et ressemblent entièrement aux haches modernes propres à fendre et à couper le bois — et je suis porté à croire que ce fut là leur principale destination. La plus grande (fig. 14) a 20 c. de long sur 8 c. de large à son tranchant Sa douille est grande et pouvait recevoir un manche volumineux, l'autre n'a qu'une longueur de 17 c. sur une largeur de 7 c.

Couteau, Poignard, Ornements de fourreau.

Un seul couteau s'est rencontré entier. Peut-être en existait-il d'autres qui n'ont pas été recueillis. Sa lame est intacte : la soie seule est cassée à 2 c. de la base ; il est tranchant d'un seul côté, sa longueur est de 8 c. sans la soie, sa largeur est de 3 c. ; il a tout-à-fait la forme des couteaux que nous appelons *Eustaches*.

L'extrémité d'une autre lame pointue, semblable pour la forme à une lame d'épée, a aussi été conservée, le reste manque et a certainement été brisé. Ce fragment de 0,30 c. de longueur sur 0,04 c. de largeur était sans doute la lame d'un poignard ou épée courte. Des restes d'ornements de fourreau en fer collés sur la plaque de fer munie d'un anneau dont j'ai parlé plus haut, auraient pu orner la gaîne de cette arme. Cet ornement, d'une extrême légèreté, est remarquable par sa forme et sa simplicité.

Les Armes.

Les armes sont la partie la plus intéressante peut-être de la découverte. Trois épées, un poignard, trois lances,

des bouts de flèches et deux frondes ont été extraites de
la fouille. On voit distinctement sur toutes ces armes les
traces dévorantes du feu. M. de Caumont, dans son *Cours
d'Antiquités monumentales*, nous en indique la cause en
parlant de la cérémonie funèbre. On jetait, dit-il, dans le
feu des présents, des objets de différents genres et les
marques distinctives du mort; les armes des militaires
étaient ordinairement brûlées avec lui. Nous ne faisons
pas figurer parmi les armes, malgré l'opinion de l'abbé
Durand, les petites serpes à douille dont nous avons
parlé plus haut.

Les Frondes.

La fronde, comme arme de jet devait avoir place dans
l'équipement militaire : aussi je n'hésite pas à regarder
comme des débris d'armes de cette espèce les deux fragments suivants. Ils consistent chacun en une tige de fer
plate de 0,02 c. de largeur recourbée sur le sens de son
épaisseur et formant un carré de 0,05 c. sur chaque face
(fig. 15), au milieu duquel se trouve collé par la rouille
une petite boucle en silex, de 0,004 m. de diamètre environ. Une peau qui a disparu sur le bûcher avec tous ses
accessoires devait entourer cette armature et former une
cuvette dans laquelle la pierre était placée. Cette armature
empêchait que les bords en peau de la cuvette ne retins-
sent en se rapprochant la pierre au moment de son départ. Elle ajoutait du poids à la fronde pour activer la
rotation.

Trois épées d'une remarquable conservation ont été
retirées de notre antique sépulture : Ces superbes épées
sont légèrement ployées comme des S, forme qui paraît
généralement consacrée, suivant une bizarre coutume
usitée surtout chez les peuples du Nord, les Scandinaves
et les Germains, et consistant à ne point mettre d'armes
dans la tombe d'un guerrier sans les ployer ou les rompre, coutume qui pouvait signifier que l'arme d'un guerrier ne devait plus frapper après sa mort et dont le but
principal était peut-être aussi d'empêcher, en mettant les
armes hors d'usage, la spoliation des sépultures.

Dans sa *Normandie souterraine*, M. l'abbé Cochet nous
fait voir des découvertes analogues, une épée recourbée
a été vue par lui dans la sépulture gauloise de Moulineaux. Il nous montre aussi une épée ployée, venant du
cimetière romano-franc d'Eslettes. Une cinquantaine
d'épées de ce genre ont été trouvées en Suisse, par
M. de Bonstetten. Mais notre découverte se rapproche
surtout des glaives de fer qui se trouvent dans la collection
des antiquités de Schwerin, que l'on croit provenir des
Wendes et qui ont été rougis au feu et ensuite ployés sans
pourtant avoir été brisés. Il paraît que, en faisant brûler
le corps mort on a posé les armes sur le bûcher, afin de
les rendre inutiles à leur première destination, et qu'on

les a mises ensuite sur l'urne destinée à conserver les ossements de leurs personnes. (1)

La plus simple de ces épées (fig. 1 Pl. II.) a 0,4 c. de largeur et 90 c. de longueur y comprise la soie qui en a 12. Elle
est plate, se termine en pointe et est tranchante des deux
côtés. Son fourreau, de 5 c. de large, se compose de deux
lames de tôle, qui s'emboîtent l'une dans l'autre et qui
forment sur toute la longueur un bourrelet continu visible seulement du côté où l'arme touchait au corps. Un
double bourrelet en fer borde également l'ouverture destinée à laisser couler la lame dans l'intérieur de la gaîne ;
une saillie de même métal placée à 4 c. de cette ouverture
donnait passage au baudrier qui tenait l'arme pendue au
flanc du guerrier.

La seconde (fig. 2) est plus ornée, la soie n'en est pas
entière, mais la bonne conservation du fourreau est un
dédommagement qu'on doit apprécier. Elle est de même
dimension que la première et tranchante aussi des deux
côtés. Le fourreau est garni à son sommet d'une bordure
en fer, qui lui donne plus de force. Une saillie s'y trouve
aussi pour retenir le baudrier ou le ceinturon. Un ornement en fer cannelé entoure le fourreau vers le tiers
de sa longueur et quelques bourrelets transversaux gar-
nissent la pointe.

La troisième de ces épées (2) est plus complète et plus

---

(1) *Mémoires de la Société royale des Antiquaires du Nord*,
cités par l'abbé Cochet. *Sep. Gaul. Rom. et Franques*, p. 410.

(2) Par une confusion qui s'explique facilement pour des renseignements posthumes, cette épée a été donnée et dessinée dans le troisième

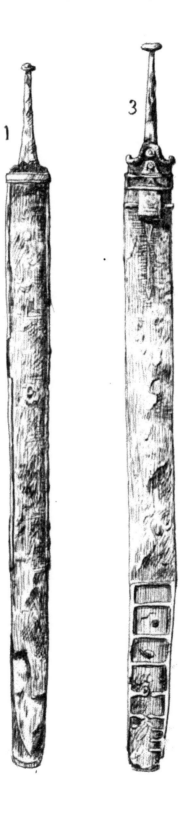

ornée (fig. 3) et la décoration très-soignée de son fourreau nécessite une attention particulière. La soie de la
lame est entière, un fort bouton termine le sommet pour
retenir une fusée en corne ou en os, qui a disparu. La
garde en fer est travaillée avec soin et a quelque ressemblance avec celles de certains de nos couteaux de chasse
modernes La lame plate et à deux tranchants, est légèrement tirée du fourreau dont l'entrée est faite de manière
à tenir la garde emboîtée. Il est formé, comme le premier
décrit, de deux plaques de tôle, repliées de manière à
former un bourrelet continu jusqu'aux deux tiers environ de sa longueur, où elle rencontre la garniture inférieure. Une bordure en fer cannelé l'entoure et donne
plus de solidité à son entrée ; une saillie de 3 c. de largeur
et de 4 c. de hauteur servait à tenir le ceinturon. La tige
plate de cette saillie se continue par en haut jusqu'à la rencontre de la bordure de l'entrée et se termine en bas par une
tige en pointe de 7 c. Quatre petites tringles en fer entou-
rent le fourreau et l'ornent à son sommet. La garniture
inférieure en bout est formée de deux tringles creuses
qui tiennent emboîtées les deux lames de tôle du fourreau
et qui remplacent ainsi, dans la partie inférieure, le bourrelet que les deux lames faisaient en se repliant l'une sur
l'autre. Ces deux tringles sont reliées à leur sommet

volume comme venant des Fertisses, commune de Sainte-Solange,
travail de M. de Laugardière. Nous reproduisons, ici, le dessin de
M. de Lachaussée, qui la donne, non pas dans son état actuel,
mais dans l'état de conservation meilleure qu'elle présentait lors
de sa découverte.   (N. de la R.)

par un anneau en fer cannelé et de distance en distance
par de petites tringles parfaitement travaillées, renflées dans
leur milieu (et que je ne puis mieux comparer qu'à des
balustres en pierre de terrasse.)

Nous avons passé en revue tous les objets que leur
état de conservation a permis d'étudier ; nous n'avons
plus à signaler que des débris mutilés de douilles, de
couteaux, de tiges de fer de toute forme et de toute dimension. Nous y remarquerons seulement une grande bande
de fer de 2 c. de largeur, qui s'est cassée en voulant la
sortir et qui pourrait être une ceinture, si toutefois il a
existé des ceintures de métal, ce que nous ignorons.
Nous notons seulement cette impression que des découvertes ultérieures peuvent modifier ou rectifier.

L'archéologie est appelée à compléter l'histoire, et l'antiquaire a le devoir de chercher à soulever un coin de ce
voile épais étendu sur nos origines ; la découverte de
Dun-le-Roi nous présente un sérieux intérêt, en nous
initiant aux 'ecrets de la vie privée des anciens habitants de cette ville, et en jetant quelque lumière sur leurs
mœurs et leurs usages à une époque peu connue. La
présence d'instruments agricoles et industriels, à côté
des armes et des épées, peut même être regardée comme
un indice, que les guerriers d'alors, les chefs mêmes,
ne dédaignaient pas de se livrer aux plus humbles occu-
pations de la paix, pendant les rares moments de repos
que leur laissaient les luttes continuelles de ces temps si
profondément troublés. Je dis les chefs, car les sépultures

des simples guerriers n'étaient pas aussi richement
ornées, les découvertes journalières nous le montrent
clairement; un ou deux, vases seulement, quelquefois
accompagnés d'un couteau de fer et d'une agraffe de
même métal (1) et souvent en cuivre, rien enfin qui indique l'opulence : voilà ce qui annonce ordinairement
l'humble tombe de l'habitant des bords de l'Auron. Eût-
on d'ailleurs placé au sein d'une ville, tant petite soit-
elle, ou même dans ses faubourgs, la sépulture d'un habitant qui n'eût pas occupé une situation élevée? Ces armes
elles-mêmes n'ont-elles pas leur langage? L'épée, on le
sait, était l'arme de la cavalerie, et surtout l'indice du
commandement; à elle seule étaient attachées les prérogatives militaires. En outre, un chef avait-il commis une
faute, on commençait par lui retirer son épée; un autre
s'était-il distingué par quelque action d'éclat, on lui offrait
une épée d'honneur. Les épées sont rares dans les fouilles
et leur petit nombre même appuie notre hypothèse (2).
Si chaque soldat eût eu une épée, il eut désiré emporter
avec lui l'arme dont il était fier, et on en trouverait
davantage.

(1) Je possède dans mon cabinet plusieurs de ces petits couteaux
en fer et une flûte également en fer venant du champ de foire.

(2) Je conserve encore dans ma collection deux belles épées
en fer trouvées dans les sablières du Nointeau, commune de
Sainte-Solange (les Fertisses). Ces épées furent trouvées en tirant
du sable à environ 0,80 c. avec des lances et des brule-parfum assez
curieux : Elles étaient allongées auprès des squelettes, qui avaient
une pierre poreuse énorme placée comme oreiller.

Nous avons donc là la sépulture d'un chef à la fois laboureur, artisan et soldat.

Cette sépulture est payenne, nous en voyons la preuve dans le grand nombre d'objets qu'elle renfermait et dans ce procédé de l'ustion dont elle nous fournit un tardif exemple, et qui devait bientôt disparaître sous l'influence croissante du christianisme. La forme et la nature des poteries nous indique une époque de décadence déjà avancée et nous permet de signaler là un spécimen de sépulture mérovingienne, dont bien peu d'analogues ont été, croyons-nous, jusqu'à ce jour, rencontrés et explorés dans notre pays.

[La Société est heureuse de publier ces notes émanées d'un jeune archéologue enlevé à la science, il y a déjà treize ans, et remarquables par la clarté des descriptions, la sagacité des appréciations et une profonde connaissance des ouvrages spéciaux.

Pet-être y trouvera-t-on un peu trop de précipitation à émettre des conclusions insuffisamment justifiées ; peut-être tire-t-il des conséquences un peu hardies, notamment de la forme des poteries, pour assigner à cette sépulture une date par trop précise. Peut-être attribue-t-il à la présence d'objets purement mobiliers une importance exagérée et une signification discutable ; peut-être même les progrès de l'archéologie préhistorique, depuis quinze années, eussent-ils modifié les conclusions du travail et reporté aux époques gauloises cette sépulture attribuée par lui aux âges mérovingiens, sous la vive impression des beaux travaux de M. l'abbé Cochet, alors tout récents.

Malgré ces réserves qu'expliquent l'âge de l'auteur, la rapidité du travail et sa date, cette étude, par les observations consciencieuses qui y figurent, demeure féconde en enseignements sur la sépulchrologie de nos contrées, aux époques obscures de l'histoire.]

(*N de la R.*)

VILLA ROMAINE

DÉCOUVERTE A LEVET

Par M. Amédée RAPIN.

———

Dans le deuxième volume des *Mémoires* de la Société des Antiquaires du Centre, année 1868 p. 46, je signalais le déblaiement récemment exécuté par moi d'un agger demi-circulaire, distant de la voie romaine d'environ cent mètres et longeant le bourg de Levet.

Après avoir énuméré ce que j'y avais trouvé, je continuais en disant que, pour m'éviter de transporter au loin les pierres, briques, tuiles, etc. en provenant, j'avais pratiqué une excavation à dix mètres environ de là, pour y enfouir tous ces matériaux.

La qualité parfaite de cette terre mélangée de détritus animaux, sa profondeur inusitée dans nos parages, (2 m. 50 c. environ), outre beaucoup de débris provenant de l'époque Gallo-Romaine, tout m'engageait à exploiter ce gisement qui m'avait paru fertile au double point de vue de l'agriculteur et de l'archéologue.

Je commençai donc ce travail dans les premiers jours de novembre 1869. A la fin de janvier je fus forcé de l'ajourner, la nappe d'eau m'ayant empêché de continuer.

L'an dernier, à la même époque, je repris ces travaux que j'ai menés à bonne fin, ayant été merveilleusement servi par une sécheresse, dont l'on gardera longtemps le triste souvenir. C'était une entreprise impraticable les neuf dixièmes du temps, car souvent l'eau, pendant une période de plusieurs années consécutives, est presque au niveau du sol. L'automne dernier j'ai pu descendre à 4 m. 50 sans trouver l'eau ; nous insistons sur ces détails qui sont nécessaires pour bien faire comprendre les conditions d'emplacement des vestiges que nous avons examinés.

Ce que j'appelais un bourbier en 1868 affecte une forme presque régulièrement circulaire : j'ai mesuré dans tous les sens 27 mètres de diamètre. (VE du plan, fig. 1, pl. I.) La pente presqu'également uniforme et très-rapide se termine à 2 m. 50 du point central. L'espace compris entre ces 5 mètres de diamètre a été descendu presqu'à pic à 2 mètres plus bas et tout le fond se trouve sur un plan à peu de chose près parallèle à la superficie du pré, à plus de 4 mètres de profondeur.

La nature du sous-sol complétement calcaire donne à supposer que cette vaste excavation a été faite de mains

d'hommes dans un endroit où ce sol était relativement le
plus profond : dans tous ces prés qui m'appartiennent la
carrière se trouve partout en moyenne à 0,75 ou 0,80 c.
au-dessous de la surface.

Une couche de terre d'alluvion de 0,80 c. la recou-
vrait uniformément, une masse de matériaux remplissait
cette vaste fosse et il a fallu bien des siècles pour que cette
couche, se constituant année par année, ait pu atteindre
cette épaisseur. L'agger qui la longeait au levant ne contenait pas de médailles postérieures aux premiers empereurs romains ; dans l'excavation même, la plupart étaient
de Claude, plusieurs de Néron, quelques-unes de Tibère,
les moins anciennes de Vespasien et d'Antonin, mais en
bien plus petit nombre.

Aucun objet n'a été trouvé dans la couche alluvionnée,
si ce n'est quelques fers de flèches qui, munis alors de
leurs bois, ont pu, à une époque bien postérieure, être
entraînés dans ce fond, lors des inondations périodiques,
par le courant de l'eau.

Une monnaie gauloise en tout semblable à celle décrite
par M. de Kersers (2ᵉ volume, page 331, nᵒ 13), et une
petite hache celtique en serpentine sont les seuls vestiges de l'époque antérieure à l'occupation romaine; encore
paraît-il certain que les monnaies gauloises ont eu cours
simultanément avec les romaines des premiers siècles.
Cette hache, seul objet ayant appartenu sans conteste à
une époque plus reculée a pu se trouver par hasard dans
les matériaux accumulés en si grande quantité, aussi est-
il probable que cette fouille date du premier siècle de
cette occupation et a été remblayée, cent ou cent cinquante
ans après.

A 3 mètres du point central dont je viens de parler, du côté du levant et sous une épaisseur de 1 m. 60 de remblais, j'ai trouvé trois pierres superposées A, sans mortier ni lien de fer. Ces pierres provenant de la carrière de Meillant, mesurent : la plus élevée, 0,80 c cubes; celle de dessous également 0,80 c. de largeur sur 0,60 c. de hauteur; la dernière servant de sous-bassement, 1 m. 10 carré sur 0,60 c. d'épaisseur. Elles avaient conservé un aplomb parfait et elles formaient si bien un seul bloc, qu'il eut été impossible d'introduire entre chacune d'elles le plus mince instrument.

A 5 mètres plus loin, une autre pierre B, en tout semblable à cette dernière et ayant servi de sous-bassement à plusieurs autres, a été trouvée seule, les autres avaien[t] été enlevées et sa position inclinée indique que l'on avait essayé, mais en vain, de le faire; son poids est d'environ quinze cents kilos.

Entre ces deux piles il existait un mur de pierres du pays, d'une épaisseur de 0,70 c.; ce mur, qui devait être continuellement battu par les eaux, m'a paru avoir été construit sans mortier et sans symétrie.

Cette ligne droite, formée par le mur et la pierre de taille qui la terminaient à chaque bout, était parallèle à un talus E de 1 m. 50 de hauteur et qui surplombe le pré. Ce talus situé au levant par rapport au pré et parallèle au mur, n'a presque pas de revers du côté du champ. Il est à 8 mètres de l'emplacement qu'occupe ce mur. L'excavation se terminait au pied de ce talus et de ce côté la pente est la même que celle qui existait sur toute les autres, c'est-à-dire de 0,13 à 0,14 c. par mètre. La disposition du mur AB et du talus E parallèle l'un à l'autre, donne à supposer l'existence d'un édifice construit sur ce lac et n'ayant d'issue que du côté du champ. Cette communication est indiquée par deux ou trois murs distants l'un de l'autre de 5 mètres CD, coupant à angle droit le talus et correspondant exactement au deux piles de même largeur. Ils sont reliés par un autre mur transversal E, faisant parement sur la prairie. Ces trois murs, de 0,80 c. d'épaisseur, sont faits sans symétrie, à chaux et à sable, avec pierres du pays. Les deux murs C, D, parallèles, semblent se continuer dans le champ, dont l'exhaussement indiquait les restes d'une villa gallo-romaine. J'ai fouillé ce talus ou plutôt ce jet de fossé, qui sépare le pré du champ, sur une largeur de 2 m. 50 c. et une longueur de 50, j'ai constaté une épaisseur toujours uniforme de 1 m. 70 c. de terre rapportée, mêlée de gravois et de tuileaux, me réservant de continuer la fouille, lorsque le champ fut dépouillé de sa récolte.

Avant de rendre compte des fouilles que j'ai continuées en septembre 1871, et terminées depuis peu, je crois nécessaire de faire observer que, sur ce mur AB, consolidé aux deux bouts par deux énormes piles, il est naturel de supposer des poutres transversales, s'appuyant également sur le mur E. Ces piles, si fortement assises, ont pu, quand elles étaient dans leur entier, avoir 4 à 5 mètres d'élévation et supporter un édifice qui dominait la vallée.

Le terrain remplissant l'excavation formée par le lac, contenait beaucoup de charbon et de cendres, mais à 1 m. environ, au-dessus de la plus élevée des deux piles, il s'en trouvait une couche presque sans mélange, épaisse de 15 à 16 c. (1). Cette couche, toujours à la même hauteur, et circonscrite entre le champ et le pré, représentait bien les restes d'un solivage et d'un parquet consumés par le feu.

Voilà tout ce que j'ai à dire de cette habitation palu-déenne, qui n'est, comme l'ont démontré les fouilles que je viens de terminer dans le champ contigu au pré, qu'un annexe relativement peu important d'une villa, présentant une assez grande étendue, avec cette circons-tance, toutefois, que la fosse, et si mon hypothèse est admise, la partie paludéenne ou le centre de l'habitation aurait cessé d'être habitée vers la fin du IIe siècle, ainsi que l'indique l'âge des monnaies qu'elles a fournies ; tan-dis que, ainsi que nous l'allons voir, la partie saine, le corps de logis dont nous allons parler, construite sur le sol du champ, aurait continué à l'être bien après que la fosse a été comblée, au moins jusqu'à la fin du IVe siècle.

Les murs mis à découvert lorsque j'ai, au printemps de l'année 1871, suspendu ce travail, sont, comme je l'ai dit alors, le point de jonction entre la construction qui existait dans le pré et celle du champ.

A partir des deux points D, au point T, j'ai mesuré 15 m. et 44 m. dans la longueur de cette enceinte, dont je n'ai en général trouvé que les fondations. Seulement, comme auprès du pré il existait un remblai considérable, ces murs presque tous en petit appareil et parfaitement

---

(1) Nous donnons, Pl. I fig. 2, la coupe de l'excavation. SSS est le sol naturel, RR le remblais mêlé de débris, Z le terrain d'alluvion.

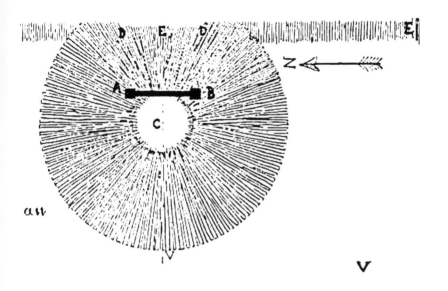

V

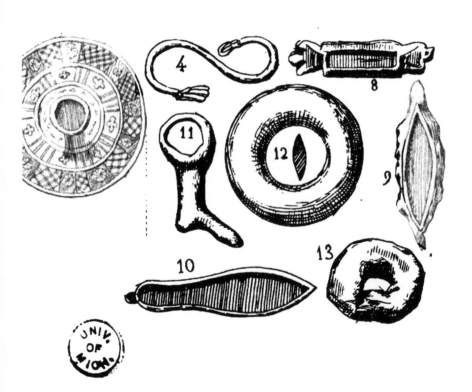

construits, avaient en certains endroits jusqu'à 1 m. de hauteur.

La quantité vraiment prodigieuse de monnaies et de petits objets d'art, trouvés dans les enceintes G G, donne à supposer que là étaient les principaux appartements réservés au propriétaire et à sa famille.

Un conduit d'hyppocauste se trouvait dans la plus grande pièce et la traversait dans son entier. Il était à 1 m. 10 c. du mur séparatif de ces deux pièces. Il était construit en tuiles à rebords, liées entre elles par un ciment très-dur. Je n'ai pu en trouver une intacte, car entières en apparence, elles se mettaient en morceaux quand on les levait. Le sol de ces deux pièces G, ainsi que celle indiquée par la lettre I, était revêtue d'une couche de chaux et de sable de 0,15 à 0,16 c. d'épaisseur, aucun débris de mosaïque et de marbre n'a été trouvé.

Le corridor J, du moins je suppose que c'était un corridor, était pavé, ainsi que les pièces K et L avec un béton de pierre et de chaux sur une épaisseur de 0,20 c. Les deux pièces K et L, étaient séparées de l'appartement principal et servaient probablement de cuisine ou de décharge.

Un autre corridor M, de 3 m. de largeur, et séparant en deux parties cette habitation, devait servir d'entrée principale et mettre en communication les appartements, qu'on peut croire par les objets trouvés habités par les maîtres et les trois pièces N, O, P, dont un plus instruit que moi pourra, sans doute, trouver la destination. Ces trois pièces n'étaient pas pavées et la couleur du sol, indiquait cependant qu'elles avaient été occupées pendant bien longtemps; peut-être était-ce des appartements moins

soignés, soit magasins, soit destinés à l'habitation des
serviteurs ou des esclaves.

Presque toutes les villas gallo-romaines possèdent une
cour intérieure plus au moins grande, au milieu de
laquelle était l'impluvium où se rendent les eaux des
bâtiments. Ne trouvant rien qui puisse, faire supposer
son existence, j'ai cherché sans résultats, hors des murs
d'enceinte et à 3 ou 4 m. de ces murs des dés de maçonnerie destinés à supporter des colonnes, car l'on voit
quelquefois ces galeries se produire l'extérieur, quand il
n'existe pas de cour intérieure.

Ce mur n'existait pas plus que la galerie, je m'en suis
assuré, les fouilles ayant été faites avec le plus grand
soin à 200 m. autour des bâtiments.

Mettant tout amour-propre de côté, je désire vivement
qu'un plus érudit que moi étudie sérieusement ce plan,
car je ne vois pas de pareille distribution dans les villas
gallo-romaines, dont j'ai étudié la description ; aussi, n'ai-
je fait que des hypothèses, qui, s'appuyant sur des
inductions assez vagues, peuvent être victorieusement
refutées.

Malgré sa forte position, cette habitation n'a pu avoir
qu'une destination civile, car si les fouilles sont assez
riches en médailles et petits objets d'art, les armes offen-
sives et défensives font complétement défaut, à l'exception toutefois des fers de flèche dont j'ai parlé plus haut.

En rapprochant ce plan de celui de la modeste habitation romaine que nous avons trouvée à 5 ou 600 m. de
celle-ci et que nous avons décrite dans le II° volume,
nous y reconnaissons de grands rapports dans les distri-
butions : mais les dimensions de celle que nous étudions

aujourd'hui sont beaucoup plus considérables et de plus son caractère à-demi lacustre constitue un fait particulier, auquel nous ne connaissons pas d'analogue.

Il nous faut maintenant faire connaître les objets que nous ont fourni ces explorations.

La fosse ou lac contenait une quantité d'os presque consommés, de cornes de cerf, de dents de porc, en telle sorte qu'on peut croire qu'il a longtemps servi de lieu de dépôt pour les immondices.

Il y existait quelques débris de vases en verre peu nombreux et tellement minces, qu'ils se réduisaient en très-petits fragments difficiles et sans intérêt à recueillir ; un seul que j'ai conservé, un fond de vase, mérite de fixer l'attention sur son pourtour qui est creux et extrêmement mince.

Nous devons donner la description au moins sommaire des différents objets que nous avons conservés de ces fouilles : un grand nombre sont vulgaires et analogues à ceux qu'on trouve dans toutes les habitations Romaines, quelques-uns sont dignes d'être signalés, tant pour l'élégance et l'originalité de leur fabrication, que pour les indications qu'ils peuvent donner sur la vie de nos ancêtres aux époques Romaines.

Époque préhistorique

Petite hache en serpentine vert foncé polie, très-bien faite, longue de 0,043 m., large de 0,031 m., poids 26 gr. 15 (Pl. II. fig. 1).

Objets en argent

Un crochet double en fil d'argent de 0,001 de diamètre terminé par deux sortes de petits glands (4. Pl. I).

Un passe-lacet : dimension 0,002 de diamètre sur 0,044 de longueur ; la boucle en est cassée. (3Pl. I.)

Objets en bronze.

25 fibules, à savoir : 7 en fil de laiton contourné en spirale qui faisait ressort, et dont M. de Girardot a trouvé les analogues au champ de foire à Bourges, près Séraucourt (1).

Onze de formes toutes diverses et variées, ornées de stries, de cercles, de moulures, généralement brisées.

Deux en bronze argenté dont une porte au dos un tableau destiné à contenir un émail dont on voit encore des vestiges rouges. Ces bijoux argentés sont ordinairement d'époques assez tardives.

Trois émaillées, l'une ayant la forme d'une semelle (10) longue de 0,04 c., large de 0,012 m., le bord de la

---

(1) Ces objets ont été représentés par des lithographies publiées par leur inventeur.

semelle est relevé pour retenir l'émail dont ont voit des vestiges rouges.

Une présentant un caisson rectangulaire (8) avec débris d'émail jaune.

Une oblongue (9) dont le caisson porte encore en grande partie son émail bleu.

Deux fort curieuses, l'une (7) est un disque plane avec une tige en saillie au centre, terminée par un bouton. Le disque à 0,035 m. de diamètre; il est partagé en trois zônes concentriques, cloisonnées elles-mêmes en compartiments radiés et émaillés d'une sorte de mosaïque à très-petits fragments rouges, jaunes, verts, noirs; à ce disque est annexé un petit anneau, le bouton central était orné d'un émail rouge. Ce petit bijou doit à ses cloisonnements et à ses émaux une apparence mérovingienne.

L'autre présente aussi un disque, avec saillie au milieu terminée par un bouton émaillé de vert et de bleu, accosté de deux ailes et de deux anneaux ornés eux-mêmes d'ailes émaillées.

Deux styles longs l'un de 0,103 m., l'autre de 0,09 c., ayant tous les deux la spatule coudée (fig. 5).

Une petite broche renflée d'un bout, amincie et brisée de l'autre, peut-être était-ce une petite fourchette comme celle qu'a dessinée M. de Girardot, comme venant du champ de foire de Bourges (fig. 6).

Une jambe, ou plutôt une petite botte, dont la jambe est terminée par un anneau de suspension, breloque ou amulette de 0,03 c. de longueur (11).

Un anneau ou disque circulaire évidé en telle sorte que

la section en est oblongue (12). Cet anneau a 0,03 c. de diamètre, l'évidement est de 0,013 m. Cet objet n'a jamais pu être un anneau à mettre au doigt.

Un similaire vient d'être trouvé dans un tumulus et offert au Musée de Bourges par la *Société historique du Cher*.

Une plaque d'agraffe? ornée de petits trous et de quelques stries. — Poids 9 gr. 40 (Pl. II, fig. 4.).

Objets en plomb.

Un cône irrégulier en plomb portant au sommet des vestiges de bouton d'attache. Dimension : 0,041 m., hauteur du cône, 0,017 m., poids 93 gr.

Deux anneaux en plomb un peu coniques, percés au centre, fort irréguliers.

Diamètre de l'un 0,03 c., poids, 41 gr. 7, diamètre de l'ouverture 0,007 m.

Diamètre de l'autre (fig. 13, Pl. I.) 0,021 m., poids 17 gr. 8, diamètre de l'ouverture 0,007.

Deux anneaux en plomb ornés chacun de huit fleurons, analogues à celui dessiné par M. de Kersers, *Bulletin numismatique*, 1869, n° 26.

Poids : 6 gr. 05 et 6 gr. 15.

Une sorte de petit bouton en os orné de cercles concentriques.

Un fer de pique, longueur totale : 0,165 m., de la douille : 0,10 c., du fer : 0,065 m., largeur du fer : 0,027 m.

De nombreuses clefs de formes et de grandeurs diverses.

Des broches et des pitons de formes bizarres.

Des fers de chevaux que nous n'avons pas recueillis.

Une serpe.

Un couteau de forme élégante le taillant de la lame arrondi, longueur totale : 0,182 m., de la lame : 0,14 c., largeur de la lame à son renflement : 0,045 m. (fig. 2. Pl. II).

Une autre lame de couteau plus petite, longueur : 0,125 m., longueur de la lame : 0,10 c., largeur 0,021 m ; la naissance du dos de ce couteau est ornée d'une armature en bronze en forme d'équerre, qui la maintient de chaque côté, et qui est retenue le long de la soie par une virole. (fig. 3.)

Une sorte d'agraffe ayant quelque analogie avec celle en bronze.

Céramique.

La Céramique, au milieu d'innombrables débris de toute sorte et de toute nature, nous a fourni divers objets dignes de remarque, notamment trois plaques en terre cuite représentant des personnages et sillonnées par derrière de stries analogues à celles dont on raye les plaquettes de plâtre destinées à être scellées aux murs.

L'une représente un personnage à tunique, ayant le bras droit étendu et portant une balance, les jambes manquent et la tête est détachée (fig. 6, Pl. II).

La seconde, un groupe de deux personnages dont un est nu et l'autre paraît avoir été vêtu, ce second personnage est très-incomplet. (fig. 5).

La troisième, un animal fantastique ayant comme la partie antérieure du corps et la tête d'un bouc. La partie postérieure du corps se termine en queue enroulée (fig. 8).

Les débris de poterie présentent des fragments de vases en terre à vernis rouge, moulée, dite de samos, dont quelques-uns portent des dessins élégants, des feuillages courants, des côtes, des stries. Un d'eux présente une partie de composition artistique malheureusement très-incomplète, où on voit un amour assis. Nous donnons un dessin de ce fragment. (fig. 7). Un autre portait comme estampille une rosace, un troisième un nom de potier MARTIS ?

D'autres échantillons étaient de poterie blanche, orange, et grise, assez fine.

D'autres de grès rouge grossier.

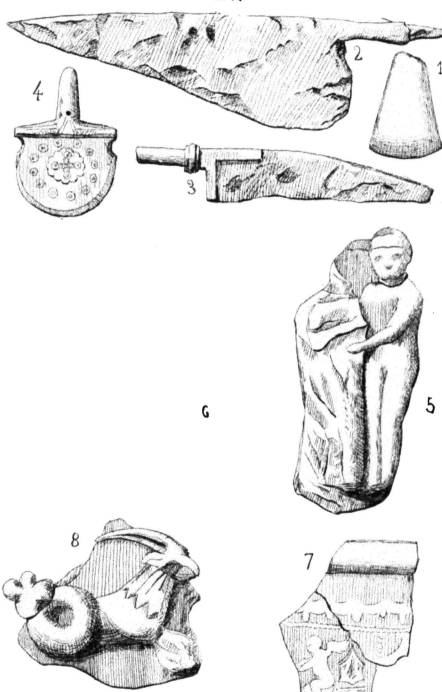

PL II

Monnaies.

Enfin les monnaies forment un ensemble imposant :
13 gauloises, argent, bronze, et potin, et 285
romaines argent, billon, grands, moyens, petits bronzes,
et quinaires, en tous 298 pièces dont voici le catalogue
sommaire :

I. — GAULOISES.

Tête à gauche. — ℞. Cheval à gauche, au-dessus un
long poignard, pièce fourrée argent........... 1 Ex.

Tête à gauche. — ℞. Cheval à gauche, croix
au-dessus, roue au dessous. Argent........... 1

Tête à gauche. — ℞. Aigle à gauche. Bronze. 1

Globule au lieu de Tête, bourrelet autour. —
℞. Cheval courant à gauche. Potin........... 1

Globule au lieu de Tête. — ℞. Cheval à la
queue relevée en S. Potin.................. 3

Tête casquée à gauche, un fort point ou globule
au milieu du front remplace l'œil.—℞. Taureau
cornupète de bon style............... 1

Têtes barbares et globuleuses. — Croix à

A reporter.... 8

Report.... 8

branches recourbées....................... 2

　Têtes barbares. — ℞. Sanglier?........... 1

　Deux frustes.............................. 2

13

II. — ROMAINES.

	Ar.	G.-B.	M.-B.	P.-B.	Quin.
Auguste. — Coloniales de Nismes; deux dont une réduite à la moitié........			2		
Tibère. 3 dont un petit bronze au revers de l'autel de Lyon.................			2		
Claude...............			2		
Néron, revers de la victoire			2		
Vespasien			3		
Adrien		2			
Trajan		2			
Antonin...............		2			
Marc-Aurèle...........		2			
Lucius Verus.........			1		
Commode		2	2		
Crispine, femme de Commode, C R I S P I N A A V G V S T A, buste de					
A reporter....	2	10	15	1	

	Ar.	G.-B.	M.-B.	P.-B.	Quin.
Report....	2	10	15		1

l'impératrice drapé à droite — ɐ. SALVS hygiée assise à gauche. S. C. belle patine verte. Cette pièce qui n'est pas cataloguée dans Cohen, où elle prendrait place entre les N°° 38 et 39, est d'une bonne conservation........

(Toutes ces pièces sont d'une assez bonne conservation. Ce sont celles qui proviennent de l'excavation marécageuse. Les suivantes viennent de la villa proprement dite. La rareté des pièces du III° siècle mérite d'être notée. Celles du IV° y sont en grande abondance).

	Ar.	G.-B.	M.-B.	P.-B.	Quin.
Alexandre Sévère.......			2		
Gordien III............		1			
Postume..				1	
Claude le Gothique?....				2	
Tacite				1	
Florien					
Maximien				1	
Constantin............				8	
A reporter...	3	13	15	15	

	Ar.	G.-B.	M.-B.	P. B.	Quin.
Report....	3	13	15	15	
Crispus..............				1	
Constance............				2	
Magnence				1	
Gratien..............				1	
Valentinien II.........				3	
Plus 184 petits bronzes du IVᵉ siècle vulgaires brisés et frustes				184	
46 petits quinaires de la fin du IVᵉ siècle brisés et frustes					46
	3	13	15	207	47
				285	

On peut conclure de cet ensemble numismatique, que cette habitation a été occupée depuis les premiers jusqu'aux derniers temps de la civilisation Romaine : depuis les époques où se mêlaient les mœurs, les usages, et les monnaies des Gaulois et des Romains, des autochthones et des étrangers, jusqu'au moment où l'invasion de la barbarie vint promener partout l'incendie et la dévastation, immobiliser la civilisation, puis bientôt la faire rétrograder jusqu'à la plus affreuse misère.

Notre villa ne nous a donné ni marbres, ni colonnes, ni statues, ce n'était pas un palais rural, comme on en a trouvé à la Touratte, ou à Feulardes, chez M. Berry. C'était une habitation probablement d'aisance moyenne; seulement son établissement près d'une vallée, et ses

annexes lacustres nous ont paru, par leur singularité
inusitée, appeler une étude précise et motiver les descriptions exactes que nous avons faites (1).

(1) Pour fixer l'emplacement de ces vestiges nous donnons les
indications cadastrales suivantes : Le Pré porte le nom de *Pré
Thévin,* section E du plan cadastral de la commune de Levet, n° 68.
La Terre porte le nom de *Grosse terre,* section D, n° 209 même
commune.

ÉPIGRAPHIE ROMAINE

DANS LE DÉPARTEMENT DU CHER

Par M. A. BUHOT de KERSERS.

———

Les monuments épigraphiques que la civilisation Gallo-Romaine a laissés parmi nous et qui ont reparu à la lumière sont malheureusement bien peu nombreux, mais présentent une incontestable valeur historique. Plusieurs de ces monuments ont disparu et il n'en reste que des descriptions répandues dans des publications diverses : parmi ceux qui subsistent, les uns sont épars dans des collections séparées ou sur des points isolés; leur rapprochement dans un même travail peut avoir son utilité.

Il est encore possible aujourd'hui de fixer, pour la
plupart, le lieu d'origine et les circonstances des découvertes : renseignements que chaque jour qui s'écoule rend
plus difficiles à recueillir exactement. Ces travaux de
classement épigraphique se font sur beaucoup de points
de la France et nous croyons opportun de l'essayer pour
notre département.

Les faits peu nombreux que nous apprend l'histoire sur notre contrée aux époques romaines sont trop
célèbres pour que nous ayons besoin de les rappeler ici.
Ce fut en l'an 52 avant l'ère chrétienne, que César, par
son triomphe sur Vercingétorix, établit la domination
romaine dans le pays des Bituriges Cubi. Dès lors la civilisation latine s'y naturalisa rapidement, mais en res-
pectant dans une certaine mesure les mœurs et les usages
gaulois, dont bien des vestiges épigraphiques, numismatiques et funéraires nous attestent la persistance. La civilisation romaine persista dans la contrée des Bituriges
jusqu'au moment où des événements terribles, des invasions et des destructions dont les traces sont encore aujourd'hui saisissables, vinrent sinon la détruire, du moins
l'altérer brutalement : en même temps qu'un nouveau
culte, la religion chrétienne, modifiait son état moral et
venait en quelque sorte lui rendre et au-delà, en grandeur
morale, ce qu'elle perdait en splendeur apparente.

Mais toutes ces grandes modifications nous sont insuffisamment racontées par l'histoire ; celles même qu'elle nous
indique ne le sont que dans leurs trai's principaux et maté-
riels. Que fut pendant ces longues et obscures époques l'état
social de la nation ? de quelle façon se succédèrent ces
périodes de richesse éblouissante et de pauvreté indicible,

de prospérité inouïe et de misère abjecte? Comment se fit
cette rapide introduction de la civilisation romaine dans
la Gaule? Comment et dans quelle mesure les races autochthones conservèrent-elles leurs anciens usages? Comment cette civilisation romaine persista-t-elle, en s'af-
faissant après les invasions barbares, pendant les périodes suivantes? Comment le patrimoine latin, le
capital acquis de traditions artistiques et de notions
usuelles des arts et des sciences, se transmit-il de génération en génération, toujours diminuant, pendant les
époques barbares du haut moyen-âge, en telle sorte qu'on
en trouve encore des traces au moment de la renaissance
du xi° siècle?

Telles sont, avec bien d'autres, les grandes questions
auxquelles l'histoire ne donne, ce semble, que de
bien incomplètes réponses. Leur solution appartient aux
sciences qui cherchent dans l'étude des monuments
eux-mêmes et des vestiges contemporains l'éclaircissement
des doutes que l'histoire ne sait pas dissiper. C'est à ce
titre que l'attention se fixe sur les inscriptions antiques
dont les Romains usaient largement : c'est à ce titre
qu'elles présentent un intérêt tout spécial pour les pays
sur lesquels les documents écrits sont presque absolument muets.

Sans introduire ici toutes les divisions qui peuvent
être établies dans les grands recueils et les très-riches
collections, nous examinerons successivement :

1° Les monuments votifs ou inscriptions altariques.

2° Les inscriptions de colonnes ou bornes itinéraires.

3° La série assez nombreuse des monuments funéraires
privés.

4° Les monuments funéraires chrétiens.

5° Divers fragments qui rentrent mal dans les catégories ci-dessus.

I. — Monuments religieux ou votifs.

Nous plaçons les premiers ici, comme dans un grand nombre de recueils, les monuments religieux. La connaissance de l'état moral d'un peuple, quelque abject qu'il puisse être, aura toujours la première importance pour comprendre son histoire et apprécier ses destinées.

1.

Au premier degré de cette série, nous trouvons la magnifique inscription recueillie par M. Raynal dans une cave de la rue des Vieilles-Prisons et déposée par lui au musée de Bourges où elle est aujourd'hui.

Elle est intacte et complète; M. Raynal en a fait ressortir l'importance historique. Sa date certaine et reculée et sa belle conservation nous fournissent des indications épigraphiques précieuses. Nous en donnons un dessin en fac-simile à l'échelle de 1/10° (1) de la grandeur naturelle.

(1) C'est à l'échelle du dixième que nous réduisons tous nos dessins, à l'exception des nᵒˢ 70, 71 et 72 (infra).

On peut la lire : PRO SALVTE CAESARVM ET *Populi Romani* MINERVAE ET DIVAE DRVSILLAE SACRVM IN PERPETVVM C. AGILEIVS PRIMVS Se VIR AVG*ustalis Curator Civium Romanorum De Sua Pecunia Dicavit.*

Sacrum nous paraît avoir là son sens naturel de sacrifice. On pourrait lui attribuer le sens d'autel et alors la fin de l'inscription serait *de suo positum dicavit.*

C'est, on le voit, un vestige des honneurs divins rendus à Drusille, la sœur et la concubine de Caligula.

Les lignes sont droites, les lettres nettement coupées; toutefois elles n'ont pas la rigidité que nous trouvons dans les inscriptions ultérieures et qui est habituelle aux capitales romaines. Ici, au contraire, plusieurs des hastes et des contours, notamment dans les C, les G, les M et les V présentent des inflexions légères et élégantes, variées, ce semble, suivant le caprice du lapicide, et dont nous trouverons un autre bel exemple plus bas, n°. 14.

Nous remarquerons, à la première ligne, le V intercalé ;

A la deuxième, V et M liés, E et T du mot *et* superposés et l'emprunt fait sur le bandeau pour faire place à la lettre R ;

A la troisième ligne, les liaisons de V et de A, de E et de T, enfin l'E final élevé.

A la quatrième, V et M liés et plus petits.

A la cinquième, un intervalle entre *in* et *perpetuum* qui a probablement été imposée par un écaillement de la pierre que l'on voit sur ce point.

A la sixième, la liaison de M et de V.

Ces liaisons et intercalations de lettres nous ont paru mériter d'être signalées parce que leur rencontre, à l'époque la plus sévère de l'art épigraphique et dans un monument aussi soigné, évitera tout étonnement, quand nous les rencontrerons dans presque tous les monuments qui vont passer sous nos yeux. Il y aurait donc erreur à regarder, tout au moins pour nos collections, comme une preuve de décadence, un usage qui remonte aux premières années de l'ère chrétienne.

La date de cette inscription nous est très-approximativement connue. Drusille mourut en 791 de Rome, soit 38 de J.-C. Le culte infâme que Caligula lui fit rendre par tout l'empire ne commença qu'à cette époque et dut prendre fin à la mort de Caligula, en 41. C'est donc entre ces deux dates que se place notre inscription.

L'association de ce culte à celui de la chaste Minerve est digne de remarque. Il était ordinairement rapproché de celui de Vénus (1).

---

(1) Voy. Bayle, *verbo.* Drusille, II, 316 et la note.

Nous devons à ce monument la connaissance d'un sévir augustal dans l'exercice de ses fonctions religieuses mal connues dont une partie consistait à élever des autels aux divinités des Auguste (Orelli (1) 1802-3,953.— Boissieu, *Inscriptions antiques de Lyon* p. 177). Ce sévir était en même temps curateur des citoyens Romains; toutefois cette dernière interprétation est douteuse, car nous trouvons parfois les initiales C. C. R. signifiant *Censitor Civium Romanorum* (Orelli 324 et 208).

Nous voyons le *prænomen* C. probablement *Caius*, le *nomen Agileius*, enfin le *cognomen Primus* de ce personnage; c'est ainsi du moins que nous traduisons le mot *primus*, qui a souvent cette attribution (Orelli 3,717 et Gruter *passim*). Lorsque *primus* a pour but d'indiquer la primauté du sévir augustal, il se place généralement, comme épithète, après la dignité. (Orelli, 2,951. — Henzen (2) 7,112.) Le triple nom, indice de la qualité de citoyen Romain, nous porterait volontiers à regarder cet *Agileius* comme étant d'extraction étrangère à la localité et peut-être romaine.

L'inscription est gravée sur une plaque de pierre, encadrée d'un bandeau avec filet intérieur. Elle a 0,44 c. de haut, sur 0,425 m. de large.

(Publiée par M. Louis Raynal, *Histoire de Berry* tome I, p. 79.)

---

(1) *Inscriptionum latinarum selectarum amplissima collectio.* *Edidit Orellius Turici,* 1828. — Voy. aussi page 197, tome II.

(2) *Volumen tertium collectionis Orellianæ supplementa exhibens, edidit Guillelmus Henzen Turici* 1836. — Voy. aussi les nᵒˢ 1,984, 3,846, 7,012, 4,041, etc.

2.

Nous rapportons ici l'inscription donnée par La Thaumassière p. 754 et Catherinot (*Ant. rom.* du Berry, p. 7) comme ayant été trouvée vers 1,600 à Maubranches et rapportée par Clavier, secrétaire de l'université de Bourges, en ses notes sur Perse, p. 114.

FLAVIA CVBA
FIRMANI F......
COSOSO DEO MARTI SVO
HOC SIGNVM
DICAVIT AVGVSTO.

L'inscription, dit La Thaumassière, fut en cette forme communiquée à Scaliger qui répondit : « *Noli mirari de* « *Cososo deo. Non solum enim nationes, sed et Urbes pro-* « *pria numina habent. Itaque in inscriptionibus nomina lo-* « *calia videas, quæ alibi non extant. Neque mirum si fe-* « *mina dedicat, viri enim et deos consecrabant. Sed aliud* « *est in fine, quod nunc per occupationes interpretari non* « *possum.* »

Le rejet du mot *Augusto* à la fin de la formule ne nous semble pas moins surprenant aujourd'hui qu'alors.

Cette inscription est rapportée par Orelli (n° 1,984) comme indiquant par le mot *cososus* soit le nom d'une divinité locale, soit un surnom de Mars. Il ne fait aucune observation sur la construction finale.

Vingt ans plus tard, vers 1620, suivant La Thaumassière (L. VII ch. 41), on aurait trouvé à Levroux une
inscription analogue gravée sur une plaque de cuivre.
*Flavia cuba Firmani filia colosso deo marti suo hoc signum
dicavit auguste.* La coïncidence de cette double découverte, avec la seule variante *colosso* pour *cososo* est si
bizarre, qu'en l'absence de tout contrôle possible, nous
nous abstenons de tout commentaire.

Le nom de Firmanus se trouve dans une inscription
lyonnaise reproduite par M. de Boissieu (1). Le mot *cuba*
semble bien une épithète locale, une sorte de *cognomen*
indiquant le lieu d'origine. Nous le retrouverons plus bas
(appendice n° 6) attribué à un biturige mort loin de sa
patrie.

(La Thaumassière, *Histoire de Berry*, page 754 et
Catherinot loc. cit.)

3.

Après ces monuments dédiés au culte plus ou moins
altéré de Minerve et de Mars, nous passons au culte des
divinités des Augustes fort répandu à cette époque où la
religion officielle n'était plus guères qu'une forme de la
servitude.

Nous signalons d'abord les trois fragments suivants,

(1) *Inscriptions antiques de Lyon reproduites d'après les monuments ou recueillies dans les auteurs par* Alph. de Boissieu, Lyon,
Perrin 1854.

rapportés par de Caylus tome III, p. 376 et pl. CIII et dont nous ignorons la destination actuelle.

NV AV

MONIMEN

TVGARASSONI

CARTVIIIIIVS

NV*mini* AV*gusti* MONIMENTV*m* GARASSONI CARTV [NI FILIVS ou FIL *Votum Solvit*].

Nous remarquerons la négligence I pour V dans *mo-numentum*, et surtout à la fin de la quatrième ligne ces caractères indécis et difficiles, dont nous aurons souvent dans le cours de cette étude à étudier ou plus modestement à signaler le problème.

(De Caylus, *Recueil d'antiquités*, tome III, p 376.)

4.

NV MI BVS

AVGVSTORVM

MONMIINTV DIC

ONIRONTI IIIVS.

NVMI*ni*BVS AVGVSTORVM MONVMENTV*m* DIC*avit* ONIRONTI [FILIVS ou FIL. *Votum Solvit.*]

Nous remarquerons à la première ligne M abréviatif pour MIN; à la troisième M pour VM et l'emploi archa-

ïque du double II pour E; enfin à la dernière ligne la
même confusion qu'au numéro précédent.

(De Caylus, *Recueil d'antiquités*, tome III, p. 377.)

5.

NVM AVG
VII NIX SVM
D S. P.

NVM*ini* **AVG***usti* **[VENIX SVM] D***e Suo Posuit.*

Toute la deuxième ligne nous semble fort douteuse; la
fin surtout.

(De Caylus, *Recueil d'antiquités*, tome III, p. 377.)

6.

M. Hazé dans les fouilles fructueuses qu'il fit faire vers
1834 à Drevant (1) a mis au jour l'inscription suivante qui
existe encore et est incrustée dans le pignon d'une maison neuve à l'est de l'école primaire récemment construite.

Un examen attentif nous a donné la lecture suivante
que nous croyons scrupuleusement conforme au monument.

(1) *Notices* pittoresques sur les Antiquités et les monuments du
Berry, publiées par M. Hazé, Bourges 1834.

Un dessin en existe dans la planche IV des *Notices pittoresques du Berry* (fig. 11).

Les lettres douteuses sont la première lettre de la troisième ligne I ou E, le point qui la suit et la deuxième lettre O ou C. A la septième ligne la première lettre est I, E ou L et la haste du T dépasse la barre de manière à accuser la liaison TI. Notre aversion profonde pour l'interprétation arbitraire des signes nous interdit toute hypothèse sur la lecture de cette ligne. Le reste peut se lire :

NVM *ini augusti* ET DEO I. CATIVS CATVS EX VOTO PRO Se (1)..... *Votum Solvit.*

Les E ont leurs trois barres peu accentuées, presque égales, rappelant ainsi l'écriture *capitale des manuscrits* (2).

Quel était ce Dieu qui se présente sous une forme absolue et sans épithète et dont le culte s'associait au culte d'une autre divinité, qui semble bien être celle des Augustes? Cette qualification absolue semble rare (3), et cependant la coupure du mot *Voto* permet de croire que l'inscription est complète

Faudrait-il lire la seconde ligne *Jovi Catio* (Cf : Orelli, 1,224)

Le nom de *Catius* est connu en épigraphie (4). Le mot *Catus* semble prendre ici la place du *cognomen*, serait-ce une abréviation vulgaire du nom *Catius*?

Le fragment de pierre qui la porte est un étroit pilastre avec base, quart de rond, et filet au bas et doucine au haut. Longueur, 0,77 c.; Largeur, 0,1 c.

(*Notices pittoresques du Berri*, par Hazé. Pl. IV fig. 11.) — Drevant, incrustée dans un mur au nord-est de l'école primaire.

7.

Nous rapprochons de ces inscriptions aux divinités des

----

(1) *Et liberis ?*

(2) Voy. Natalis de Vailly. *Éléments de Paléographie*, I p. 887

(3) Voy. Orelli, 2,140 et suiv. 1,804, 1,604, etc.

(4) Voy. Gruter.

Augustes un petit monument votif en forme de stèle trouvé à Alléan près Baugy en 1830, décrit par M. Berry et dessiné par M. Dumoutet dans les *Mémoires* de la Commission historique du Cher.

Cette stèle représente le buste d'un personnage imberbe enveloppé de bandelettes. Sur la frise et le pilastre on lit :

NVM AVGGIS
SABINVS CNS SORINI

Les lettres douteuses sont le deuxième G indicateur du pluriel dans *Augustis* et que ces Messieurs avaient lu S ; et l'N de CNS qu'ils ont lu II.

Nous proposons la lecture NVM*inibus* AVG*ustis* SABINVS CN*eiu*S [ou CES*ius*] SORINI [*filius*].

La hauteur totale du monument est de 0,75 c., sa largeur 0,25.

(*Mémoires* de la Commission historique du Cher, tome I p. 142 et pl. XVIII, fig. 1.)

8.

Au culte des César semble se rattacher la pierre votive suivante, signalée par M. Raynal, d'après M. Mérimée, et qui existe encore encastrée dans le pied-droit d'une barrière, chez M. Auclerc à Bruères. Elle doit venir d'Allichamps. Elle est très-altérée et d'un travail grossier. La négligence de l'exécution a été poussée si loin

que la surface n'a jamais été dressée et que la partie inférieure était en retraite de 0,01 à 0,02 centimètres sur
la partie supérieure. Nous en donnons un dessin.

Les lignes sont mal suivies, les lettres inégales et barbares sans bases ni sommets fixes, sans traits terminaux :
les dernières lignes sont fort incertaines. On pourrait lire
les premières : *Hæc* ARA CAESARI PERCENIV [pour
Percenius ou *Pescenius*] PRO MILITIA IN ACIE....
omine [ou *numine?*.]

En passant ainsi par-dessus les fautes de grammaire
et d'orthographe, en cherchant dans *Percenius* une corruption de *Pescenius*, corruption du reste assez confor-

me aux habitudes phonétiques du pays, on aurait ici la
consécration d'un autel par l'usurpateur Pescenius Niger,
qui se fit proclamer empereur en Asie à la mort de Per-
tinax en 193.

Mais outre que la barbarie de l'inscription accuse une
époque bien postérieure, il est si peu admissible que ce
général, qui porta à peine deux ans la pourpre impériale au fond de l'Asie, ait eu le loisir d'ordonner l'é-
rection de ce monument dans une bourgade de la Gaule,
que nous préférons de beaucoup voir dans Percenius un
nom propre local, déjà connu du reste en épigraphie, et
compter pour la restitution et l'interprétation du monument sur quelque inscription analogue, que le temps ou
des investigations plus complètes pourront mettre au
jour.

(Raynal. I pag. 80, note.) — Bruères, commune d'Allichamps.

9.

Nous donnons comme consacrée aux divinités locales
l'inscription suivante, recueillie à Bourges en 1687, dans
les fondements de l'enceinte Gallo-Romaine, et dont
nous ignorons la destinée, mais qui a été lue et contrôlée
par Catherinot et La Thaumassière.

SOLIMARAE
SACRVM
AEDEM CVM SVIS

ORNAMENTIS
FIRMANA C. OBRICII E
MATER
D   S   D

SOLIMARAE SACRVM AEDEM CVM SVIS
ORNAMENTIS FIRMANA Caii OBRICII Filia
MATER De Suo Dicavit. Les deux premières lignes
étaient en caractères plus grands que les autres. Les
lettres étaint peintes de cinabre (1). La lettre E finale de
la cinquième ligne a été lue F par Muratori et Orelli ;
elle devient ainsi l'initiale de Filia. Dans ce système
Mater devient un titre, Mater sacrorum, une sorte de
dignité sacerdotale, que l'on désignait sous le nom de
Matratus (Orelli 1491.) Ce titre se retrouve dans d'autres
inscriptions : En le rapprochant du titre Pater sacrorum,
qui paraît s'être rapporté au culte de Mithra, vulgarisé
dans le monde Romain au commencement du troisième
siècle et continué jusqu'à la fin du IV°, ce serait au III°
siècle que l'on pourrait rapporter cette inscription.

Elle indique évidemment la consécration d'un édifice
à Solimara, probablement divinité locale, comme ce
Cososus, auquel Scaliger reconnaissait ce caractère (Voir
n° 2.) Ce nom de Solimara se trouve associé à plusieurs
noms de localité dans la Gaule et son radical est reproduit par de nombreuses monnaies, que leur rareté dans
notre pays permet de regarder comme étrangères aux

(1) Catherinot, Les Philippes de Berry. p. 1.

Bituriges. Ce monument prouve au contraire le culte rendu chez eux à la divinité Solimara.

Nous rapprocherons le nom de Firmana de celui de Firmani dans l'inscription n° 2. C'est la seule apparence de série onomastique que nous puissions saisir dans notre épigraphie locale. Pourquoi faut-il que la perte des deux monuments en diminue pour nous l'intérêt et le fruit !

(La Thaumassière, *Hist. de Berry*, p. 754.—Catherinot, les *Philippes de Berry*, p. 1. Raynal t. I, 81, — Muratori, 114, 1.— Orelli, 2,050.)

10.

A un culte local inconnu paraît se rapporter la belle et curieuse inscription suivante, découverte par Hazé à Drevant en 1834, et qui existe encore incrustée au-dessus de la porte d'un corps de logis attenant à celui dont nous avons parlé au n° 6.

Faut-il lire : DAAONVS De *Testamento* SABINI DICAvI ? Il est fort difficile de décider si la troisième lettre de la première ligne et la première de la troisième sont des *lambda* grecs ou des A dont on a omis les traverses tandis qu'elles existent dans les autres A.

Ces difficultés de lecture et d'interprétation ne sauraient, du reste, être attribuées à l'ignorance ou a l'inhabilité du graveur. Les lettres sont grandes et nettement coupées, creusées en demi-cylindre. La surface de la pierre est bien dressée, sans aucune épauffrure ; tous les traits qui s'y trouvent sont intentionnels et aucun n'échappe aux regards. Les lettres, sans traits à leurs extrémités, semblent un superbe spécimen de ce qu'on a appelé la *capitale rustique*, usitée paraît-il à toutes les époques, mais surtout à celles de la décadence (1) et dont nous trouverons du reste d'autres exemples.

Cette inscription paraît complète ; cependant, il ne serait pas absolument impossible que la partie droite ait été coupée ; la place des lettres de la troisième ligne porterait même à le supposer, mais cette mutilation est peu probable. On prétend dans le pays qu'elle a été nettoyée et retouchée récemment, mais ce nettoyage paraît n'avoir amené aucune altération.

Cette pierre a de longueur 0,86 c. et de hauteur 0,40 c.

(*Notices pittoresques du Berry*, par Hazé, Pl. IV, fig. 12.)

---

(1) Boissieu, *Insc. ant. de Lyon*, p.188 — Natalis de Vailly *Eléments de paléographie*, I, 386.

II. Colonnes milliaires.

Cette série nous fournit trois monuments : deux sont d'un grand intérêt et existent encore, le troisième n'a pu être retrouvé.

11.

Nous examinerons d'abord, par ordre d'antiquité probable, la colonne milliaire découverte à Allichamps vers 1750, par M. Périer, alors ingénieur des ponts et chaus - sées dans la généralité de Bourges. Le dessin en fut communiqué par lui à de Caylus, qui le publia dans le troisième volume de son *Recueil d'antiquités*, page 371 et planche 102, fig. 1. Depuis, elle a été, par les soins du duc de Béthune-Chârost, à la fin du dernier siècle, élevée sur une base à plusieurs degrés, près du village de Bruères sur la grande route de Bourges à Saint-Amand et à Clermont, où on la voit encore. Ces déplacements et l'ignorance où nous sommes du lieu précis de sa découverte n'ont du reste que peu d'inconvénients, puisqu'elle avait été métamorphosée en cercueil et que par conséquent elle n'était plus à sa place primitive.

Dans cette transformation en bière, elle a été mutilée, évidée, raccourcie, en sorte que toute la partie supérieure de l'inscription a été supprimée et qu'il n'en reste que les trois lignes inférieures avec quelques vestiges insaisissables de celles qui étaient au-dessus. Les lignes conservées sont d'une netteté suffisante en majuscules Romaines ordinaires de bonne forme. La lecture en est conforme à celle donnée par de Caylus, quoique les intempéries des saisons depuis un siècle aient amené quelques érosions.

La pierre est cylindrique : nous donnons un fac-simile du déploiement de l'inscription dans son état actuel.

Imperatori caesari.... marco AVRELIO SEVERO ALEXANDRO pio FELICI AVGusto TRIBunitiâ. Potestate Consuli III. Patri Patriæ PROConsuli AVARicum Leugas XIIII. MEDiolanum Leugas XII. NERI Leugas XXV.

Le nom du prince était aux lignes supérieures et a été enlevé. L'épithète de Felix, comme le remarque de Caylus, prouve que cette inscription ne peut être attribuée qu'aux successeurs de Commode, qui le premier a porté ce titre. Il ne pense pas que le bon style des lettres permette de descendre plus tard qu'Alexandre Sévère, et en effet ce

prince ayant eu un troisième consulat, c'est à lui que
conviennent les qualifications ci-dessus.

La formule est une sorte de consécration ou d'hommage à l'empereur, indiqué par le datif; nous trouvons
une formule semblable dans une inscription d'Alexandre-
Sévère (Gruter MLXXVIII, 7.) dont le règne s'étendit
de 221 à 235.

Les indications géographiques de ce miliaire ont été
l'objet des études de Caylus et de d'Anville (1). Chacun
d'eux avait attribué à Néris la désignation de Neri, et à
Châteaumeillant celle de Mediolanum, s'appuyant sur le
témoignage de Grégoire de Tours. M. Raynal (2) a supposé que la voie d'Avaricum se bifurquait à Allichamps
vers Drevant et Néris d'une part et vers Châteaumeillant
de l'autre, mais une étude attentive découvre là une
sérieuse difficulté.

La distance d'Avaricum à Allichamps est d'environ
32 kilomètres, soit à peu de chose près les 14 lieues gauloises (de 1,134ᵗ soit 2,222 mètres) (3), indiquées par notre
borne. Celle de Néris en ligne droite reste un peu plus
forte que les 25 lieues de l'inscription. Mais la distance
de Châteaumeillant est en ligne droite de 30 kilomètres,
soit 14 lieues; de là sont nés des doutes sur l'emplacement réel de Médiolanum. D'un autre côté, la voie
indiquée par la carte de Peutinger d'Argenton à Mediolanum et Néris, nous donne pour la première distance

---

(1) D'Anville, *Notice de l'ancienne Gaule* p. 445. — (Paris 1760.)

(2) *Histoire du Berry*, I, 98.

(3) D'Anville, *Notice de l'ancienne Gaule*, Préf. p. 18; p. 29 et 478.

28 lieues (62 kilomètres), et pour la seconde 12 (26 kilomètres). Aussi la commission de la topographie des Gaules propose-t-elle (1) de chercher la station de Mediolanum à Culan, qui remplit les conditions géographiques de la carte de Pentinger.

Toutefois, si on fait attention qu'une voie romaine encore existante se dirige à l'est de Châteaumeillant, vers Reigny, St-Christophe le Chaudry et Saulzais-le-Potier, mais non vers Culan, on peut difficilement admettre cette attribution, qu'aucun vestige romain ne corrobore.

Si nous en étions réduits à négliger et à repousser les présomptions de l'histoire, de l'archéologie et de l'étymologie qui indiquent Châteaumeillant comme l'ancien Mediolanum : si nous devions chercher Mediolanum en un point non encore révélé; il nous semble que ce devrait être entre Reigny ou Saulzais-le-Potier, puisque là nous trouvons une concordance sérieuse entre les indications des itinéraires et la direction actuelle et certaine d'une voie romaine (2). Ainsi la distance d'Argenton à ce point, donnerait les 28 lieues gauloises ou 62 à 63 kilomètres et d'un autre côté la distance de ce point à Néris, donnerait les 12 lieues de la carte et aussi les 12 à 13 lieues nécessaires pour faire la différence entre les deux indications de notre borne milliaire; savoir : 12 lieues jusqu'à Mediolanum et 25 lieues jusqu'à Néris.

(1) *Revue archéologique* 1863, p. 76.

(2) La carte du Département du Cher, par M. de Leudières, indique cette voie, et elle nous a toujours paru mériter confiance.

Nous écarterions ainsi l'hypothèse de la bifurcation à Allichamps, qui nous paraît purement gratuite et nous admettrions seulement les deux voies actuellement existantes, l'une directe d'Avaricum à Allichamps, Mediolanum, (vers St-Christophe et Saulzais-le-Potier) et Néris, et l'autre tracée sur la carte de Pentinger, d'Argenton·à Mediolanum (au même point) et de là se confondant avec la première pour aller à Aquæ Neræ.

Quoiqu'il en soit, on conçoit tout l'intérêt du problème et l'importance du monument d'Allichamps pour en fixer les données, en y ajoutant le poids de son témoignage impartial et contemporain. Une triple indication sur une borne milliaire constitue du reste une extrême rareté.

La longueur totale de la pierre est de 1 m. 90.

Celle de la partie cylindrique est de 1 m. 30. Son diamètre à la base, est de 0,58 c., et au sommet de 0,57 c.

La base cubique a de côté 0,58 c. sur 0,57 c. de hauteur.

La pierre est celle de la Celle.

(De Caylus, t. III, p. 371 et pl. 102, fig. 1. D'Anville, Raynal, etc.)

Actuellement : place de Bruères.

12.

Le deuxième monument itinéraire découvert dans le département ne nous est connu que par la description et le dessin qu'en donne. de Caylus. t. III, p. 374 et pl. 102, fig. 2.

C'est une colonne analogue à la précédente, creusée comme elle en cercueil et découverte à 125 pas d'elle environ, à Allichamps. L'inscription, nous dit-il, était si dégradée qu'on ne pouvait essayer d'en donner le sens. La figure qu'il en a gravée présente en effet cinq lignes dont les quatre premières nous sont inconnues. La cinquième seule a été lue ; on y *distinguait parfaitement* :

AVR. L. XIII.

Que l'inscription précédente autorise à lire A*V*a*R*icum *Leugas* XIII.

C'est donc le milliaire qui faisait suite à celui qui est aujourd'hui à Bruères, vers Avaricum, et qui indiquait une distance moindre que la dernière, d'une lieue. Nous remarquerons la suppression de l'A ou sa fusion dans le V précédent.

Nous ignorons absolument ce qu'est devenu ce monument.

(De Caylus. *Recueil d'antiquités*. t. III, p. 374 et pl. 102, fig. 2.)

13.

La troisième borne milliaire que nous avons à décrire est celle découverte commune de Trouy, au dix-huitième siècle et aujourd'hui déposée au jardin de la préfecture de Bourges.

Cette borne présente une partie cylindrique, légère-

ment conique vers le haut, la partie inférieure était
cubique et on voit encore la place des angles. Elle a été
retaillée et évidée pour former un cercueil. Les effets de
cette retaille ont été de supprimer le sommet, la ligne
supérieure presqu'entière et toute la partie gauche de
l'inscription. La partie gauche de ce qui reste de l'inscription a été regrattée de manière qu'on n'y peut saisir
que les traits les plus profonds ; par contre, la partie
droite est intacte.

En voici le déploiement :

Comme la partie inférieure formait socle et était carrée,
comme on peut encore saisir la trace des angles, et par
conséquent la direction des faces, nous voyons avec certitude que le côté qui devait faire face a son milieu à
peu près sous la ligne verticale qui passe entre L et I du
mot *Felix*, et qu'ainsi il nous manque environ 1/3 de

l'inscription. Nous pouvons donc en rapprochant ces tronçons, d'inscriptions analogues, (Gruter. CLI. 5. à Braccara. — et CLVIII, 6 à Emerita.) la restituer ainsi :

[IMP. CAES. C. IVLIVSVER] VS MAXI
[MINVS PIVS] FELIX AVG PMTRPIII
..............P. P. GERMANICUS MA
[ETC.IVLIVS] VERVS MAXIMVS NO
[BILISSIM. C]AES. PRINCEPS
[IVVENTVTIS] VIAS ET PONTES VETVS
[TATE COLLAP]SAS RESTITVERVNT.
[AV.VII....] XVIIII FLIIII.

Et la lire :

IMPerator CAESar caius IVLIVS VERVS MAXIMinus pivs FELIX AVGustus Pontifex Maximus TRibunitiâ Potestate III. [Pater Patriæ] GERMANICVS MAximus ET caius IVLIVS VERVS MAXIMVS NO BILISSIMUS CAES PRINCEPS IVVENTVTIS VIAS ET PONTES VETVState collapSAS RESTITUE-RUNT.

(Avaricum Leugas VII.)... XVIIII, Fines. LIIII.

Cette restitution qui suppose environ un tiers disparu de l'inscription paraît d'abord un peu hardie, mais M. l'abbé Barthélemi, à qui cette inscription avait été communiquée lors de la découverte, au dix-huitième siècle, avait proposé la restitution suivante qui fut gravée et se lit encore sur le dé qui sert de base à la colonne.

Imperator Cœsar Caius Julius Verus Maximus pius felix Augustus P. M. TR. P. II.... germanicus maximus et

9

caius julius maximus nobilissimus cæsar princeps juventu-
tis vias et pontes vetustate collapsas restituerunt. XVIIII
F L IIII.

Des légères modifications que nous a inspirées une
lecture attentive et une appréciation plus précise des
intervalles, la plus intéressante est la substitution du
troisième tribunat de Maximin (année 237) au second
(année 236.)

On sait du reste, que les inscriptions analogues laissées
par Maximin dans le monde Romain sont assez nombreuses ; elles sont une preuve soit du zèle de l'administration impériale sous ce prince, soit de sa vanité, qui
cherchait à s'approprier la gloire des travaux exécutés sous
ses prédécesseurs (1).

Les caractères de l'inscription sont de hauteur à peu
près égale, les lignes sont suivies et droites, sans cependant présenter une correction absolue La ligne supérieure,
si altérée, doit être la première.

Nous ferons remarquer, à la seconde ligne, la forme
douteuse de la lettre L du mot *felix* ; à la fin de la troi-
me, la coupure *Ma* du mot *Maximus*; à la cinquième, l'épaufrure finale qui a rejeté à l'autre ligne le mot *juventutis*
(voyez la figure) ; à la septième ligne, la syllabe *sas*, du
mot incorrect *collapsas* au lieu de *collapsos*, faute du reste
peu surprenante à cette époque.

La dernière ligne mérite une attention plus spéciale.
Comme nous pouvons placer le milieu de l'inscription
vers le V de XVIIII, nous devons supposer 8 à 10 lettres

(1) *Inscriptions ant. de Lyon*, par Alph. de Boissieu, p. 368.

supprimées au commencement. Dans la partie qui reste, la lettre F ne nous semble pouvoir être que l'initiale du mot *fines*, station indiquée par l'itinéraire d'Antonin et la carte de Pentinger, comme étant à 61 lieues gauloises d'Avaricum sur la voie de Poitiers et Bordeaux. Seulement il faut supposer alors que la borne était sur cette même voie et à 7 lieues gauloises (15 kilomètres) d'Avaricum, soit par exemple vers St-Florent. Ce qui n'a rien d'inadmissible, puisque cette borne, lorsqu'elle a été trouvée, était à l'état de cercueil et avait subi un déplacement, dont rien n'indique l'importance Nous admettons, dans cette hypothèse, que la partie supprimée indiquait la distance d'Avaricum. En ce qui touche le chiffre XVIIII, — ces hypothèses, déjà un peu hardies, nous le sentons, nous font absolument défaut (1).

La colonne a de hauteur 1 m. 83, la partie cylindrique 1 m. 46 et l'empâtement inférieur, 0,37 c. La largeur est à la base 0,67 c. et au sommet, 0,50, dans les dimensions les moins altérées et 0,39 sur le sens coupé. La matière est la pierre de la Celle-Bruère.

(Raynal, d'après Barthélemi. T. I, p. 96.)

Actuellement au Jardin de la Préfecture.

---

(1) A titre de supposition gratuite nous pouvons regarder le chiffre XVIIII comme incomplet et placer au devant un X qui le porterait à XXVIIII, chiffre à peu près égal à la distance de Tinconium (Sancoins) au point où nous supposons cette borne, qui comme celle de Bruères aurait ainsi porté trois indications.

14

En tête de cette série se place par son antiquité et sa beauté suprême, l'inscription suivante découverte dans les fondements de la tour Gallo-Romaine de l'esplanade St-Michel, démolie en 1863. Elle est actuellement déposée au musée lapidaire de Bourges.

.. MEMoriae AETIONI MAMERCI LVPI FILIAE.

La première ligne a été presque entièrement enlevée; on peut supposer au-dessus les lettres D. M. Un reste du cadre en doucine qui subsiste à droite et le parement de la pierre à gauche, montrent que l'inscription est complète dans le sens de la longueur.

Nous y remarquerons l'emploi archaïque du double I

pour E et la forme du nom de femme, probablement au datif du nominatif *Aelio*. Les noms féminins en *io* quoique rares ne sont pas cependant sans exemple. (Orelli, 2,758 et suiv.)

Mais c'est surtout au point de vue épigraphique que nous appelons sur cette épitaphe la plus précise attention.

Les lignes sont parfaitement droites et parallèles, les lettres, hautes de 0,06, sont admirablement formées, mais très-éloignées de la sécheresse géométrique des majuscules romaines proprement dites. Les traits des sommets et des bases présentent des formes légères, de manière à terminer les hastes d'une façon gracieuse et variée; plusieurs sont assez prolongés pour se marier avec ceux des lettres voisines par de fins déliés. Les barres des L et des E, la queue de l'R forment des courbes élégantes analogues à celles de l'inscription de Drusille (Voy. n° 1) mais plus caractérisées, et accusent la même époque. Les mots sont séparés par des points triangulaires.

Cet emploi du double II pour E se trouve dans Gruter associé à l'usage de caractères grecs, et généralement dans des inscriptions d'apparence antique, remarquables par leur simplicité et leurs bonnes dispositions. (Gruter, p. DCCCLVI, 12 et DCCCCXLII, 3 etc.) Il persista pendant les siècles suivants, mais dans des monuments moins soignés; nous l'avons vu n°ˢ 4 et 5 et nous le retrouverons encore.

Le trait des lettres est du reste par lui-même digne de remarque.

Ce n'est pas là comme ailleurs une simple incision plus ou moins profonde formée par l'angle du burin; ce n'est pas, comme dans l'inscription de Drevant n° 10, un canal demi-cylindrique. Ici la rainure vigoureuse et qui accuse nettement la forme des lettres a ses deux lèvres évasées et s'ouvrant en quelque sorte à l'approche des tra⁻ verses et des barres. Ce procédé évidemment intentionnel de l'artiste, complété par l'action du temps, produit un mélange singulier de douceur pour les regards qui l'envisagent de près, et d'extrême vigueur pour ceux qui la voient de loin ; caractères que nous n'avons encore rencontrés nulle part ailleurs à un aussi haut degré.

De cette inscription, rapprochée du n° 1, nous pouvons déduire des données très-positives sur les caractères de notre épigraphie locale au 1ᵉʳ siècle de notre ère. Nous voyons qu'elle empruntait beaucoup de ses variations élégantes à l'écriture *capitale des manuscrits*, et qu'elle savait, d'une façon qui n'a plus été égalée, joindre la grâce à la fermeté.

Longueur de la pierre 0,95 c. hauteur 0,33 c.

(Publié par M. de Laugardière dans l'almanach du Cher. Pigelet 1858, p. 77.)

Musée lapidaire de Bourges.

15.

L'inscription qui suit, trouvée comme la précédente dans les soubassements de la tour Saint-Michel à Bourges en 1863, n'est malheureusement pas complète. La partie inférieure à gauche est absente. Voyez la figure ci-contre.

CAVIAE QVIETAE

AEMILI AFRI ͞IIVIR

CAVIAE QVIETAE
AEMILIAFRIπVIR
FILIAE
IBLAESI

BIT CVB

DCVS

15

FILIAE

...... IBLAESI

..... BIT CVB

..... OCVS

L'R final de la deuxième ligne est tourné à gauche.

CAVIAE QVIETAE AEMILI AFRI DVVMVIRI FILIAE....I BLAES [DECVR] BITurigum CVBorum LOCVS.

La table de pierre où est gravée l'inscription, encadrée d'une doucine visible de trois côtés, est légèrement concave dans le sens vertical : on peut en conclure qu'elle devait être incrustée dans la partie intérieure d'un hémicycle.

Les lignes sont bien dressées; les lettres égales dans chaque ligne, sont des majuscules romaines proprement dites, bien formées, avec arrêts et barres horizontales. Les incisions sont angulaires. L'R de la fin de la deuxième ligne doit avoir été retourné dans le but de donner à sa haste la valeur de l'I du génitif, que le cadre ne permettait pas de placer.

Nous remarquerons l'absence dans la partie conservée des lettres D M.

L'interprétation des premières lignes ne nous paraît pas difficile. La défunte *Cavia* était fille du Duumvir *Aemilius Afer* et femme de ce *Blœsus* dont nous n'avons ni le prénom, ni le nom, ni la qualité. (Blœsus, *bègue*, est évidemment un *cognomen*). Si le mot *uxoris* ou *conjugis* ne se trouve pas exprimé, c'est là une élision fréquente : de même la restitution *locus* ne nous semble pas douteuse.

Malheureusement, la cassure de la pierre nous enlève
la connaissance du poste qu'occupait Blœsus chez les Bituriges Cubi. On ne peut guères hésiter croyons-nous
qu'entre celle de décurion et celle de Sévir Augustal. La
désignation, non pas de la ville d'Avaricum, mais de la
cité des *Bituriges* nous porte à croire que ce devait, être
une dignité se rapportant à la cité entière, et par conséquent que nous devons voir en lui un membre du sénat
de la cité, un *décurion*.

L'importance de cette épitaphe est très-grande pour
notre histoire locale. Outre la connaissance qu'elle nous
donne de la dignité de duumvir ou échevin, existant à
Avaricum dès cette époque, le premier ou le second siècle,
elle nous donne les noms de personnages importants
d'alors ; elle est une preuve que dans la Gaule romaine
l'usage du triple nom n'existait pas, même pour les personnes d'un rang élevé. Peut-être ne fut-il répandu
qu'après le règne d'Adrien, lorsque la qualité de citoyen
Romain put être acquise par les provinciaux.

Par contre, le *cognomen* semble avoir joué le rôle de
nomen gentilicium ou nom de famille, de même que plus
tard nous voyons des noms de famille qui ne sont que de
simples surnoms devenus héréditaires : Lebègue, Leloup,
Benin, qui rappellent singulièrement Blœsus ou Balbus,
Lupus, Benignus.

Enfin elle est une preuve certaine de la dénomination
de *Bituriges cubi*, attribuée à la cité, au peuple du Berry ;
c'est bien certainement jusqu'à ce jour, en l'absence de
monnaies gauloises épigraphiques locales, le plus ancien
monument écrit de notre histoire.

Toutes ces données nous semblent aujourd'hui presque superflues : mais si nous nous rappelons avec quelle peine, et à l'aide de quelles laborieuses discussions La Thaumassière et Catherinot (1) vers 1690 établissaient l'identité de l'Avaricum antique et du Bourges actuel; on se rendra compte de la certitude croissante des notions historiques, puisque des inscriptions trouvées, les unes à Allichamps au XVIII⁰ siècle (n⁰⁰ 11 et 12), les autres à Bourges au XIX⁰ viennent élucider le problème de nos origines en affirmant, outre bien d'autres points, que Bourges est bien l'*Avaricum* des *Bituriges cubi.*

L'inscription est gravée sur une table de pierre que l'on suppose venir de Meillant, et qui a de hauteur 1 m. 42, de largeur 1 m. 05, d'épaisseur au bord 0,27 Le tableau où est gravée l'inscription est large de 0,485 m.

Actuellement au musée lapidaire de Bourges.

16.

D M.
M. ADVIVINIO
FRVENDO. M. PVD.
ADVENTVS MIL
LEGXXX V.V.P.F.
ET PATAVINIA
ROMANA PAT
RES P.FIL MEN
SIVM.XI.

(1) *Histoire de Berry*, liv. I, chap. 3. — Cath. *le vray Avaric.*

Diis Manibus Marco ADVITINIO FRVENDO M.
PVD*ens* ADVENTUS MIL*es* LEG*ionis trigesimæ* V*lpiæ*
Victricis Piæ Fidelis ET PATAVINIA ROMANA
PATRES (pro parentes) P*osuerunt* FIL*io* MENSIVM
undecim.

Cette inscription bien complète est sur une stèle à portique trouvée à 2 m. 50 de profondeur chez M. Leblanc
rue des Armuriers n° 6 à Bourges, en 1868. Elle ne peut
être antérieure au II° siècle, puisque c'est seulement depuis
Trajan que la trentième légion fut formée et reçut le surnom d'Ulpienne (1), et ne saurait être beaucoup postérieure au commencement du III°, puisqu'à partir du règne
d'Alexandre Sévère (222-235) la trentième légion paraît
avoir ajouté à ses surnoms ceux de Severiana, d'Alexan-
driana etc (2). Les caractères sont des majuscules romaines.
Deux signes bizarres sont sur les fûts des pilastres, sur
celui de gauche un I, sur celui de droite un O?

Les noms que nous donne cette inscription méritent
quelque attention C'est la seule qui nous fasse connaître
un militaire, en nous donnant son nom triple, le *prænomen
Marcus* (?), le nomen *Pudens* et le cognomen *Adventus* :
ce militaire est vraisemblablement d'origine romaine, ce
qui concorde avec notre observation du n° précédent sur la
triplicité du nom. Le surnom *adventus* passe au fils en
prenant la forme diminutive *advitinius.*

Cette modification diminutive qui durait pendant le

(1) *An. de la Soc. de Num.* 2° année, p. 1'8, trav. de M. Roman.

(2) Orelli, 3,894, 3,895, 3,511, 6,683,

temps de l'impuberté du fils portait en général sur le nom : Ici elle est appliquée au mot *adventus* qui, tout en ayant la forme d'un surnom, prend ici le rôle du gentilice, ou nom de famille, comme ceux que nous signalions plus haut.

Ce fils de onze mois a aussi le prœnomen de son père *Marcus*, de plus on lui donne l'épithète touchante de *fruendo*, fort rare, croyons-nous, et qui fait allusion aux espérances de joie qui gisent dans cette tombe. Le nom de la mère se retrouve en épigraphie sous la forme *Patabinia* (Orelli 2,738) avec la substitution fréquente du *b* au *v*, le cognomen *Romana* pourrait être aussi une indication d'origine.

La pierre a de hauteur 0,60 c. et de largeur 0,58 c.

(*Mémoires de la Société française d'Archéologie*, tome XXXII. p. 60 — Gravée *Mémoires de la Société des Antiquaires du Centre*, tome II.)

Actuellement au musée lapidaire de Bourges.

17.

En 1704, dans les fondations du séminaire de Bourges, (actuellement quartier d'artillerie, rues Notre-Dame de Sales et rue Moyenne) fut trouvée une stèle représentant une arcade soutenue par deux pilastres ornés de feuillages, et surmontés d'un fronton triangulaire à deux ailes ; et au-dessous la statue en haut-relief d'une femme brûlant de l'encens sur un autel, avec l'inscription :

DM
ET MEMORIAE IVLIAE PAVLLINAE
TENAT MARTINUS CONIVGI ANL.

D*iis* M*anibus* ET MEMORIAE IVLIAE PAVLLI-
NAE TENAT*ius* MARTINVS CONIVGI AN*nis*
qu*in*quagi*n*ta.

Les deux lett:es DM sont sur le fronton.

Les deux lignes suivantes sont sur le bandeau circulaire de l'arcade (1).

Cette stèle gravée et éditée dans les *Mémoires* de
Trévoux, juillet 1704, p. 1,434, art. cxxi, par le père
Chamaillart, passa au collège des jésuites de Paris. Elle
a été, depuis, transportée au musée St-Germain, où elle
figure sous le n° 11, dans le vestibule d'entrée de
l'escalier d'honneur. (Page 22 des *Promenades au musée
de Saint-Germain*, de M. Gabriel de Mortillet.)

La coiffure de la femme et le style des lettres la placent
au second siècle. Le rapprochement fait par le *Mémoire*
de Chamaillart entre le nom de Tenatius et un nom
analogue rencontré à Vienne, nous semble peu important.

La stèle a de hauteur 1 m. 45, de largeur 0,60 c.

(Mém. de Trévoux, année 1704. Pag. 1,434, art. cxxi,
du Père Chamaillard.)

Act. au musée de St-Germain en Laye, près Paris.

(1) La lecture, que M. Anatole de Barthélemi a bien voulu vérifier pour nous, n'en est pas douteuse.

18.

D M
MEMORIAE MRI
LITTI OSSA VXOR

Diis *Manibus* MEMORIAE MARITI LITTI OSSA VXOR.

A la fin de la deuxième ligne, un trait coupe la seconde partie de l'M, l'R a le trait supérieur prolongé à gauche, de manière à former à la fois un R, un I et un T, enfin l'I final est rejeté sur le bandeau de droite.

Cette inscription est gravée en trois lignes, au-dessous d'un bas-relief brisé, représentant la partie inférieure d'un buste d'homme qui tient un rouleau dans sa main gauche. Les lignes sont réglées au-dessus et au-dessous par deux traits profonds. Voyez la figure.

Le mot *Littiossa* est très bizarre : faut-il le décomposer ? Voir dans la première partie le nom du défunt *Litti* et dans *Ossa* le nom de l'épouse, ou en omettant le nom du mari, voir dans *Littiossa* le nom de la survivante ?

Cette stèle et les dix qui suivent, ont été trouvées dans le cimetière gallo-romain, découvert au faubourg de Charlet ou de Brives, près de l'ancien prieuré de St-Martin des Champs, lorsqu'on a fait les déblais de la place circulaire des établissements militaires.

Hauteur 0,60 c., largeur 0,32 c.

(Publiée par M. Boyer, *Revue Archéologique* 1865, p. 392.) — Act. au musée lapidaire.

19.

DMALVCNAE ?

Diis Manibus ALVCNAE ?

Cette épitaphe, d'une lecture douteuse, est gravée sur le bandeau supérieur de l'encadrement d'une petite stèle présentant au sommet un croissant, au milieu un autel. Comparez au n° 34.

Trouvée au même lieu que la précédente.

Hauteur 0,54 c., largeur 0,30 c.

(Publiée dans le 3ᵉ volume des *Mémoires* de la Société des Antiquaires du Centre, où nous avions lu l'inscription IVLA LVCNA. Une lecture plus attentive nous a donné la forme ci-dessus.) Act. au musée lapidaire.

20.

D MARTIANI...

On peut lire Diis Manibus AP.TIANI ou Diis MARTIA-NI manibus, suivant que l'on supposera que l'M est l'initiale du mot manibus, ou que l'on supposera que cette initiale a pu exister sur la partie fruste à droite de la pierre.

Cette inscription est écrite sur le bandeau supérieur d'une grande stèle représentant un portique nu à fronton triangulaire.

Longueur 1,25 c., largeur 0,40 c.

(Publiée par M. Boyer. *Revue archéologique* de 1865, p. 392, et lue par lui D. M. AEMILIANI.)

Actuellement au musée lapidaire.

21.

D M

LIBIIRINA

Dis Manibus LIBERINA ?

Ces deux lignes sont inscrites au fronton d'une stèle à portique avec fronton triangulaire orné de deux ailes.

Nous abordons ici la série nombreuse des inscriptions incorrectes ou irrégulières dont nous avons déjà eu l'occasion de parler à propos des numéros 3, 4, 5, 6, 8, 10, où nous trouvons des caractères fort indécis et difficiles à reconnaître. Ici nous devons signaler la lettre L initiale de la seconde ligne, où la barre part du milieu de la haste en s'abaissant vers la droite. Nous en retrouvons les analogues dans l'alphabet fort curieux, publié par M. de Boissieu (1), sur une incription double du temps de Gordien. Ici son emploi s'allie à celui du double II, réputé antique, mais que nous rencontrons à toutes les époques. Il semble bien évident qu'à côté des caractères officiels, il y eut dans le monde Romain et surtout dans la Gaule une écriture vulgaire, qui sera tôt ou tard connue, et dont ces inscriptions confuses sont pour nous autant de manifestations intéressantes. Qui sait si la connaissance de ces caractères ne facilitera pas la connaissance des idiômes locaux, aujourd'hui si difficiles à saisir.

Longueur 0,43 c. Largeur 0,22 c.

(1) *Insc. ant. de Lyon*, p. 348.

(Publiée par M. Dumoutet, mémoires lus à la Sorbonne en 1866. — *Mémoires* de la Commission historique du Cher, IIe volume, p. 7 et pl. VI.) Actuellement au musée de Bourges.

22.

D M
DOMNIIA

Diis Manibus. DOMNEA.

Inscrite sur une stèle en parallélogramme, avec tableau et fronton indiqués par des refouillements. Sur le fronton est écrite la première ligne ; sur le bandeau, la seconde.

Notons ici, comme plus haut, l'emploi des doubles II pour E.

Hauteur 0,42 c. Largeur 0,21 c.

(Mémoires lus à la Sorbonne 1866, Dumoutet. — *Mémoires* de la Commission historique du Cher, t. II, p. 7, pl. VI.)

23.

OM...
CIV...
C....

Fragment trouvé au même lieu (Id. Pl. IV, fig. 3.)

24.

...VEXORA AN XXV.

Déchiffrée avec difficulté sur l'arcade d'une stèle représentant une personne drapée, tenant de la main gauche un rouleau de papyrus et d'un bon style.

Longueur 0,85 c. Largeur 0,48 c.

(Comission historique du Cher, IIe vol. p. 6 et pl. III.) Actuellement au musée de Bourges.

25.

...M
SASOVNA.

La première lettre est sur l'aile droite (l'aile gauche manque) et la deuxième ligne sur le bandeau d'une stèle à fronton triangulaire et à portique. Sur le tableau est représenté un *modius*, ou un vase à sacrifice.

Hauteur : 0,47 c. Largeur : 0,40 c.

(Id. Pl. V *bis*.) — Actuellement au musée de Bourges.

26.

D..
VENE...

La première lettre sur l'aile gauche, la deuxième ligne

sur le bandeau d'un fronton de stèle dont la partie droite
manque.

Hauteur 0,24 c. Largeur 0,23 c.

(Id. P. 8.) — Act. musée de Bourges.

27.

NER.. MDO A...V

NER.. MDO A*nnis* V. Lu avec difficulté sur la corniche d'un fronton, où est représenté un enfant jeune
encore. La sculpture de la stèle est riche et chargée d'ornements et de feuillages rappelant le 11ᵉ siècle.

Largeur 0,63 c. Hauteur 0,40 c.

(Com. hist. du Cher. Pl. II *bis*. L'inscription n'a été
signalée, ni dans les planches ni dans le texte.) — Act. au
musée de Bourges.

Ici s'arrête la série des onze stèles épigraphiques
payennes, découvertes au cimetière de Saint-Martin des
Champs. D'autres stèles y ont été trouvées, mais les unes
étant anépigraphes ne rentrent pas dans notre sujet,
et les autres étant chrétiennes seront examinées plus
loin.

28.

LVCAN

O

D M.

18

2)

28

55

56

Cette inscription est gravée en trois lignes dans un cartouche carré, sur un petit cippe cylindrique d'un galbe très-élégant, trouvé dans les déblais du chemin de fer, auprès d'Archelet en 1847. (Gravée.)

Hauteur : 0,54 c. Largeur : 0,265 m.

(Actuellement au musée de Bourges.)

29.

...FAVST VIM.

Inscrit sur une stèle en forme de portique et à fronton triangulaire trouvée dans les fondations du pont d'Auron en 1842.

La première lettre est douteuse, la dernière semble un sigle, que l'on peut interpréter AV, peut-être VA. Je lirais volontiers : FAVST*us* VIVA*t* ou FAVST*a* VIT*a*; peut-être une formule chrétienne dissimulée. (Gravée.)

Hauteur : 0,70 c. Largeur : 0,31 c.

(C'est probablement celle que M. Raynal avait lue AVST*ri* VIA et regardée comme une borne milliaire dans le Ier volume de son histoire du Berry, p. 96. L'apparence toute funéraire du monument et la lecture probable de la première lettre rendent cette hypothèse inadmissible.)

Act. au musée de Bourges.

30.

DMADVMEN

VS AN XII

Diis Manibus ADVMENVS AN*nis Duodecim.*
Lignes inscrites sur la frise d'une stèle à portique
triangulaire.
Hauteur : 0,57 c. Largeur : 0,33 c.
Musée de Bourges.

51.

MHMO
PAVLL
AII.

On peut lire MEMO*riæ* PAVLLAE, Les L affectent
la même forme que dans le N° 21. Nous avons de même
aussi l'emploi des deux II et H pour E. La barre de l'H
est abaissée à droite.

Cette inscription est gravée sur le tableau d'une stèle
rectangulaire, sur la face de laquelle sont dégagées des
bandes indiquant un tableau et un fronton triangulaire.
Hauteur 0,57 c: Largeur 0,20 c.
Act. au musée de Bourges.

32.

CARINNIO.

Inscrit sur le bandeau d'une stèle à portique et à fronton triangulaire.

Hauteur 0,35 c. Largeur 0,23 c.

Musée de Bourges.

33.

D M
GALLICO.

Inscrit sur l'archivolte d'une stèle à arcade.

Hauteur 0,75 c. Largeur 0,37 c.

Musée de Bourges.

34.

D M
FENR ?
III A

Lecture très-douteuse. Inscrite dans le tableau refouillé d'une stèle à portique et à fronton triangulaire tronqué. Cette stèle présente dans le fronton un croissant et au bas un autel, emblèmes à rapprocher de ceux du N° 19.

Hauteur 0,83 c. Largeur 0,22 c.

Musée de Bourges.

35.

D M
IIII ANE

Caractères presqu'indéchiffrables, tracés au fond d'un petit cartouche rectangulaire, fouillé dans une stèle étroite à trois pointes.

Hauteur 0,72 c. Largeur 0,22 c.

Musée de Bourges.

36.

IIIIR PHESII
TCOSSI.

Inscrit dans le tableau d'une stèle à fronton triangulaire au-dessus d'une tête barbare vue de face.

Hanteur 0,80 c. Largeur 0,33 c.

Musée de Bourges.

37.

DM.
MO....M....SIANXXII.

Stèle à arcade trouvée dans une cave rue du Vieux-Poirier et donnée par le propriétaire, M. Vermeil, au musée de Bourges, en 1873.

Les deux premières lettres sont au-dessus des deux pilastres.

La deuxième ligne est sur la frise autour de l'arcade. On pourrait lire D*iis Manibus*. MO (*dii ou Modesti.*) M (*œsi, Mussi* ou *Mor*) SI AN*nis* XXII.

Sous l'arcade est représenté un personnage à la figure jeune et énergique, tenant de la main gauche une baguette et de la droite une sorte de spatule rectangulaire avec nervure mediane.

Les deux noms du défunt sont d'une restitution difficile, c'est par analogie avec les noms usuels et en nous appuyant sur les initiales que nous donnons la lecture ci-dessus fort hypothétique.

La partie inférieure est brisée.

Hauteur : 0,48 c. Largeur : 0,52 c.

Actuellement au musée de Bourges.

38.

Nous avons maintenant à reproduire les inscriptions des stèles découvertes à Alléan, près de Baugy, en 1849 et 1830. Ces monuments, très-intéressants comme sculptures, présentent pour la plupart des inscriptions confuses, dont nous avons déjà rencontré des exemples. Comme ces dernières, elles ont le mérite, dans ce qui est déchiffrable, de nous offrir les noms usuels dans nos contrées aux époques Romaines.

Ces inscriptions ont fait déjà l'objet d'un travail de M. Berry et d'excellents dessins de M. Dumoutet, insérés dans les *Mémoires* de la Commission historique du Cher, dont nous suivrons l'ordre.

DIS MAN MEM SILVESTRI.

Inscrit sur le bandeau demi-circulaire ou arcade d'une

stèle présentant le buste d'un personnage tenant des deux mains un voile ou *mappa*.

Cette stèle a fait l'objet d'observations par MM. de Beaurepaire et Duliége aux séances de la Société française d'archéologie, tenues à Bourges en 1868 (1) qui tendraient à mettre l'épitaphe dans la bouche du mort, et proposeraient la lecture suivante :

DIS MAN*ibus* MEM*oriæ* SIL*ii* VESTRI.

Le personnage serait aux yeux de M. Duliége, un *editor ludorum*, ayant donné des jeux et tenant la *mappa*, qui servait de signal aux courses et aux jeux divers.

On pourrait, tout en admettant cette explication du personnage, conserver la lecture naturelle SILVESTRI, malgré la faute du genitif qui devrait être *Silvestris*, les solécismes ne sont malheureusement pas rares en épigraphie vulgaire.

(*Mémoires* de la Commission historique du Cher. T. I, p. 134 et pl. IV.) Act. au musée de Bourges.

39.

DI MA
CANT
NAM
MI.

---

(1) *Congrès archéologique de France*, 1868, p. 65.

Inscrite sur le fronton triangulaire d'une haute stèle
nue.

(Trav. de M. Berry, 134 et Pl. V, N° 1.) J'ignore sa
destination.

40.

DM MEMORIAIAIALIINISVAVIIONISBCAXXV.

Inscrite sur le bandeau d'une stèle à portique et à
fronton triangulaire très-bas, où se trouve un croissant.
La stèle représente le buste d'une femme avec les cheveux
en rouleaux.

Nous serions tenté de voir dans cette inscription très-
confuse et d'une lecture très-douteuse, la corruption d'une
formule comme la suivante : D M. MEMORIAE
IALENE SVAE VXORIS (un sigle BC pour BIXIT ou
VIXIT (1) Annis XXV. Ce serait là un exemple de cette
écriture et de ce style barbares dont nos inscriptions semblent être des monuments malheureusement
fort difficiles à interpréter. La forme *bixit* se trouve dans
des monuments chrétiens (Id. 155 et Pl. VI). Actuellement au musée de Bourges.

41.

M. IVPVLE [D ?]

(1) Gruter MLV. 5. MLVI, 7, et passim.

Inscrite sur le bandeau d'une stèle à fronton triangulaire représentant un personnage tenant un style
(M. Berry. P. 136, pl. VII, fig. 3). Musée de Bourges.

42.

D. MANI...

Stèle à fronton triangulaire avec buste (Id. p. 136,
pl. VII, fig. 2).

43.

DIS MANI.
M CANDI
C.C. AN VX.

Stèle à fronton et portique avec buste d'un personnage
barbu. La troisième ligne est d'une lecture difficile.
(Id. 136.) Musée de Bourges.

44.

D.M.M.

Stèle à fronton, où est une tête de Diane, dominant
deux têtes de chevaux qui s'écartent comme d'un bige
représenté de face. Nous avons des petits bronzes de
Gallien qui rappellent cette image. Sur le tableau un buste
d'homme. (Id. 136 et pl. VIII.) Musée de Bourges.

45.

D. MAN. M. PRISCINI ou MARIISCINI.

Stèle à fronton où est une tête radiée dans un bige analogue à la précédente : le soleil ? L'autre serait la lune. Sur le tableau un homme tenant un enfant.

On pourrait lire D*iis* MAN*ibus* M*ei* PRISCINI ou M*ei* ARESCINI. (Id. 137 et Pl. X et M. Duliége, loc. cit. p. 63.)

Musée de Bourges.

46.

MEMORIA IMOARDS DIS MANIBVS

Sur le bandeau demi-circulaire d'une stèle à portique, où étaient les figures d'un homme et d'une femme (Id. 138 et Pl. XII). Nous ignorons sa destinée.

47.

PRISCVS SAMMI

Sur le fronton d'une stèle où est représenté le buste d'un personnage tenant une flûte suivant les uns, un style et un tableau à écrire suivant M. Duliége.

Ce dernier propose de lire PRISCVS *Scriba* AM *ma-*

nensis M**l***itaris*. Nous ferons observer que cette lecture
ingénieuse, si elle était acceptée, s'appliquerait également
à la finale de l'inscription n° 39.

C'est dans ce tombeau qu'a été trouvée une bague à
pierre gravée en creux dont nous devons une excellente
empreinte à l'obligeance de notre collègue, M. d'Eguzon,
juge à Châteauroux. Cette empreinte donne une tête de
femme de profil à droite, portant un diadème ou bandeau
tel que nous en voyons sur la tête des impératrices romaines dans la première moitié du troisième siècle, Julia
Mammea, Otacilla, Etruscilla et Salonine femme de Gallien. C'est là une indication qui nous semble précieuse
sur la date approximative de cette sépulture.

(Berry, 139. Pl. XIII, et la note supplémentaire du même
travail p. 147 par M l'abbé Caillaud.)

Chez M. Martinet de la Métairie, à Châteauroux,
(Indre.)

48.

.. VILOI ..

Sur une stèle à fronton triangulaire et à buste informe.
(id. p. 140, Pl. XIV.)
Musée de Bourges.

49.

IIRI AVNI.

Sur une stèle informe à fronton triangulaire, à refouillement également triangulaire (id. p. 140, Pl. XV).

50.

R l l I
PIRVlI

Sur l'aile d'une stèle présentant un personnage entier sous une arcade (id. 142 et Pl. XVII).

Musée de Bourges.

51.

MEO ALOSIOCO.

Sur le chapiteau du pilastre gauche et le fronton demi-circulaire d'une petite stèle représentant le buste d'un enfant tenant de sa main gauche un oiseau, que de la main droite il excite à becqueter (M. Berry p. 143 et M. Duliége p. 63).

Musée de Bourges.

Ici s'arrête (1) la série des belles stèles funéraires trou-

_____

(1) Notre collègue, M. Duliége, aujourd'hui conseiller onoraire à la Cour d'appel de Bourges, nous a souvent affirmé avoir vu, lors de la première découverte de ces pierres à Alléan, une stèle portant l'inscription TIME DEOS EGO NON, qui n'eût certes pas été la moins curieuse de la collection, mais aucun fait n'étant venu confirmer les souvenirs du savant antiquaire et magistrat qui reposent peut-être sur une erreur de lecture, nous ne pouvons cataloguer un monument d'une nature aussi douteuse.

vées à Alléan. La lecture et l'interprétation de ces épitaphes
présente de grandes difficultés. Les sculptures en sont de
valeur fort diverse et d'époques probablement très-diffé-
rentes, puisque l'on a trouvé dans le même champ funèbre des monnaies de Trajan et de Constantin. Cependant
la bague que nous avons signalée plus haut et qui doit
être du troisième siècle, les emblèmes des n°⁵ 44 e
45 qui nous semblent aussi du milieu du même siècle,
nous donnent des indications sérieuses sur la date de
quelques-unes de ces sépultures dont l'épigraphie est
généralement médiocre. Elles nous montrent à la fois et
la persistance des noms autochthones sous la domination
romaine, et l'usage fréquent de ces sigles et de ces déformations de lettres qui paraissent avoir été en usage constant
dans les couches humbles de la population locale Gallo-
Romaine.

L'absence de toute indication militaire rend fort difficile la détermination des rapports qui ont pu exister entre
cette sépulture et l'enceinte retranchée qui en était voisine. Si on voulait à tout prix chercher à les établir, il faudrait supposer que cette enceinte, qu'elle ait été primitivement *castra stativa* ou refuge gaulois, était ensuite
devenue un centre d'habitations civiles : toutes hypothèses presque purement gratuites et que nous indiquons
sans y insister.

52.

M. Dumoutet faisant faire des fouilles dans la commune de Saint-Ambroix, au lieu d'Arnaise, chez M⁰ᵉ la

baronne Duquesne, l'*Ernodurum* des itinéraires romains, a mis au jour diverses stèles portant des inscriptions :

... VINIOLA

Sur une stèle à portique représentant une femme et d'une barbarie extrême.

(Mémoires lus à la Sorbonne, en 1866.)

Hauteur :1,40 c. Largeur : 0,68 c.

Actuellement chez Mme la baronne Duquesne, à Issoudun.

53.

.. RI MANIRII VMBRA

Sur une stèle à portique tracé par des bandeaux et couronnée d'un fronton à deux ailes.

(Mémoires lus à la Sorbonne, en 1866.)

Hauteur :0,59 c. Largeur : 0,65 c.

Actuellement chez Mme la baronne Duquesne, à Issoudun.

54.

VIRII MEMORIA

Sur une stèle représentant un édicule à deux refouillements aveugles.

(Donnée par M. Dumoutet.) Nous n'avons pu la retrouver.

55.

CALEPA

Inscription verticale sur une stèle. Cette inscription avait été lue *calfa* par M. Dumoutet.

Hauteur :0,62 c. Largeur : 0,35 c.

Actuellement chez Mme la baronne Duquesne.

56.

Stèle trouvée près de la butte d'Archelet, au nord de la porte Saint-Privé à Bourges, et aujourd'hui incrustée dans le pignon d'une maison sur la grande route d'Aubigny.

NC M.
LEGIT MIO MIIIDDIE

La première ligne sur le fronton et la seconde sur la frise d'une stèle présentant un buste barbare, sigles que nous n'essayerons pas d'interpréter. Faisons cependant remarquer que dans le fronton de cette stèle grossière est un disque portant une croix en sautoir. Y aurait-il là l'indication dissimulée d'une sépulture chrétienne? La date qu'indique la barbarie du style permet de le penser, sans cependant donner une certitude suffisante pour que nous ayons cru devoir la détacher des sépultures du paga-

nisme, auxquels la rattachent les lettres de la première
ligne, peut être les initiales mal réussies D M.

57.

MASPII

Gravé à la pointe et au trait en sorte de capitales rustiques sur le parement d'une pierre, d'un moëllon brut;
au-dessous est une sculpture de la dernière grossièreté
représentant une tête de face. Le relief de cette tête affreuse a été obtenu en creusant autour de la tête un
canal circulaire. La pierre a aujourd'hui 0,21 c. de large
sur 0,20 c. de haut.

Elle avait été trouvée par M. de Lachaussée près de
Bourges au vallum ou camp de César (?) du château, sur
la route de Dun-le-Roi. Au moment de la découverte, elle
était beaucoup plus longue et possédait une sorte de pied
destiné vraisemblablement à être fiché en terre. Ce pied
allongé sans être pointu était d'ailleurs brut et avait conservé toutes les apparences du moëllon du pays (calcaire
lithographique grossier). M. de Lachaussée avait fait scier
le pied pour certaines convenances de rangement : la stèle
pouvait avoir 0,45 à 0,50 c. La trouvaille remonte à 1855
ou 1856.

C'est à l'obligeance de M. de Laugardière que nous
devons communication de la stèle et des détails qui la
concernent.

Actuellement chez M. de Laugardière.

58.

IVNIA.

Incrustée dans le mur d'une étable à Allichamps, dans l'ancienne église.

IV. Sépultures chrétiennes

Cette série sans être très-riche est cependant fort inté-ressante. Nous n'y trouvons ni les colombes, ni les pal-mes, emblèmes primitifs des sépultures des chrétiens. Chez nous le chrisme plus ou moins bien formé, la croix à quatre ou six branches paraissent sur les plus anciens de nos monuments : en outre l'épigraphie en est assez grossière et tardive. Si nous plaçons les monuments d'Alléan au troisième siècle, c'est bien au plus tôt à la fin du troisième ou au quatrième que remonteraient nos plus antiques spécimens chrétiens. Ce qui contribuerait à placer à cette époque la diffusion du christianisme dans nos contrées.

Nos monuments de cette série proviennent tous du sud-est de Bourges : les plus anciens, du cimetière Gallo-Romain de Saint-Martin des Champs ou de Brives que nous avons déjà signalé aux nᵒˢ 18 à 27 : les plus récents proviennent du cimetière chrétien de l'église de Saint-

Oustrille du Château qui existait au cinquième siècle et peut-être plus tôt.

59.

HIC REQVIESCIT LVNIDIA

Cette inscription dont les lignes sont séparées par des traits est en caractères romains fort altérés. La barre de l'A final est infléchie. Les lettres sont très-inégales.

Au-dessus est une croix grecque pattée dans un cercle strié. Elle nous présente la formule la plus simple et la plus usuelle des sépultures chrétiennes. Toute la stèle est entourée d'une bordure de deux traits parallèles.

Hauteur : 0,63 c. Largeur : 0,40 c.

Trouvée au cimetière de Saint-Martin des Champs. (*Revue archéologique* 1865, p 392. Communication de M. Boyer. — *Bulletin monumental* de M. de Caumont 1869, p. 682.)

Actuellement au musée lapidaire.

60.

On peut lire HIC REQ (P pour Q) VIESCIT BADAR

PVS. Les lettres ne sont pas beaucoup plus barbares que dans l'inscription précédente, mais on trouve des altérations indiquant une décadence bien plus marquée : à la première ligne H pour E, à la deuxième P pour Q, le nom *Badarpus* avait été lu par M. Boyer *Pudarius*, lecture que nous ne croyons pas pouvoir maintenir et par M. de Caumont *Budarpus*.

Cette inscription comme le n° 58 est sur la partie inférieure d'une stèle plate et haute, encadrée d'un bandeau simulé par un double trait : au-dessus, on saisit quelques vestiges d'une croix grecque pattée tracée au trait et coupée par une ligne diagonale de droite à gauche. Toute cette partie supérieure est fruste comme si elle eût été longtemps piétinée. Cette stèle avait-elle donc été disposée horizontalement comme un couvercle de tombe?

(*Revue archéologique* : p. 392, M. Boyer. — *Bull. mon.* 1869, p. 682.)

Actuellement au musée lapidaire.

61.

HIC ʀᴇꝘVIESCIT BONE MEMORIE MEROFLIDIS

Ce fragment, trouvé au même lieu, nous présente le même emploi du double I ou de l'H grec pour E ; nous y trouvons les O en losange, les formes de décadence E pour AE au génitif.

A la dernière ligne, le nom évidemment barbare est d'une lecture difficile et fort douteuse. La cinquième lettre F a la barre supérieure prolongée à gauche, comme un T, la huitième paraît un delta grec mal formé et se relie à l'I qui la suit.

(Cimetière Saint-Martin.)

Actuellement au musée de Bourges.

62.

.. NIBVS TV ..
.. ISTI : MO ..
.. S VIVAT ..
.. DELIS ...

Fragment trouvé au cimetière de Saint-Oustrille du Château et actuellement incrusté dans le mur de la maison des Sœurs de Marie-Immaculée, place des Acacias, au Château. (*Mémoires de la Société des Antiquaires du Centre*, tome II p. 6 et Pl. III du rapport annuel.)

63.

.. MVLO QNE ADVEN ...
.. ET RELIGIOSA FVIT ...
.. HABENS NOMEN VALEDO Fl ...

.. CMOR MARTIS AI ...
.. VPEROS REGNABEATA.

Ce fragment très-fruste, trouvé et conservé dans les
mêmes conditions que le précédent, est trop incomplet
pour que nous tentions aucune restitution. Nous le donnons seulement comme spécimen de formules chrétiennes,
le nom *Valedo* si telle est bien la lecture vraie, n'est pas
commun non plus celui de *Meroflide*, il a un caractère barbare digne de remarque.

(Publié comme le précédent)

64.

DEPOSIT...

Rappelons que Caylus a lu sur un fragment trouvé à
Allichamps ce mot d'apparence chrétienne qui indique
une sépulture intermédiaire entre les débris funéraires
romains et les sarcophages ou les bières ultérieures qui
abondent dans cette localité (*Recueil d'Antiquités*, T. III,
p. 177).

Nous classons dans cette série certaines épitaphes que
nous regardons comme postérieures à la chute de l'empire romain, mais qui se rattachent à la civilisation latine
d'une façon directe et sans interruption bien sensible.
Les opinions auxquelles elles donnent lieu nous font
d'ailleurs un devoir de les examiner ici.

65.

† IC REQVIESCIT .. DNVS BONE MEMOR
ROGOCINVS QV ... ...   ORATE
REQVIEM AET ... NA EI DNE ET LV..
PPTVA LVCEAT ... PORTA IN FERI ERVE
DNE ANIMA EIVS ... CAT IN PACE
AMEN OBIIT .... KL AGS.

Inscription gravée sur un couvercle de tombe en parallélogramme brisé en deux parties, qui se raccordent mal,
en telle sorte que nous n'avons pas une connaissance
exacte des dimensions de la lacune qui existe entre elles :
le couvercle de tombe a 0,69 de largeur aux pieds
comme à la tête. Cette largeur considérable et cette forme
rectangulaire nous paraît l'indice d'une très-haute antiquité, la pierre est mal taillée et dressée, les lettres sont
grossières et très confuses. (Voyez la figure)

Nous signalerons la présence de C et de G ronds en
même temps que d'autres sont carrés. Nous remarquerons beaucoup de lettres liées ou intérieures. L'V de *requiescit* est dans le Q : *NE* est dans le D qui commence la
cinquième ligne. La fin du nom si barbare de la deuxième
ligne que nous lisons NV se rapproche de la forme M.
Enfin à cette même ligne une partie reste illisible pour
nous.

On fait facilement la restitution en sautant par-dessus
les barbarismes et les solécismes.

    † IC (pour HIC) REQVIESCIT *Dom*iNVS BONE

+ ICRE⊙IESTDNVSBONEMEMOR
ROLOCINS☩ ORATE
REQVIEMÆTN NAEIDNEETV
PPETVALVGEA PORTA INFERIERVE
(NE) ANIMAEIVS (AT IN PACE
AMENOBIIT KLA☽GS

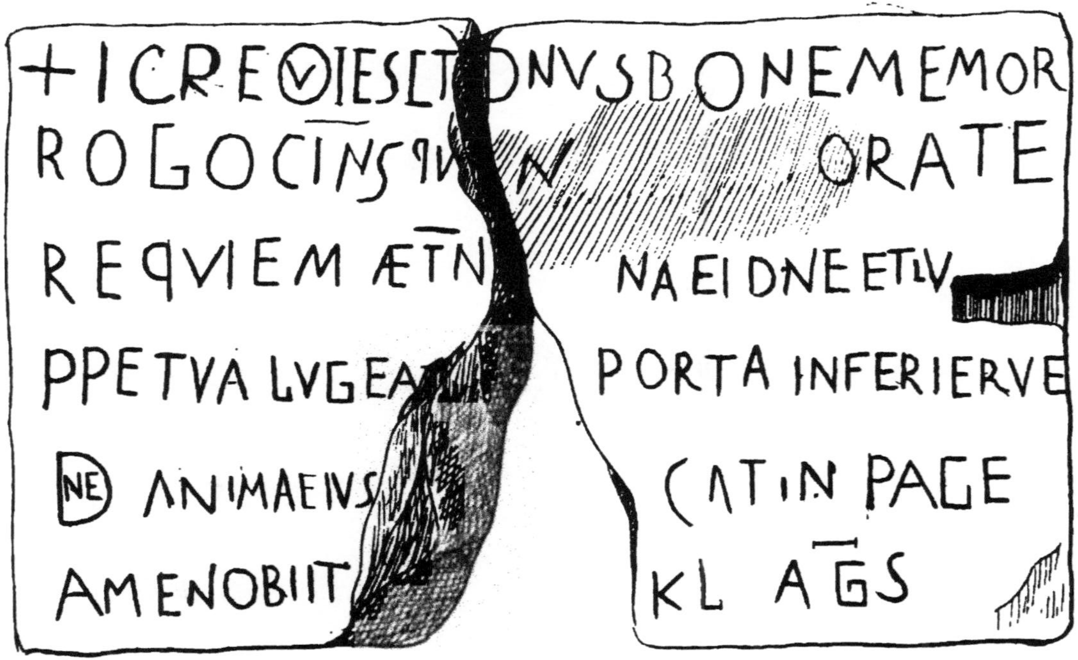

(*bonæ*) MEMORIE (*memoriæ*) ROGOCINVS QV.......
.... ORATE REQVIEM AET [*ernam do*]
NAEI DomiNE ET LVX PERPETVA LVCEAT
[EI...] *a* PORTA INFERI ERVE DomiNE ANIMAm
EIVS Reqvies CAT IN PACE AMEN. OBIIT... *Ka-
lendarum* AuGuSti.

La barbarie du nom et la forme de la tombe nous semblent placer cette sépulture dans les temps les plus bas,
du vi⁰ au ix⁰ siècle, tandis que d'un autre côté l'insertion
de versets liturgiques est, croyons-nous fort rare, dans
les épitaphes de cette époque. (Gravée.)

Trouvée au cimetière du Château. Actuellement au
musée lapidaire.

66.

CLAVDITVR OC GREMIVM
SPERENDEVS RTE SEPVLTVS
QVI STVDVIT VITAM SEMPER
ABERE   PI   AM.
OBIIT VIIII ID IVLII.

Ce distique barbare est certes comme style funéraire
d'apparence bien plus antique que la tombe précédente.
C'est bien aux siècles des *grammairiens*, cinquième et sixième, que se trouvent le plus souvent ces poésies funèbres (1). Mais d'un autre côté les C et les G sont carrés,

(1) Boissieu, *Inscr. de Lyon. Inscriptions Chrétiennes, p* 592 et
passim.

les O sont ronds, et surtout la tombe va en s'étrécissant vers les pieds, ce sont là des signes indiquant une époque postérieure à la précédente (Voyez la figure); aussi hésitons-nous beaucoup aussi entre les temps mérovingiens ou carlovingiens du vi° au ix° siècle, c'est un espace de deux à trois siècles sur lequel nous restons indécis.

A la deuxième ligne le T et l'E de *Rite* sont liés.

Le style en est si barbare qu'on hésite devant les hardiesses nécessaires à une restitution, qui semble cependont s'imposer ainsi : CLAVDITVR (pour *continetur*) OC (*hoc*) GREMIVM (*gremio hujus tumuli*) SPEREN-DEVS (nom propre?) RITE SEPVLTVS, QVI STV-DVIT VITAM SEMPER ABERE (*habere*) PIAM, OBIIT VIIII ID(*orum*) IVLII.

Le nom *Sperendeus* est très-digne de remarque et fort rare. (Gravée.)

Couvercle de bière trouvé au cimetière chrétien de Saint-Oustrille du Château. Actuellement au musée lapidaire.

67.

..TMEMBRA BE..   .
..M EMO..
..IT VITA SEMP..
..KL IVNI..

*Hic requiescun*T MEMBRA BE[ata viri bonæ] ME-MO[riæ... qui studu]IT VITAM SEMP[er habere piam Obiit....] Ka*Lendarum* IVNII.

CLAVDITVR
SPEREN D
QVISTVDVIT
A BE RE
O BIIT V

OCCREMIVM
DEVSRIESEPVLTVS
VITAMSEMPER
PI AM
IIII IDVLEI

66

RVVSRFCB
VIENADOISI
VSVINE
ANSANIM

69

T MEMBRA BE
E M O
TVITA SEMP
K I V N

67

Il existe des traits abréviatifs sur l'*A* de *Vita* et sur l'*N* final. (Gravée.)

Cette restitution qu'autorise l'inscription précédente ne nous donne pas malheureusement le nom du défunt.

Fragment de couvercle de tombe trouvé à St-Oustrille du Château. Musée lapidaire.

68.

† TEGVNTVR HVIC TVM.... PLAVTRI (?) PRI OSSA SEPVLTA.

Cette inscription était sur une longue croix en forme de bande, formant l'arête d'un couvercle de tombe trouvé dans le chœur de la chapelle du prieuré de Saint-Martin des Champs. Un aigle ornait la tête du sarcophage, et des arabesques en décoraient les côtés. Des dessins en ont été publiés dans le III° volume des *Mémoires* de la Société des Antiquaires du Centre. (Rap. p. 4 et pl. II.) Mais l'inventeur n'a pas voulu s'en dessaisir, en sorte qu'il est aujourd'hui détruit.

On y voit au milieu de beaucoup de sigles, d'abréviations et de barbarismes, des vestiges de la légende :

† TEGVNTVR HVIC (pour *hoc*) TVM*ulo*... PR*esbi-ter*I OSSA SEPVLTA. Nous ne restituons pas le nom dont la lecture est malheureusement plus que douteuse et dont la perte est des plus regrettables ; car le lieu de découverte de cette sépulture pouvait faire espérer d'elle quelque éclaircissement intéressant sur notre histoire ecclésiastique primitive.

Nous trouvons une grande analogie entre cette tombe et des monuments mérovingiens, notamment avec celle de l'évêque Chaltrick mort en 573. (*Bul. mon.* 1870, p. 153.) Cependant c'est peut-être aux temps Carlovingiens, à la renaissance dite de Charlemagne, et qui n'a pas eu de suite, que l'aigle et les arabesques, affectant une imitation antique, devraient faire rejeter cette tombe, vers le viii° siècle.

69.

Nous voyons incrusté dans la colonnade du palais de l'archevêché le fragment suivant recueilli par M. Dumoutet et actuellement en possession de S G. Mgr de la Tour d'Auvergne. Il vient probablement comme les précédents des cimetières sud-est de Bourges. Nous en donnons une gravure.

```
....RVIDS REGB...
....VIENA DOISI
......VS VINE
....ANS ANIMVM
```

Le fragment a 0,50 c. de large et de haut; des mortaises existaient dans la pierre, antérieurement à la gravure de l'inscription, puisqu'elles ont motivé des déviations de lignes prouvant l'extrême grossièreté du travail et la barbarie du temps, qui ne dressait même pas les parements. La restitution en paraît très-difficile et nécessiterait une admission hypothétique de sigles dont nous préférons nous abstenir. Il faut espérer qu'une inscription analogue plus complète viendra quelque jour donner la clef de celle-ci, comme plus haut, notre numéro 66 permet de lire le N° 67. (Gravée.)

A cette série paraît se rattacher un fragment de peu d'intérêt qui existait dans la grotte ou crypte de sainte Blandine au Château, aujourd'hui détruit.

Fragments divers.

70.

M. Alfred de Lachaussée avait recueilli dans les fouilles du champ de foire, cimetière romain d'Avaricum, vers 1848, un vase romain intact, en poterie noire, portant sur la panse l'inscription :

MACVSO.

Les caractères tracés à la pointe, sans traits terminaux, sont de forme assez nette. On pourrait voir dans ce mot au datif la trace du culte rendu à la divinité locale *Macusus*, assimilée à Hercule. On trouve l'épithète *herculi macusano* dans d'autres inscriptions du monde romain (Orelli, 2,0u4 et 2,005.)

Nous donnons le profil de ce vase et l'inscription : seulement nous avons dû modifier les proportions de nos autres figures. Le profil est au cinquième et le *graffito* à la moitié de la grandeur naturelle.

Collection de la famillle Lachaussée.

Sur un vase funéraire en terre noire, trouvé aussi par M. de Lachaussée, au champ de foire à la même époque, on lit l'inscription suivante autour du col.

CRONOPIIIIS ...... AT MVLTIS ANNIS.

Les lettres de la première partie sont *grasses*, c'est-à-dire épaisses, le corps en étant formé de deux traits, dont l'intervalle est rempli par des hachures transversales : les deux derniers mots sont tracés au trait simple.

Une ébréchure de vase supprime la partie moyenne. La syllabe AT semble bien la troisième personne du singulier d'un subjonctif présent de la troisième conjugaison, *vivat* ou *requiescat*. La finale du premier mot est très confuse, ces quatre traits verticaux sont-ils un I, un double I ayant la valeur E, un L? faut-il voir ILES, ou ELIS... ou autre chose? On aurait CRONOP*elis vivat* MVLTIS ANNIS.

Cet allusion à une autre vie, cette formule *vivat* ont une apparence chétienne, et comme d'autre part les caractères ne sont pas trop mauvais, que le lieu de la découverte est un cimetière très-ancien et que l'ustion est une coutume funéraire des premiers siècles, on peut regarder ce vase épigraphique, comme un des vestiges les plus reculés du christianisme dans nos contrées. Nous remarquerons en outre l'apparence barbare du nom du défunt.

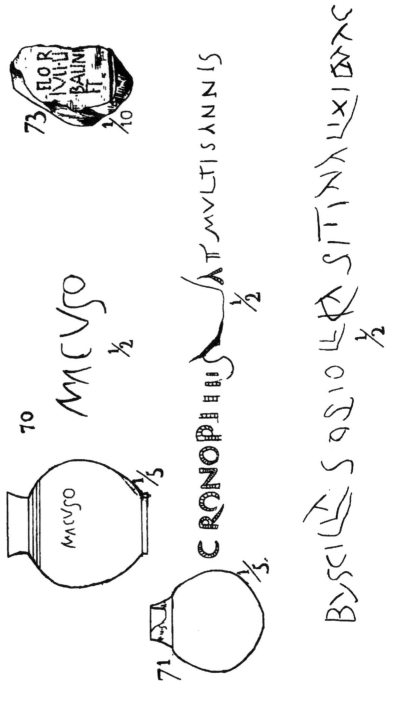

7

70

MCVSO
½

71

MCVSO
⅓

72

CRONOPIIIIS
⅓

IT MVLTIS ANNIS
½

BVSCILE SOSIO LE SITIN VIVIXIONAC
½

73

FLO R
IVL D
BALN
FT
1/10

Gravé avec les mêmes observations que le précédent.
(Collection de la famille Lachaussée.)

72.

Aux mêmes lieux et à la même date, M. le baron
de Girardot a recueilli un vase de terre portant l'inscription suivante tracée à la pointe en spirale autour du col ;
inscription certainement des plus célèbres parmi celles
que nous reproduisons dans ce travail. Nous en donnons
la lecture telle qu'elle est aujourd'hui acceptée, en
faisant remarquer toutefois qu'elle est loin d'être certaine.

BVSCILLAS OSIO LEGASITINALEXIE MAGALV

Nous n'en aborderons pas l'interprétation. Quelques
savants y ont vu du latin, et ont lu avec de hardies corrections — *Bucellas otio legas tres in aleximanganum.*
Mange en silence trois bouchées de pain et le poison ne te
fera pas de mal.

(M. Pictet.)

D'autres y ont vu une légende en langue celtique ou
gauloise vulgaire, et ont lu *Buscilla sosio legasit in Alexie*
Magalu. Traduit par *Buscilla* (nom propre) *envoie ceci*
à Magalu datif de *Magalos* (nom propre) *dans Alexie*
(Alesia ? nom de localité). Sans aborder ici la discussion
de ces questions difficiles, nous remarquerons que ce
monument n'est pas le seul dans nos collections qui
présente ces problèmes, et que nous avons déjà signalé
dans nombre d'autres inscriptions des difficultés que la
langue et l'alphabet officiel paraissent impuissantes à

résoudre. Il faudrait donc admettre qu'il a existé à l'époque
Romaine un idiôme et peut-être un alphabet vulgaire,
dont nous n'avons encore que de rares manifestations,
mais que les rencontres et les études de l'avenir parvien-
dront peut-être à déterminer.

Nous signalons parmi les nombreux mémoires qu'a
motivés cette inscription déjà célèbre : Article de
M. de Longumier (Revue archéologique de 1849, t. VI,
p. 554) ; qui y voyait du latin corrompu. — Éloi Johan-
neau, même Revue, 1850. — Lenormant, 1850. —
Morin, Monuments des anciens idiomes gaulois, 1861,
p. 71.— Froehner, Revue archéologique 1866. — Pictet,
id., 1867. Nouvel essai sur les inscriptions gauloises.
— De Belloguet, Ethnogénie gauloise, Paris 1872,
p. 311 (1).

Collection de M. de Girardot à Nantes : un fac-simile
en autographie en a été publié par l'inventeur, à qui
nous adsessons ici nos remerciements pour les renseignements qu'il a bien voulu nous communiquer.

73.

FLOR...
IVLI LI...
BALINI .
FT

Nous en donnons une gravure au dixième.
Inscrit en quatre lignes sur un fragment de mosaïque

(1) C'est à la bibliothèque de M. de Laugardière que nous devons
la communication de ces brochures.

au musée de Bourges, et venant paraît-il d'une villa
Romaine près d'Herry, canton de Sancergues. (Rens.
com. par M. Daniel Mater.) L'inscription est complète
en haut, à gauche et en bas, mais la partie droite est
tronquée. La lecture et la restitution sont rendues difficiles par l'ignorance où nous sommes des circonstances
précises de la découverte et de ce qui manque à droite.
Nous serions porté à y voir une signature d'artiste. La
première ligne serait l'initiale d'un nom propre Florianus?

La deuxième serait un gentilice *Juli Li*....

La troisième paraît bien le genitif du mot *balineum*,
forme connue du mo* *balneum*, bain ou salle de bain.

La quatrième nous paraît un sigle pour *FeciT*.

Actuellement au musée de Bourges.

74.

DEO MERCVRIO.

Inscrit sur une plaque de bronze trouvée au faubourg
d'Auron (Rép. archéol. du Comité diocésain, p. 28.)

75.

BOLETARI

M. Pajonnet, prieur d'Allichamps, communiqua à
M. de Caylus, entre autres débris de céramique, un fragment d'anse de vase d'une terre blanche très-commune
et grossièrement travaillée, où était gravé, avec un moule

creux, un mot que Caylus a cru lire BOLETARI pour *boietarium* étiquette indiquant un vase à mettre les champignons.

Cette opinion, appuyée sur l'emplacement de l'estampillage qui était autre que celui où se plaçaient ordinairement les signatures de potier, nous fait un devoir de rappeler cette étiquette.

Largeur du fragment : un pouce neuf lignes (0,049). Longueur : cinq pouces (0,140.)

76.

Diptyques de Bourges. On sait qu'il existait à la cathédrale des tablettes en ivoire enfermant la liste des archevêques de Bourges.

Sur l'une des tablettes était l'inscription :

FL. ANASTASIVS, PAVLVS, PROBVS
SABINIANVS, POMPEIVS, ANATASIUS.

Au-dessous était représenté un consul assis sur la chaise curule et au-dessous encore les jeux du cirque.

Sur l'autre :

VIR. INL. COM. DOMESTIC. EQVIT.
ET CONS. ORDINA.

Au-dessous, figure d'un consul analogue à la première, et courses de chevaux. M. Raynal a supposé qu'ils ont pu servir à contenir le titre par lequel l'empereur Anastase décerna à Clovis les honneurs consulaires.

(Catherinot, *Ant. rom. de Berry*, p. 4 et 7. Raynal,
t. l. 164.)

Actuellement à la bibliothèque nationale à Paris.

Nous ne pouvons terminer ce catalogue sans dire un
mot d'une série très-curieuse de monuments épigraphiques qui a été mise au jour il y a quelques années et
qui s'accroît encore de temps à autre par des découvertes
nouvelles. Cette série, presque aussi nombreuse et
importante à elle seule que tout ce que nous venons d'e-
xaminer est malheureusement d'une authenticité plus que
douteuse, sans que cependant le problème de la falsification soit facile à résoudre. Nous voulons parler des inscriptions de Neuvy-sur-Barangeon, retrouvées presque
toutes par les soins de M. Chazereau, d'Aubigny.

Il existe au lieu de Villatte, à 3 kilomètres au sud-est
de Neuvy-sur-Barangeon, des ruines romaines importantes. Depuis une vingtaine d'années, on trouve épars
dans ces ruines divers objets romains, et entre autres un
certain nombre de briques d'apparence toute romaine,
portant des inscriptions confuses, composées de caractères
romains, grecs et d'autres mal définis et accompagnés de
dessins bizarres, sortes de caricatures. Ces inscriptions
se sont élevées au nombre d'environ 32, 1 sur marbre,
2 sur lave, les autres sur brique, plus des bustes, des médaillons avec inscription, etc.

Ces monuments ont amené des discussions assez vives,
MM. Renier et Egger ont affirmé sans hésitation leur
fausseté comme présentant des caractères usités à plusieurs siècles de distance et par conséquent n'ayant
jamais pu se rencontrer dans les mêmes inscriptions, et

comme étant en dehors de toutes les données usuelles de
l'épigraphie. Nous croyons qu'aujourd'hui l'authencité de
ces monuments a peu de soutiens. Depuis, on a trouvé au
même lieu une série d'énormes blocs de pierre en grès
très-friable, portant des caractères d'apparence phéni-
cienne; mêmes doutes que pour les autres.

Nous croyons inutile de reproduire et d'analyser ici
ces *graffiti*, ces briques, dont plusieurs ont été déposées
au musée de Bourges, où on peut les étudier. Mais s'il
est facile de nier leur authencité, il serait singulièrement
intéressant de savoir à qui doit être attribuée leur fabrication.

On trouve ces pierres éparses et comme enfouies au
hasard; il a fallu un temps considérable pour les fabriquer,
temps dispensé avec bien peu de chance qu'elles seraient
retrouvées. Il y a déjà vingt ans que dure cette aventure
et on en avait déjà trouvé avant. Ce qui suppose que
l'auteur doit être bien vieux, s'il est contemporain, ou
plutôt que l'enfouissement est relativement ancien. Ces
inscriptions présentent des caractères romains et grecs.
Pour les fabriquer, il a fallu avoir une connaissance au
moins élémentaire de ces deux langues et de l'épigraphie
antique et même orientale. Cette nécessité écarte bien
des suppositions et met en dehors du soupçon et celui qui
les a découvertes, le sieur Martin, cordonnier très-illettré
de Neuvy-sur-Barangeon et M. Chazereau lui-même,
mort depuis, sans avoir jamais possédé une de ces
sciences.

En attendant que le hasard résolve le problème, on
peut remarquer qu'une de ces briques présente certains
noms de divinités gauloises, qui ne sont connues que

depuis la découverte du taurobole de Notre-Dame, en 1710 (1). Si donc on admet la falsification, ce n'est que depuis cette époque que le faussaire a pu connnaître les noms de Volcanus, Duis, Tarvos, Esus pour les faire figurer dans ses pastiches.

En outre, certaines représentations bizarres de personnages, certaines formes de vases, certains détails d'une tradition superficielle dans les dessins, contribueraient aussi à placer au xviii° siècle, peut-être vers la fin, cette tentative de mystification. Et alors, ce serait au moment où MM. Périer, l'ingénieur de Bourges, et Pajonnet, prieur d'Allichamps, obtenaient une certaine notoriété par les découvertes qu'ils faisaient et qu'ils signalaient à M. de Caylus, qu'on pourrait supposer cette entreprise vaste et inintelligible de falsification et d'enfouissement, dont le second acte, la révélation et la découverte aurait manqué par suite de la mort ou de la fuite du mystificateur.

Nous signalons les divers faces sous lesquelles nous apparaît la question. Nous avouons qu'à aucun point de vue nous ne trouvons pleine satisfaction et nous nous décidons à laisser dans une aussi profonde obscurité un point aussi intéressant.

Conclusions

Ces fragments épigraphiques des époques romaines, gravés sur la pierre par le sentiment religieux des hommes,

(1) Orelli 1993.

par les besoins de la société ou par l'affection des parents,
sont trop peu nombreux pour jeter une clarté bien brillante sur les âges qui les ont produits, et cependant leurs
rares indications sont précieuses pour la connaissance de
ces époques où l'histoire ne prononce même pas le nom
de nos contrées.

On peut y retrouver quelques traits de la société gallo-
romaine. .

Elles nous montrent la participation des habitants de
ce point éloigné de la Gaule au culte insensé des maîtres
méprisables du monde romain ; et à côté de ce misérable
culte officiel, la persistance d'un culte rendu à des divinités locales, personnifiant les forces de la nature et
moins abject en sa grossièreté que celui de Drusille et
de Claude.

Puis plus tard, à une époque que les données épigraphiques ne permettent pas de placer avant le iii° ou le
iv° siècle, le christianisme vient effacer sur les tombes
les vains regrets et les images futiles et manifester, en y
plaçant la croix rédemptrice, des espérances plus hautes
et des enseignement plus purs.

Nous trouvons-là dans quelques mots de hasard la
trace des magistratures, qui alors dirigeaient la cité, de ces
sévirs augustaux qui joignaient à l'administration les
soins du culte officiel, 'de ces duumvirs, membres d'un
municipe qui s'est perpétué à Bourges avec des modifications légères jusqu'à Louis XI et Louis XIV.

Nous y rencontrons d'importantes indications géographiques, qui fixent le passé de nos contrées et confirment,
en même temps qu'elles les complètent, les notions vagues
que nous donnent les itinéraires écrits.

Quelques noms des familles importantes nous sont conservés, en même temps qu'une série assez nombreuse de noms vulgaires et obscurs, manifestant, par leur forme même, une origine autochtone, et apparaissant à toutes les époques.

En même temps, nous pouvons saisir des traces confuses d'un idiôme local dont l'interprétation nous échappe encore mais dont l'existence est désormais prouvée. Ces vestiges, en se multipliant, fourniront d'utiles aliments aux études philologiques et ne peuvent manquer d'élucider quelques problèmes des origines de notre langue.

Toutes ces notions sont encore bien vagues et nos séries présentent encore de grands vides. Mais elles fournissent dès aujourd'hui des indications épigraphiques d'une grande utilité pour le classement de nos richesses actuelles et futures.

Nous avons de beaux spécimens de l'épigraphie du 1er siècle, alliant l'élégance et la grâce à la simplicité et à la noblesse (nos 1 et 14). Le 11e siècle nous montre la rigidité un peu dure, mais en même temps nette et régulière des caractères (nos 15 et 16). Le 111e (nos 11, 13, 47) nous montre une négligence marquée même dans les monuments officiels, bien que l'art continue à produire des œuvres assez soignées. Enfin le 1ve nous manifeste une décadence rapide, qui aboutit rapidement à la barbarie épigraphique (nos 56 et 57) et se continue sans barrières bien sensibles pendant les siècles suivants jusqu'aux confins des époques romanes, jusqu'à cette renaissance du x1e siècle, où des institutions nouvelles devaient amener la rénovation de toutes choses, architecture, arts, sciences, langue, alphabet même. Pendant tous ces temps, même les plus beaux, nous voyons en usage les lettres retournées, liées, intercalées et l'emploi de certaines lettres de l'alphabet grec, du double I ou H pour E.

Puis, à côté de cette épigraphie officielle, nous voyons vivre et se manifester une autre alphabet, dont la lecture nous échappe, corollaire confus de ces idiômes que nous signalions plus haut, hérissé de sigles et d'altérations presque barbares. De même que dans les explorations de nos villas romaines, nous rencontrons de grossières monnaies gauloises de Potin, demeurant en usage populaire à côté de la belle monnaie officielle romaine.

Ainsi se manifeste au yeux de l'observateur attentif un grand fait, encore difficile à déterminer, celui de la dualité des deux peuples gaulois et romains, obscurs vaincus et magnifiques vainqueurs ; dualité plus conforme à la nature des hommes et des choses, que cette unité, cette fusion absolue à laquelle pouvaient faire croire l'examen superficiel des faits et les enseignements insuffisants de l'histoire.

Du reste, ce n'est que rapprochés des monuments analogues, qui chaque jour sont signalés autour de nous, ce n'est qu'étudiés par des hommes spéciaux que ces fragments prendront toute leur valeur.

Fournir des matériaux aux études générales, résumer les trouvailles épigraphiques faites jusqu'à ce jour sur notre sol, en faire un ensemble qui ne craigne ni l'incendie, ni le marteau, conserver le souvenir des circonstances de provenance et de découverte qui en accentuent et en déterminent la portée ; tel a été notre modeste but. Les travaux et les études de l'avenir compléteront ces recherches, en dissiperont les obscurités, en rectifieront les erreurs : mais la base que nous posons aujourd'hui puisera toujours, nous l'espérons, un humble valeur dans les vérifications consciencieuses sur lesquelles elle s'appuie.

Appendice.

A ces inscriptions trouvées dans notre département nous croyons devoir joindre un tableau sommaire des principales inscriptions qui se rattachent au peuple Biturige, soit en nous faisant connaître les noms de quelques-uns de ses citoyens morts au-dehors de leurs pays, soit en nous montrant la participation du peuple Biturige aux actes et aux cérémonies du temps.

1.   M. CALP. M. F
        LVPO. FLAM.P.H.C
        EX CONVEN
        CAESAR ERCAVIC
        OMNIB HONORIB.
        IN REPVBLICA SVA
        FVNCTO PRAEF
        COHOR. PRIMAE
        BITVRIGVM
          P. H. C.

(Tarragone, Gruter, 382, 9.)

Cette inscription nous affirme l'existence d'une 1ʳᵉ cohorte des Bituriges, faisant évidemment partie des troupes auxiliaires et dont un certain Calpurnius était préfet.

2. A la même cohorte se rattache l'inscription suivante, dont nous donnons seulement un extrait :

IMP CAESAR VESPASIANVS... *equitibus et peditibus qui militant in alis sex .. et cohortibus duodecim quæ appellantur....* I.AQVITANORVM VETERANA ET I. AQVITANORVM BITVRIGVM... etc... *civitatem dedit et connubium etc.*

. (Henzen. sup. d'Orelli 5,418.)

3. A la deuxième cohorte des Bituriges se rattache l'inscription suivante :

DM.
C. ANTESTIO. C. F.
VET. SEVER
PRAEF. FAB. PRAEF.
COH.II BITVRIGVM
PRAEF COH. I CYREN
TRIB M LEG IIII
MC VIXIT ANNOS ·
XXXXVI ANTESTI
FORTVNATVS ET CEC
ILIVS F. C.

(Mayence, Henzen. sup. d'Orelli 6,755.)

En présence de la coexistence des Bituriges cubi et vivisci nous nous demandons si les deux cohortes doivent être l'une et l'autre attribuées à notre pays.

4. Le fragment suivant découvert à la naumachie de Lyon nous indique les places réservées à trois représentants des Bituriges cubi aux fêtes de Lyon, probablement en l'honneur de Rome et d'Auguste.

ARV. | BIT.C. | BIT.C. | BIT.C.

(Lyon, Naumachie. Arthur de Boissieu, insc. ant. de Lyon, p. 467.)

Les inscriptions suivantes nous donnent quelques noms de Bituriges :

5.   H. VEREC. DIOGENES
     IuuI RIR. COL. EBOR. ITEMQ. MORT..
      CIVES BITVRIX CVBVS
       HAEC SIBI VIVVS FECIT.

(Trouvée à Évreux, Orelli 190, Gruter 485, 1, et plusieurs autres) Gruter ne donne pas le mot *Cubus*, que Gal a restitué sans le comprendre et où Orelli reconnaît la désignation toute naturelle d'un *Biturix cubus*, par opposition aux *Bituriges vivisci*.

Voy. supra. N°° 15 et 4 (app)

6.   VIRDOMARVS
            THARTONTIS F
            DOMO BITVRIX
            MISSICIVS ALAE
            CLAVDIAE NOVAE
            T. F. I. ET
            PAMAE SORORI

(Vérone, Orelli, 3,382.) Nous trouvons ici le nom d'un biturige illustre, envoyé en mission honorifique (*Missicius*) par l'*ala Claudia nova*.

7.　　　BITVRIX NA
　　　　TIONIS FOEDVS EQV
　　　　ALALONGINA
　　　　ANNIS XLII. STIP. XX
　　　　HERES EX TESTA

(Bonn. sur le Rhin, Gruter 571, 4)

Nous voyons là un Biturige, cavalier dans l'Ala Longina, et mort sur les bords du Rhin, mais dont malheureusement le nom nous manque.

8.　　　... VLIAE　　　V
　　　　... BILLAE
　　　　... ILIAE
　　　　... S BALBUS BITVRIX

(Arthur de Boissieu, inscr. de Lyon 532, frag. 31.)

Ici encore le nom de ce père qui élève un monument à sa fille fait défaut, nous n'avons que le cognomen *Balbus* et la patrie *Biturix*. Les noms de la fille sont aussi fort incomplets.

9.　　　ARTIS GRAMMATICES
　　　　DOCTOR MORVM Q MAG
　　　　　　ISTER
　　　　BLAESIANVS BITVRIX M
　　　　VSARVM SEMPER AMTOR
　　　　HIC IACET AETERNO DEVI
　　　　NCTVS MEMBRA SOPORE

(Limoges, Raynal, histoire du Berry, tome I, **84**, note.)

M. Raynal l'attribue au iii° siècle. La forme poétique, la formule finale nous porte indépendamment de l'incor-rection du style et des caractères, à reporter beaucoup plus bas, vers le cinquième siècle, celui des grammairiens, cette épitaphe chrétienne.

Telles sont les seules inscriptions dont nous ayons connaissance. Nos ressources bibliographiques (surtout depuis l'incendie de la bibliothèque municipale et dans le désordre où elle se trouve aujourd'hui) sont trop restreintes pour nous permettre de faire quelque chose de complet, mais nous n'en avons pas moins disposé le cadre, d'autres mieux outillés en combleront les vides et y classeront les découvertes de l'avenir.

TABLE DES NOMS

CONTENUS DANS LES INSCRIPTIONS ROMAINES

Pt. I

PL. II

NOTE

SUR UN TRÈS-ANCIEN VITRAIL DE LA CATHÉDRALE

DE

BOURGES

Par M. Albert des MÉLOIZES.

La cathédrale de Bourges, dont la plupart des vitraux
appartiennent au XIIIᵉ siècle, possède en outre quelques
fragments de verrières qu'un examen même superficiel
ne permet pas de confondre avec les productions de cette
époque. Or, on sait qu'elle n'est pas, à beaucoup près, la
première église construite sur le même emplacement et
que des restes d'édifices antérieurs subsistent dans la
crypte réservée à la sépulture des archevêques et dans
des morceaux considérables d'architecture. Ces verrières
ne seraient-elles pas aussi des épaves d'un des monuments disparus?

Quelques-uns de ces débris des premiers temps de la
peinture translucide, après avoir été reproduits dans la

magnifique publication des PP. Martin et Cahier (1),
semblent avoir disparu; du moins nos recherches ne
sont-elles pas parvenues à nous les faire découvrir. Un
autre fragment existe encore qui n'a fait, croyons-nous,
l'objet d'aucune publication, bien qu'il ne mérite pas un
moindre intérêt. Il consiste en deux panneaux, malheureusement fort mutilés, représentant l'Annonciation et
l'Adoration des mages. Nous en donnons ici le dessin au
quart de leurs dimensions (2). Encadrés actuellement dans
la troisième fenêtre à gauche de l'église souterraine, ils
étaient autrefois placés à la partie inférieure d'une lancette de la grande nef, au dessous d'un vitrail du xiii[e]
siècle et en ont été retirés il y a une vingtaine d'années
pour être mis où on les voit aujourd'hui.

C'est probablement à cette époque que leurs plombs
ont été renouvelés et il faut bien dire que l'opération n'a
pas été faite avec le respect que méritait un morceau si
précieux. Des verres ont été déplacés et d'autres, qui
manquaient sans doute, ont été remplacés avec des débris
de verrières du xve et du xvie siècles pris au hasard.
C'est là un des trop nombreux exemples du sans-gêne
déplorable avec lequel on intercale dans les vitraux, sous
prétexte de réparations, des pièces quelconques qui rom-
pent non-seulement les formes et le dessin primitifs, mais
détruisent l'effet général en dénaturant la couleur. Que
ne choisit-on, pour remplir les vides, des verres d'une

---

(1) *Vitraux peints de Saint-Étienne de Bourges*, par les PP. Martin et Cahier. — Page 300 et planche XXVIII, fragment K, représentant le tombeau de saint Nicolas à Myre.

(2) Chaque panneau a de hauteur 0,55 c. et de largeur 0,38.

teinte neutre qui, au moins, n'absorberait pas les couleurs voisines ?

Dans l'une des chapelles de la cathédrale de Bourges, au milieu d'un vitrail représentant des scènes de la vie de saint Etienne et de saint Laurent, on a rapporté un panneau entier présentant une tête de grandeur naturelle qui fait là le plus malheureux effet. Si on peut comprendre que cette bizarre réparation ait été faite dans un temps où le respect des monuments du passé n'existait guère et où les vitraux n'étaient plus de mode, on s'étonnera à juste titre qu'il n'y ait pas été porté remède depuis que les vitraux, mieux appréciés, sont devenus comme jadis l'ornement obligé de toutes nos églises. Cette verrière mériterait cependant pour plus d'un motif les égards qu'on paraît lui refuser, puisque, sans parler de la beauté du dessin et de la composition qui en fait une œuvre admirable, elle est due au génie d'un enfant de Bourges, Jehan Lescuyer, des vitraux duquel on a pu dire : « Les peintres peuvent les étudier comme les sculpteurs étudient le Laocoon du Vatican et l'Hercule de Farnèse (1). »

Il y a peu de fenêtres dans la Cathédrale, parmi celles postérieures au XIII° siècle, où l'on n'ait à déplorer des réparations analogues. (2)

Pour en revenir à l'antique fragment qui fait l'objet de cette note, la poitrine de l'un des mages a été couverte

---

(1) Chenu, dans un opuscule sur les églises de Bourges, 1683.

(2) Les vitraux du XIII° siecle ont été restaurés avec une grande intelligence, par M. Thévenot, de Clermont. On y voit des *fac-simile* vraiment remarquables.

d'une grande fleur jaune, dont l'éclat, joint à celui d'autres
verres de la même couleur également ajoutés, attire le
regard au dépens des parties anciennes, dans lesquelles
on ne peut plus saisir le sujet représenté qu'après un
examen minutieux.

Nous avons eu soin, dans le dessin que nous donnons
de ces deux panneaux que nous avons séparés (Pl. I et II)
mais qui sont rapprochés aujourd'hui et réunis par des
verres plus modernes, de ne faire figurer, autant que possible, que les morceaux qui appartiennent évidemment à
l'œuvre première et d'indiquer en teinte neutre les
pièces ajoutées. Nous ne nous sommes écarté de cette
règle qu'en ce qui concerne le fond rouge dont il reste
peu de fragments anciens. Inutile de dire que nous nous
sommes gardé de toute restauration et que nous avons indiqué, dans la situation qu'ils occupent aujourd'hui, certains
verres dont il semble pourtant facile de distinguer la
vraie place : par exemple, la bordure verte de la robe de
l'ange (Pl. I) dont une partie a été évidemment reportée
plus bas qu'elle ne devait être ; la draperie blanche re-
tombant par-dessus le genou gauche, sous la main gauche, qui a été repoussée au delà de sa place primitive ;
des morceaux de bandes blanches et jaunes de la draperie formant le fond des tableaux, qui ont été disséminés un peu sur tous les points et que nous n'avons pas
reproduits lorsqu'ils étaient placés sur un des personnages, pour éviter la confusion. C'est ainsi que l'espace
compris entre la tête et les mains de la Sainte-Vierge
(Pl. I) a été rempli avec des pièces de cette bande du
fond.

I.

Le premier panneau représente la Salutation angélique.

La Sainte-Vierge est debout, le corps de face et la tête légèrement tournée à droite. Elle est vêtue d'une robe bleue; les épaules sont recouvertes d'une draperie blanche qui, relevée sur la tête, forme capuchon. Une bande d'étoffe noire, ornée de fleurs à huit pétales inscrites dans des cercles ou médaillons jaunes et bordée, par le bas, d'une bande noire chargée d'ornements elliptiques verts, couvre le devant de la jupe dont le bord est garni de traits noirs entrecroisés.

Un seul pied est visible; les plombs indiquent sa forme, mais le verre ancien a disparu et a été remplacé par un morceau d'ornement du xvi° siècle.

L'ange, également debout, est tourné de trois-quarts et incliné vers la Sainte-Vierge. Il est vêtu d'une sorte de tunique blanche à bordure verte; au dessous de cette bordure, dont un morceau a été déplacé, comme nous l'avons dit plus haut, la robe manque et sa forme n'est indiquée que par les plombs. Les pieds sont nus. Le bras droit est recouvert d'une manche bleue avec une sorte de revers jaune chargé de lignes et de points noirs. Le bras et l'épaule gauches manquent, mais la main gauche existe et semble à peu près à sa place au dessus du genou gauche. L'aile droite, relevée, est verte; la gauche paraît avoir été retombante et blanche. Il en reste un fragment qui semble à sa place au-dessous de la main droite.

• Les têtes sont nimbées de bleu. Les deux personnages, surmontés de cintres en verre blanc, se détachent sur un fond rouge figurant probablement une draperie, laquelle était ornée, au moins en haut, d'une large bande de verre jaune portant des ornements circulaires enfermés dans des losanges. Le fragment qui se voit à gauche du panneau paraît être à peu peu près à sa place; dans tous les cas, il rappelle une bordure semblable du fond du second tableau avec une couleur différente, jaune au lieu de blanche. Peut-être y avait-il aussi une bordure au bas de la draperie : un morceau situé au-dessus du pied droit de l'ange ne paraît pas avoir été transposé. On pourrait, quoique avec moins de certitude, admettre une bande centrale en verre vert passant derrière la main gauche de l'ange, à la place qu'elle occupe encore, et il y aurait d'autant plus de vraisemblance à le supposer, que ces bandes, passant sur le fond rouge, auraient eu pour effet de diminuer l'étendue de celui-ci et d'empêcher qu'il y eût trop de disparate entre l'éclat de ce premier panneau et le second, où les personnages plus nombreux rendent le fond moins visible. Il est évident, en effet, que les deux panneaux, offrant le développement du même sujet, devaient occuper dans la fenêtre qu'ils ornaient des positions symétriques, et il n'y a là qu'une recherche d'équilibre très-naturelle pour les anciens verriers • tous ceux qui ont étudié les vitraux du XIIe siècle savent que jamais le sentiment de l'harmonie, né d'une profonde observation sinon de principes définis, n'a été poussé plus loin qu'à cette époque et que c'est seulement pour l'avoir méconnu plus tard et pour avoir demandé à la peinture

translucide des effets de perspective qu'elle ne peut ren
dre, qu'on a pu dire des verriers depuis le xv⁰ siècle
qu'ils avaient perdu le *secret* de leurs devanciers.

Le second panneau a pour sujet l'Adoration des mages .
(Pl. II.)

La Sainte-Vierge, assise, porte sur les genoux l'Enfant Jésus, sur l'épaule duquel sa main repose. Elle est
coiffée et nimbée comme dans le tableau précédent et deux
petits fragments de la draperie blanche qui retombait
sur ses épaules sont visibles au dessus du nimbe de
l'Enfant Jésus.

La main droite a disparu. Le morceau de verre jaune
analogue à celui de la manche de l'ange du panneau précédent est peut-être un reste de son habillement? Cependant le bras gauche, au-dessus de la main, est recouvert
d'une draperie verte. Un devant de jupe analogue à
celui du premier tableau, mais plus large, d'un dessin un
peu différent et de verre bleu, mais avec la même bordure, couvre les genoux. La jupe n'existe plus.

L'Enfant Jésus porte un nimbe crucifère. Il est vêtu
d'une robe pourpre sur une jupe blanche et paraît lever
le bras droit comme pour bénir. Les pieds sont nus,
la main droite a disparu. Un livre est dans la main
gauche (1).

_____

(1) Il paraît être arrivé ici que l'ouvrier chargé de découper e
de peindre le verre, d'après le carton du maître, s'est arrêté après
la première opération. La main n'est pas dessinée et comme le
verre, d'un pourpre clair, identique à celui qui a servi ailleurs pour
les chairs, semble aussi ancien que les verres voisins; qu'il n'y a
pas de raison de penser que le metteur en plomb moderne, en

Les trois mages sont à genoux. Deux d'entre eux ont conservé les couronnes qu'ils portaient probablement tous les trois. Ces couronnes, dont l'une est bleue et l'autre verte, ont un bandeau rappelant le dessin de la bordure du tablier de la Vierge, surmonté de trois fleurons qui ont quelque ressemblance avec des fleurs de lis.

Le mage barbu placé en avant, fort mutilé, n'a conservé que le bras droit, recouvert d'une étoffe blanche, un petit fragment de draperie bleue qui se voit sous son menton et deux pièces d'une bordure verte à raies et à points noirs dont l'une au moins ne doit pas être à sa place. Il offrait l'encens ou la myrrhe contenue dans une cassolette ou calice de forme sphérique, dont on ne voit plus qu'une partie, le pied n'existant plus.

Un autre mage, imberbe, dont on ne voit que la tête, est placé au second plan.

Le troisième mage, a demi caché derrière le premier, est vêtu d'un manteau vert sur une robe pourpre bordée de blanc.

Le fond du tableau est une draperie rouge bordée à la partie supérieure d'une large bande blanche chargée d'ornements comme dans le premier tableau. L'ensemble est surmonté de trois cintres en verre blanc.

A l'extérieur des panneaux on voit encore des traces

---

réparant ce vitrail, ait été plus soigneux pour cette petite pièce que pour de beaucoup plus visibles, et ait cherché à retrouver la couleur primitive, il est à croire qu'il y a là un exemple, qui se présente parfois dans les anciens vitraux, de l'oubli ou de la négligence de l'ouvrier.

de la bordure qui les entourait. Elle est en verre jaune recouvert d'un émail opaque dans lequel on a réservé un rang de grosses perles. C'est là un encadrement ordinaire des médaillons dans les anciens vitraux : on avait remarqué que la couleur jaune par son manque de rayonnement est fort propre à former des contours accusés.

II.

Les arcades cintrées placées au-dessus des personnages, placent la fabrication de ces vitraux avant la période ogivale; d'ailleurs, la comparaison avec les lancettes du XIIIe siècle de la cathédrale haute, montre deux époques bien distinctes de l'art.

Mais, s'il est clair qu'il s'agit ici d'un monument de l'art antérieur au XIIIe siècle, il devient beaucoup plus délicat, les points de comparaison étant déjà fort rares au XIIe siècle, et manquant absolument au-delà, de décider s'il est permis d'attribuer au XIe siècle, comme nous le ferions volontiers, les fragments qui nous occupent.

On doit être très-réservé, sans doute, dans l'attribution de telles dates, en raison de l'obscurité qui règne sur ce que pouvaient être les vitres peintes à cette époque reculée; mais la fragilité de ces œuvres, dont un seul déplacement suffit pour compromettre la conservation, expliquerait suffisamment qu'il ne nous en soit parvenu que de rares fragments, et en admettant qu'il ne faille accepter qu'avec circonspection ce que nous dit la Chro-

nique de Saint-Bénigne de Dijon, de l'existence dans cette
église en 1052, d'un vitrail considéré alors comme très-
ancien, il n'en est pas moins certain que la description
des procédés de la peinture sur verre est donnée par le
moine Théophile (1), qui écrivait au XII⁰ siècle, avec des
détails qui annoncent un art depuis longtemps maître de
ses procédés. Il n'y a donc pas de doute que des vitres
peintes ornaient déjà les églises au XI⁰ siècle, mais il n'est
malheureusement pas moins certain qu'il ne nous en
reste aucun exemple authentique, et que les vitraux les
plus anciens ayant date certaine, sont ceux de Saint-
Denis, que l'abbé Suger fit poser vers 1150. Au-delà tout
est conjecture, et nous ne nous dissimulons pas qu'en
présentant l'ancien vitrail de Bourges comme un produit
du XI⁰ siècle, nous ne pouvons qu'invoquer les apparences à l'appui de notre thèse.

Ces réserves faites, nous dirons que les panneaux que
nous venons de décrire nous semblent appartenir à une
époque plus ancienne que les vitraux de Saint-Denis, et
que, à en juger par la savante analyse des procédés des
verriers du XII⁰ siècle donnée par M. Viollet-Leduc (2),
et par les planches qui accompagnent son beau travail, et
dont nous avons pu, en ce qui concerne la cathédrale de
Bourges, contrôler la scrupuleuse exactitude, notre vitrail porte le cachet d'une époque d'infériorité marquée
comme dessin et comme fabrication.

Rappelons que, s'il ne paraît pas douteux que les frag-

---

(1) *Diversarium artium Schedula.* Liber II.

(2) *Dictionnaire d'arcihtecture,* tom. IX, page 373 et suivantes.

ments dont nous parlons aient appartenu à une église plus ancienne que la cathédrale actuelle, il serait naturel de les attribuer à cette église, dont les indications de l'histoire et l'examen des restes d'architecture placent la construction au xi° siècle, et à laquelle auraient appartenu les sculptures des portails latéraux, la chapelle aujourd'hui dédiée à sainte Solange, et des substructions découvertes en 1855 dans le voisinage de la crypte.

Nous voudrions montrer que, s'il n'est pas possible d'appuyer de preuves irréfragables cette attribution de notre vitrail au xi° siècle, rien, du moins, dans le dessin général, ni dans les couleurs, ni dans les détails ornementaux, ne détruit les apparences d'une antiquité aussi reculée.

En ce qui touche au dessin, il est assurément bien permis d'y voir l'empreinte d'un art qui s'essaye et tâtonne. Si la simplicité d'expression des figures et la roideur des lignes ne manque pas d'une certaine grandeur, on n'y peut, croyons-nous, méconnaître l'inexpérience d'une main malhabile, et il faut convenir que le xii° siècle a produit des vitraux où s'accuse un art beaucoup plus développé.

La physionomie des figures est à peu près nulle et les attitudes seules ont une certaine expression. Le dessin, tout empreint de l'archaïsme byzantin, ne procède pas de l'étude de la nature, mais repose sur des traditions et des formules d'école. Les draperies sont collées sur le corps et partout le nu apparaît malgré l'étoffe qui le recouvre.

Le modelé résulte de lignes plus ou moins nourries, tracées dans le sens de la forme avec une couleur vitrifiée, dont il serait intéressant de connaître la composition.

D'après M. Viollet-Leduc (1), les analyses qui auraient
été faites jusqu'ici de morceaux de vitraux peints des
XIIᵉ et XIIIᵉ siècles, n'auraient révélé dans cette couleur
que des oxydes de fer (2) au lieu de l'oxyde de cuivre indiqué par Théophile (3). La coloration brune de cette
peinture vitrifiée est ici peu différente de celle qu'offrent
les verres du XIIIᵉ siècle ; tout au plus serait-elle un peu
plus rougeâtre. Le caractère particulier qu'elle présente
est celui d'une extrême épaisseur et d'une opacité absolue : ainsi les cheveux des personnages sont tout d'une
pièce et sans traits transparents, et celles des lignes qui
doivent accuser énergiquement le modelé ou les plis des
draperies ont une épaisseur de plus d'un millimètre et
une largeur qui, à distance, les ferait confondre avec des
plombs. Cette peinture, en partie peut-être à cause de sa
grande épaisseur, n'a pas eu une adhérence suffisante, et
elle s'est écaillée en beaucoup d'endroits, laissant à nu le
verre qui paraît comme dépoli. Cela est sensible surtout
sur le verre blanc et le pourpre clair.

Tous les ornements qui se détachent en couleur sur
un fond noir, comme les couronnes des mages, le tablier
de la Vierge, les perles formant encadrement, etc., sont
enlevés dans la peinture opaque avec un instrument spécial ou la hampe du pinceau, de façon à découvrir le
verre coloré. C'est, du reste, un procédé que les verriers
emploient encore aujourd'hui. Théophile indique que ces

(1) *Dictionnaire*, tome IX, page 376.

(2) C'est encore le protoxyde de fer que l'on emploie aujourd'hui.

(3) Lib. II, cap. XIX.

ornements se font de la même façon que les lettres, « *eodem modo quo fiunt in litteris pictis* (1) » ; et voici ce qu'il dit pour celle-ci : « *Quod si litteras in vitro facere volueris, partes illas cooperies omnino ipso colore, scribens eas cauda pincelli.* (2) »

Les verres employés sont de sept couleurs :

Un blanc,
Un bleu,
Un rouge,
Un vert,
Un jaune,
Deux pourpres { clair pour les chairs,
                très-foncé pour les draperies.

Le bleu a certainement un éclat incomparable qui n'a pas été dépassé dans la meilleure époque de l'art

Il en est de même du rouge qui a une grande intensité. Il nous paraît être coloré dans la masse et non doublé (3).

Le vert manque un peu de transparence, mais il ne diffère pas sensiblement de certains verts du XIIIᵉ siècle.

Le blanc laisse beaucoup à désirer comme fraîcheur et comme transparence.

Le jaune est sombre et peut-être doit-on le ranger

(1) Lib. II, cap. xxi.

(2) Lib. II, cap. xix, *de colore cum quo vitrum pingitur.*

(3) Il reste peu de morceaux de ce verre rouge qu'on puisse attribuer d'une manière certaine à l'œuvre première. La plus grande partie du fond a été refaite avec un verre doublé, évidemment beaucoup moins ancien.

parmi les teintes qui n'étaient alors produites que par l'effet du hasard (1), comme le dit Théophile :

« Quod si videris vas aliquod in croceum colorem mutari, sine illud coqui usque horam tertiam et habebis croceum leve.... si vis permitte coqui usque horam sextam et habebis croceum rubicundum. » (Théophile, lib. II, cap. VII.)

Il faut en dire autant du ton pourpre clair, employé dans les chairs, qui a peu de transparence. Voici à ce sujet le texte de Théophile :

« Si vero perspexeris quod se forte vas aliquod in fulvum colorem convertat, qui carni similis est, hoc vitrum pro membrana habeto, et auferens inde quantum volueris, reliquum coque per duas horas, videlicet a prima usque ad tertiam et habebis purpuream levem et

---

(1) Les jaunes obtenus avec les sels d'argent ne datent que du XIVᵉ siècle, mais on va trop loin, pensons-nous, en avançant que les jaunes même au XIIᵉ siècle, n'étaient que des verres blancs enfumés que le hasard donnait.

On comprend que les oxydes métalliques qui se trouvent naturellement dans certains sables pouvaient donner au verre blanc une coloration imprévue plus ou moins intense, mais le passge de Théophile qui invite à profiter, le cas échéant, de ces accidents pour l'obtention du jaune et du pourpre, ne dit nullement qu'il n'y eu pas un moyen de produire à volonté ces couleurs. Au contraire il nous semble que l'existence d'un procédé de fabrication de verres teints de la sorte résulte de ce passage où Théophile, après avoir donné la recette employée par les Français *in hoc opere peritissimi*, pour fabriquer des feuilles de verre bleu, ajoute, malgré ce qu'il dit au chapitre VIII : « *faciunt etiam ex* PURPURA *et viridi similiter* (Lib. II, Cap. XII. — *De diversis vitri coloribus.*)

rursum coque a tertia usque ad sextam, erit purpurea rufa et perfecta » (Lib. II, cap. VIII.)

Quant au pourpre foncé dont les anciens verriers ont fait un fréquent usage, il est difficile de croire qu'il ait toujours été produit accidentellement dans une cuisson prolongée du verre blanc, tandis qu'il paraît fort naturel de penser que le procédé raisonné de sa production par l'adjonction d'un oxyde métallique, d'abord imparfait, s'est peu à peu perfectionné. Le verre de cette couleur qui se trouve dans le panneau de l'Adoration des Mages, est certainement d'une fabrication très-imparfaite. Sa coloration est intense, mais il ne prend quelque transparence que dans les pièces un peu étendues, et reste complétement opaque dans les petits morceaux.

Dans ce qui précède, on voit que tout indique un art à son berceau Si nous examinons les détails de costume et d'ornement, nous n'y découvrirons rien peut-être qui nous place nécessairement avant le XIIᵉ siècle, mais nous n'y remarquerons rien non plus qui nous ramène positivement à cette date.

Ainsi, la coiffure de la Sainte Vierge se retrouve dans des monuments beaucoup plus modernes même que le XIIIᵉ siècle; mais elle est figurée aussi dans de beaucoup plus anciens même que le XIᵉ. Pour n'en rappeler que quelques-uns parmi ces derniers, citons ce spécimen de l'art byzantin conservé au Louvre, et consistant en une plaquette en or repoussé, sur laquelle est figurée en bas-relief la visite des saintes femmes au tombeau du Sauveur. Ce précieux objet remonte au IXᵉ ou au Xᵉ siècle, et la coiffure des saintes femmes est identique à

celle de la Sainte Vierge du vitrail de Bourges (1).
Signalons encore la coiffure de la Sainte Vierge d'une
miniature du x⁰ siècle dans le manuscrit *Liber precum*
de la Bibliothèque nationale (2).

Les vêtements par leur forme n'appartiennent pas nécessairement à une époque plutôt qu'à une autre. Les
exemples en sont assez nombreux avant le x111⁰ siècle
pour qu'il soit inutile d'en rappeler aucun.

Quant aux parties purement ornementales, couronnes
des Mages, ornements des draperies, etc., elles offrent
un cachet d'ancienneté très-évident. Les PP. Martin et
Cahier ont reproduit (3) des fragments détachés de tous
points semblables au dessin de la bande qui couvre la
robe de la sainte Vierge, à l'ornement de la draperie de
fond, et au bandeau des couronnes. Ils sont empruntés,
disent ces auteurs, à des draperies qui paraissent avoir
appartenu au xii⁰ siècle (4). Des détails d'ornements à
peu près identiques se retrouvent dans un des vitraux
de Saint-Denis (xii⁰ siècle), représentant la consécration
d'un évêque. On voit aussi des ornements semblables
dans une miniature d'un manuscrit du xi⁰ siècle qui est
à Beauvais (5) (bordure des manches et du manteau

(1) *Les arts au moyen-âge*, Paul Lacroix, page 127, planche.

(2) *Iconographie chrétienne* de M. Didron, page 125.

(3) Planche XXVIII.

(4) Page 300, en note.

(5) *Iconographie chrétienne* de M. Didron, page 218.

de Notre-Seigneur). On peut encore les rapprocher de la bordure d'un vêtement figuré dans un manuscrit du IXe ou du Xe siècle de la Bibliothèque nationale (1).

En résumé, nous persistons à penser que l'antique vitrail de Bourges appartient au XIe siècle, et encore qu'on diffère de quelques années sur l'époque de sa fabrication, on sera du moins avec nous d'accord pour y voir un objet infiniment précieux qui ne saurait être conservé avec un soin trop jaloux. La place qu'il occupe à la cathédrale souterraine ne lui serait pas défavorable en ce que le peu de distance à laquelle on le voit, donne une certaine facilité pour l'étudier ; mais elle pourrait lui devenir fatale, si une protection plus efficace ne lui était donnée contre les accidents possibles du dehors. Les barreaux de fer, chargés de le garantir, laissant entre eux des vides de plus d'un décimètre carré, sont, on le reconnaîtra, une sauvegarde bien insuffisante.

Et puisque nous sommes sur ce sujet, nous croyons devoir appeler l'attention sur les vitraux voisins de celui-ci, qu'une déplorable négligence abandonne à une ruine prochaine. Nous voulons parler de ces cinq verrières, souvenirs, elles aussi, d'un édifice qui n'existe plus, attachées à leur place actuelle à l'époque de la destruction de la Sainte-Chapelle (2). Les panneaux centraux de deux d'entre elles, défoncés probablement par un ouragan, ne tiennent en place que grâce à la poussière dont

(1) *Les arts au moyen-âge*, Paul Lacroix, fig. 2, page 4.

(2) En 1757.

les années ont fait une espèce de ciment qu'un autre ouragan emportera. Faute de quelques plombs et d'attaches renouvelées, qui suffiraient aujourd'hui pour les sauver, leurs débris iront grossir la provision de fragments destinés à être intercalés, d'une façon plus ou moins heureuse, dans les vides qu'une vigilance un peu plus attentive suffirait le plus souvent à prévenir.

LE DROIT DU TREIZIÈME [1]

SUR LE VIN VENDU EN DÉTAIL A BOURGES

Par M. E. TOUBEAU de MAISONNEUVE.

Antiquité et importance de ce droit.

De temps immémorial, les habitants de Bourges
levaient, pour l'entretien et les charges de leur ville, un
droit sur le vin vendu en détail, appelé le droit du Treizième : c'est-à-dire que chaque habitant de la ville, des
faubourgs et de la franchise, vendant du vin à pot ou à
pinte, payait à la ville la treizième pinte, ou une pinte sur
treize vendues.

[1] Vulgairement du Treizain.

Dans la suite, afin que les habitants qui faisaient ce commerce ne fussent point surchargés par ce droit, il fut résolu, d'accord sans doute avec le roi, que la pinte de Bourges, auparavant égale à celle de Paris, serait *appetissée* d'une treizième partie, c'est-à-dire serait d'une treizième partie plus petite que la pinte de Paris, d'où vint que le droit du Treizième fut aussi appelé droit *d'appetissement de la mesure.*

Grâce à l'appetissement, le droit tombait sur l'acheteur, qui payait le même prix une moindre quantité de vin, et non plus sur le vendeur, qui, de douze pintes en faisant treize, retirait autant d'argent des douze, et payait le prix de la treizième à la ville.

Un ancien témoignage de la perception du droit du Treizième à Bourges, rapporté par La Thaumassière dans son *Histoire de Berry*, (1) est le bail qui en fut adjugé aux enchères, le 24 novembre 1429, par les quatre prud'hommes, élus de la cité, au prix de deux mille livres tournois, à Jean de la Loé, bourgeois de Bourges, qui promettait de payer de suite et par avance, les treize cents écus d'or, demandés par le roi Charles VII à la ville, pour être envoyés à M. d'Albret, comte de Dreux, et à Jeanne la Pucelle, qui assiégeaient la ville de la Charité-sur-Loire, et qui, faute de cet argent pour payer les gens de guerre, avaient ordre de lever le siége.

Les prud'hommes garantissaient à Jean de la Loé, que nul ne serait reçu à tiercer, ou à doubler ladite ferme du

---

(1) Nouvelle édition, Tome I, p. 314.

Treizième, s'il ne lui remboursait préalablement ces treize cents écus.

Comme, alors, la plupart des habitants de Bourges, propriétaires de vignes, récoltaient du vin en abondance, et que ce vin de mauvaise garde et d'un transport fort difficile, vu le mauvais état des chemins, se débitait sur place, le droit du Treizième rapportait beaucoup à la ville et constituait à lui tout seul une des sources les plus importantes de son revenu.

Lettres patentes des Rois et procès relatifs au droit du Treizième.

Pendant de longues années, sans doute, les habitants jouirent librement du droit de lever sur eux-mêmes cette imposition, mais l'autorité royale qui grandissait sans cesse, s'immisça de plus en plus dans le régime intérieur de la ville et y devint assez prépondérante pour lui faire accepter, à titre de concession ou d'octroi, ce droit qu'elle exerçait auparavant librement par elle-même.

Ces sortes de concessions étaient même sollicitées comme des faveurs par les administrateurs des villes, à ces époques troublées où, l'autorité royale parvenant seule à se faire reconnaître, les populations urbaines n'obéissaient guère qu'à ce que le roi avait autorisé ou permis.

Les élus au gouvernement de la cité de Bourges obtinrent alors des rois, à titre de privilége pour la ville, des lettres de concession du droit du Treizième. Souvent donc, et c'est un point important à noter pour l'histoire des anciennes villes, les priviléges des rois ne faisaient que concéder des droits dont ces mêmes villes jouissaient longtemps auparavant et librement.

Les premières lettres de concession du Treizième, accordèrent le droit à de certaines conditions; celles qui suivirent, à de certaines conditions et pour un temps limité.

Louis XI et Charles VIII concédèrent aux maires, échevins, bourgeois et manans de Bourges, plusieurs aides et octrois, entre autres, celui de l'appetissement de la treizième pinte du vin vendu en détail en la ville et septaine de Bourges, pour employer les deniers qui en proviendraient, aux réparations, fortifications, emparements et autres affaires communes et nécessaires de ladite ville, cité et septaine « dont ils ont grand charge tant pour le grand circuit et closture d'Icelle ville, que à cause de la situation d'Icelle qui est en faible et tendre terrouer et de difficile arrivée pour les chemins s'ils nestoient entretenus mesmement en temps d'hiver et pluvieux » et non ailleurs.

Ces lettres de concession, probablement perdues ou brûlées dans l'incendie du jour de la Madeleine, de l'année 1487, sont rappelées dans celles de Louis XII, données à Blois, le 16 janvier 1500 (1).

---

(1) Archiv. de la ville, liasse 126, série CC. Treizain, I. lettres-patentes du roi Loui XII.

Les patentes de Louis XII, adressées à ses amés et féaulx les généraux-conseillers par lui ordonnnés sur le fait et gouvernement de ses finances, au bailli de Berry et élus sur le fait de ses aides ordonnées par la guerre en l'élection dudit Berry et à tous ses autres justiciers, officiers ou à leurs lieutenants, confirment en ces termes aux habitants l'octroi du Treizième :

« Pourquoy Nous ces choses considerees voulans amya-
« blement traicter lesdicts supplians et les soulager en
« ceste partie A Iceulx pour ces causes et aultres a ce
« nous mouvans Avons permis et octroye voulons et nous
« plaist de grace spetial par ces presentes quils puissent
« a leur loise prendre cueillir et lever ou par leurs
« commis et deputez faire prendre cueillir et lever
« durant le temps et terme de dix ans prochainement
« venans comançans au jour et dacte de ces presentes
« ledict ayde et appetissement de mesure du vin vendu
« a destail en lad Ville et Septaine de Bourges tant sur
« les gens deglise que aultres tout ainsy et par la forme
« et maniere quils ont par cy-davant faict par octroy de
« nosd predecesseurs et en oultre les avons releve et
« relevons de nostre grace par ces presentes de ce quon
« leur vouldroict obvier quils ont cueilly et leve led ayde
« et appetissement depuis nostre advenement a la couronne
« ou un plus long temps sans lectre ou conge de Nous ou
« de Nosd predecesseurs et sans ce que ores ou pour lad-
« venir on leur en puisse aulcune chose reprocher ou
« contraindre a en monstrer les lectres ni dire que a
« cause de ce ils seraient encouruz envers nous en aul-
« cunes offence ou amande et sur ce avons Impose
« et Imposons silence a nostre procureur et aultres nos

« officiers quil appartiendra Pourveu toutesfoye que les
« deniers qui en sont venus et issus cy davant viendront
« et isront pour le temps de ceste presente prolongaon
« Ils seront tenus convertir et employer esdictes repara-
« tions emparemens commungs et necessaires affaires
« de la dicte Ville et non ailleurs Pourveu aussy
« que a la cueillete dud ayde pour lesdicts dix ans adve-
« nir la plupart et saine partie des habitants se consen-
« tent Et aussy que celuy ou ceulx qui ont manie lesdicts
« deniers pour le temps passé en rendront bon compte et
« et reliqua si faict ne lont dedans quatre moys prochai-
« nement venans et ceulx qui en auront la charge et
« administration pour ladvenir rendront compte d'an en
« an pardavant nos officiers quil appartiendra et quils
« soient tenus de semblables deniers (1)…. »

A l'expiration des dix ans, le 17 septembre 1510.
Louis XII renouvela cette concession pour un même
laps de temps.

Marguerite, duchesse de Berry et d'Alençon, sœur de
François 1ᵉʳ, par lettres patentes du 14 novembre 1521,
continua pour dix ans encore aux habitants de Bourges
l'octroi du Treizième. Mais ceux-ci, pour plus de sûreté,
demandèrent encore des lettres de confirmation et de
continuation au roi. Celles que François 1ᵉʳ leur
adressa de St-Germain en Laye le 28 décembre 1526,
confirmaient celles de sa sœur et accordaient pour huit
ans, à commencer de l'expiration des lettres de la du-

(1) Archiv. de la ville, liasse 126, série CC. Treizain, I. lettres-
patentes du roi Louis XII.

chesse, le droit de lever le Treizième, relevant les habitants pour le temps où ils en avaient joui en vertu des lettres de sa sœur et sans les siennes. Le droit devait être perçu sur les gens d'église et autres, pour être employé aux bâtiments des maisons Dieu, hôpitaux, aux gages et salaires des Lecteurs de l'Université, aux édifices des nouvelles Ecoles et autres frais, et ceux qui en feraient la recette et la dépense, en devaient rendre compte pardevant le bailli de Berry ou son lieutenant, comme cela se faisait auparavant.

Le 9 août 1529, les maires, échevins, commis et élus au fait et gouvernement de la police de la ville et faubourgs, les bourgeois, manans et habitants en grand nombre, furent convoqués en assemblée à la maison de ville par cri public et son de trompe, par le crieur juré de la ville, et après avoir entendu la lecture de l'octroi de l'appetissement de la mesure accordé par le roi, en consentirent la levée sur tous ceux qui vendraient vin en détail dans la ville pour la durée de l'octroi. Le jour même, le sieur Nicolas Bigot, licencié ès-lois, conseiller du roi et de Madame et lieutenant-général du bailli de Berry, rendit une ordonnance pour en permettre la levée (1).

Dans une nouvelle requête au même roi, les maire, échevins et manans de Bourges, demandèrent la continuation *pour certain aultre temps* du droit du Treizième, dont ils avaient joui par octrois de ses prédécesseurs et de lui jusqu'à présent. Par lettres patentes, données à Paris,

(1) Archiv. de la ville, liasse 126, serie CC. Treizain, I. Une Ordonnance de M. le Lieutenant général qui, vu le consentement des habitants ordonne la levée du Treizième, du 9 août 1529.

le 17 décembre 1538 et signées : *Bochetel* ; François Ier
la leur accorda pour huit ans, en considération des grands
frais des maisons-Dieu et des pestés, de la nourriture des
malades, etc , sur gens d'églises et autres exempts, privilégiés et non privilégiés; et comme tous les habitants ont
intérêt au paiement de l'appetissement de mesure, il veut
que tous puissent être contraints au paiement du droit :
les gens d'églises et suppôts de l'Université, par le saisis-
sement de leur temporel, la vente et l'exploitation des
fruits et revenus en provenant, et les laïques, par toutes
autres voies, manières douces et raisonnables, nonobstant toute opposition, appellation et malgré elles.

Par lettres datées de Paris, le 23 mars 1545,
François Ier renouvela encore aux habitants le même
octroi pour six ans.

Henri II, par lettres patentes données à Paris, le 24
novembre 1552, accorda le Treizième pour six ans : sans
que les maire, échevins et autres officiers de la ville de
Bourges, ni ses propres officiers qui assisteront aux affaires de la ville et à l'audition des comptes, en puissent rien
prendre pour taxation, salaire et vacation, en distraire
aucune somme à une autre destination qu'aux réparations,
fortifications et choses sus mentionnées, ce qu'il leur
interdit et défend expressément, et sans que les officiers
qui en feront les comptes puissent en passer aucune
chose, sinon pour les dépenses dessus dites, sous peine
de s'en prendre à eux et aux ordonnateurs pour ces deniers en leurs propres et privés noms. Un tel luxe de
recommandations et de défenses était, paraît-il, tout à fait
nécessaire en ce temps-là, pour que les deniers provenant
de la levée du Treizième ne se perdissent pas en route

ou ne fussent point détournés de leur véritable destination.

Le même roi, par lettres patentes du 25 février 1557, continua pour neuf ans le même octroi, et le confirma encore par nouvelles lettres du 22 avril 1559.

François II, à son avénement, confirma le précédent octroi, par lettres données à Blois, le 12 juillet 1559.

Charles IX, par lettres du 16 août 1564, le continua pour neuf ans et par lettres du 27 décembre 1571, pour neuf autres années.

A cette époque, les maires et échevins et les fermiers du Treizième, soutinrent plusieurs procès contre certaines personnes qui se prétendaient exemptes de payer le droit.

En 1570, un archer nommé Regnault ayant refusé de payer le Treizième, le fermier et les maires et échevins lui intentèrent un procès devant l'élection. Regnault soutint qu'en sa qualité d'archer de la compagnie du prévôt des maréchaux de Berry, il devait jouir, en vertu des lettres patentes du roi enterinées et vérifiées en la cour des aides et en l'élection de Bourges, des mêmes priviléges, franchises, libertés et exemptions que les hommes d'armes et les archers des ordonnances du roi et qu'on ne pouvait dès lors l'imposer aux tailles, impositions et subsides quelconque. Mais il fut déclaré par sentence des élus du 2 septembre 1570, sujet et contribuable au droit du Treizième, suivant les lettres d'octroi des rois aux maires et échevins de la ville (1).

(1) Archiv. de la ville, liasse 126, série CC., Treizain I. Huit pièces dont six sont des copies collationnées de lettres-patentes, etc.

Le 5 septembre 1582, la cour des Aides rendait un arrêt provisoire au profit des maires et échevins, qui comdannait les prévôt, lieutenant, greffier et archers de la maréchaussée du pays, duché et élection de Berry, à payer par provision le droit du Treizième (1).

La même année, Jehan Pelourde, sieur de Coulongnes, Thory et Inoy, ayant refusé le Treizième, fut traduit par le fermier Ripart et les maire et échevins intervenant devant l'élection. Le sieur de Coulongnes prétendait qu'en sa qualité de noble, il était exempt de payer le droit, et que son père Jehan Pellourde, en son vivant lieutenant conservateur des priviléges royaux de l'Université de Bourges, ayant obtenu en l'année 1525, et sur la demande du substitut du procureur général en l'élection de cette ville, une sentence contre le fermier du Treizième et les maire et échevins d'alors, par laquelle les élus le déclaraient noble et exempt du droit du Treizième, lui, ses hoirs et ayant cause, depuis lors, ils avaient toujours été exempts de tous subsides et impositions et même du Treizième.

L'affaire était délicate pour l'élection de Bourges. A cinquante ans seulement de date, en semblable procès, allait-elle rendre un jugement absolument contraire? Persévérant dans sa jurisprudence, elle déclara par sentence du dernier mai 1582, le fermier, les maire et échevins non recevables en leurs demandes fins et conclusions

(1) Archiv. de la ville, liasse 126, série CC. Treizain 1. Extraict des registres de la Court des Aydes.

contre le sieur Pelourde. Le fermier et les officiers de ville en appelèrent de cette sentence en la cour des aides à Paris (1).

Les maire et échevins de Bourges avaient donc à soutenir deux procès bien importants, puisqu'il en devait résulter, s'ils obtenaient gain de cause, la condamnation de la maréchaussée et des nobles à payer le droit du Treizième.

Dans ces conjonctures, ils demandèrent par écrit, à deux avocats de Paris, les sieurs Verforis et Bigot, une consultation sur les difficultés que présentait la levée du droit du Treizième, et ils la reçurent à la date du 21 mars 1584.

Suivant ces deux avocats, Mgr l'archevêque de Bourges et les autres ecclésiastiques devaient le droit du Treizième, d'après l'arrêt du mois d'octobre 1550, donné aux grands jours tenus en la ville de Moulins, entre le fermier de ce droit, les maire et échevins d'une part, et l'archevêque de Bourges, et les députés du clergé de l'autre.

Les nobles, ecclésiastiques ou laïques, au service du roi ou non, devaient être soumis au droit, mais pour eux, la question était encore indécise et le procès pendant en la cour des Aides de Paris.

Quant aux recteurs, docteurs et suppôts de l'Université de Bourges, il fallait suivre l'arrêt de la cour des Aides, portant vérification de lettres obtenues par eux et la transaction qui avait eu lieu depuis sur cet arrêt entre les maires et échevins et les docteurs de l'Université. En ce

_____

(1) Archiv. de la ville, liasse, 126, série CC., Treizain I. Arrêst de la Cour des Aydes qui condamne les nobles a payer le droit de Treizième.

qui concernait les docteurs de la Faculté de médecine, qui
ne faisaient point de lectures, les avocats consultés
disaient, qu'il avait été jugé par arrêt, que les docteurs
et médecins de Paris qui ne faisaient point de lectures,
jouiraient en considération des services qu'ils rendaient
au public et de l'obligation où ils se trouvaient d'assister
aux actes publics et aux solennités, des mêmes priviléges
que les autres ; et que l'Université de Bourges ayant une
Faculté de médecine où l'on passait docteur, il y avait
lieu de penser, que les docteurs et médecins, qui ne faisaient point de lectures devaient jouir de la même exception que ceux qui lisaient. Quant aux veuves des officiers
de l'Université vivant en viduité, ils pensaient qu'elles
ne devaient jouir des prérogatives et priviléges de leurs
maris, que si elles étaient comprises dans la transaction,
ou veuves de docteurs régens.

Relativement aux prévôt, lieutenant, officiers et archers
de la maréchaussée, ils rappelaient l'arrêt provisoire de
la cour des Aides du 5 septembre 1582, et disaient qu'il fallait le faire exécuter et contraindre les officiers à y obéir.

Ils pensaient que les présidents élus et autres officiers
de l'élection de Bourges, les officiers de la monnaie
devaient le Treizième, attendu que ce droit ne pouvait
être compris sous le nom de taille ou imposition, et qu'il
ne s'en faisait aucun rôle, ni département.

Enfin ils répondaient au dernier article du mémoire à
eux adressé par les officiers de la ville : que l'on tenait
en la cour des Aides de Paris, qu'il faut demander le
droit du Treizième dans un an, après l'année de la ferme
en laquelle le vin a été vendu, et que si procès a été
intenté, l'instance peut-être poursuivie toutes fois et

quantes fois que le fermier la voudra reprendre, pourvu qu'elle ne soit discontinuée par trois ans. (1)

Les deux arrêts qui terminèrent les procès, pendant en la cour des Aides, donnèrent raison à cette consultation touchant les deux points en litige.

Le premier du 7 août 1585, cassa la sentence des élus de Bourges, du dernier mai 1582, et condamna Jehan Pelourde à payer au fermier Ripart le droit du Treizième (2)

Le second, du 25 janvier 1586, confirmatif de l'arrêt provisoire du 5 septembre 1582, déjà rendu par la cour des Aides, déclara contribuables au droit du Treizième, sans avoir égard aux lettres patentes du 18 juillet 1571 par eux obtenues du roi, les prévôt, lieutenant. greffier et archers de la maréchaussée du pays duché et élection de Berry (3).

Henri III, par lettres patentes datées de Paris, le 8 avril 1684, continua pour six années l'octroi du Treizième.

(1) Archiv. de la ville, liasse 126, série CC, Treizain I. Est une consultation signée de deux avocats de la ville de Paris sur la question de scavoir ceux qui doivent être exemps de payer le Treizième du vin vendu en détail en la ville et septaine de Bourges du 21 mars 1584.

(2) id.   Arrest de la Cour des Aydes qui condamne les nobles. etc.

(3) Archiv. de la ville, liasse 126, série CC., Treizain I. Extraict des registres de la Cour des Aydes.

Henri IV, par le traité du mois de février 1594, fait avec les maires et échevins, sur la réduction de Bourges en son pouvoir, confirma pour dix ans, la jouissance du même droit à la ville.

Par lettres données à Fontainebleau, le 15 novembre 1603, il continua aux habitants, pour six ans, le droit de l'appetissement de la mesure, pour l'argent en provenant : être employé suivant leurs anciens priviléges et octrois et non autrement, ce qu'il leur défend expressément ; pourvu que ses deniers n'en soient pas retardés, que la plus grande et saine partie des habitants y consente, à la charge aussi, que ceux qui en feront la recette et dépense, seront tenus d'en rendre bon compte et présenter le reliquat à savoir, du passé s'ils ne l'ont fait, avant que de jouir de l'effet de ces présentes et pour l'avenir d'année en année en la manière accoutumée et aussi de rapporter par chacun an l'état de recette et de dépense à notre très cher et amé cousin sieur de Rosny, grand-maître de l'artillerie et et grand voyer de France.

Par nouvelles lettres, datées de Paris le 26 novembre 1609, et signées Gassot, Henri IV continua l'octroi pour six ans ; cette nouvelle concession exige que l'état de la recette et de la dépense de l'octroi soit rapporté de trois ans en trois ans au duc de Sully, vérifié par les trésoriers généraux des finances du roi à Bourges, pour voir si les deniers provenant du droit ont été employés à la destination pour laquelle ils ont été accordés (1). Le pouvoir

---

(1) Archiv. de la ville, liasse 125, série CC. Recueil des lettres d'octrois du Treizième.

royal, on le voit, réglait et contrôlait de plus en plus l'emploi des deniers du Treizième.

Louis XIII, par lettres du 27 mai 1615, du 23 février 1622, données à Paris, et du 15 avril 1627, accorda successivement, chaque fois pour six années, le même octroi.

Un arrêt du conseil d'État du 27 septembre 1618, déchargea les officiers de la ville et le receveur des deniers communs, pour le passé et pour l'avenir, d'aller à Paris, compter en la Chambre des comptes, des deniers provenant du droit du Treizième, et les autorisa, comme cela avait lieu autrefois, et conformément aux patentes de 1526 et 1538, à le faire par-devant le bailli de Berry.

Les lettres de Louis XIII, des années 1622 et 1627, obligent « de rapporter aussi de trois ans en trois ans, l'état de recette et de dépense pardevant nos amés féaulx conseillers, les présidents et trésoriers généraux de France à Bourges (1). »

Louis XIV, par lettres données en 1652, confirma l'octroi du Treizième à la ville.

Ces lettres, on le voit, n'accordaient pas seulement le droit, elles le réglementaient.

Elles n'octroyaient le Treizième que pour un temps limité, afin qu'à l'expiration du délai, la ville eût de nouveau recours à l'autorisation du roi, et reconnût ainsi sa prérogative.

En exigeant le consentement de la plus grande et saine

---

(1) Archiv. liasse 127, série CC, Treizain, 2.

partie du peuple à la levée du droit, elles respectaient la liberté des contribuables.

Elles déterminaient l'emploi des deniers qu'il rapportait, afin d'en assurer le bon usage. Enfin, pour empêcher tout détournement, toute dilapidation des mêmes fonds, elles rendaient responsables ceux qui les maniaient, et les obligeaient à rendre des comptes fréquents aux officiers royaux.

L'exécution de ces lettres était confiée aux conseillers généraux des finances du roi à Paris, au bailli de Berry et aux élus sur le fait des aides en l'élection de Bourges, à qui le roi les adressait.

Les rois ne refusaient jamais à la ville ces lettres d'octroi du droit du Treizième.

Dans les intervalles souvent assez longs, qui, pour un motif ou pour un autre, s'écoulaient entre les concessions expirées et leur renouvellement, et au su même des rois, comme le prouve cette formule, insérée dans quelques-unes « relevant les habitants du temps où ils en ont joui sans nos lettres, congés et permissions » le Treizième continuait à être levé. L'interruption dans la perception de ce droit, levé de toute ancienneté et nécessaire aux charges et à l'entretien de la ville, eût désorganisé ses finances, en tarissant la source la plus importante de son revenu.

Ces lettres de concession facilitaient singulièrement aux maires et échevins, agissant alors avec l'autorisation du roi, la levée du Treizième, et leur assuraient, en cas de recours devant le Conseil royal, gain de cause contre les récalcitrants et les fraudeurs.

Ainsi, en 1608 un certain Jehan Cochet, tisserand,

n'ayant voulu payer à Chaumet, fermier du Treizième, pour un vaisseau contenant cinq cent pintes, le droit que sur le pied du poinçon réglementaire, qui était de douze vingt pintes (240), fut condamné par les présidents et élus en l'élection de Bourges, par une sentence du 7 novembre 1608, à payer le Treizième, à raison des cinq cents pintes, que contenait son vaisseau, c'est-à-dire, à cent sols, le Treizième étant alors de deux sols et six deniers. Cochet interjeta appel devant la Cour des aides de Paris et pour fortifier sa prétention *mendia* l'intervention au procès de soixante dix-sept habitants des quartiers Saint-Bonnet et Saint-Privé et du village d'Asnières, qui faisaient faire aussi des poinçons deux ou trois fois plus grands que le poinçon réglementaire et qui prétendaient ne payer le Treizième qu'à la raison de ce dernier. Les maire et échevins de Bourges intervinrent de leur côté en faveur de Chaumet fermier de la ville et adressèrent au roi une requête, où ils lui exposèrent que, bien que les rois eussent accordé à la ville pour ses dépenses nécessaires le droit du Treizième, et que celle-ci fut très endettée « comme la misère des temps et la malice des peuples, s'opposent ordinairement à ce qui est du bien public, n'ayant en recommandation que leur profit, » ils avaient reconnu par la diminution du prix de la ferme du Treizième, des tromperies et des fraudes de plusieurs particuliers, qui vendaient vin en détail. Ils terminaient en le priant d'évoquer l'instance d'appel de Cochet, de la Cour des aides à son Conseil, afin de donner un réglement général pour la perception du Treizième, et de réformer les vaisseaux en les réduisant suivant l'édit, à la mesure ordinaire de douze-vingt pintes (1). Le roi en effet évoqua l'instance d'appel et l'arrêt du Conseil du 25 septembre 1612, ordonna que les maire et échevins jouiraient du droit de treize pintes l'une, à prendre sur toutes sortes de vaisseaux, conformément à leurs lettres d'octroi, et que toutes personnes vendant vin en détail en la ville et septaine, de quelques qualités qu'elles fussent, seraient contraintes à payer le droit sous peine de dommages et intérêts, condamna en outre les défendeurs à tous les dépens (2).

Pendant longtemps, le Treizième fut levé sans contestation, mais vers 1657, les maire et échevins furent obligés de nouveau de se pourvoir au Conseil du roi, parce que de temps en temps, disaient-ils, quelques particuliers refusaient de payer le droit, lequel, avec le temps, s'anéantirait s'il n'y était pourvu. L'arrêt du Conseil, du 8 août 1657, confirma l'arrêt du 25 septembre 1612, et ordonna de nouveau que toutes personnes de quelque qualité et condition qu'elles fussent, qui vendraient du vin en détail, sans aucune exception, paieraient le droit de treize pintes l'une, nonobstant toute oppositition et appellation, et que s'il s'en élevait, elles seraient portées au roi, qui en réservait la connaissance à lui et à son Conseil et l'interdisait à toute autre Cour, et à tous autres juges.

Malgré cet arrêt, les religieux prieur et couvent de

---

(1) Archiv. de la ville, liasse 127, série CC, Treizain II. Procé-dure sur laquelle est intervenu arrêst au profit des Maire et Échevins contre plusieurs habitants, etc.

(2) Archiv. de la ville, liasse 127, série CC, Treizain II.

de Saint-Ambroise de Bourges, continuèrent à vendre du vin en détail sans payer le droit. Condamnés à le payer par une sentence des élus, du 15 septembre de la même année, ils en appelèrent, malgré la défense formelle de l'arrêt précédent du Conseil, à la Cour des Aides, puis même formèrent un pourvoi devant le grand Conseil, et y assignèrent le fermier et les maire et échevins, pour voir infirmer la sentence des élus.

Les maires et échevins présentèrent alors une requête au Conseil du roi, qui ordonna, le 13 février 1638, que les parties seraient asssignées au Conseil dans la quinzaine, avec défense sous peine de cinq cents livres d'amende et de tous les dépens, dommages et intérêts, de se pourvoir ailleurs, et que la sentence des élus de Bourges serait exécutée par provision (1).

Le roi attirait de plus en plus le jugement de ces procès à son Conseil qu'il avait mieux en main, que la Cour des Aides et autres juridictions du royaume.

————

Augmentation du Treizième. — Réunion du Treizième et de l'Augmentation à la ferme des Octrois et des Aides. — Résistance des Maires et Échevins. Restitution aux habitants de l'Augmentation du Treizième. — Résumé.

Dans les temps où les revenus ordinaires de la Ville ne suffisaient pas à ses charges, les maire et échevins

(1) Archiv. de la ville, liasse 127, série CC., Treizain II.

de Bourges convoquaient, avec la permission du Roi, l'Assemblée générale des habitants avec Messieurs du Clergé et de la Noblesse, et à la pluralité des voix, on y arrêtait l'imposition qui paraissait la plus commode et la moins onéreuse pour la population. Ainsi en 1542, la ville déjà accablée de dettes, à cause de nombreux emprunts, ayant été taxée à quatre mille livres pour Marguerite, Reine de Navarre et duchesse de Berry, demanda au Roi, suivant la décision de l'Assemblée générale, de doubler ou de tiercer le droit du Treizième pour remplacer les cinq sols qu'elle percevait auparavant sur chaque minot de sel. François I⁰ˢ le lui accorda par lettres-patentes du 23 décembre de la même année (1).

En 1637, la ville ayant été taxée à quatre vingt mille livres, pour sa part des emprunts et subsitances des gens de guerre, emprunta cette somme à plus de quatre cents habitants, auxquels les maires et échevins passèrent des contrats de constitution. Pour en payer les arrérages, il fut résolu en l'Assemblée générale de la ville en 1638, et avec l'assentiment du Roi, d'augmenter de moitié le droit du Treizième, sans que cette augmentation pût être divertie à aucun autre emploi. Les deniers de l'augmentation ne furent point confiés au receveur de la ville, mais à un des créanciers élu tous les ans par les autres, lequel distribuait à chacun ce qui lui revenait pour ses arrérages, et rendait ses comptes à la fin de l'année.

Par arrêt du Conseil d'État du 28 juin 1653, le Roi ayant ordonné la levée de la première moitié des dons,

---

(1) Archiv. de la ville, liasse 127, série CC, Treizain II. Mémoire pour répondre à un autre mémoire envoié de Paris, etc.

concessions, octrois et deniers communs des villes et communautés de France, pour être employée aux affaires importantes du royaume, cette première moitié pour la ville de Bourges, fut évaluée par le Conseil d'État à six mille livres, puis modérée sur la représentation des maire et échevins de la ville à trois mille livres.

La déclaration du mois d'avril 1662, ordonna qu'il serait levé au profit de Sa Majesté, la première moitié de tous les dons, octrois, concessions, deniers communs, tant anciens que nouveaux, dont jouissaient les villes et les communautés, pour quelque cause et à quelque titre que ce fût, nonobstant destination et avances faites par les villes auxquelles il était dérogé. Et par lettres-patentes du 12 septembre 1662, le Roi ordonna qu'il serait imposé sur tous les contribuables aux tailles du Comptoir de Bourges, la somme de deux cents quatre-vingts-seize mille livres, sur laquelle huit mille livres seraient levées sur la ville pour sa part de l'entretien des troupes et versées au receveur des tailles du comptoir, et Commission fut donnée le 27 novembre au sieur de Fortia, intendant de la Généralité, pour faire cette levée.

En exécution de la déclaration et des lettres-patentes, le fermier des octrois de Villars voulut entrer en jouissance de la moitié de l'ancien Patrimoine Dace et Subvention de la ville et le sieur de Fortia lever les huit mille livres.

Aussitôt le sieur Petit, maire de Bourges, et les échevins se pourvurent au Conseil du Roi. Contre le paiement de la somme de huit mille livres, ils faisaient valoir les chartes et priviléges qui depuis Louis VII exemptaient les habitants de toutes tailles et impositions, et que ces

mêmes habitants seraient privés de la grâce que le Roi
leur avait faite en octobre 1651, en leur octroyant en
Patrimoine par lettres-patentes la Dace ou Subvention. A
l'égard de la déclaration de 1662, les maires et échevins
déclaraient que, si elle était exécutée, et que Sa Majesté
retranchât à son profit la moitié du revenu de la ville,
celle-ci ne pourrait éviter une ruine entière, la destruction de ses murs et portaux, la désertion de son Université, fournir à l'acquittement des rentes qu'elle devait à
différents particuliers qui lui avaient prêté de bonne foi
des deniers en temps de guerre et de contagion et qui la
poursuivaient en ce moment rigoureusement parce que,
faute de fonds suffisants, ainsi que le prouvait l'état de
ses recettes et de ses dépenses, elle ne pouvait les payer.

Sur le rapport du sieur Marin, conseiller en son conseil d'état et intendant des finances, le 19 mars 1663, le
roi en son conseil ordonna que de Villars, fermier des
octrois et des aides, serait mis en possession du droit du
Treizième, à partir du 1er avril suivant, moyennant quoi,
les maires échevins et habitants de la ville de Bourges
demeureraient déchargés de tout retranchement de leurs
octrois anciens et nouveaux, à l'exception de ce qui s'en
trouverait dû au 1er avril, comme aussi de la subsistance
tant pour le passé que pour l'avenir, et seraient confirmés
en la décharge de la Subvention à eux accordée par Sa
Majesté, par ses lettres-patentes enregistrées en la cour
des aides. Et pour donner moyen aux habitants de satisfaire
au manque de fonds nécessaires au paiement des arrérages des rentes et autres charges de la ville, Sa Majesté
leur permettait d'imposer par augmentation sur les den-
rées consommées dans la ville et les faubourgs, sur toutes

personnes privilégiées et non privilégiées, ce qu'ils juge-
raient à propos, auquel effet, elle ordonnait au sieur de
Fortia, maître des requêtes, d'examiner l'état des recettes
et dépenses des deniers communs de la ville, pour constater le manque de fonds et d'assembler les habitants
pour les faire délibérer sur les moyens d'y pourvoir, pour
ce fait et rapporté au conseil, être pourvu par elle de lettres
nécessaires En outre, le roi ordonnait que le sieur
de Fortia procéderait à la liquidation des dettes de la
ville, et en attendant faisait défense à ses créanciers de
faire exécuter contre elle aucune contrainte pendant
l'espace d'un an, sous peine de perdre ce qui leur était
dû.

Cet arrêt privait la ville de la plus grande partie de ses
revenus. En effet, il attribuait au fermier de Villars, le
droit du Treizième qui rapportait environ dix-huit mille
livres, et ne laissait à la ville que la Dace et Subvention
qui valait quatre mille cinq cents livres, avec le surplus
des octrois qui n'était que de deux mille livres en petites
fermes de vingt et trente livres, c'est-à-dire six mille cinq
cents livres de revenus, au lieu des vingt-quatre mille
cinq cents livres qu'elle avait avec la jouissance du
Treizième (1). Aussi, le fermier des octrois de Villars,
rencontra-t-il de vives résistances quand il voulut lever
son nouveau droit. Les officiers de l'élection de Bourges
refusèrent à plusieurs reprises d'enregistrer en leur
greffe sa procuration, l'arrêt du conseil et la déclaration

---

(1) Archiv. de la ville, liasse 127, série CC, Treizain II. Mémoire pour répondre à un autre mémoire envoié de Paris etc.

du roi; ses commis furent poursuivis et blessés dans les rues, et les maires et échevins firent opposition à la nouvelle levée. Mais l'arrêt du conseil du 19 mai suivant, en confirmant de Villars dans la jouissance du Treizième, brisa toutes les résistances.

De Villars se mit alors en possession non-seulement du Treizième, mais encore de l'Augmentation.

Les maire et échevius s'opposèrent à cette dernière levée, soutenant qu'aux termes de l'arrêt, contre lequel, au reste, ils avaient l'intention de se pourvoir, le fermier n'avait pas le droit de lever cette augmentation, qui ne faisait pas partie des deniers d'octroi, mais qui était une imposition volontaire des habitants, créée en 1638, pour payer des arrérages jusqu'au remboursement du capital des rentes. Sur cette opposition, l'intendant de Fortia, par ordonnance du 17 septembre 1663, renvoya les maire et échevins de la ville et les créanciers des arrérages devant le conseil du roi, pour leur être pourvu sur la destination par eux requise de l'augmentation du Treizième.

Mais la ville, dépouillée de son revenu, ne put ni poursuivre l'affaire devant le conseil, ni demander la cassation de l'arrêt du mois de mars 1663, de sorte que les choses en restèrent là. Bien plus, cet arrêt, si désavantageux pour la ville, ne fut même point exécuté dans la clause qui la déchargeait de toute subsistance et entretien des troupes. En effet, en 1676, elle logeait deux bataillons et payait forcément un ustancile de vingt-cinq mille livres; en 1677, de trente-six mille livres et, en 1678, un double ustancile pour deux bataillons, de cinquante et une mille livres.

Dans ces années, les maires et échevins voulurent se

pourvoir au conseil du roi, mais l'intendant, Poncet de la Rivière les en détourna, en leur disant qu'en temps de guerre, où le roi avait besoin de secours extraordinaires, il n'était pas honnête, quand même on serait fondé à le faire, d'alléguer l'exemption de la subsistance, qu'il fallait attendre la paix, et qu'alors le roi ne manquerait pas de leur donner satisfaction.

Dans l'assemblée de ville du 8 avril 1680, il fut résolu qu'on demanderait au roi, de remettre la ville en posses- sion de l'augmentation du Treizième et de la moitié des deniers du Treizième lui-même, pris par son fermier comme deniers d'octroi.

Dans leur requête au roi, les maire et échevins repré- sentaient à l'égard de l'augmentation du Treizième, qu'elle n'avait jamais fait partie des deniers d'octroi, mais qu'elle avait seulement été levée pour payer les arrérages des rentes constituées en 1638, et qu'il serait extraordi- naire que le roi, qui avait alors reçu dans ses coffres la somme de quatre-vingt mille livres, voulût encore jouir de l'augmentation du Treizième, créé pour en acquitter les arrérages. Bien plus, disaient-ils, les créances de ceux pour le paiement des arrérages desquels l'augmentation a été établie, faisant partie des dettes reconnues à la ville par la liquidation de 1672, et celle-ci s'imposant pour les acquitter, il arriverait, si l'augmentation ne lui était pas rendue, qu'elle aurait payé la somme de quatre-vingt mille livres en 1638, dont elle acquitterait chaque jour les principaux et les arrérages, et dont elle paierait néan- moins à perpétuité à Sa Majesté les arrérages, alors même que les fonds et arrérages seraient payés. A l'égard de la moitié des deniers d'octroi, ils observaient que. pour une

somme de huit mille livres, exigée de la ville pour la subsistance, le roi ayant pris tous ses deniers d'octroi dont
la moitié valait au moins cette somme, Sa Majesté s'en
trouvait plus payée ; que la ville, bien qu'exemptée par
l'arrêt de 1663 de la subsistance, avait payé néanmoins
les ustanciles de guerre, mais que, puisqu'il n'y avait
plus de guerre, il ne devait plus y avoir de subsistance ;
que la ville de Bourges, malgré sa fidélité reconnue à
Sa Majesté, avait été privée de la totalité de ses octrois,
à la différence des autres villes auxquelles il n'en avait
été pris que la moitié, et que le reste de son revenu étant
absorbé par les gages de l'Université, elle deviendrait, si
on ne lui remettait une partie de ses octrois, comme
le plus misérable village de la province, sans murailles,
sans portaux, sans pavé (1).

Informés dès la fin de juillet par l'intendant Poncet de
la Rivière, que la ville, sur des mémoires favorables
remis par lui au roi, allait rentrer en possession de l'augmentation du droit du Treizième, les maire et échevins
firent conduire à la porte St-Supice, par où l'intendant
devait entrer, toutes les couleuvrines des trois autres
portaux de la ville, qui au nombre de vingt-quatre tirè-
rent chacune un coup à son arrivée, le samedi, 3 août.
Le corps de ville, précédé de ses sergents et de ses mes-

---

(1) Archiv. de la ville, registre des délibérations de la ville, 1680. —
Liasse 127, série CC. Mémoire sur lequel la ville est entrée en la
jouissance du droit de l'augmentation du Treizième, par arrêt du
Conseil d'État du 13 septembre 1680, signé : Bécuau maire,
Barathon, Gaudard, de La Chappelle, Fouchier.

sagers, revêtus de leurs robes de charge, le reçut à sa descente de carrosse, et le maire, le sieur Becuau, prenant la parole au nom de tous, le complimenta sur son heureuse arrivée, et le remercia « de la grâce qu'il avait faict à la ville de luy procurer tant de biens auprès de Sa Majesté par le rétablissement de l'augmentation du Treizième (1).

Le 13 septembre 1680, l'arrêt rendu par le roi en son conseil séant à Versailles, sur le rapport du sieur Colbert, conseiller et contrôleur général des finances, ordonnait que les habitants de Bourges jouiront de l'augmentation de la moitié du droit du Treizième, qui se levait sur le prix du vin vendu en détail dans la ville, comme ils en jouissaient avant l'arrêt du 19 mars 1663 et qu'ils en emploiraient les deniers au paiement des charges tant ordinaires qu'extraordinaires de la ville. (2)

Depuis lors, les habitants de Bourges conservèrent la jouissance de l'augmentation du Treizième, mais ils ne réussirent jamais, malgré plus d'une tentative, à rentrer en possession de tout ou partie du droit du Treizième lui-même.

En résumé, le Treizième était une imposition municipale destinée à subvenir aux dépenses et affaires com-

---

(1) Archiv. de la ville, registre des délibérations de la ville, 1680.

(2) *Id.*

munes de la ville, et qui consistait à percevoir la valeur de la treizième pinte du vin vendu en détail par les habitants.

De temps immémorial, les habitants s'imposaient librement ce droit. Plus tard, ils durent obtenir pour le lever le consentement des rois.

Les lettres patentes, en accordant cette permission, réglementaient le droit et déterminaient autant que possible l'emploi des deniers qui en provenaient Mais comme les rois ne refusaient jamais ces lettres d'octroi, et que le droit était indispensable à la ville, on continuait à le lever même à l'expiration et sans le renouvellement à temps des dernières lettres.

Comme les deniers du Treizième étaient employés aux affaires communes de la ville et que tous les habitants en profitaient, le droit frappait indistinctement tous ceux qui vendaient vin en détail, à quelque classe ou condition qu'ils appartinssent.

Les procès relatifs au droit étaient jugés, en première instance, devant l'élection de Bourges, et en appel, devant la Cour des aides ou le Conseil du roi.

Le Treizième était affermé aux enchères, et les fermiers adjudicataires le percevaient par des commis, qui allaient dans le caves faire la visite, marque et inventaire des vins. Le receveur de la ville touchait le prix de la ferme, et ceux qui en faisaient la recette et la dépense devaient en rendre compte chaque année pardevant le bailli du Berry, et tous les trois ans devant certains officiers du roi à Paris, puis plus tard, devant les trésoriers généraux de France à Bourges.

Dans les moments de détresse de la ville, les habitants

de Bourges demandaient au roi l'autorisation de tiercer ou doubler le Treizième. Ce droit de *l'augmentation du Treizième*, devint permanent comme le Treizième lui-même et s'afferma et se leva avec lui. Aussi, quand Louis XIV réunit le Treizième à la ferme générale des octrois et des aides, le fermier genéral se mît-il en même temps en possession de l'augmentation. En vain les maires et échevins de Bourges s'opposèrent de toutes leurs forces à cette réunion du Treizième à la ferme du roi ; en vain ils s'efforcèrent à plusieurs reprises de le faire restituer. L'antique impôt municipal du Treizième fut à jamais perdu pour la cité. Seule, *l'augmentation*, et encore grâce aux énergiques revendications des maires et échevins, fut rendue à la ville, par arrêt du 13 septembre 1680.

Toutes les questions relatives aux impositions municipales étant aujourd'hui l'objet d'études approfondies et de discussions constantes et même passionnées, il nous a paru intéressant de signaler, avec quelques détails, les diverses phases d'une taxe locale qui a constitué pendant longtemps une notable partie des ressources de la ville de Bourges.

ESSAIS GÉNÉALOGIQUES

SUR LES ANCIENNES FAMILLES DU BERRY

Par M. Paulin RIFFÉ,

TULLIER.

SEIGNEURS DE MAZIÈRES, RIPIÈRE, BOISJAFFIER, VEAUCES, MARIGNY, GUILLY, VASSELAY, BOUY, LE REAU, ETC., ETC., EN BERRY.

Les armes de cette maison sont : *d'azur au chevron d'or, accompagné de trois étoiles d'argent, 2 et 1.* — SUPPORTS : deux licornes affrontées d'argent; CIMIER : une triple cou-

ronne murale du même métal ; DEVISE : FIAT VOLUNTAS
TUA.

Tous les auteurs s'accordent à dire que la famille TUL-
LIER, que l'on voit figurer dans les anciens contrats sous
les diverses appellations de Thieullier, Thuillier, de Tuil-
lier, et plus généralement Tullier, tire son origine de la
province de Bretagne. Le premier par lequel nous commençons cette généalogie, a dû venir à Bourges vers
1408, car la tradition se plait à le représenter comme
assez proche parent d'un Mᵉ Robert Thuillier, l'un des
députés pour la recherche du meurtre commis à Paris,
en 1407, sur la personne de Louis Iᵉʳ, duc d'Orléans,
fils de Charles V, par les ordres de son frère et rival Jean-
sans-Peur, duc de Bourgogne. Ce Robert Thuillier,
qu'Alain Chartier qualifie seulement de conseiller du
roi, et que d'autres chroniqueurs font lieutenant civil et
maire de Rennes, était attaché à la personne de ce malheureux prince ; les démarches actives qu'il fit pour se-
conder la duchesse, sa veuve, dans l'obtention de la justice qu'elle demandait au roi contre l'auteur de ce crime,
lui attirèrent la haine du parti de Bourgogne, et cette
haine se serait étendue sur tous les membres de la famille Thuillier. Denis Thuillier ou Tullier aurait donc
été contraint de s'expatrier pour échapper à la persécution qui le menaçait, et aurait demandé asile et protection à Jean, duc de Berry, qui l'aurait attiré à Bourges,
où il lui aurait donné un emploi dans sa maison.

De ce Denis est issu une nombreuse famille qui, pendant plus de 400 ans, a tenu à Bourges un rang distingué, remplissant les postes les plus honorables dans

l'église, l'armée, la magistrature et l'université. Elle acquit la noblesse presqu'à son arrivée en Berry, par l'élévation de l'un de ses membres au mairat de la ville de Bourges (1479), suivant la constitution donnée à cette *bonne ville* en 1474, par le roi Louis XI, et ses descendants en ont toujours joui jusqu'à la Révolution, ainsi que des priviléges qui y étaient attachés.

Cette famille s'est éteinte en 1849 en la personne d'Henry-Pierre Tullier qui n'avait pas pris d'alliance ; il n'y a donc plus qu'à répéter sa devise toute chrétienne : FIAT VOLUNTAS TUA ! mais ce nom ne périra jamais dans notre pays, car l'histoire de la ville de Bourges l'a consigné en maints endroits dans ses annales.

1. DENIS TULLIER vint donc à Bourges vers l'an 1408 où il épousa en 1423 une demoiselle Perronnelle GENDRAT, fille de Denis GENDRAT, et de Philippes DE CASTRES (*de Castris*). Cette dernière devait être fille, ou du moins très-proche parente d'un médecin du duc de Berry qui portait ce nom, car une ancienne généalogie de la famille Tullier contient que ce Denis Gendrat aurait reçu de grands biens d'un certain Regnault de Castres, ainsi qu'un contrat rédigé en latin par Banduffe, seulement cité, en fait foi : « *Magister Reginaldus de Castris Physicus egregii Principis domini Ducis Bituricensis.* » On ne trouve aucun autre renseignement sur ces deux familles, si ce n'est dans cette même généalogie où il est dit qu'une sœur de Denis Gendrat, Jeanne Gendrat, femme de Jean de Bar, valet de chambre du roi, par son testament de 1451, reçu Mamour, fit Pierre Tullier, son ne-

veu, dont il sera question plus loin, héritier de tous ses biens, et qu'elle fut inhumée dans l'église Saint-Bonnet, à Bourges.

Denis Tullier et Perronnelle Gendrat ne laissèrent que les trois enfants ci-après dont les noms aient été conservés, savoir :

1° Pierre TULLIER, qui suit;

2° Claude TULLIER, dont l'histoire est inconnue;

3° Marie TULLIER, mariée par contrat reçu Mamour, le 18 février 1450, à Jean HOUET, seigneur de La Charnaye. Après la mort de son mari, vers le commencement du XVIe siècle, elle fit foi et hommage au roi, avec Pierre et Étienne Houet ses enfants, pour la métairie dudit lieu de La Charnaye, situé et assis en la paroisse de Chassy, qu'ils tenaient en fief du seigneur de Baugy, sieur de Chantalou, et en arrière fief de sa majesté.

Ses enfants furent :

A. Pierre HOUET qui dut entrer dans les ordres.

B. Étienne HOUET, seigneur dudit lieu, qui fut échevin de la ville de Bourges pendant les années 1499, 1500, 1501, 1504, 1508 et 1509, et maire en 1515, 1516 et 1517.

II. PIERRE TULLIER, premier du nom, dut naître vers 1424 ou 1425. Il devint conseiller du roi et son avocat à Bourges, et épousa par contrat reçu Mamour en

1449, demoiselle Marie BONIN, fille de Jean BONIN. seigneur de Féroles, garde des sceaux du duc de Berry, et de Jacquette LE ROY. On voit encore aujourd'hui sur les vitraux d'une chapelle de la cathédrale, dont il sera parlé plus bas, les portraits de Pierre Tullier et de sa femme, ainsi que leurs armoiries. Il fut nommé maire de la ville de Bourges pour les années 1479 et 1481, ainsi qu'en fait foi la lettre patente ci-jointe :

« A tous ceux qui ces présentes lettres verront, les « maire et échevins commis par le Roy nostre sire, sur le « faict de la police, gouvernement et affaires communes « ès la ville de Bourges, salut, sçavoir faisons que au- « jourd'huy date des prñtes en la présence de Jean « Heurle, clerc et greffier des affaires communes de la « ville, Nous Jean de l'Hopital licencié ès lois, maire de « ladite ville par vertu de certaines lettres missives en- « voyées par le Roy nostre très chier seigneur des quelles « la teneur ensuit : De par le Roy, chers et bien amés, « Nous voulons et avons ordonné et ordonnons que « M⁰ Pierre Tullier soit maire, et échevins Mᵉˢ Philippe « Bouet, Jean de l'Hopital, Savary Dupuy, Jean Salat, « Girard Foucher et Colin Jean, si le veillez ainsi faire, « car tel est nostre plaisir. Donné à Mery-sur-Seyne le « xxIIIIᵐᵉ jour de juing, signées Loys et F. Bouvrier et à « la suscription : A nos chers et bien amés les maire, bour- « geois et échevins de nostre ville de Bourges. Et après « que les dessusd. ont faict le serment en tel cas accou- « tumé, iceux avons mis et institués c'est asscavoir le d. « Mᵉ Pierre Tullier en l'office de maire et les dits Bouet, « de l'Hospital, Savary Dupuy et Girard Foucher en l'of- « fice d'eschevins pour cette présente année commençant

« à la feste de Saint-Jean-Baptiste dernière passée et
« finissant à semblable feste l'an révolu ensuivant que
« l'on dira en date 1480. Fait en la chambre de la ville
« de Bourges et donné soulz le scel de la dite mairie en
« témoing de ce le iii° jour de Juillet l'an mil quatre
« cens soixante-dix-neuf, *signé* J. Heurle et scellé sur
« double queue des armes de la ville. »

La teneur des autres lettres patentes est identique,
elles sont datées de Plessis-du-parcq-lez-Tours, le 28°
jour de juillet 1481.

Pierre Tullier décéda pendant son mairat (1482), et
Marie Bonin, sa femme, lui survécut jusqu'en 1494.

Leurs enfants furent :

1. David TULLIER, qui suit ;

2. Jean TULLIER, bachelier en théologie, mort en
   1478, ainsi qu'on le voit sur le vitrail de la chapelle des Tullier sur lequel il est représenté ;

3. Pierre TULLIER, chanoine de l'église de Bourges
   en 1483 ; il fut élu doyen de ce chapitre en 1528.
   C'est à lui que la cathédrale est redevable de la
   chapelle qui porte encore le nom de *chapelle des
   Tullier*, bâtie en 1531, ainsi que l'indique le vitrail
   sur lequel cette date est reproduite, et l'acte capitulaire du 21 août 1531 où il est dit : « Il est auto-
   « risé à construire une chapelle entre celle de
   « Sainte-Catherine et la porte par où l'évêque vient
   « dans l'église et en sort pour sa maison ; il dépose
   « une somme suffisante pour l'achèvement, dans
   « le cas où il décéderait avant. »

   Le style de cette chapelle est le gothique de la

renaissance; la voûte est à nervures prismatiques dont les·retombées, dans les angles faisant face à l'autel, sont terminées par des consoles soutenues par des anges à longues robes, tenant chacun un écusson vraisemblablement aux armes des familles Tullier et Bonin, mais complétement détruits par le marteau de 1793; cependant sur l'un d'eux à droite on distingue encore à côté de la main de l'ange qui le tient, la naissance du chevron des Tullier. Les retombées du côté de l'autel ne sont terminées que par des consoles sans anges. La clef de voûte porte l'écusson de France.

La verrière qui remplit presque tout le fond de la chapelle est une des plus belles productions du célèbre artiste Jean Lécuyer, peintre verrier à Bourges. Dans la partie flamboyante du vitrail, on voit, au milieu de l'azur de la région éthérée, le Père éternel bénissant de la main droite et tenant de la gauche le globe du monde; au-dessus et autour de lui un nombreux chœur d'anges, munis de harpes et de cistres, célèbrent sa gloire par leurs symphonies et leurs chants; les armes de France et celles du cardinal de Tournon, alors archevêque de Bourges, se voient à droite et à gauche de cette cour céleste. Au-dessous est un riche portique rappelant la renaissance italienne, divisé en quatre panneaux ou arcades au travers desquels on aperçoit une ville couronnant une montagne.

Le premier panneau près de l'autel représente la Mère de Dieu sur un trône portant sur ses genoux l'Enfant-Jésus auprès duquel se tient debout Saint-Jean-Baptiste, son précurseur.

Dans le second, saint Pierre présente à la Vierge divine les père et mère du donateur, Pierre Tullier et Marie Bonin, tous deux à genoux et mains jointes. Pierre Tullier est vêtu d'une robe violette doublée de fourrure, aux parements de même; une draperie noire, qu'on peut supposer un manteau roulé, est jetée sur son épaule gauche; à son côté pend une escarcelle ou aumônière. Sa femme, dans la même attitude, porte une robe cramoisie décolletée en carré, *à la vierge*, comme on dit de nos jours, garnie d'un passement noir, les parements sont de la même fourrure que ceux du mari; sa tête est couverte d'un voile noir flottant derrière ses épaules. Au-dessous de chacun de ces deux personnages, on lit dans un cartouche les inscriptions suivantes :

PIERRE TULLIER CONSEILLER ET ADVOCAT DU ROY
A BOURGES QUI TRÉPASSA L'AN MIL QUATRE CENT
QUATRE VINGT DEUX, LORS MAIRE DE CETTE VILLE
MARIE BONIN, SA FEMME, FILLE DE FEU
JEAN BONIN ET DE JACQUETTE LE ROY, QUI DÉ-
CÉDA L'AN MIL QUATRE CENT QUATRE VINGT QUATORZE.

Dans le troisième panneau, un autre saint patron de la famille tenant une palme à la main, conduit trois personnages revêtus de surplis, aussi à genoux et mains jointes, qui sont le donateur et ses frères, ainsi que le témoignent ces deux inscriptions dans des cartouches semblables à ceux qui précèdent :

LEURS ENFANTS DÉDIÉS A L'ÉGLISE.
JEAN, BACHELIER EN THÉOLOGIE, TREPASSA L'AN
MIL QUATRE CENT SOIXANTE DIX HUICT.
PIERRE, ÉLU DOYEN DE CETTE ÉGLISE LE 7 NOVEMBRE
MIL CINQ CENT VINGT HUICT ET ÉTAIT CHANOINE
L'AN MIL QUATRE CENT QUATRE VINGT TROIS.
A FAIT CONSTRUIRE CETTE CHAPELLE
L'AN MIL CINQ CENT TRENTE UN.

Enfin, dans le quatrième panneau on remarque saint Jacques assistant et présentant à Marie un autre groupe de quatre personnages qui semblent aussi être d'église, mais dont on ne peut lire les noms sur le cartouche placé au-dessous d'eux, parce qu'ils sont presque complétement effacés.

Entre chacune de ces inscriptions sont peintes les armoiries des Tullier, des Bonin, des Le Roy, des Pelourdes, des Castello et des Mathé.

On peut du reste se rendre compte de ce splendide vitrail en jetant les yeux sur la planche contenue dans ce volume, que la société des antiquaires du Centre doit à l'habile crayon de M. Albert des Méloises et dont la photographie a reproduit le magnifique dessin.

Pierre Tullier fit son testament (1) le 5 avril

(1) Le testament sur parchemin est encore entre les mains de la famille, ainsi que le procès-verbal de description de la chapelle des sieurs Tullier en l'église cathédrale de Bourges, du 17 janvier 1667. Le procès-verbal avait été fait par François Perrotin, écuyer seigneur de Barmon, cy devant conseiller du Roy, lieutenant particulier au bailliage de Berry et siège présidial de Bourges, sub-

1540 et par cet acte de dernière volonté il partagea
tout son bien qui ne laissait pas que d'être considérable, par legs particuliers en nature, meubles
ou rentes, à chacun de ses frères, sœurs, neveux
et nièces et entr'autres il légua à son neveu Jean
Tullier, fils ainé de Denis et d'Antoinette de La
Berthaumière sa propriété du Reau, ainsi qu'on le
verra à son article; il légua en outre au chapitre
de l'église de Bourges une somme de 400 livres
pour la fondation d'une messe quotidienne dans la
chapelle dont il vient d'être parlé pour le repos de
son âme et celui de ses parents trépassés.

Il mourut la même année et fut inhumé dans le
caveau sépulchral qu'il avait fait construire sous
sa chapelle où l'attendaient plusieurs de ses pré-
decesseurs. Cette tombe est actuellement vide,
ayant été profanée pendant la Révolution.

4. François TULLIER, Prieur de Saint-Hilaire,
chanoine du Château-les-Bourges, official et primat
de Mgr l'Illustrissime et Reverendissime Archevêque dudit Bourges. Pierre Rosset lui dédia son
poëme latin sur le miracle de Notre-Dame du

---

délégué par Mgr messire Henry Lambert, chevalier seigneur
d'Herbigny et la Rivière, intendant de justice, police et finances
ès généralités de Berry et Bourbonnais pour l'exécution des ordres
de S. M. et pour la recherche des usurpateurs des titres de noblesse
en ladite généralité de Berry, assisté du Procureur du Roy, de la
commission pour ladite recherche des usurpateurs de titres de
noblesse et de Mᵉ Barthélemy Clerjault, greffier, qui a signé ledit
procès-verbal.

Fourchaud, avec une dédicace ainsi formulée :
« *Integerrimo viro Francisco Tulliero ecclesiæ bituricensis canonico, etc.*, *Petrus Rossetus* S. P. D. Il
mourut en 1518 et fut enterré dans la chapelle de
la famille ainsi que l'inscription du vitrail en fait foi ;

5. Denis TULLIER, auteur de la branche du Reau,
   dont il sera parlé après la branche aînée ;

6. Louise TULLIER, mariée à Raollet DE CASTELLO
   seigneur des Granges, Echanson ordinaire du Roi
   Charles VIII, garde de la Prevosté de Bourges et
   élu en Berry, dont les armes sont au vitrail de la
   chapelle des Tullier ainsi qu'il en a été ci-dessus
   fait mention.

7. Marguerite TULLIER, mariée le 19 juin 1487 à
   Guillaume SEURRAT, dont elle eut six enfants.
   Après sa mort, son mari prit une seconde alliance
   avec Demoiselle Françoise de Castello ;

8. Jeanne TULLIER, mariée à Claude MATHÉ, licencié
   ès lois, conseiller à Bourges, d'où quatre enfants :

   A. Claude MATHÉ, avocat et conseiller à
      Bourges, marié à Bienvenue SEURRAT, sa
      cousine, fille de Guillaume et de Margue-
      rite TULLIER de qui il eut un fils, Claude
      MATHÉ, avocat au parlement de Paris, marié
      en 1560 à demoiselle Geneviève de COUR-
      CELLES, dont il eut plusieurs enfants.

   B. Pierre MATHÉ, conseiller au Parlement de
      Paris 1522, doyen de l'église de Bourges
      après la mort de son oncle Pierre Tullier.

Il fut député en 1529 par le Roi François
Ier avec messire Pierre Liget, premier président au Parlement de Paris, pour reformer
la coutume du Berry et décéda en 1544. Il
fut inhumé dans la sépulture des Tullier
dans l'église Cathédrale avec cette inscription : DOM. PET. MATHEUS DECA-
NUS HUJUS ECCLESIÆ ET REGIUS
CONSILIARIUS. Il est peint avec tous les
membres clercs de la famille Tullier dans le
vitrail de leur chapelle et les armes de sa
maison y sont également peintes. (1)

C. N... MATHÉ, mariée à N .. TRONÇON de
Paris.

D. N.... MATHÉ, mariée à N... CROCHET, d'une
famille du Berry.

9. Jaquette TULLIER, femme en premières noces de
Jean THAN dont elle eut Françoise et Anne THAN,
et en deuxième à Jean PÉNYER de qui elle eut
Jeanne PÉNYER, mariée à Mᵉ Jean BONNEMAIN et
Marie PENYER, mariée à N... de GARDEPORT, ainsi
qu'on le voit par un acte de partage de l'an 1513 (2).

III. DAVID TULLIER, conseiller du Roi en Berry,
épousa par contrat reçu par Rodillon en 1501, demoi-

---

(1) *Galha christiana.*

(2) Pièce conservée par la famille

selle Jeanne DE LA BERTHOMIÈRE, fille de noble Jean DE
LA BERTHOMIÈRE conseiller du roi en sa cour des Aydes
à Paris, et de demoiselle Annette CATHIN, et petite-fille
d'un autre Jean de la BERTHOMIÈRE, écuyer, seigneur
de Montboulan et d'Humbligny en partie, conseiller de
Monseigneur le duc de Berry en sa chambre des comptes
et avocat en parlement. La date de sa mort est inconnue.
La Thaumassière lui donne les trois enfants ci-après :

1. François TULLIER, qui suit ;

2. Anne TULLIER, mariée à Nicolas SERVANT, conseiller à Bourges.

3. François TULLIER (le jeune), Prieur de Saint Mar-
   ceau-les-Argenton.

IV. FRANÇOIS TULLIER, seigneur du Petit Mazières, licencié ès-lois et lieutenant des Elus en Berry,
épousa, par contrat passé devant Vaucheron en 1539,
demoiselle Marie VULCOB, fille de noble François VULCOB,
seigneur de Malendras et Couldron, maître d'hôtel ordinaire de la Reine de Navarre, duchesse du Berry, et
de Jeanne PORTIER, de la même maison que Thibault
PORTIER, chevalier, Sénéchal du Berry par lettres patentes du 13 juillet 1406. Cette alliance lui procura une
parenté considérable par la naissance et par le rang. Il
se firent représenter sur des vitraux de Mazières et la
peinture a été copiée par l'auteur de la généalogie manuscrite conservée par la famille. Le mari en robe de
magistrat est à genoux et mains jointes posé de trois
quarts ; la femme placée symétriquement en face de lui,

est vêtue d'une robe ou surtout rouge à larges parements
d'hermine, son col est entouré d'une fraise se détachant
sur la garniture noire de la robe ; une riche ceinture d'or
lui entoure la taille et tombe jusqu'à terre, et une chaîne
du même métal lui orne les épaules. Sa tête est couverte
d'une sorte de coiffe noire à la manière italienne, se terminant par un voile flottant derrière le dos. On peut
induire de cette reproduction que François Tullier avait
fait construire au lieu de Mazières une chapelle où il aura
fait poser des vitraux le représentant lui et sa femme en
qualité de fondateurs. Ils n'eurent que deux enfants qui
sont :

1. François Tullier, qui suit ;

2. Catherine Tullier, d'abord demoiselle d'atour de
   Madame Marguerite de France qui la manda près
   d'elle par une lettre autographe du mois de septembre 1558, épousa par contrat de l'au 1560, Jean
   Esterlin, fils de Jean Esterlin seigneur du Pa-
   villon de Pigny et de Jeanne Jaupitre, à qui elle
   donna plusieurs enfants ; mais étant devenue veuve,
   elle épousa en seconde noces N... de la Grange,
   chevalier, seigneur, vicomte de Soulangy, de la
   maison de la Grange d'Arquian.

V. FRANÇOIS TULLIER II, Ecuyer, seigneur du
Petit Mazières, conseiller du Roy, Prévost de la ville et
Septaine de Bourges, épousa par contrat reçu Richard,
notaire Royal à Dun-le-Roy, le 24 décembre 1579, demoiselle Marie Sarrazin, fille de Mᵉ Jean Sarrazin lieute-

nant du Bailly de Berry au siége et ressort de Dun-le-Roy,
et de Macée Cousin, en présence de Vincende Sarrazin,
sa sœur, femme de M⁰ Philippe Labbe, conseiller au siége
présidial de Bourges ; de noble Jean Sarrazin, président
aux Elus, son cousin *remué* de germain. Il fit agrandir
la chapelle des Tulliers en l'église de Saint-Pierre-le-
Guillard, lieu de sépulture de cette famille, par acte du
26 décembre 1582, passé en présence de Robin, notaire
royal à Bourges.

François Tullier a fait son testament devant Couturier,
notaire royal en la même ville, le 8 mars 1607 et est
mort le 11 du même mois laissant de son mariage cinq
enfants ci-après :

1. Pierre Tullier, qui suit ;

2. Françoise Tullier, née en 1581, qui épousa
   Jacques Regnier, seigneur des Chaises, fils de
   Jacques Regnier, premier président au Parlement
   de Rennes et depuis lieutenant général à Bourges,
   et de demoiselle Claude Saulcier. En 1599 elle
   vendit pour 300 livres au couvent des Jacobins de
   Bourges un héritage sis à Chezal-Chauvier dans la
   paroisse de Saint-Denis de Palin (1). Elle décéda
   le 28 octobre 1661, à l'âge de 80 ans, et fut inhumée
   en l'église de Notre-Dame du Fourchaud, sous une
   tombe placée au côté droit du chœur en *allant
   vers les cloches.* Elle n'eut pas de postérité et par

(1) *Monographie du Couvent des Jacobins,* par M. l'abbé Menu,
p. 78.

son testament de 1652, elle laissa sa fortune à Françoise Tullier, sa nièce et filleule, fille de M. le *Prévost de Bourges*, son frère.

3. Marie TULLIER, baptisée à Saint-Pierre-le-Guillard le 12 janvier 1591 ; elle fut mariée en 1611 à François GASSOT, seigneur de Lizy, conseiller du roi au présidial de Bourges, fils de Jacques GASSOT, écuyer, seigneur de Deffens, Osmery, etc. secrétaire du roi, commissaire ordinaire des guerres, et de Jeanne de LHOPITAL. D'eux est descendue la branche de Gassot de Lizy et la Vienne, ainsi que les rameaux de Fussy et de Champigny qui s'y rattachent. (Voir nos essais généalogiques sur cette famille.)

4. Marguerite TULLIER, baptisée en la même paroisse le dernier jour d'octobre 1592, épousa par contrat reçu Couturier, notaire royal à Bourges, le 28 novembre 1619, de l'avis et consentement de la dame Marie SARRAZIN, sa mère, et de noble homme et sage Me Pierre TULLIER, seigneur du petit Mazière, conseiller du roi, prévost et juge ordinaire de la ville et septaine de Bourges, son frère, noble Jean BOURDALOUE, seigneur de Bussy, conseiller du roi, contrôleur général des guerres en Provence, fils de feus noble et sage maistre Claude BOURDALOUE, en son vivant avocat au présidial et des affaires communes de la dite ville de Bourges et dame Catherine DUCHÊVRE. « A l'endroit ou se trouvait la porte charretière du couvent des Jacobins donnant sur la rue qu'on appelle mainte-

nant *rue Bourdaloue* et qui portait autrefois le nom *des Brigands* ou *Brigandiniens*, la demoiselle Marguerite Tullier fit bâtir une maison à ses frais en 1664 et paya aux religieux Jacobins la somme de 600 livres à condition que ces derniers diraient une messe basse tous les mardis de chaque semaine et célèbreraient un service solennel pour le repos de l'âme de noble homme Jean Bourdaloue, seigneur de Bussy, son mari, et pour elle même (1). » Elle décéda sans postérité à l'âge de 80 ans vers la fin d'octobre 1673, et par son testament de l'année 1668, elle avait institué pour ses héritiers : Jean Tullier, seigneur de Ripière, son frère ; Marie Gassot, fille de sa sœur et de Nicolas Gibot ; Anne Tullier, religieuse au couvent de l'Annonciade de Bourges ; Françoise Tullier, femme de M° Guyot de Montgermain, et Claude Tullier femme du sieur Charlemagne, ses nièces. Marguerite Tullier habitait lors de son décès le bourg de la Chapelle d'Angillon et fut inhumée dans l'église de ce lieu ; elle laissa dans le souvenir des habitants de ce pays la plus grande vénération à cause de la sainteté de sa vie (2).

5. Claude TULLIER, baptisé le 11 mai 1595 à Saint-Pierre le Guillard, dont la destinée est inconnue ;

---

(1) *Monographie du couvent des Jacobins,* par M. l'abbé Menu, p. 36.

(2) Mémoires manuscrits de M. Gassot de Priou.

6. Jean TULLIER, écuyer, seigneur de Ripière, baptisé
en l'église de Saint-Pierre-le Guillard le 27 juin
1600; il épousa vers 1626 demoiselle Françoise
LELANGE, dame de Boisjaffier, fille de Louis, écuyer,
seigneur de Malsac et du dit Boisjaffier, lieutenant
à Châteauneuf-sur-Cher, Echevin de Bourges les
années 1638 et 1639, et de Magdeleine de BERNE,
d'une famille du Nivernais et descendant d'un
Pierre de Berne, député du tiers pour le bailliage
de Saint-Pierre-le-Moutier aux Etats généraux
tenus à Blois en 1588 (1). On voit aux archives du
Cher (fond des Carmes) une transaction passée devant Minereau, notaire royal à Bourges, le 1er mai
1655 entre Jean Tullier, Etienne Bourdaloue,
Pierre Tullier, seigneur du petit Mazière et Philippe Labbe, ses beaux-frères, et les religieux du
couvent des Carmes, pour l'exécution d'une disposition testamentaire de Louis Lelarge, seigneur de
Malsac, leur beau-père, qui voulait être enterré en
l'église du dit couvent. portant fondation de deux
obits et trois grand'messes. A cet effet ils bail-
lèrent la somme de 500 livres et les religieux s'en-
gagèrent à *souffrir* qu'un marbre portant l'inscription du décès du dit défunt serait appliqué au dedans de l'église à la muraille, vers la chapelle de la
Trinité, au dessus de sa sépulture.

On ignore en quelle année décéda Jean Tullier,
mais sa femme vécut encore longtemps après lui et

(1) *Histoire du Tiers-État* par Augustin Thierry.

mourut à un âge fort avancée le 28 mai 1790. Ils
eurent les douze enfants ci-après qui moururent
jeunes, à l'exception d'un seul qui a laissé deux fils :

A. Pierre TULLIER, baptisé à Saint Pierre-le-
Guillard le 8 septembre 1629 ;

B. Jacques TULLIER, baptisé en la même paroisse le 3 novembre 1630 ;

C. Etienne TULLIER baptisé le 22 novembre
1632 ;

D. Marguerite TULLIER, baptisée le 8 juillet
1654 ;

E. Anne TULLIER, baptisée le 30 septembre
1635 ;

F. François TULLIER, baptisé le 18 octobre
1636 ;

G. Guillaume TULLIER, baptisé le 24 avril 1638 ;

H. Philippe TULLIER, baptisé à Saint-Jean-le-
Vieil. le 3 juin 1645 ;

I. Jean TULLIER, baptisé en la même paroisse
le 8 septembre 1646 ;

J. Marie TULLIER, baptisée le 12 mai 1649 ;

K. Magdeleine TULLIER, baptisée le 17 novembre 1650 ;

L. Louis TULLIER, dont on ignore la date de
naissance, n'ayant pas trouvé son acte de
baptême, mais qui doit être l'un des aînés
puisqu'en 1646 il tenait un enfant sur les
fonts baptismaux de la paroisse de Saint-

Pierre-le-Guillard. Ils survécut à tous ses
frères et sœurs et recueillit la seigneurie de
Boisjaffier; il épousa demoiselle Henriette
THEVENIN, fille de Denis, conseiller du roi,
élu en l'élection de Saint-Amand, et de
Jeanne BECQUAS. Il ne laissa que deux filles
qui suivent dont on ignore la destinée :

    a. Marie Magdeleine TULLIER, baptisée
      en l'église du Fourchaud le 4 novembre
      1664;

    b. Jeanne TULLIER, baptisée en la même
      paroisse le 19 novembre 1665.

VI. PIERRE TULLIER II, écuyer, seigneur du
Petit-Mazière et de Veauce, conseiller du roi, prévôt de
la ville et septaine de Bourges et maire de cette ville en
1628 et 1629. Dans la première année de son mairat des
maladies contagieuses causèrent à Bourges et dans les
environs de nombreux ravages. Pierre Tullier, dans cette
désolante circonstance, multiplia ses efforts pour subvenir
aux exigences de la situation.

Comme l'épidémie avait pris naissance dans la campagne il importait de mettre obstacle à son invasion dans la
ville par un cordon sanitaire rigoureusement maintenu,
aussi le maire rendit-il des ordonnances sévères dans ce
but; mais soins superflus! les miasmes putrides ne con-
naissent point de barrières et bientôt le mal fit irrup-
tion dans la cité (16 août 1628). Une panique épouvan-
table s'empara de la population, tout ce qui pouvait fuir

quitta la ville et alla porter dans d'autres contrées le germe morbide qu'ils portaient en eux; toutes les maisons furent désertées et les malheureux malades, abandonnés de leurs parents les plus proches, mouraient privés des secours les plus indispensables au milieu de tortures morales et physiques inouïes. Les rues et les places publiques étaient remplies de ces infortunés qui vaguaient demi-nus à la recherche d'un peu de nourriture, on n'entendait que les cris de la douleur ou les gémissements des mourants. Plus de 5,000 personnes, au rapport de l'historien du Berry, furent victimes de ce terrible fléau, parmi lesquelles deux échevins, MM. Girard, secrétaire de la chambre du roi et de La Garde, conseiller en la prévôté. Le service hospitalier, à peine suffisant en temps ordinaire, était paralysé dans cette calamité publique; les médecins en trop petit nombre concentraient leurs efforts sur l'hospice de la ville qu'on appelait la *Sanitat*, plusieurs même avaient succombé des premiers, enfin les PP. Jésuites avaient dès le premier jour fermé leur collége pour se consacrer aux besoins des malades et leur administrer les derniers sacrements.

C'est alors que Pierre Tullier eut l'heureuse idée de faire appel à la charité extérieure et qu'il écrivit à l'Hôtel-Dieu de Paris en peignant la détresse de la ville qu'il administrait, et aussitôt, émues de compassion pour tant de souffrances, de pieuses filles, attachées à cet établissement hospitalier, se rendirent à sa prière et vinrent apporter aux pestiférés leur expérience, leurs soins empressés et leurs exhortations toutes chrétiennes. Pénétrés de reconnaissance, les magistrats municipaux résolurent de conserver à Bourges ces charitables religieuses et par

leurs lettres du 16 octobre 1628, ils en demandèrent six
autres au chapitre de Paris. On leur construisit un bâtiment au fond de la cour de l'*Hôtel-Dieu* dont elles prirent
possession avec leurs nouvelles compagnes le 2 juin de
l'année suivante et ces saintes filles gouvernèrent l'hospice de Bourges jusqu'à la Révolution qu'elles en furent
chassées.

Malgré tant de dévouement la contagion sévissait
toujours avec la même intensité : on eut recours alors au
Père des miséricordes et des prières publiques furent ordonnées pour demander à Dieu la fin de tant de maux.
Le dimanche 8 octobre 1628, Roland Hébert, archevêque
de Bourges; Pierre Tullier, maire; Etienne Mercier,
seigneur de Saint-Antoine; Jacques de Brielles, lieutenant aux eaux et forêts; Jean Leveillé, seigneur de la
Grigossaine; François Guenois, échevins, et trente-deux
conseillers se rendirent en l'église des RR. PP. Jésuites
et firent le vœu solennel d'aller en pèlerinage à Notre-
Dame de Liesse et d'y offrir à la sainte Vierge la représentation de la ville de Bourges en argent, et de faire
tous les ans une procession générale de l'église métropo-
litaine de Saint-Etienne en celle des PP. Jésuites.

En exécution de ce vœu on fit un traité le 29 novembre 1629 avec un orfèvre de Paris pour qu'il fabriquât le
plan en relief de la ville, figurant ses tours et ses murailles avec le portail de la cathédrale, la sainte chapelle et
tous les principaux édifices.

La première procession se fit le 4 juin 1629 et Pierre
Tullier, maire, partit pour Notre-Dame de Liesse le 21
du même mois, emportant avec lui l'effigie de la ville.
Sur le plateau de cette œuvre d'art étaient gravés en

lettres d'or les trois distiques suivants composés par l'archevêque Hébert :

Te, Regina poli, Biturix afflicta reclamat,
     Et celerem, scelerum conscia, poscit opem.
Cernis ut in cunctos pestis contagia serpunt,
     Insontes, sontes ut necat ista lues.
Flectere quæ nosti superos, jam redde benignos.
     Urbis et obsequii pignora certa cape.

La contagion cessa entierement dans le commencement de 1630, ce n'était donc pas en vain qu'on avait eu recours en la consolatrice des affligés (1) !

Pour perpétuer dans sa famille le souvenir de la divine intervention de la sainte Vierge, Pierre Tullier fit faire par Jean Boucher, célèbre peintre de Bourges, un tableau dans lequel il est représenté faisant au nom de la ville son vœu à Notre-Dame de Liesse. On le voit à genoux au centre de la toile, *en robbe de livrée*, c'est-à-dire vêtu d'une robe en velours mi-partie vert et cramoisi ; il lève en suppliant les yeux et les mains vers la mère de Dieu qui apparaît dans les nuages et dont la physionomie est pleine de bonté. Dans le lointain on aperçoit sur la hauteur une ville ceinte de murailles, aux clochers élancés, qu'on doit supposer être celle de Laon sinon le bourg de Liesse. On a pu voir cette peinture à l'exposition du concours régional de Bourges; elle appartient à M. Ruellé

_____

(1) Voir aux *Tablettes Berruyères* années 1857, n° 12, un article de feu M. Chevalier de Saint-Amand, bibliothécaire de la ville.

du Gué à qui elle est advenue par héritages successifs
sans passer par aucune main étrangère à la famille,
comme on le verra plus loin.

Pierre Tullier est aussi représenté avec sa femme dans
la généalogie manuscrite possédée par Mme Braun; cette
peinture à la gouache, qui n'est pas sans mérite, a été vrai-
semblament copiée sur quelqu'ancien vitrail d'église, car
ils sont tous les deux dans l'attitude de la prière, l'un en
costume de maire, l'autre vêtue d'une robe de velours
noir agrémentée d'or dont la forme rappelle beaucoup
celle de Marie de Médicis, ainsi que la coiffure et la col-
lerette. Il avait épousé par contrat passé devant Tolleron
l'aîné, notaire à Cosne, le 19 février 1609, demoiselle
Claude Bouchet, fille de Pierre et d'Esmée DE Vaux.
Jean Le Pain lui dédia son livre intitulé *le Praticien
français*. Il trépassa le jeudi 16 octobre 1642 et Claude
Bouchet le 15 décembre 1648.

Ils laissèrent neuf enfants sur quatorze qu'ils avaient
eus et qui sont :

1. Pierre Tullier, qui suit ;

2. Aimée Tullier baptisée à Saint-Pierre le Guillard
   le 26 avril 1614, morte jeune ;

3. Françoise Tullier, baptisée en la même paroisse
   le 29 juin 1613, fut mariée deux fois : 1° le 26 novembre 1640 à Robert Heurtault, écuyer, sei-
   seigneur de Mazières et de Thou, fils de feu Pierre.
   conseiller du roy au présidial, seigneur de Cocque-
   belande et de Mazières, et de Marie Gassot, dont
   elle n'eut pas d'enfants; 2° par contrat du 7 octobre 1647 devant Clerjault, notaire royal à Bourges,

à noble Vincent Guyot, avocat, puis avocat du roy en l'université de Bourges, fils de noble Jean Guyot avocat en parlement et de Françoise Bouzitat, demeurant à Nevers. Cette famille Guyot est ancienne en Nivernais; un Guyot, seigneur des Bœufs, avait été échevin de la ville de Nevers en 1392 et 1396. Françoise Tullier perdit son second mari le 4 février 1685 et mourut elle-même âgée de 86 ans, le 20 août 1699, laissant quatre enfants dénommés dans le testament de leur père, dont les deux aînés ont formé les Guyot de Mireheau et les Guyot de Montgemain.

4. Marie Tullier, baptisée le 2 janvier 1615, dont la destinée est inconnue;

5. François Tullier, baptisé en la même paroisse le 4 août 1616, enseigne au régiment de Nerestan, mort à Tortone en Italie en 1642;

6. Jean Tullier, baptisé le 4 septembre 1617, mort enfant;

7. Autre François Tullier, baptisé le 23 juillet 1619, mort en bas âge;

8. Magdeleine Tullier, baptisée le 2 novembre 1620, morte aussi en bas âge;

9. Autre Pierre Tullier, baptisé le 9 mars 1622, mort le 7 mars 1643, à l'âge de 21 ans, sans avoir été marié;

10. Claude Tullier, baptisée le 16 juin 1623, mariée par contrat reçu Clerjault, notaire royal à Bourges, en 1660, à Me Jean-Baptiste Charlemagne, seigneur

de Chantaloue, fils de noble Pierre CHARLEMAGNE,
conseiller du roy, prévost de la ville royale de
Mehun, et de dame Silvine LEBÉGUE, d'où postérité;

11. Charles TULLIER, baptisé le 5 juin 1625, dont la
destinée est inconnue;

12. Edmée TULLIER, baptisée le 9 février 1629, morte
jeune;

13. Anne TULLIER, baptisée le 4 juin 1630, religieuse
professe au couvent des Carmélites de Bourges;
avant de prononcer ses vœux en 1653, elle fit son
testament et partagea son héritage entre Pierre
TULLIER son frère, Claude Tullier sa sœur et
Vincent Guyot de Montgemain, son neveu;

14. Autre Edmée TULLIER, baptisée le 22 novembre 1631, morte enfant.

VII. PIERRE TULLIER III, écuyer, seigneur de
Mazières et de Veauces, avocat au présidial, puis conseiller du roi après la mort de son père, prévost et juge ordinaire de la ville et septaine de Bourges, charge qu'avaient
occupée avant lui son père et son aïeul, fut baptisé à
l'église de Saint-Pierre le Guillard le 3 mai 1610. Après
avoir fait de bonnes études de grammaire au collége des
Jésuites, il suivit les cours de droit en l'université de
Bourges et y prit son grade de licence. Il épousa par contrat passé devant Clerjault, notaire royal à Bourges, le 15 février 1638, demoiselle Magdeleine LELARGE, sœur de

Françoise Lelarge. femme de noble Jean Tullier, écuyer. seigneur de Ripière, son oncle, toutes deux filles de M° Louis LELARGE, seigneur de Malsac et Boisjaffier et de Magdeleine de BERNE. Il devint veuf le 31 décembre 1665 et consigna dans la généalogie de sa maison la note suivante :

« Ce jeudy 31° jour de décembre 1665, heure de cinq
« à six du matin, est morte, âgée de 44 ans, 8 mois
« et 9 jours, ma femme Magdeleine Lelarge cy-dessus
« dénommée, ayant reçu tous les sacremens de la
« saincte Eglise ; elle fut inhumée dans le caveau de la
« chapelle de feu Monsieur Chamillard. le mesme jour,
« sur les cinq à six heures du soir avec un très-grand
« concours de gens de tous ordres, âge, sexe et conditions,
« qui la regrettaient pour sa bonté et honnesteté dont
« elle était douée éminemment, ainsi que de plusieurs
« autres très-aimables qualités Ce fut par une conces-
« sion et grâce particulières de damoiselle Anne Bourda-
« loue, sa niepce, qu'elle fut déposée en ce lieu où per-
« sonne n'avoit point encore été inhumé, avec asseurance
« pour moy d'y pouvoir estre mis après mon décez au-
« pres de son corps, ce que j'attends et souhaite beaucoup
« pour l'amour que j'ay toujours eu pour une si bonne
« et vertueuse femme et que j'auray. Sa maladie fut un
« grand débord de cerveau qui luy osta la parole et non
« le bon jugement qu'elle eut toujours ferme et sain jus-
« qu'à son décez où peu auparavant qu'elle perdit la veue
« et le sentiment assez de temps après avoir receu très-
« chrestiennement les susdits sacremens Dieu la veuille
« absoudre et la recevoir en son saint Paradis où elle a
« toujours aspiré avec grand zèle et ferveur, ayant témoi-

« gné par tous les moyens d'y vouloir parvenir comme
« je crois que Dieu luy en a faict la grâce, en quoi gist
« ma plus grande consolation, priant ceux qui liront ce
« présent escript d'avoir mémoire d'elle et de moy sous-
« signé en leurs oraisons.

Dieu soit bény éternellement. »

Fait ce 2 janvier 1666.

Signé : TULLIER.

Il mourut lui-même subitement dans son château de
Mazieres le 9 avril 1666, à l'âge de 56 ans, et a été inhumé aussi selon son désir dans le même caveau,
ayant eu de son mariage dix enfants ci-après :

1. Claude TULLIER, baptisée à Saint-Pierre le Guillard
le 18 mai 1640, mariée à Saint-Oustrillet le 23 février 1664 et par contrat du même jour reçu Louis
Clerjault, notaire royal à Bourges, à Jean GALLUS,
écuyer, seigneur de Rioubert, conseiller du roi au
bailliage de Berry et siége présidial de Bourges,
fils de défunt Jean GALLUS, écuyer, seigneur dudit
lieu, conseiller du roi, châtelain et juge ordinaire
de la ville de Romorantin et de dame Claude
ALLEAUME. Elle trépassa le 27 juillet 1719 à l'âge
de 79 ans et son corps fut inhumé dans la chapelle
de Notre-Dame en l'église de Saint-Jean-le-Vieil.
Elle eut de son mariage six enfants mais n'en conserva aucun. Il ne lui restait plus qu'un fils en
1707 lors de la mort de son mari, qui décéda le
8 avril 1740, sans avoir été marié;

2. Louis TULLIER, baptisé à Saint-Médard le 6 mai 1642.

Il a eu pour parrain Louis Bourdaloux, âgé de 10 ans, qui devint plus tard l'illustre prédicateur dont s'honore la ville de Bourges ;

3. Charlotte Tullier, baptisée à Saint-Oustrillet le 21 mars 1644. décédée dans le courant de l'année suivante ;

4. Françoise Tullier, baptisée dans la même paroisse le 22 juin 1646. Elle avait eu pour marraine demoiselle Françoise Tullier sa grand'tante, qui n'ayant pas eu d'enfants du sieur Regnier, seigneur de Chaises, son mari, fit une donation de son bien en sa faveur par acte de l'année 1659. Elle épousa dans ladite église de Saint-Oustrillet le 22 novembre 1666 et par contrat du même jour reçu Minereau, notaire royal à Bourges, François Lebègue, écuyer, seigneur de Montpensier, fils d'Henry, vicomte de Villemenard et de Saint Germain-du-Puits, et d'Anne Gibieuf, sa première femme;

5. François Tullier, écuyer, seigneur de Mazières, baptisé le 6 janvier 1648, se livra à l'étude du droit et devint docteur régent en l'université de Bourges. Il est mort le 28 septembre 1726 à l'âge de 78 ans, doyen de sa compagnie, sans avoir été marié. Il fut inhumé dans l'église de Saint-Pierre le Puellier, sa paroisse, près de la balustrade du chœur;

6. Magdeleine Tullier, baptisée le 7 mai 1649, fit profession au couvent de l'annonciade de Bourges le 10 mai 1666. Il a été payé pour sa dot la somme de 4,000 livres dont l'acquit a été passé devant Guyard, notaire royal en ladite ville;

7. Henry TULLIER, baptisé à Saint-Oustrillet le 30 octobre 1650, mort à l'âge de deux ans ;

8. Marguerite TULLIER, baptisée le 18 juin 1652, entra au couvent des Carmélites de Bourges, où elle fit profession le 12 mai 1672. Avant de se consacrer à tout jamais à Dieu, elle fit son testament devant Delarue, notaire royal, et institua pour son seul et unique héritier, Pierre Tullier, seigneur de Marigny, son frère, dont l'article viendra ci-après;

9. Pierre TULLIER, qui suit;

10. Louis TULLIER, baptisé le 21 juin 1656, mort célibataire le 5 février 1720 et inhumé dans l'église du Château les Bourges. Au dire de M. Gassot de Priou, dans ses mémoires, on l'appelait l'*Américain* parce qu'il avait beaucoup voyagé et même dans le nouveau monde;

11. Catherine TULLIER, baptisée à Saint-Oustrillet le 15 avril 1659, a été tenue sur les fonds sacrés par messire Henry Chamillard, beau-frère du célèbre jésuite Bourdaloue et par demoiselle Catherine Taillon, épouse de M. de Bourgoing, écuyer, seigneur de la Douhée en Nivernais. On voit dans les *noms féodaux* de Betencourt qu'elle fit foi et hommage au roi en 1670 pour le *pré-à-l'Archeréque* et un petit bois taillis, situés dans la paroisse de Saint-Doulchard près Bourges. Elle fit encore foi et hommage pour les mêmes lieux en 1715 alors étant veuve. Elle avait épousé le 8 février 1676, sous l'autorité de Jean Gallus de Rioubert, son beau-frère e son tuteur, et par contrat du 26 janvier de la même

année, reçu par Ragneau, notaire, maistre Claude
BONNET, écuyer, seigneur du Genetoy, fils de feu
Philippe BONNET, écuyer, seigneur dudit lieu, conseiller du roy au bailliage de Berry et siége présidial de Bourges, et de dame Magdeleine REGNIER.
Elle perdit son mari, mort subitement à la campagne, le 9 mars 1699 et resta veuve avec deux fils
sur six enfants qu'elle avait eus de son mariage
avec lui. Elle décéda le 12 mars 1731 et fut inhumée auprès de son mari dans l'église de Notre-
Dame du Fourchaud.

VIII. PIERRE TULLIER IV, écuyer, seigneur de
Marigny, fut baptisé en l'église de Saint Oustrillet le
19 juin 1654 ; il embrassa la carrière militaire et devint
lieutenant dans le régiment de Bandeville, mais il quitta
le service pour épouser par contrat du 20 février 1688,
passé devant Robert Regnault, notaire royal à Bourges,
demoiselle Françoise MONICAULT, fille de feu noble
Etienne MONICAULT, seigneur de Villardeau, lieutenant
criminel en l'élection de cette ville, et de demoiselle
Geneviève LÉVEILLÉ Pierre Tullier mourut aux Rochè-
res, paroisse d'Osmoy, d'une révolution de goutte, le
6 novembre 1713 et son corps fut ramené à Bourges pour
être inhumé en l'église du Fourchaud, lieu de sépulture
de sa famille. En 1715, Françoise Monicault, sa veuve,
fit foy et hommage comme héritière de Jeanne Monicault,
sa sœur, veuve de Jacques Léveillé, écuyer seigneur des

Fosses, pour le fief de Marchoisy, ou château Gaillard, situé en la paroisse de Sennçay (1).

Pierre Tullier et Françoise Monicault eurent quatre enfants, savoir :

1. Pierre TULLIER, baptisé au Fourchaud, le 29 décembre 1688, mort au berceau;

2. Etienne TULIER, écuyer, seigneur de Mazières, conseiller du roi au présidial de Bourges, baptisé en la même paroisse le 15 janvier 1690, marié à Saint-Bonnet, le 6 juillet 1729, avec demoiselle Marie-Jacquette GAY, fille de Jean GAY, seigneur des Minets et de Françoise PONCET. Il mourut à l'âge de 47 ans, le 18 août 1738 et fut inhumé en l'église de Notre-Dame du Fourchaud. Il laissa cinq enfants, dont la destinée des quatre premiers est complètement inconnue;

    A. Jean-François TULLIER, baptisé à Saint-Fulgent, le 3 mai 1730;

    B. Maurice TULLIER, baptisé au Fourchaud, le 13 octobre 1731 :

    C. Marie-Françoise TULLIER, baptisée le 26 décembre 1732;

    D François-Philippe TULLIER, baptisé le 21 octobre 1734 ;

    E. Autre Marie-Françoise TULLIER, baptisée le

(1) *Noms féodaux*, par Betencourt.

26 juin 1736, mariée le 15 mars 1759, en l'église du Fourchaud et par contrat passé le 8 du même mois devant Sure, notaire royal à Bourges, à Charles-François GIBIEUF, écuyer seigneur de Chappes, Mazières et les Fosses, avocat du roi au bureau des finances de cette ville, fils de feu Maurice GIBIEUF, écuyer seigneur du dit lieu de Chappes, chevalier d'honneur au bailliage de Berry et avocat du Roi au bureau des finances de Bourges, et de Marie-Magdeleine TULLIER, sa tante, par conséquent son parent au deuxième degré de consanguinité (son cousin germain). Elle eut de ce mariage les cinq enfants qui suivent :

a Philippe-François GIBIEUF, chevalier, seigneur de Chappes, baptisé à Notre-Dame du Fourchaud. Il partit pour l'Amérique en 1785, habita pendant vingt-cinq ans l'île Bourbon et revint à Bourges en 1813. A son retour il épousa, déjà vieux, une demoiselle Jeanne Maillet, dont il eut plusieurs enfants, entre autres un fils, Pierre-Charles GIBIEUF, propriétaire du château de Chappes, près Bourges, qui se maria en 1865 et mourut dans le cours de l'année 1869, laissant un ou deux enfants en bas âge.

b. Marie-Jacquette GIBIEUF de Chap-

pes, religieuse à la visitation de
Sainte-Marie à Bourges, morte à un
âge très-avancé, à Villeneuve-sur-
Cher, en 1842.

c. Marie-Françoise GIBIEUF de Chappes,
dite *Mlle des Fosses*, morte en bas
âge;

d. Françoise-Sophie GIBIEUF de Chappes, dite *Mlle de Mazières*, mariée en
1797 à Louis RUELLÉ DU GUÉ, fils de
François RUELLÉ, seigneur du Gué
et de Suzanne DE LAFOND, d'où deux
enfants : Marie-Elisabeth RUELLÉ DU
GUÉ, née le 12 décembre 1801, et
Louis-Guillaume RUELLÉ DU GUÉ,
né le 19 janvier 1803, tous les deux
célibataires. C'est ainsi que M. du
Gué se trouve possesseur du tableau
du *Vœu de la ville*, dont il a été parlé
ci-dessus;

e. Marie-Augustine GIBIEUF, baptisée
le 22 janvier 1776, mariée le 16 janvier 1794, à Jacques GOURY, d'où
Auguste GOURY, docteur en médecine
et Marie-Marguerite GOURY, mariée
le 25 mai 1818, à Réné-Etienne-
Guillaume DE LA VARENNE, propriétaire à Fussy; d'où enfin Mme Regnault et ses deux filles, Mmes Des-
gardes et Jouslin.

3. Marie-Magdeleine TULLIER, baptisée au Fourchaud
le 10 août 1692, épousa par contrat passé devant
Sure, notaire royal à Bourges, le 4 février 1727,
Maurice GIBIEUF, écuyer, seigneur de la Faye et
de Chappes, chevalier d'honneur au bailliage de
Berry et siége présidial de Bourges, par lettres
patentes du roi, du 8 mai 1714 (1), fils ainé d'Henry
GIBIEUF, écuyer, seigneur des dits lieux, avocat du
roy au bureau des finances de Bourges, et de demoiselle Marie-Magdeleine BENGY. Deux enfants naquirent de cette union.

A. Charles-François GIBIEUF, seigneur de
Chappes, de Mazières et de Fosses, qui a
épousé sa cousine germaine Marie-Fran-

(1) Les chevaliers d'honneurs étaient des magistrats qui furent
institués près de chacun des présidiaux de France, avec le titre
de conseillers, par édit du mois de mars 1691. Ces officiers étaient
tenus de faire preuve de noblesse devant les membres du présidial et ne devaient être pris que parmi les nobles d'extraction,
mais il a été promptement dérogé à ces dispositions. Ils avaient le
droit d'assister aux séances en habit ordinaire, l'épée au côté,
immédiatement après les lieutenant généraux, présidents, et avant
les conseillers titulaires et honoraires; ils avaient le droit d'assister à
toutes les assemblées avec voix délibérative tant aux audiences
qu'en chambre du conseil; un autre édit du mois de juillet 1702
créa des chevaliers d'honneur dans toutes les cours supérieures du
royaume et dans tous les bureaux de finance. Enfin un dernier
édit du mois de février 1753 a supprimé partout cet office. (Voir
Guyot, Denizard, Cherruel, etc.)

çoise Tullier, ainsi qu'il a été dit ci-dessus
et dont la postérité a été rapportée;

B. Marie-Catherine Gibieuf, dame de la Faye,
mariée à messire Charles-François de Francières, écuyer, seigneur du Coudray et de
Ratelay, d'où sont issues MM^{mes} la baronne
de Besnard de Saint-Loup de Sauveterre,
et Mac-Nab.

4. Pierre Tullier, qui suit;

IX. PIERRE TULLIER V, écuyer, seigneur de Marigny, fut baptisé à l'église du Fourchaud, le 20 avril 1696,
entra au service, et devint mousquetaire de la garde du
roy Louis XV; il s'en retira avec la croix de Saint-Louis,
pour épouser le 8 décembre 1732 demoiselle Jeanne-Françoise Léveillé, fille de Jean Léveillé, écuyer, seigneur
des Fosses et de dame Magdeleine-Marguerite Anjorrant. Il mourut en 1746 et Jeanne-Françoise Léveillé, le
15 décembre 1785, à l'âge de soixante-douze ans. Ils eurent
six filles, dont quatre seulement sont connues, et un fils.

1. Marie-Françoise Tullier, baptisée à Saint-Pierre-
le-Puellier, le 7 septembre 1733, a été mariée dans
la même paroisse le 1ᵉʳ décembre 1753, à Jean-
Claude-Henry de Préville, chevalier, seigneur de
la Loupière, conseiller du roy, président au siége
présidial de Châtillon-sur-Indre, et de dame Marie
de Charost, de la paroisse de Toiselay, en présence
de Charles-Joseph de Préville, lieutenant de dragons
au régiment de Thianges, son frère. Les renseigne-

ments font défaut sur la destinée ultérieure de cette
dame;

2. Marie-Etiennette TULLIER, née le 5 et baptisée le
23 janvier 1735, religieuse de la Visitation de
Notre-Dame au couvent de cet ordre à Bourges;

3. Montaine TULLIER dont l'acte de baptême n'a pu
être retrouvé, mais qu'on a lieu de supposer avoir
dû naître vers 1737 ou 1738, épousa le 18 février 1760, en l'église de Saint-Pierre le Puellier,
Etienne-Charles DE NESMOND, chevalier, conseiller
du roy, lieutenant particulier en la sénéchaussée et
siége présidial de la Marche, fils d'Henry, chevalier, seigneur de la Chassagne, Bonassat et autres
lieux, ancien conseiller du roy, lieutenant honoraire au dit siége, et de dame Anne-Françoise
ROCHON, de la ville et paroisse de Guéret. De ce
mariage sont nées quatre filles, savoir :

A. Marie-Françoise DE NESMOND, mariée en
1781 à N... TANDEAU DE MARSAC de la Cha-
banne, veuve en 1796 et morte en 1818,
laissant cinq enfants.

a. Anne-Françoise TANDEAU DE MARSAC
née le 11 octobre 1782, mariée en
1803 à François NOUALHIER, dont cinq
enfants, savoir :

a'. Marie - Geneviève - Pauline
NOUALHIER, mariée en 1822 à
Jacques-Jules-Gabriel TAN-
DEAU DE MARSAC, son oncle.

Elle décéda le 18 mars 1857
laissant cinq enfants qui seront
dénommés ci-après.

b'. Cécile NOUALHIER, mariée en
1827 à Alexandre, marquis de
COUSTIN DE SAZEIRAT près Bé-
névent (Creuse), d'où quatre
enfants : Fanny, Henry, Marie
et Caroline, non mariés;

c'. Gabriel-François NOUALHIER
demeurant à Chérignac près
Bourganeuf (Creuse), marié en
1843 à Stéphanie BARNY DE
ROMANET née à Limoges d'où :
Fanny (19 ans), Paul (17 ans)
et Geneviève (9 ans).

d'. Jenny NOUALHIER, mariée en
1834 à Germain de la POMÉLIE
DU MONTJOFFRE, près Saint-
Léonard (Haute-Vienne),
d'où : Fanny, mariée à M.
Frédéric LA JOUMARD DE BÉ-
LABRE, Melchior et Suzanne
non encore mariés.

h'. Paul NOUALHIER, demeurant
à Linans près Châteauneuf
(Haute-Vienne), marié en 1843
à demoiselle N... RUBEN DE LA
CONDAMINE, d'où : Marie,

Françoise et Gabriel, non encore mariés.

6. Jeanne TANDEAU DE MARSAC, née en novembre 1783, mariée en 1807 à N... MOREAU DE MONTCHENIL près Montron (Dordogne). Les renseignements sur sa descendance manquent.

c. Marie-Françoise-Pauline TANDEAU DE MARSAC née en février 1785, mariée en 1812 à Armand GUITTARD DE RIBEYROLLES, demeurant au château de Ryberolles près La Rochefoucault (Charente);

d. Jacques-Jules-Gabriel TANDEAU DE MARSAC, né en 1786, marié en 1822 à Marie-Geneviève-Pauline NOUALHIER, sa nièce, ainsi qu'on a vu plus haut, dont cinq enfants, savoir :

a'. Henry TANDEAU DE MARSAC, marié en 1858 à drienne Louise PAGÈS.

b'. Jean-Gabriel TANDEAU DE MARSAC notaire à Paris (1873).

c'. Armand-Jules-François TANDEAU DE MARSAC, né en décembre 1826, prêtre, Limoges.

d'. N.... Tandeau de Marsac morte en naissant.

e'. Alexandre-Jean Tandeau de Marsac, né en 1831, mariée à Mlle Grateyrolles, de Bordeaux.

e. Henry Tandeau de Marsac, né en 1788, marié en 1818 à demoiselle Anne de Tournyol de Boislamy, demeurant à Marsac près Benevent (Creuse), sans postérité.

B. Sophie de Nesmond, mariée à N... comte de Coustin de Bonnassat près Guéret (Creuse), d'où :

a. Honorine de Coustin, mariée à N... marquis de Roffignac, de Sannat près Bellac (Haute-Vienne), d'où :

a'. Albéric de Coustin marié à demoiselle N. Drouillard, dont postérité;

b'. N... de Coustin, mariée à N... de Beret près Bellac (Haute-Vienne), décédée sans laisser d'enfants;

C. Henriette de Nesmond, morte sans alliance en 1804;

D. Joséphine de Nesmond, morte aussi sans alliance;

4. Françoise-Catherine TULLIER, baptisée à Saint-Pierre le Puellier le 29 février 1740, morte en bas âge;

5. Pierre TULLIER, qui suit.

X. PIERRE TULLIER V, chevalier, seigneur de Guilly, baptisé à Saint-Pierre le Puellier le 12 novembre 1744, embrassa la carrière des armes. Il fut successivement mousquetaire de la première compagnie de la garde du roi, cornette au régiment de Touraine cavalerie et enfin capitaine réformé à la suite du régiment de Bourgogne, cavalerie. Il épousa, le 29 mai 1770, demoiselle Thérèse-Marie DE BONNEFOY, fille de Jean-François DE BONNEFOY, seigneur de Chirac-Guérin, président trésorier de France au bureau des finances de Moulins, et de dame Françoise-Gabrielle MARPON. Il mourut le 10 octobre 1817 et sa femme le 30 mai 1836, ayant eu les six enfants ci-après :

1. Jeanne-Françoise-Sophie TULLIER, baptisée à Saint-Pierre le Puellier le 3 février 1771, morte le 7 septembre 1778;

2. Henri-Pierre TULLIER, qui suit;

3. Françoise-Amélie TULLIER, sœur jumelle du précédent, baptisée le même jour que lui, morte en nourrice;

4. Marie-Françoise-Clotilde TULLIER, baptisée à Saint-Oustrillet le 29 mars 1776, mariée le 26 janvier 1802 à René-Joseph, vicomte DE LA PORTE d'Issertieux, fils puiné de Joseph-Antoine-Clair DE

LA PORTE, chevalier, marquis d'Issertieux, ancien
page du duc d'Orléans, capitaine d'une compagnie
dans le régiment du même nom, chevalier de Saint-
Louis, et de dame Catherine-Etiennette LEVEILLÉ
DU FOURNAY. Elle mourut le 10 avril 1828 à la
Charité-sur-Loire que son mari administra comme
maire pendant toute la Restauration; il mourut
lui-même dans cette ville en 1842. Ils avaient eu
entre autres enfants quatre filles et un fils, savoir :

A. Alexandrine DE LA PORTE, née à La Charité
le 9 avril 1816, mariée à Bourges le 3 juillet 1843, à Gustave-Victor-Gaspard Esca-
LIER DE LADEVÈZE, actuellement conservateur
des hypothèques à Bourges; fils de feu Jean-
Pierre-Alexandre-Marien ESCALIER DE LA-
DEVÈZE, ancien magistrat, et d'Anne-Fran-
çoise-Eléonore DELOR. La famille ESCALIER
s'est répandue dans le Vivarais et, suivant
la tradition, serait originaire d'Italie. Un
gentilhomme de ce pays, du nom de *Scalieri*,
venu en France à la suite des guerres de
François Ier, se serait établi dans cette province. Ses descendants ont possédé et possèdent encore plusieurs fiefs et seigneuries
dans la partie des Cévennes qui forme
aujourd'hui l'arrondissement de Florac, tels
que ceux de *Chambonnet*, Coste-Boulon,
Villaret, Lassagne, Ladevèze. dont ceux-ci
portent encore le nom, etc. Le château
de Ladevèze a été incendié pendant la

guerre des Camisards, sous Louis XIV,
à la suite de la révocation de l'édit de Nantes,
et complétement détruit, ainsi que tous
les papiers de famille qu'il contenait, par
une bande de Huguenots à la tête desquels
était Esprit Séguier (1).

M. et Mme de Ladevèze ont eu les deux
enfants qui suivent, dont il n'est resté
qu'une fille.

   a. Marie-Louise-Clotilde ESCALIER DE
   LADEVÈZE, née à Angers le 8 août
   1844, mariée le 18 octobre 1869 à
   Abel DURAND DE GROSSOUVRE, sous-
   intendant militaire, chevalier de la
   légion d'honneur (2), fils de François
   DURAND et de Rose-Louise DANIÉ.
   Cette famille honorablement connue
   dans le pays doit vraisemblablement
   avoir eu pour auteurs maistre Pierre
   Durand, conseiller et avocat du roi
   au bailliage de Berry et siége présidial de Bourges, échevin de cette ville
   pendant les années 1619 et 1620, et
   maistre Pierre Durand, écuyer, sei-

(1) Voir *Histoire des Camisards*, par le P. de Court de Gébelin,
Londres, Moïse Chassels 1702, tom II, page 129.

(2) Le nom de Grossouvre a été ajouté à celui de Durand en
faveur des enfants Durand par décret impérial du 2 octobre 1864.
La terre de Grossouvre, commune de Vereaux, à présent de Grossouvre, avait été possédée par la famille Durand, jusque vers 1840.

gneur de Forgues, Pougny et le Coul-
tau, conseiller du roi, trésorier général de France au bureau des finances
de cette même ville qu'il a adminis-
trée comme maire en 1643 et
1644 (1). Deux fils sont déjà nés de
ce mariage :

> a'. Marie-René-Gustave Durand
> de Grossouvre, né à Bourges
> le 28 juillet 1870;

> b'. Marie-Joseph-Henri Durand
> de Grossouvre, né aussi à
> Bourges le 2 mars 1872.

> b. Henry-René Escalier de Ladevèze,
> né à Angers le 50 mars 1846, mort
> le 12 août de la même année.

B. Ernestine de la Porte, marié à M. Braün,
émigré polonais, chevalier de Saint-Wladi-
mir;

C. Clotilde de la Porte, morte fille;

D. Antoinette de la Porte, morte aussi sans
alliance,

E. Amédée de la Porte, mort enfant.

5. Geneviève-Alberte Tullier, baptisée à Saint-Oustrillet de Bourges le 29 mars 1782, décédée en bas
âge;

(4) Voir La Thaumassière p. 221 et 228.

6. Charles-Henry Tullier, baptisé en la même paroisse le 2 février 1784, mort dans le courant de
février 1787.

XI. HENRY-PIERRE TULLIER, chevalier, sei-
gneur de Guilly, fief situé dans la paroisse de Brécy, diocèse de Bourges, fut baptisé en l'église de Saint-Pierre le
Puellier le 25 septembre 1773. Bien jeune encore quand
la Révolution éclata et n'écoutant que la fidélité que la
noblesse française devait à la monarchie, il alla rejoindre
les princes en Allemagne et · s'enrôla dans l'armée de
Condé. A la rentrée de l'émigration il revint à Bourges
et en 1815, en récompense de ses services et de son dévouement, le roi le comprit dans l'une des premières pro-
motions de chevaliers de Saint-Louis. Il acheva sa carrière dans la retraite au milieu de l'affection et des soins
des quatre filles de Mme de la Porte, sa sœur, auxquelles
il fit donation de sa fortune par acte reçu Porcheron, notaire à Bourges, du 12 avril 1841. Il décéda le 23 février
1849, sans avoir jamais contracté d'alliance. Avec lui
s'éteignit le nom de Tullier.

BRANCHE DU RUAU ET DE BOUY

III. DENIS TULLIER, 5ᵉ enfant de Pierre TULLIER, conseiller du roy à Bourges, maire de ladite ville en 1479 et de Marie BONIN, a dû naître vers 1466 ou 1467. Il épousa en 1492 Antoinette DE LA BERTHOMIÈRE, sœur de Jeanne de la Berthomière, femme de David Tullier, seigneur de Mazière, son frère aîné, et de Marie de la Berthomière, femme de Louis de Rangueil, lieutenant-général de Valois (1), toutes trois filles de Jean DE LA BERTHOMIÈRE, conseiller du roy en sa cour des aides à Paris et d'Annette CATHIN. Les renseignements manquent sur ce chef de la branche cadette, seulement La Thaumassière nous apprend qu'il a eu de son mariage les six enfants suivants :

1. Jean TULLIER, qui suit;

2. Jeanne TULLIER qui s'allia à maitre Alain PONCET, d'une vieille et nombreuse famille bourgeoise de Bourges, dont un fils, Pierre Poncet, filleul de Pierre Tullier, doyen du chapitre de Bourges, qui lui

---

(1) Petit pays compris autrefois dans l'Ile de France qui a donné son nom à une branche de souverains de la maison de France. Ce pays est maintenant confondu dans les départements de l'Oise et de l'Aisne.

légua par son testament du 5 avril 1540, cent livres
tournois;

3. Françoise Tullier, mariée suivant La Thaumassière à Germain Hubert sur qui les renseignements
   font défaut ;

4. Marie Tullier, mariée à Foucault Mathériat.

5. Pierre Tullier qui entra dans les ordres et devint
   doyen du chapitre de Montermoyen ;

6. Autre Pierre Tullier qui fut pourvu d'un canonicat de l'église de Bourges et nommé prieur de Vou-
   zeron.

IV. JEAN TULLIER, seigneur du Ruau, fief qu'il
tenait de la libéralité de son oncle, Pierre Tullier, doyen
de l'église de Bourges et fondateur de la chapelle des
Tullier, suivant son testament du 5 avril 1540, qui porte
entre autres legs : ITEM *à ma nièce de Boysrouvray ma
robbe fourrée de peaux de Lombardie, et à son mary, maistre Jehan Tullier, ma mestairye du Ruau avec ses appartenances et le bestial estant en icelle à moy appartenant.* Il
avait en effet épousé en 1528 damoiselle Anne DE Boisrouvray, fille de Jean DE Boisrouvray, seigneur de Mar-
çay, avocat à Bourges, qui a laissé un traité de la Prima-
tie d'Aquitaine imprimé à Lyon en 1528, et de Simonne
Rongier. La Thaumassière nous apprend qu'il a eu l'honneur d'*haranguer devant le roi* pour le patriarcat de
Bourges, mais il ne dit pas à quelle occasion; on sait
seulement par cet historien qu'il a laissé les quatre
enfants ci-après :

1. Jean TULLIER, qui suit;

2. Philippe TULLIER, seigneur de Vasselay, qui épousa demoiselle Anne BEUILLE, fille de Geoffroy BEUILLE, seigneur du Nointeau, et d'Antoinette d'Orléans. Il décéda en l'année 1576, laissant une fille :

> Marie TULLIER, dame du Nointeau, qui s'allia à Michel DE LA CHAPELLE.

3. Louis TULLIER, chanoine de l'église de Bourges;

4. Pierre TULLIER, chanoine de la collégiale du Château-lès-Bourges.

V. JEAN TULLIER, II° du nom, seigneur du Ruau et de Bouy, naquit, selon toute probabilité, vers 1529 ou 1530. Il épousa en premières noces demoiselle Gabrielle MOCQUET, fille de Pierre MOCQUET, seigneur des Moulins-Bâtards et de Bouy, qualifié *bourgeois de Bourges* dans le contrat d'acquisition qu'il fit de cette seconde terre des hoirs d'Arnault-Gonthier à qui elle appartenait par indivis, du 20 avril 1551, passé devant Desbourdiers, notaire, et de Guimon CHENU. Il devint donc par ce mariage détenteur de la seigneurie et veherie (1) de Bouy, située dans les paroisses de Saint-Georges-sur-Moulon et de Pigny, qui ne laissât pas que d'être importante tant à cause de ses dépendances foncières que des droits, privi-

---

(1) La vehérie ou viguerie était l'étendue de la juridiction du magistrat qui était chargé d'administrer la justice et qu'on appelait suivant les lieux *Prévôt*, *Châtelain* ou *Viguier*. Le Viguier connaissait de toutes les matières en première instance à l'exception de certains cas réservés aux baillis ou sénéchaux. Voir *Dict. des fiefs* par M° Regnauldon, avocat du bailliage d'Issoudun.

léges, exemptions et libertés qui y étaient attachés. Il
contracta un second mariage avec une demoiselle Anne
BAUDREUIL *aliás* Bordereul, d'une famille qui nous est inconnue, mais qui s'est aussi alliée à Bourges avec celles
de Breuillet et du Chèvre. Il n'eut point d'enfants de cette
seconde union; ceux de sa première femme au nombre
de deux sont :

    1. Pierre TULLIER, qui suit;

    2. Jean TULLIER, chanoine de l'église de Bourges;

    VI. PIERRE TULLIER, écuyer, seigneur du Ruau
et de Bouy dut naître vers 1580. Il épousa en l'année
1616 demoiselle Anne DESJARDINS, fille de Gilles DESJAR-
DINS, conseiller du roi, docteur professeur en droit en
l'université de Bourges, qui figure dans La Thaumassière
sur la liste latine des professeurs de cette faculté sous la
dénomination *d'Egidius Hortensius Carnotensis*, et de
Jeanne MALAISÉ, sa femme. Pierre Tullier fournit au roi
l'aveu et dénombrement qu'il lui devait pour ses lieu,
manoir et veherie de Bouy, mouvant de sa grosse tour
de Bourges, le 11 juin 1640 par acte signé de lui et de
Debrielles, notaire en cette ville. Il eut de ce mariage les
quatre enfants ci-après :

    1. Pierre TULLIER, baptisé au Fourchaud le 4 sep-
       tembre 1022, chanoine de l'église de Bourges. Il
       était mort en 1675, car en cette année son frère
       Jean Tullier, son héritier testamentaire, a amorti
       devant Ragneau, notaire à Bourges, une rente que
       le défunt avait constituée le 11 novembre 1625

au profit de dame Marie de Bretagne, veuve de maistre Henry Auger, notaire et procureur en cette ville.

2. Anne TULLIER, femme de Charles NÉRAULT, seigneur du Theil, de la Châtre en Berry, dont la destinée est inconnue.

3. Jeanne TULLIER, mariée à Jean NÉRAULT, seigneur de Ville, vraisemblablement frère du précédent. Elle était décédée en 1675, comme on le verra ci-après, laissant une fille :

> Hilaire NÉRAULT, mariée à maistre Etienne BARBADEAU, seigneur de Chastre. En 1675 ils transigèrent ainsi que Jean Tullier, seigneur de Bouy, leur oncle, étant aux droits de Jeanne Tullier, leur mère et belle-mère, pour la garantie d'une rente faisant partie de la succession de Pierre Tullier, leur père et oncle, en son vivant chanoine de la cathédrale de Bourges.

4. Jean TULLIER, qui suit ;

VII. JEAN TULLIER, III⁰ du nom, écuyer, seigneur du Ruau et de Bouy, naquit suivant tout calcul vers 1628, n'ayant pu découvrir son acte de baptême. Il se consacra à la vie militaire, servit le roi dans ses armées en qualité d'officier, et s'est trouvé en personne au ban de Berry qui avait été convoqué à Bourges, pour de là se rendre en Allemagne, le lundi 10⁰ jour de septembre de l'an 1674, suivant les lettres de Mgr le prince de Marcillac, gou-

verneur de la province. Toute la noblesse du pays était
réunie devant la grande salle du palais du logis du roy où
le gouverneur les passa en revue après qu'ils eurent
nommé leurs officiers, parmi lesquels ils choisirent pour
leur colonel le seigneur comte de Gamaches. Le lendemain ils se rendirent tous à cheval au même lieu et le
prince de Marcillac, accompagné de toute sa maison et
suivi de ses 24 gardes (de création récente), se mit à leur
tête « et prenant son chemin du côté de la porte saint-
« Privé, marcha en cet ordre jusqu'à un grand champ
« qui est derrière la maladrerie hors ladite porte, *ayant*
« *son chapeau à la main dans toutes les rues.* Et là leur fit
« faire revue où ladite noblesse parut autant leste et en
« bon équipage qu'il se peut imaginer, au nombre de trois
« cents pour le moins, sans comprendre le bagage et che-
« vaux de main, composé de plus de quatre à cinq cents
« chevaux. Mon dit seigneur en forma un escadron, et
« après avoir visité tous les rangs, advoua que cette nom-
« breuse assemblée avait surpassé son espérance; les sa-
« lua tous avec sa civilité et affabilité ordinaires, leur
« recommanda leur fidélité au service du roy ; et ensuite
« défilèrent sur le chemin de Brécy, où ils debvaient ledit
« jour faire leur premier logement. S'en retourna mon dit
« Seigneur dans la ville laissant la conduite de la dicte
« Noblesse à Messieurs le lieutenant-général et procu-
« reur du roy (1). »

(1) Procès-verbal pour le ban et arriere ban de Berry appelé en
1674 inscrit au registre des délibérations de l'Hôtel de Ville de
Bourges. (A. 1672-1675.) communiqué par M. H. Boyer.

Ils allèrent ainsi à petites journées rejoindre l'armée française et arrivèrent dans le courant d'octobre à Fritvillers où Turenne les passa en revue. Ils formaient quatre compagnies, le seigneur de Bouy (on n'était désigné que par les noms des fiefs) faisait partie de la seconde, dans la brigade du seigneur de Sevry, et avait pour capitaine le seigneur de Buranlure. Il assista à la bataille d'Entzheim et à toutes les opérations qui terminèrent la mémorable campagne de 1674.

Jean Tullier avait épousé en 1622 demoiselle Marie GIBIEUF, fille de François GIBIEUF, écuyer, seigneur du Portal, ancien capitaine d'un régiment de dragons et de demoiselle Louise D'AUBOURG. Il décéda le 5 avril 1710 à l'âge de 73 ans, et sa femme le 24 mai 1716 à l'âge de 72 ans. Ils avaient eu les enfants ci-après :

1. Marie TULLIER, au dire de La Thaumassière, religieuse au Saint-Sépulcre de Vierzon ;

2. Claude TULLIER, suivant la même source, religieuse à Dun-le-Roy;

3 Pierre TULLIER, prêtre, prieur de Saint-Martind'Auxigny. Il fut parrain d'un de ses neveux baptisé en l'église du Fourchaud le 16 août 1711 ;

4. Françoise TULLIER, baptisée en l'église de Montermoyen le 14 janvier 1669, morte jeune;

5. Françoise-Catherine TULLIER, baptisée en la même paroisse le 15 mai 1672; entra chez les dames religieuses de la Visitation où elle fit profession en 1693 et y décéda le 4 décembre 1751 dans la 79° année de son âge;

6. Jean TULLIER, qui suit;

7. Joseph TULLIER, baptisé à Saint-Pierre le Guillard le 8 février 1679, mort enfant;

8. Marguerite TULLIER, baptisée en la même église le 14 février 1683, religieuse comme sa sœur aînée au Saint-Sépulcre de Vierzon;

9. Henri TULLIER, baptisé à Saint-Pierre le Guillard le 13 février 1684, entra dans les ordres et devint chanoine de l'église de Bourges. On pense qu'il fut enterré dans la chapelle des Tullier avec cette inscription, qui a été gravée sur les dalles de l'église devant les marches de ladite chapelle, quoique l'âge indiqué sur la pierre ne soit pas précisément le sien :

D. HENRICUS TULLIER PRESBIV.SACRÆ
FACULTATIS T BITURIC. DECAN. CAN. HUJUS
ECCLESIÆ EX OFFICIALIS PRIMATIALIS.OBIIT
XVIII Maii 1734, ÆTATIS 70.

VIII. JEAN TULLIER, IVᵉ du nom, écuyer, seigneur de Bouy, fut baptisé à Saint-Pierre le Guillard le 30 décembre 1677. Après de bonnes études de grammaire au collége de Sainte-Marie de Bourges, il suivit les cours de droit de la célèbre université de cette ville, y prit ses grades de licence et devint conseiller du roy au bailliage de Berry et siége présidial de Bourges, fonctions qu'il exerça jusqu'à la fin de sa vie. Il épousa à Notre Dame du Fourchaud le 12 novembre 1710, demoiselle Françoise DUBET, fille de feu Denis DUBET, écuyer, seigneur de la

Rongère et de dame Anne Picault, dont il eut les dix enfants ci-après :

1. Pierre Tullier, baptisé à Saint-Pierre le Puellier le 16 août 1711, dont on ignore la destinée;

2. Marie Tullier, baptisée dans la même église le 3 janvier 1713, mariée dans la même paroisse le 18 mars 1737 avec messire Antoine Turpin, chevalier, seigneur de l'Epinière, capitaine au régiment d'infanterie de Fourray, chevalier de Saint-Louis, fils de défunts messire Samuël-Charles Turpin, écuyer, seigneur de Sauldre et de l'Epinière et de demoiselle Charlotte Marpon. Elle décéda au bout de deux ans de mariage, à l'âge de 28 ans, le 14 avril 1740, ayant donné le jour à un fils nommé aussi Antoine, qui avait été baptisé le 3 octobre 1739 et qui était mort lors de son décès. Quelque temps après son mari épousa en secondes noces demoiselle Catherine Ruellé des Beurthes, fille d'Adam-Blanchet Ruellé, écuyer, seigneur des Beurthes et de Catherine de Ponnart, qui mourut le 28 mars 1757, âgée de 51 ans, sans lui avoir donné d'enfants. Le seigneur de l'Epinière décéda le 7 novembre 1770 à plus de 80 ans;

3. Marie-Anne Tullier, baptisée à Saint-Pierre le Puellier le 21 janvier 1714, morte enfant;

4. Nicolas-Jean Tullier, qui suit;

5. Etienne Tullier, baptisé en l'église de Notre-Dame du Fourchaud le 12 novembre 1717, dont la destinée est inconnue;

6. Autre Marie-Anne TULLIER, baptisée en la même
paroisse le 31 décembre 1721, morte peu de temps
après sa naissance ; .

7. Marie-Françoise TULLIER, baptisée le 8 mai 1723,
mariée le 7 février 1741, avec messire Claude-Jac-
ques ANJORRANT, chevalier, seigneur de la Croix,
chevalier de l'ordre de Saint-Lazare, fils de feu messire Guillaume ANJORRANT, chevalier, seigneur de
la Croix, du Solier et autres terres, et de dame
Jeanne HEURTAULT. Ce mariage a été célébré en la
paroisse du Fourchaud, par messire Henri Tullier,
prêtre, docteur, professeur en théologie, doyen du
chapitre de l'église de Bourges, son oncle ; de l'avis
et consentement de Nicolas-Jean Tullier, son frère,
avec le concours d'une nombreuse assistance, et
entre autres des demoiselles Françoise-Catherine-
Charlotte, Lucie-Hyacinthe-Brigitte et Marie-
Jeanne ANJORRANT ses belles-sœurs. Elle est morte
en couche de son septième enfant le 15 mai 1750.
Voici du reste sa descendance :

> A. Françoise-Reine ANJORRANT, baptisée au
> Fourchaud le 6 janvier 1742, femme
> d'Etienne-Gaspard GASSOT DE ROCHEFORT,
> qui décéda à l'âge de 37 ans le 25 mars 1779
> et dont nous avons donné la descendance.
> (Voir la généalogie de la famille Gassot dans
> le volume précédent des *Mémoires de la So-
> ciété des Antiquaires du Centre*.)

> B. Nicolas ANJORRANT, baptisé le 15 juillet
> 1743, mort enfant ;

C. Catherine ANJORRANT, baptisée le 18 août
1744, dont la destinée est inconnue;

D. Jean-Baptiste ANJORRANT, chevalier seigneur de la Croix, Chantilly et autres lieux,
connu à la cour sous le titre de *marquis
d'Anjorrant,* fut baptisé le 12 octobre 1745,
entra aux pages de Mgr le duc d'Orléans et
devint officier aux gardes françaises, puis
écuyer de Madame la comtesse d'Artois,
chevalier de Saint-Louis. Il mourut sans
alliance.

E. Louis ANJORRANT, chevalier seigneur d'Es-
gny, de Veaulgues et les Porteaux en Berry,
Chichan (Sichamps) en Nivernais, fut baptisé au Fourchaud le 2 février 1747, entra
au service, devint officier au régiment de
Lyonnais infanterie et rentra pour épouser à
Bourges, paroisse de Saint-Oustrillet, le 26
janvier 1773, demoiselle Marie-Catherine
MOREAU DE CHASSY, fille d'Alexandre-Antoine
MOREAU DE CHASSY, ancien major commandant les milices à l'île de Cayenne, chevalier
de Saint-Louis, et de défunte dame Hélène
MEUSNIER. Il fut convoqué avec les autres
gentilshommes de la province à l'assemblée
du bailliage de Bourges pour la nomination
des députés aux Etats généraux de 1789. Il
laissa plusieurs enfants parmi lesquels :

a Marie-Angèle ANJORRANT baptisée
au Fourchaud le 1er novembre 1773;

> b. Jean-Baptiste Anjorrant baptisé le
> 27 janvier 1775;
>
> c. Jacques Anjorrant, baptisé le 31
> juillet 1776;
>
> d. Marie-Jeanne Anjorrant, baptisée
> à Saint-Jean le Vieil le 25 décembre
> 1780;

F. François Anjorrant, baptisé au Fourchaud
le 11 juin 1748, dont la destinée est inconnue;

G. Georges-François Anjorrant dit *de Force-
ville*, né en 1749 (son acte de baptême n'a
pas été trouvé) et mort à l'âge de 9 ans
passés le 18 mai 1758;

H. Marguerite Anjorrant, baptisée au Fourchaud le 10 mai 1750, morte jeune, selon
toute apparence.

8. Jean-Paul Tullier, sur lequel les renseignements
font défaut.

9. Anne Tullier, *id.*

10. Nicolas Tullier, *id.*

IX. NICOLAS-JEAN TULLIER, écuyer, seigneur
de Bouy, fut baptisé à Saint-Médard le 24 juin 1715. Se
destinant à la magistrature, il fit ses études de droit et
obtint ses grades à l'université de Bourges, et à la mort de
son père, il succéda à sa charge de conseiller du roy au
bailliage de Berry et siége présidial de cette ville. On ne

sait pas au juste la date de son mariage, mais il y a lieu
de supposer que vers 1750 il épousa demoiselle Margue-
rite-Louise Brouard, d'une famille de Bourges dont les
armoiries ont été inscrites à l'armorial général de la généralité de Berry en 1696, mais que nous ne connaissons
pas autrement. Cette dame mourut jeune et lui-même
décéda à l'âge de 52 ans le 10 septembre 1767 laissant
une fille unique :

> Françoise Tullier, baptisée au Fourchaud le 13
> juillet 1754, tenue sur les fonts baptismaux par
> Jean-Louis Rameau, conseiller du roi, président de
> l'élection de Gien, son grand-oncle maternel, et
> par dame Françoise-Marie Dubet, veuve de feu
> Jean Tullier, sa grand'mère. Elle épousa le 21
> juin 1769, à l'âge de quinze ans, sous l'autorité de
> Charles-François Gibieuf, chevalier, seigneur de
> Chappes, son curateur, et de l'avis de Jean-Fran-
> çois Rameau de Mont-Benoist, avocat en parlement,
> son cousin du 2e au 3e degré, présent au mariage,
> messire Jean-Baptiste-François de Margat, cheva-
> lier, seigneur de Crécy, lieutenant au régiment du
> roi, cavalerie, fils de feu Robert de Margat, écuyer,
> seigneur dudit lieu et de dame Jeanne-Françoise
> Gascoing, épouse en secondes noces de Robert-
> Louis Goyer, écuyer, seigneur de Pigny, conseil-
> ler du roi, receveur des tailles en l'élection de
> Bourges. Elle mourut à l'âge de 26 ans le 23 juil-
> let 1780, la dernière du nom de Tullier dans sa
> branche, laissant trois filles, savoir :

> A. Jeanne-Françoise de Margat, baptisée au

Fourchaud le 11 septembre 1776, sur laquelle nous n'avons aucun renseignement;

B. Jeanne-Marie-Françoise DE MARGAT, baptisée le 2 septembre 1777, morte à sept semaines le 23 octobre suivant;

C. Marie-Claude DE MARGAT, baptisée le 31 août 1778, ayant eu pour parrain et marraine messire Jean - Baptiste - François GOYER, écuyer, seigneur de Boisbrioux, son oncle paternel, et dame Claude JENSON DE MONT-MERCY, de la ville de Gien. On ignore ce qu'elle est devenue.

ARMORIAL DES ALLIANCES

DE LA MAISON TULLIER.

ALLEAUME. D'azur à trois coqs d'or, 2. 1. (Orléanais).
— Manusc. du chanoine Hubert à la bibliothèque d'Orléans. — La Thaumassière, p. 904.

ANJORRANT. D'azur à trois lys de jardin d'argent,
soutenus et feuillés de sinople, 2 et 1. — *Priviléges de Bourges.*

AUBOURG (d').

BARBARDEAU,

BARNY de ROMANET. D'azur au chevron d'argent,
accompagué en chef de deux roses d'or et en
pointe d'un lion de même. — Limousin, *Ar-*

BAUDEREUIL *alias* BOLDEREUL. De... à trois cœurs
de... (Nivernais) — Archives de la Préfecture
de la Nièvre.
morial de la généralité de Limoges, à la bibliothèque nationale, page 131.

BENGY. D'azur à trois étoiles d'argent. — *Priviléges de
Bourges.* La Thaumassière, etc.

BERNE (DE). D'azur à trois licornes d'or, les deux du chef affrontées, 2 et 1. — (Nivernais). — Généalogie mss. de la famille Tullier conservée par la famille.

BERTHOMIÈRE (DE LA). De sable à trois têtes de bœuf, accornées d'argent, couronnées d'une triple couronne murale d'or, 2 et 1. — Chaumeau, *Priviléges de Bourges*. La Thaumassière, etc.

BESNARD (DE). Ecartelé au 1 et 4 d'argent, à la fasce de gueules, accompagnée de trois trèfles de sable 2 et 1 ; au 2 et 3 d'argent à la fasce de gueules, accompagnée de six lozanges de sable 3 en chef et 3 en pointe. — La Thaumassière, *Généalogie de la maison d'Etampes, page,* 889.

BEUILLE. D'argent aux chevron de sable, accompagné de trois perroquets de sinople, membrés et becqués de gueules, 2 et 1 ; au chef de même chargé de trois béliers passants, accornés du premier.— *Priviléges de Bourges*. La Thaumassière, etc.

Ces armes se voient encore, malgré le badigeon qui les cache en partie, à la clef de voute (la plus rapprochée du portail) de l'église Notre-Dame, anciennement de Saint-Pierre-le-Marché. François Beuille, *maistre général des Monoyes du Roy,* par son testament du 22 août 1458, avait fait à la fabrique un legs assez important et les marguilliers de cette église par reconnaissance firent placer son écusson dans cet endroit apparent lors de la reconstruction du monument vers la première moitié du XVIe siècle.

BOISROUVRAY (DE). De sable à trois molettes d'argent deux en chef et la troisième en pointe. — *Priviléges de Bourges.* La Thaumassière, *Armorial manuscrit de la famille Tullier*, etc.

BONIN. D'azur à la fasce d'or, accompagnée de trois têtes et visages de femme, tressées d'or 2 et 1. — *Priviléges de Bourges.* La Thaumassière, etc.

> Ces armoiries figurent dans le vitrail de la chapelle des Tullier à la cathédrale de Bourges.

BONNEMAIN. De... au chevron alaisé de... accompagné en chef de deux étoiles de huit rais de... et d'une branche de laurier posée en pal de... en pointe.

> Cet écu se voit encore dans l'église des carmes surmontant l'épitaphe suivante : CI-GIT FEU HONORABLE HOMME ET SAIGE MAISTRE JEAN BOMNEMAIN EN SON VIVANT ADVOCAT ET CONSEILLER A BOURGES, TRÉPASSÉ LE 12ᵉ JOUR D'OCTOBRE 1549.

BONNET. D'azur au chevron d'or, accompagné de trois heaumes, *alias* Bourguignottes et Bourguigno-nettes, d'argent 2 et 1. — *Priviléges de Bourges.* La Thaumassière, etc.

> La *Bourguignotte* était un casque sans ornement qu'on appelait aussi *Salade, morion* ou *pot-de-fer* dont se servait l'infanterie à partir du règne de Charles VII qui organisa les francs archers en 1448.
>
> Plus tard on donna le nom de Bourguignonette à une sorte de bonnet garni d'étouppe à l'intérieur qui qui se mettait sur le casque pour diminuer l'ardeur du soleil et amortir les coups de sabre. Ce doit être cette

coiffure qu'on a voulu employer comme meuble des
armoiries de la famille Bonnet pour en faire des armes
parlantes. On trouve en effet ces armoiries sur une
ancienne porte de la rue des *Trois-Pommes* meublées
de trois bonnets ressemblant rigoureusement à la vul·
gaire coiffure connue de tout le monde, qu'on ne porte
que la nuit.

BONNEFOY (DE) D'azur à la fasce d'or, accompagnée en
en chef de deux étoiles de même et en pointe
d'une foi de carnation. — Gourdon de Genouillac.

BOUCHET D'azur à la main d'argent issant d'un nuage
de même, tenant un globe céleste d'or, à huit
étoiles du second posées en orle. — (Nivernais.)
— Généal. mss des Tullier, possédée par Madame Braün.

BOURDALOUE. D'azur au lion couronné d'or, adextré
d'un soleil de même. — *Priviléges de Bourges.*
La Thaumassière, etc.

BOUZITAT. D'azur à trois tours crenelées d'argent,
ajourées et maçonnées de sable 2 et 1. — *Armorial du Nivernais*, par M. le comte de Soultrait. — *Armorial de la généralité de Moulins.*
A la Bibliothèque nationale.

CASTELLO (DE). Ecartelé au 1 et 4, d'argent à trois
feuilles de trèfle de sinople; au 2 et 3 du premier
à l'aigle eployée de sable. — Vitrail de la chapelle des Tullier à la cathédrale de Bourges. —
Mémoires de Castelnau, continués par Le Laboureur.

La Chesnaye des Bois donne à cette famille les armes suivantes : *D'or à trois aigles eployées à deux têtes de sable, becquées, onglées et couronnées de gueules, deux en chef et une en pointe.*

CASTRES (DE).

CATHIN. Ecartelé, au 1 et 4 d'or à trois fasces ondées et entées d'azur; au 2 et 3 d'azur au lion d'argent. *Armorial manuscrit de la famille Tullier.*

Segoing dans son *Armorial* donne les armes suivantes : *D'azur au heaume d'argent, au chef de même, chargé de trois merlettes de sable.*

CHAPELLE (DE LA). D'argent à la cotice de sable, à la fasce brochante d'azur, chargée de trois étoiles d'or — La Thaumassière.

CHARLEMAGNE. D'or à l'aigle de sable, chargée d'une fasce en devise de gueules, surchargée de trois roses d'argent. — *Priviléges de Bourges.* La Thaumassière, etc.

CHAROST (DE).

CHENU. D'or au chevron d'azur, accompagné de trois hures de sanglier de sable, dentées et allumées d'argent, 2, 1. — *Priviléges de Bourges.* La Thaumassière, La Chesnaye des Bois, etc.

COURCELLES (DE) D'azur au chevron d'or, accompagné de trois trèfles de même et surmonté d'un croissant d'argent. — *Arm. gén. mss. à la biblioth. nationale,* Paris, tome. Ier, pages 1172.

COUSIN. D'azur à l'alliance, c'est-à-dire à **deux mains** dextres jointes ensemble en fasce, d'argent. — *Priviléges de Bourges.*

COUSTIN (DE). D'argent au lion de sable, armé, lampassé et couronné de gueules. — (Limousin). Jouffroy d'Eschavannes.

CROCHET, D'azur au chevron d'or, accompagné de deux étoiles d'argent en chef, et d'un croissant montant de même en pointe. — *Priviléges de Bourges.*

DANIÉ. De gueules à deux lions d'or passants l'un sur l'autre. — **Armes communiquées.**

DELOR.

DESJARDINS.

DROUILLARD. D'or à la bande de gueules, accompagnée de deux roses de même, une en chef et l'autre en pointe. — (Bordeaux) — *Armorial de la Généralité de Guyenne, page* 1046.

DUBET. D'azur à une chouette d'or, becquée et membrée de sable, perchée sur un estoc d'argent péri en bande, à une étoile du second au premier point du chef. — *Priviléges de Bourges.* La Thaumassière.

DUCHÈVRE. De gueules à l'étoile d'or en abîme, accompagnée de trois coquilles d'argent, 2, 1, au chef cousu d'azur chargé d'un aigle naissant d'or. — *Priviléges de Bourges.*

DURAND. D'azur à la fasce en devise d'or, accompagnée
en chef de deux oiseaux affrontés d'argent et
d'un croissant montant en pointe, surmontée
d'une alliance de même.

> *Alias* D'azur à une alliance d'argent en fasce,
> au chef du second, chargé de deux corneilles
> affrontées de sable. — *Priviléges de Bourges.*
> La Thaumassière.

ESCALIER DE LADEVÈZE. D'azur à l'échelle en pal
d'or, au chef cousu de gueules, chargé de trois
molettes d'or. — (Provence). — *Arm. gén.*
mss. de la bibliothèque nationale.

ESTERLIN. D'azur à un oiseau vulgairement appelée
Esterlot d'or, élevé sur une terrasse en plaine
de sinople ; au chef cousu de gueules, chargé
de trois étoiles d'argent.—*Priviléges de Bourges.*

FONT (DE LA). D'azur au chevron d'or, accompagné de
deux étoiles de six pointes ; au chef d'or, chargé
d'un lion léopardé de sable.—La Thaumassière,
p. 738.

FRANCIÈRES (DE). D'argent à la bande de sable.
Beauvoisis, Romorantin. — Manuscrit du
chanoine Hubert, à la bibliothèque d'Orléans.

GALLUS. D'azur au chevron contr'écoté (noueux) d'or,
accompagné de trois besans d'argent. — (Romorantin). — Mss. du chanoine Hubert à la
bibliothèque d'Orléans. — *Généalogie manuscrite* de la famille Tullier.

GARDEFORT (DE).

GASCOING. D'argent, à trois raisins de sable, feuillés de sinople, 2, 1. — (Nivernais). — *Armorial de la généralité de Moulins*, à la bibliothèque nationale. — *Armorial du Nivernais*, par M. le comte de Soultrait, etc.

GASSOT. D'azur au chevron d'or, accompagné de trois roses d'argent 2, et 1. — *Priviléges de Bourges*. Chaumeau, La Thaumassière, nos *Essais généalogiques* sur cette famille, etc.

GAY. D'or, au cœur de gueules en abîme, accompagné de trois glands de sinople; au chef d'azur chargé d'un soleil rayonnant du premier. — (Armes communiquées).

GENDRAT.

GIBIEUF. D'or à la fasce en devise de sable, soutenue d'un chevron de gueules, à deux cages de sinople en chef, au trèfle de même en pointe. — *Priviléges de Bourges*.

> Ces armes décorent le fronton du petit château de Chappes, près Bourges, qui est encore la propriété de la famille Gibieuf.

GRANGE (DE LA) D'azur à trois renchiers d'or, 2 et 1. Les seigneurs de la branche d'Arquian brisèrent en cœur *de sable à trois muffles de lion*, qui est de GUYTOIS. — La Chesnaye des Bois; Gastelier de La Tour.

> Le renchier est un cerf de la plus haute taille, *cervus*

major; son bois beaucoup plus large que celui du cerf est aplati et couché en arrière; on présume que c'est le renne des lapons. Ces armes se voient à la clef de voute d'une des chapelles de la cathédrale de Bourges.

GUITTARD ᴅᴇ **RIBEYROLLES.** D'azur au mouton paissant d'argent. — (Angoumois). — Jouffroy d'Eschavannes. — (Armes communiquées).

GUYOT. D'azur à la pointe ondée d'argent, surmontée de trois poissons de même posés en fasce l'un sur l'autre, celui du milieu contourné; au chef cousu de gueules chargé d'une étoile d'or. (Nivernais). — *Généalogie manuscrite* sur parchemin, conservée par la famille; empreinte d'un cachet scellant le testament de Vincent Guyot en 1685, aux archives du Cher.

HEURTAULT. D'azur au chevron d'or, accompagné de trois croissants montants d'argent, 2, 1, celui de la pointe surmonté d'un bras droit revêtu du second, à la main au naturel tenant une poignée d'épis de blé de même. — *Priviléges de Bourges.*

HOPITAL (ᴅᴇ ʟ'). D'azur au croissant montant d'argent, au chef d'or, chargé de trois tourteaux de sable, surchargés de trois étoiles du second. — *Priviléges de Bourges.*

HOUET. D'azur au griffon rampant d'argent, tenant une lanterne à charger artillerie et couler la poudre *alias* une boulette, de même. — *Privi-léges de Bourges.*

C'est sans doute à cause de la similitude de forme que l'auteur des *Priviléges de Bourges* a désigné ces deux instruments indistinctement, mais il est plus ra-tionnel de supposer que c'est la boulette qui a été em-ployée, comme rappelant mieux le nom de *Houet.*

HUBERT. D'azur au chevron d'or, accompagné de trois croissants d'argent, 2 et 1. — *Armorial manus-crit* de la famille Tullier.

JAUPITRE. D'azur au coq hardi, membré, becqué, bar-bé et creté d'or, couronné de même, élevé sur une terrasse de sinople. — *Priviléges de Bour-ges.* La Thaumassière.

LEBEGUE, D'azur à la fasce d'argent, accompagné d'un soleil d'or en chef et d'une gerbe de même en pointe. — *Priviléges de Bourges.* La Thau-massière.

LELARGE. De gueules à la colombe d'argent, membrée et becquée du premier, perchée sur un estoc d'arbre péri en bande d'or, au chef d'azur, soutenu d'or, chargé de trois étoiles du se-cond. — *Priviléges de Bourges.* La Thaumas-sière.

LEVEILLÉ. D'azur à la grue en sentinelle (c'est-à-dire tenant en sa patte une pierre) d'argent, à trois étoiles de même en chef, au croissant montant d'argent en pointe. — *Priviléges de Bourges*. La Thaumassière. ·

.MAC-NAB. De sable au chevron d'argent, chargé de trois croissants de sinople, à la barque à trois rames voguant sur une mer d'argent en pointe. —(Ecosse et Berry.)— Armes communiquées.

MALAISÉ.

MARGAT (DE). De gueules, au chef d'argent, chargé de trois annelets du champ. — *Priviléges de Bourges*. La Thaumassière.

MARPON (DE). D'azur au chevron alaisé surmonté d'un aigle et accompagné en flancs de deux étoiles et en pointe d'un croissant, le tout d'or. — *Armorial de la généralité de Bourges* à la bibliothèque nationale.

MATHÉ. D'or à la croix patée de gueules. — Vitrail de la chapelle des Tullier. Chaumeau.   ·

MATHERIAT. De gueules à trois carreaux d'argent, empennés d'or, posés en pal, 2 et 1 — *Armorial manuscrit de la famille Tullier* sur lequel ce blason est peint.

Le carreau était la flèche de l'arbalète dont on se servait anciennement. Cette arme, d'une longueur d'environ 23 centimètres, était terminée en manière de douille qu'on remplissait d'artifice et qui pouvait communiquer l'incendie aux ouvrages qu'on voulait détruire.

MOCQUET.

MONICAULT. D'argent à deux palmes de sinople passées en sautoir, cantonnées de quatre visages de Léopards de gueules. — La Thaumassière.

MOREAU DE CHASSY. D'azur au dauphin d'argent, denté, barbé, allumé de gueules, cantonné de deux roses et de deux étoiles du second, les deux roses au premier et dernier quartier, les étoiles au second et troisième. — La Thaumassière.

Ces armoiries se voient encore accolées aux armes des Tristan, sur la plaque de cheminée du salon de l'ancien hôtel de Panette, qui, après avoir été l'hôtel du Trésorier de la Sainte-Chapelle, était devenu celui de M. de Tristan, gendre de M. Moreau de Chassy. On voit aussi ces armoiries sur le fronton de la maison du directeur de l'école Normale.

MOREAU DE MONTCHENIL. Echiquité d'or et de gueules. — *Armorial de la généralité de Guyenne.*

NÉRAULT.

NESMOND (DE) D'or à trois cors de chasse, liés de gueules. — (Originaires d'Irlande en Angoumois et Marche). — La Chesnaye des Bois.

NOUALHIER. De sable à une barre d'argent, accompagnée de deux croisants d'or, un en chef et l'autre en pointe. — (La Rochelle). — *Armorial de cette généralité* à la bibliothèque nationale.

PEYNIER *alias* **PÉNIER.** De sable au croissant d'ar-

gent, accompagné de trois étoiles d'or, deux en
chef et une en pointe. — (Buzançais). — *Armorial manuscrit de la généralité de Bourges*,
pp. 138 et 433.

PICAULT. D'argent au chevron d'or, accompagné de
trois œillets de gueules, soutenus et feuillés de
sinople, à la bordure du second. — *Priviléges
de Bourges*. La Thaumassière.

POMELIE (DE LA). D'azur à trois tours d'argent, 2 et
1. — (Limousin).

> Ces armes ne nous ayant été qu'indiquées, nous ne ré-
> pondons pas de leur exactitude.

PONNARD (DE). D'or à deux pals d'azur. — *Armorial
de la généralité de Bourges* à la bibliothèque nationale. Preuves pour l'obtention d'un brevet.
Gourdon de Genouillac, etc.

PONCET. D'azur à l'aigle d'or. — (Bourges). — *Armorial manuscrit de la généralité de Bourges*, pages
402, 409 et 413.

PORTE (DE LA). D'or à la bande d'azur. — La Chesnaye
des Bois. *Études archéologiques sur les familles
de la Porte*, par Armand de la Porte.

> Ces armoiries sont encore sculptées à l'entrée de la
> chapelle d'Issertieux, dans les châteaux de Bannegon,
> Thaumiers, Pierry, Briou et plusieurs autres qui ont
> appartenu à la famille de La Porte, ainsi que dans
> l'église de Chaumont, sépulture ordinaire de la famille,
> dont le prieur était à la collation des seigneurs d'Isser-
> tieux.

PORTIER. Ecartelé au 1 et 4 de gueules à trois châteaux crenelés d'argent, ajourés et maçonnés
de sable 2 et 1 ; au 2 et 3 d'azur, à trois lys de
jardin du second, soutenus et feuillés de sinople 2, 1. — *Généalogie manuscrite de la famille.*

Ces armoiries étaient cel'es dont s'armait noble homme
et sage maistre Thibault Portier, chevalier, sénéchal
de Berry par lettres du 13 juillet 1406.

PRÉVILLE (DE) De gueules au pal componné d'argent
et d'azur de six pièces, accompagné de quatre
molettes cantonnées d'or. — *Armorial de la gé
néralité de Bourges*, pages 177 et 279.

RUBIN DE LA CONDAMINE.

REGNIER DES CHAISES, D'argent, au chevron d'azur
accompagné de trois têtes de cerf de gueules,
2, 1. — *Privilèges de Bourges.* La Thaumassière, etc.

Le testament de Françoise Tullier veuve de noble
Jacques Regnier seigneur des chaises, fait en 1652 est
scellé d'un cachet dont l'empreinte porte : *de... à l'épée
en pal accotée en chef à dextre d'une tête de cerf de....
à senestre d'une étoile de... au chevron de... brochant
sur l'épée.*

ROCHON. De gueules à la fasce d'or, accompagnée de
trois turbans ou bonnets à la turque d'argent,
2 en chef et l'autre en pointe.— (Limousin).—
Armorial de la généralité de Limoges, page 43.

ROFFIGNAC (DE), D'or au lion de gueules, ecartelé

d'azur à la bande en devise d'or, accotée de six étoiles de même, trois en chef et trois en pointe, au chef d'or, chargé d'un lion léopardé de gueules, lampassé de sable. — La Thaumassière p 485.

ROY (LE). De sable semé de feuilles de trèfles d'or, — Vitrail de la chapelle des Tullier à la cathédrale de Bouges. — *Armorial manuscrit de la famille Tullier.*

RUELLÉ. D'argent à trois pins de sinople, chargés chacun de six pommes de pin d'or 2, 1. — La Thaumassière.

SARRAZIN. D'azur à la fasce d'or, chargée de trois étoiles de gueules, à trois croix patées du second, 2, 1. — *Priviléges de Bourges.*

SAULCIER.

SERVANT. D'argent, à deux coursiers au naturel l'un derrière l'autre, à l'étoile de sable en chef mis au point d'honneur, à la bordure de gueules.— *Généalogie manuscrite sur parchemin* des Tullier possédée par la famille.

SEURRAT. D'azur au lion d'or, soutenu d'un chien passant d'argent en pointe, soutenant de sa patte dextre une tour carrée, crénelée de trois pièces de même, maçonnée de sable. — *Priviléges de Bourges.*

TANDEAU alias **TANDAULT.** D'azur à deux barres d'or. — (Limousin). — *Armorial de la généralité de Limoges* à la bibliothèque nationale, page 335.

THAN.

TOURNYOL. D'azur à la tour d'argent, crénelée de quatre pièces, maçonnée de sable, au chef cousu de gueules, chargé d'un croissant d'argent, accosté de deux étoiles de même. — (Marche). Election de Guéret. — *Armorial de la généralité de Moulins*, page 148.

TRONÇON. D'azur à deux estocs contournés et adossés d'or, posés en pal. — *Généalogie manuscrite de la famille.*

TURPIN. D'argent à l'aigle de sable; au chef de gueules, chargé de trois molettes d'or. — La Thaumassière. — *Nos essais généalogiques sur la famille Gassot.*

Ces armes se voient encore sur le fronton de la maison de Mme de Clameçy rue des Arènes, qui était autrefois la demeure de la famille Turpin.

VARENNE (DE LA). D'azur à la rose soutenue et feuillée d'argent, au chef d'or, chargé de trois chabots posés en pal de sable. — (Armes communiquées.)

VAUX (DE). D'azur, à trois pals d'or, celui du milieu accosté de douze losanges de même, six de chaque côté. — (Berry). — (arm. mss. de la gén. de Bourges). — *Notice historique et généalogique de la famille de Bourgoing en Nivernais et à Paris* par le conte de Soultrait.

VULCOB (DE). Burelé d'argent et de sable, au franc quartier de gueules, chargé d'un faux écu d'or, terminé ès cornières dextre, senestre, et en la pointe en fleurs de lys au pied coupé de même, surchargé d'un tourteau d'azur en abîme. — *Priviléges de Bourges.*

COMPLÉMENT ET RECTIFICATIONS

DES

GÉNÉALOGIES

ANTÉRIEUREMENT PUBLIÉES

Quelque soin que l'on mette à recueillir les matériaux nécessaires à la composition d'une généalogie, quelque temps qu'on y consacre, il y aura toujours des lacunes ou tout au moins des passages incomplets. Si l'on voulait attendre que tous les documents fussent réunis, on pourrait retarder indéfiniment une publication de ce genre, même sans espoir d'arriver à un travail parfait; la perfection n'est pas de ce monde et il faut laisser quelque chose à faire à nos successeurs. Cependant, en continuant à rechercher pour d'autres familles, on arrive quelquefois à des découvertes imprévues qui viennent combler des vides ou corroborer des assertions douteuses. C'est ce qui nous est déjà arrivé; aussi nous proposons-nous, à chaque publication nouvelle, de faire un travail complémentaire dans lequel nous ferons connaître les nouveaux renseignements que nous aurons pu obtenir par nous-même, ou par d'autres qui auront bien voulu nous les communiquer.

Dans la généalogie de la famille Gassot, un certain nombre d'erreurs typographiques ont persisté malgré les corrections, nous nous contenterons de prévenir qu'elles existent, laissant à la sagacité du lecteur le soin de les reconnaître et d'y suppléer.

———————

ANDRÉ GASSOT (1) le premier de notre généalogie, laisse un peu à désirer sous le rapport biographique. Nous avons dit qu'il était notaire, il était aussi *procureur en cour laye* (2), car nous le voyons se qualifier ainsi dans

———————

(1) Se reporter à la page 174 des *Mémoires de la Société* et 10 de notre tiré à part. A l'avenir nous indiquerons les numéros des pages sans autre explication, nous contentant de mettre entre parenthèse le numéro de la page des *Mémoires*.

(2) Juridiction séculière par opposition à la *Cour d'église* ou juridiction ecclésiastique.

un acte du 10 juin 1549 par lequel « il adcense une maison et ses dépendances située et assise à Bourges au lieu de la place *Gourdaine*, en laquelle demeure Jean Champied, cordonnier, qui jouxte d'une part la grande rue tendant de la porte Gourdaine et d'autre à la grande maison dudit Gassot (1). »

Nous ne savons au juste où se trouvait cette *grande maison*, mais nous avons appris qu'en 1551, deux ans après, il était paroissien du Fourchaud et que l'hôtel qu'il habitait et qui était sa propriété, est cette vieille maison qui fait l'angle actuel de la rue de la Grosse-Armée et de la rue Porte-Jaune, appartenant aujourd'hui à M. Just-Bernard.

Il faut croire qu'il abandonna l'office de notaire qu'il exerçait, pour vivre d'une manière plus en rapport avec sa fortune, car le 18 juillet 1560 il se qualifie de sieur de Deffens dans un acte par lequel il constitue à honnête femme Barbe Amignon, sa cousine, veuve de feu honorable M⁰ Guillaume Dallès? (peut-être bien Doullé) tous les droits, noms et actions qui lui appartiennent dans les biens de la succession de feu M⁰ Guillaume Houet, en son vivant chanoine de l'église de Bourges, par le moyen de la cession qui lui en avait été faite par M⁰ Pierre Biet, conseiller du roi au siège présidial de Bourges, héritier testamentaire dudit feu Guillaume Houet.

Enfin nous ne savions quelle date assigner à la mort d'André Gassot; nous ne la connaissons pas encore d'une manière certaine, mais nous savons qu'il testa le 17 juil-

----

(1) *Arch. du Cher*, série E., n° 1074. p. LXXIX, verso.

lel 1564. Son testament est une pièce trop précieuse, en ce qu'elle fait voir la situation qu'avait su conquérir ce personnage à la fin de sa vie, pour que nous ne la donnions pas *in-extenso*, afin de conserver à ce document toute son originalité :

TESTAMENT D'ANDRÉ GASSOT (1)

« A tous ceux qui ces présentes verront Claude Du-
« vergier, conseiller du roy, procureur général du dict
« seigneur en Berry et garde du scel royal estably aux
« contracts de la prévosté de Bourges, salut. Sçavoir fai-
« sons que ès présence de Martin-Gilbert Arnoulx et Sil-
« vain Hurtebise, notaires royaulx ordinaires en Berry
« a esté personnellement estably honorable homme
« Maistre André Gassot, seigneur de Deffanctz et procu-
« reur au siége présidial de Bourges, sain d'esprit et
« d'entendement après avoir bien pencé et considéré le
« contenu en ces présentes, comme il disait, prévoyant
« qu'il n'est riens plus certain que la mort et chose plus
« incertaine que l'heure d'icelle; afin de n'estre frustré
« de son voulloir et intension sans aulcune force, sur-

---

(1) Voir aux *Archives du Cher*, série E., n° 1106 pp. 122 et suivantes. Nous devons à l'obligeance de M. Georges de Boismarmin la communication de ce testament qu'il a eu la bonne fortune de découvrir aux *Archives du Cher*.

« prinse, circonvention ne subgestion, ains d'une pure,
« franche et liberalle volunté a faict et ordonné le présent
« testament au quel est contenu et déclairé sa dernière
« volunté qu'il veult et entend après son décès estre in-
« violablement et de poinct en poinct gardée et observée
« qui est que pour l'amour et dillection qu'il porte à
« Maistre Gabriel Gassot, son fils, pour les bons et agréa-
« bles services qu'il lui a faicts et espère qu'il lui fera à
« l'advenir — de la preuve desquels il l'a par ces présen-
« tes relevé et relève pour la conservation du nom et fa-
« mille de sa maison et aussi pour' plusieurs aultres
« bonnes et justes raisons et considérations — joinct que
« tel est son plaisir et voulloir, il lui a légué et donné,
« lègue et donne de pur principal et préciput advantaige
« avant tous ses frères et sœurs et sans ce que venant à
« partaige à sa succession il en soit tenu rapporter ne
« précompter aucune chose ce qui s'en suict, sçavoir est
« la maison du dit testateur en laquelle il se tient de
« présent, appelée la *Grande maison d'Estempes*, avec
« toutes ses aysances, deppendances et appartenances
« ainsi qu'elle s'extend et comporte, scituée et assise en
« la ville de Bourges en la rue de *Bon-Temps*, paroisse
« du Fourchaud (1).

« Plus le dict testateur a aussi donné au dict M° Ga-
« briel Gassot, son dict fils, une mestayrie et ses appar-
« tenances comme elle se comporte appelée Closlandry,
« qui consiste en maison, grange, bergerie, préz. terres,
« boys, buissons avec les aysances, dépendances et ap-

(1) Cette maison est aujourd'hui le n° 1 de la rue de la Grosse-
Armée.

« partenances d'icelles et tout ainsi que en a accoustumé
« joir Martineau demeurant en icelle mestayrie — en-
« semble une pièce de boys qui jouxte le boys du dict
« Closlandry laquelle pièce de boys le dict testateur a ac-
« quise des seigneurs de Senecterre appelée…. — Plus
·« une autre mestayrie appelée Paluau par le dict testa-
« teur acquise de feu Maistre Jacques Thiboust, sei-
« gneur de Quantilly, ainsi que icelle mestayrie s'étend
« et comporte et tout ainsi que en a accoustumé joir et
« joit de présent Jehan Turlault métayer demourant en
« icelle mestayrie — plus les trois quartes partyes du
« grand dixme de Levet et tout ainsi qu'en a accoustumé
« joir le dict testateur — plus demy arpent de vigne as-
« sis au Puy-Jaublin et deux petites pièces de terre as-
« sises l'une au Chasteau et l'autre….

« Et pour ce que la dicte mestayrie de Closlandry est
« chargée de six cents livres tournoys qu'il doibt à la
« fille de feu Maistre Jehan Huault ou aultre héritier et
« aussi de cent sols tournoys racheptables de cent livres
« tournoys envers le seigneur de Contremoret, le dict
« Gassot testateur veult et entend que les susdictes som-
« mes soient prinses sur la masse de la succession pour
« acquitter la dicte mestayrie au prouffit du dict Maistre
« Gabriel Gassot, son fils, dedans ung an après son dé-
« cez et trespas d'aultant qu'il a tousiours voulu, veult
« et entend donner la dicte mestayrie, appartenances et
« aultres héritaiges cy déclairez francz et quictes sauf
« des charges anciennes si aulcunes sont deus.

« Et où dame Jeanne Rousseau, femme du dict testa-
« teur vouldrait prétendre après le décez d'icelui testa-
« teur la moytié des héritaiges cy déclairez ou partye

« d'iceux et ne les voudrait délaisser au dict Maistre Ga-
« briel Gassot, son fils, en recompense des dicts héri-
« taiges ou de telle partye que ne sortira le présente do-
« nation son plein et entier effect, aye et prene aprez
« décez du dict testateur, des plus clers et ayans deniers
« la juste valleur et estimation d'iceulx ou de telle partye
« que ne sortira la dicte donation son effect de tout de
« pur préciput advantaige, ainsi qu'il est cy-dessus dé-
« clairé de tous les susdicts héritaiges et choses ainsi
« données et délaissées au dict Mᵉ Gabriel Gassot.

« Le dict testateur veult et entend que la dicte Rous-
« seau sa femme, mère du dict Gabriel, aye et prene la
« joissance et usufruict sa vie durant pour elle et par
« elle joir et disposer du dict usufruict ainsi que bon lui
« semblera.

« Item le dict testateur a légué et donné à André Gas-
« sot, son petit fils, fils de Maistre Jacques Gassot, les
« préz assis en l'Isle Gauldron et ès environs en la pa-
« roisse de Marmaignes, contenant huict arpendz on en-
« viron ainsi qu'ils s'extendent et comportent et que les
« tiennent par adcense Georges Habault et Marc Taver-
« not qui jouxtent.. .

« Et lequel donateur veult, entend et ordonne par ces
« présentes que la dicte dame Jehanne Rousseau, sa
« femme, joisse sa vie durant de l'usufruict de tous et
« chacun les biens d'iceluy testateur tant meubles que
« immeubles quelsconque.

« Et lequel Gassot testateur a voulu et ordonné veult
« et ordonne par ces présentes, en présence et du con-
« sentement de la dicte Rousseau sa femme, que la do-
« nation qu'il a par cy-devant faicte à Maistre Jacques

« Gassot, son fils, aye lieu et sorte son plain et entier ef-
« fect et qu'il joisse dès à présent des choses à luy don-
« nées par le contract de mariaige de luy et de damoiselle
« Jehaune de Lospital sa femme, et que l'usufruict ré-
« servé par iceluy contrat soit et demoure consolidé avec
« le principal et propriété — et davantaige a légué et don-
« né au dict Maistre Jacques Gassot, son dict fils, une pièce
« de prez assise en la praherye de Marmaignes contenant
« quatre arpendz ou environ avec l'arpend de Bulles et
« tout ainsi que en ont joy Denis Barin, Denis Labbe et
« aultres qui jouxte les prez Saint-Sulpice, d'autre les
« prez de Larcherate et le dict prez de Bulles, jouxte le
« prez de Philippon Prouet et le prez de la fabrice de
« Marmaignes et le pré de Saint-Fulgent.

« Item iceiluy testateur veult entend et ordonne par sa
« présente volunté testamentaire que Jehanne, Françoise
« et Marie Gassot, ses filles, ayent et prenent de par et
« préciput advantaige sur ce qu'elles ont heu en mariaige
« la somme de deux mille livres tournoys chacune d'elles
« sans qu'elles soient tenues les rapporter ou précomp-
« ter venans à la succession.

« Item le dict testateur veult, entend et ordonne être
« aulmosné aux pauvres lo somme de cent livres tour-
« noys pour une fois ès lieux où l'on verra estre le mieux
« employé et veult estre payé à tous ses serviteurs et
« chambrières ensemblement la somme de cinquante
« livres tournoys pour une fois et qu'elle soit payée entre
« eux à la discrétion de la dicte Rousseau, sa femme,
« comme elle verra et ordonnera pour le mieulx et ce
« oultre leurs services et sallaires.

« Et lequel testateur a déclairé qu'il ne veult et n'en-

« tend que aulcun inventaire ne soit faict de ses biens
« pour éviter à fraiz et despens — et laquelle dame
« Jehanne Rousseau, femme d'iceluy testateur, il a ins-
« titué et institue exécutrice de son présent testament et
« ordonnance de dernière volunté testamentaire et la prie
« d'en prendre la charge et y entendra comme celle à qui
« il a sa meilleure fiance du dict affaire.

« Et pour le regard de ses obsèques et funérailles il
« s'en rapporte et remect à la discrétion de sa dicte
« femme d'en faire ainsi qu'elle advisera pour le mieulx
« d'autant qu'elle sçait son voulloir et intention.

« Et lequel testateur a déclairé, voulu et ordonné que
« le présent testament et tout le contenu en iceluy sorte
« son pur, plein et entier effect selon sa forme et teneur
« et a révoqué et révoque tous aultres testaments, codi-
« ciles et ordonnances si aulcuns se trouvoient avoir été
« par luy faicts préceddans en date cestuy.

« Et par après par l'un des dicts notaires mis et reddi-
« gé par escript le présent destail et sans divertir à aultres
« actes en a faict lecture intelligible et à haulte voix au
« dict testateur et luy a demandé s'il l'a bien oy et en-
« tendu — ainsi le veult, entend et ordonne. — Si le
« contenu en iceluy est tout ce qu'il veult, entend et or-
« donne par sa dernière volunté testamentaire et s'il n'a
« riens obmis à mectre en ces présentes — lequel testa-
« teur a dict et faict response qu'il a bien oy et entendu
« le contenu au présent testament, ainsi veult, entend et
« ordonne que c'est tout ce qu'il veult et entend ordon-
« ner et tester et qu'il n'a riens obmis à mettre en ces
« présentes.

« Requérant iceux notaires mectre ces dictes présentes

en bonne forme deue publique et autenticque pour
« sortir leur plein et entier effect selon qu'il est cy-dessus
« contenu, escript et déclairé — ce que les dicts notaires
« ont déclairé faire.

« En témoing de ce, nous Garde dessus dict au rapport
« des dicts notaires qui nous ont les choses dessus dictes
   rapporté être vrayes et avoir ainsi été ordonnées par le
« dict testateur le dict scel royal avons mis et apposé à
« ces présentes.

« Faictes et données à Bourges en l'hostel du dict tes-
« tateur le *dix-septieme jour de juillet l'an mil cinq cent*
« *soixante-quatre* ès présence de messire Loys Voisy,
« prebstre; Pierre Rousset clerc et Gilbert Bergier ad ce
« appelés pour tesmoings.

« Le dict Gassot a déclairé ne pouvoir pour le présent
« signer à cause de sa malladye sur ce enquis et inter-
« rogé par les dicts notaires suivant l'Edit du Roy. »

Ainsi signé à la minutte :

S. HURTEBIZE, G. ARNOULX,

P. ROUSSET, L. VOISY, G. BERGIER.

———

Jeanne-Marie-Thérèse GASSOT (voir page 48 (212),
avait épousé, comme on l'a vu, le 10 juin 1741,
François-Henri THOMAS DES COLOMBIERS, président,
trésorier de France au bureau des finances à Bourges.
Elle mourut sans postérité le 23 avril 1782 à l'âge

de 67 ans et son mari convola en secondes noces
avec demoiselle Catherine BENOIST. Il décéda lui-
même dans la 78ᵉ année de son âge le 8 septembre 1790 laissant de ce second mariage les deux enfants qui suivent :

A. François THOMAS DES COLOMBIERS, baptisé
à Saint-Pierre le Puellier le 31 octobre 1783,
qui épousa le 20 août 1806, à son retour de
l'émigration en Allemagne où il était allé
rejoindre l'armée des Princes pendant la
Révolution, demoiselle Alexandrine-Cécile-
Thérèse FOURNIER DE BOISMARMIN, fille de
Louis Charles FOURNIER, marquis de Boismarmin, ancien lieutenant aux gardes du
corps de Mgr le comte d'Artois, et de dame
Cécile-Thérèse de FERMÉ, sœur de Mᵐᵉ de
Champigny dont il a été parlé page 99 (263)
qui lui donna un fils. Après la mort de sa
femme il fit une seconde alliance le 12 avril
1812 avec demoiselle Marie-Anne DE LA
SAIGNE DE SAINT-GEORGES, fille de Gilbert
Annet et de Louise-Antoinette DE MARCEL-
LANGE, dont plusieurs enfants morts jeunes
et trois filles :

Premier lit :

a. Charles-Edmond THOMAS DES COLOM-
BIERS DE BOISMARMIN, marié le 13
janvier 1834 à demoiselle Marie-
Jean-Baptiste GASSOT DE CHAMPIGNY
(Voir page 100 (264)).

Deuxième lit :

b. Marie-Antoinette THOMAS DES COLOM-
BIERS née en 1818, mariée en 1846 à
Arthur DE FALVARD DE MONTLUC,
dont entr'autres enfants morts jeunes,
un fils, Marie-René DE FALVARD DE
MONTLUC décédé le 30 janvier 1871,
sans alliance.

c et d. Marie-Aimée THOMAS DES COLOM-
BIERS née en 1822, et Anna THOMAS
DES COLOMBIERS, née en 1826, qui
sont restées dans le célibat et habi-
tent Moulins en Bourbonnais.

B. Marie-Anne THOMAS DES COLOMBIERS, baptisée à Saint-Pierre le Puellier le 7 avril
1786, mourut d'accident en prison à Bourges,
où elle avait été mise avec sa mère pendant
la Terreur, elle était âgée de six à sept ans.

———

4. Marie Catherine GASSOT DE FÉROLLES (page 64
(228)) eut de son second mariage avec Messire
Mathias DE CHABENAT les deux enfants ci-après :

A. Victor DE CHABENAT, marié vers 1810 à
demoiselle N.... TISSARD DE ROUVRE, dont
une fille :

Henriette DE CHABENAT, mariée à
N.... FOUCHER DE RANCOURT, habitant une propriété située dans la commune d'Ivoy-le-Pré.

B. Rose DE CHABENAT, *aliàs* Magdeleine, qui a épousé Alexandre-Claude DE CULON DE TROIS-BRIOUX, fils de Jean-Baptiste DE CULON DE TROIS-BRIOUX, et d'Anne CONAN DE PRÉPEAN, d'où trois enfants :

a. Jean-Baptiste-Alphonse DE CULON DE TROIS-BRIOUX, marié à demoiselle Anne-Jeanne ESMOINGT, fille de François ESMOINGT, qualifié dans tous les actes du titre de comte, propriétaire au château des Bruères, commune de Saulzais-le-Potier (Cher), et de dame Virginie JOSSET DU ROZIER. Il mourut quelques jours après son mariage en 1843 à Saint-Amand-sur-Cher sans laisser d'enfants. Sa veuve convola en secondes noces avec Henri-Louis-Jean-Charles CHOUET, d'une honorable famille du Nivernais.

b. Marie-Hortense DE CULON DE TROIS-BRIOUX, mariée à Silvain-Guillaume DE MONTPLANET, dont postérité existante à Montmorion en Limousin.

c. Anne-Victoire DE CULON DE TROIS-BRIOUX, mariée à Michel-Colas MALMUSSE DE BROUVILLE, demeurant à Chérupeau près Jargeau en Orléanais.

IX. François-Marie GASSOT, vicomte de FUSSY, (page 97 (261)). C'est par erreur d'impression qu'il est porté comme né le 23 mai 1811, c'est 1810 qu'il faut lire.

Nous avons dit qu'il avait une fille unique :

Noëmi-Marie-Adelaïde GASSOT DE FUSSY née à Civray (Vienne) le 1er février 1848. Depuis la publication de la généalogie cette demoiselle épousa le 28 janvier 1872 à Bourges, Marc-Edouard-Aimé comte DE LA TEYSSONNIÈRE, fils de feu Charles-Marie comte DE LA TEYSSONNIÈRE d'une ancienne famille de Bresse, et de feue dame Paule-Anne-Nicolas-Marie de BEUVRANT DE LA LOYÈRE. Les armes des LA TEYSONNIÈRE sont : *parti émanché de cinq pointes et demie d'or sur gueules. — Dictionnaire héraldique*, par Gastelier de la Tour.

---

3. Marie-Françoise-Aimée GASSOT DE CHAMPIGNY (Voir page 101 (265)). Cet article est incomplet faute de renseignements suffisants, il faut le rectifier ainsi : mariée le 23 août 1841 à Charles-Henri IMBERT DE TRÉMIOLES, chef d'escadron d'artillerie, chevalier de la légion d'honneur, fils de Charles-Henri IMBERT DE TRÉMIOLES, capitaine du génie, puis secrétaire général de la préfecture de l'Allier, et de dame Anne GRANGHON. Elle décéda le 30 avril 1847, laissant pour seul et unique enfant :

Adrien IMBERT DE TRÉMIOLES, né le 2 juin
1842, juge suppléant au tribunal de première instance de Bourges qui épousa le
10 septembre 1872, à Moulins, demoiselle
Marie-Félicie-Léonie GARDIEN, fille de
Claude-Victor-Emile GARDIEN, propriétaire
au château de Maltaverne (Allier) et de dame
Marie-Magdeleine-Anthémie CHAPOT DE LA
ROCHE, de la province d'Auvergne.

4. Marie-Joseph-Emmanuel GASSOT DE CHAMPIGNY,
n'est pas comme il a été dit le frère jumeau de la
précédente, il est né le 5 septembre 1821 et a
épousé mademoiselle DE POMMEREAU le 20 juin
1854.

BULLETIN NUMISMATIQUE N° 4[1]

Par M. A. BUHOT de KERSERS

(1870-1871-1872)

———

Les trois dernières années ont apporté à la numismatique leur contingent que nous devons examiner : et
malgré les graves soucis qui ont si tristement détourné
l'attention, les travaux de terrassements imposés par les
fortifications improvisées de 1870, la continuation des
établissements militaires, la destruction des remparts
Saint-Ursin et Saint-Sulpice, ont donné, à Bourges,
certains types dignes d'être signalés.

---

(1) Pour faciliter la distinction entre nos divers bulletins, nous
adoptons une numération, les trois premiers prendront les nos de
leurs volumes.

I. — GAULOISES.

Nous avons pu dessiner, mais sans pouvoir l'acquérir
un quart de statère en or blanc, communiqué par M. Cof-
fin graveur :

1. Tête à droite d'assez bon style. — Cheval et au-
rige à droite, sous le cheval un symbole (sorte de
scarabée), à l'exergue des vestiges de la légende
✦ΙΛΙΠΠΟΣ. Poids 2 gr. 75. Gravée.

Comme nous ne rencontrons de pièces d'or dans
notre pays qu'au type plus ou moins dégénéré du
bige, différencié seulement par le style et par les
divers symboles qui accompagnent le cheval du
revers; et comme le rapprochement des types peut
seul faire espérer quelque lumière, nous donnons
chacun de ces symboles toutes les fois qu'il en
passe de nouveau sous nos yeux. Ici le peu d'altération du type originel de l'exergue peut être
regardé comme l'indice d'une haute antiquité.

Nous avons également dessiné la pièce de grand
module que voici, recueillie dans le Bas-Berry,
par M. Bouchardon du Blanc et communiquée par
M. de Laugardière.

2. Tête très-grosse et barbue à droite. — ℞. Cheval
passant à droite, au-dessus la queue et les ailes
d'un oiseau dont la tête manque et qui semble
s'élever : sous le ventre du cheval triquetra, entre
ses jambes de devant et devant sa poitrine vesti-

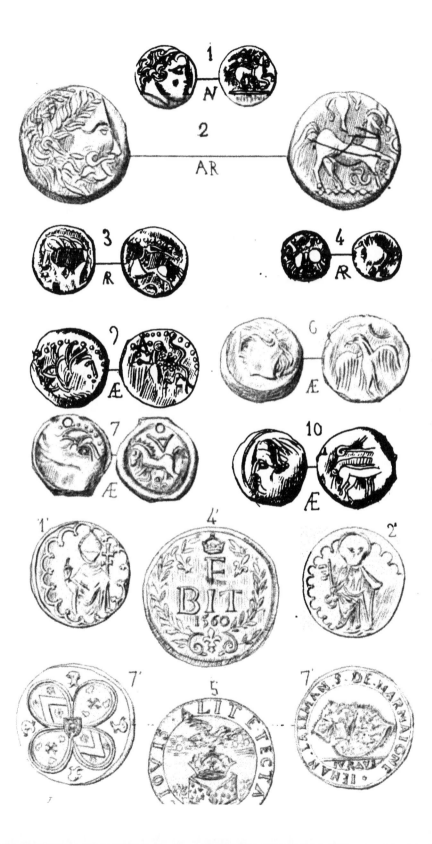

ges de deux autres triquetra : au bas, ligne droite
en grenetis, des coups de couteau ou de canif sil-
lonnent le revers dans divers sens. Diamètre 0,021.
Poids 7 gr. 355 Gravée.

Le poids et le volume en font une pièce que
nous croyons fort rare et fort intéressante.

Nous remarquerons, parmi les pièces que
M. Amédée Rapin a trouvées dans la villa romaine de Levet et cataloguées page 97 du présent
volume, les types suivants :

3. Tête à gauche à grosses boucles de cheveux. — ℞.
Cheval courant à gauche, dessous annelet ou fleuron, dessus poignard large et court placé horizontalement la pointe à droite. Argent fourré. Gravée.

Cette pièce rappelle par sa fabrication les pièces
fourrées de Tibère.

4. Tête casquée à gauche à une double visière levée.
— ℞. Cheval à gauche, dessus une croix, dessous
une croix dans un cercle. Argent. Gravée.

5. Tête casquée à gauche, énorme point au-dessus
et au-devant du front pour simuler l'œil. — ℞.
Taureau cornupète à droite à la queue relevée en
S au-dessus du dos. Ce type, dégénéré du type
n° 14 (Bulletin n° II) (1), est très-net dans sa barbarie; il établit la filiation et facilite la reconnaissance de toute une série de dégénérescences encore
plus barbares.

(1) 2e vol., 1868, pl. I, n° 14.

6. Tête fruste à longs cheveux, grenetis autour. —
℞. Aigle aux ailes semi-éployées, la tête inclinée
à gauche; cercle ou croissant au-dessus à droite.
Potin. Le droit et le revers s'écartent beaucoup
de l'apparence de nos types locaux. Gravée.

Les autres pièces rencontrées par M. Rapin, au
nombre de sept, sont aux types des potins vulgaires nos 12, 13, 21, 23 (Bul. n° II). Leur présence
dans ce sol essentiellement romain confirme leur
usage pendant la période romaine, jusqu'à une
époque assez avancée.

Parmi les pièces nombreuses que les travaux de
Bourges ont dû mettre au jour nous avons eu connaissance des suivantes :

7. Tête barbare et fruste ou plutôt mal coulée à droite.
— ℞. Cheval d'un bon style à gauche; dessus,
symbole composé de deux branches évasées réunies
par une traverse (comme un A renversé et très-
ouvert). Sous le cheval trois très-petits annelets,
bourrelet autour, pièce coulée en cuivre de bonne
qualité. Gravée.

Nous devons à M. Boyer une pièce analogue,
trouvée place Séraucourt en 1872. La tête du
droit est à gauche, fruste. Potin.

C'est la première fois que nous trouvons ce symbole au-dessus du cheval sur des pièces de cuivre,
il se rapproche de celui des pièces d'argent n° 9·
Bull. n° III (1).

_____

(1) 3e volume, 1869, page 302. pl. I.

Deux pièces à la légende ABVDOS (n° 9, Bull. n° Il).

Trois pièces n° 11 (id) dégénérescences successives.

Deux du n° 12 (id) tête double?

Six du n° 14. Quelques-unes avec la modification que nous indiquions plus haut au n° 5. Dans une d'elles une sorte d'appendice terminé par un globule prend sur la nuque au bas du casque.

8. Un exemplaire de la pièce que nous avions mal gravée n° 15 (id). Au droit, tête globuleuse entourée d'un bourrelet. — ℞. Animal à gauche, la queue relevée, et semblant tomber sur ses genoux. Type très-connu, mais notre exemplaire est encore médiocre.

9. Tête à droite à grosses boucles de cheveux. — ℞. Deux aigles éployées, une grande à gauche, une petite à droite : au-dessus à gauche le pentagone (de Déols?). A droite un serpent; entre les têtes des deux aigles une croix cantonnée de 4 points. Bronze. Gravée (à rapprocher du n° 19. Bull. II) 2 ex.

10. Tête à gauche, entourée d'un cercle. — ℞. Cerf ou sanglier très-élevé sur ses pattes à droite; sur le dos, soies dressées, au-dessus sorte de lyre (?) horizontale. Le métal en est bon, le droit est presque concave et le revers convexe, disposition inusitée. Gravée. 2 ex. : et des dégénérescences.

Enfin deux pièces de potin au type connu d'un personnage grotesque, à la chevelure flottante, tenant d'une main en avant un bâton ou une lance,

de l'autre en arrière un anneau ou une couronne.
— ℞. Animal ou fleuron confus (le N° 689 de Du-
chalais), nous ne le gravons pas parce que ce type,
outre qu'il est fort connu, sort des apparences de
monnayage local que nous cherchons autant que
possible à conserver à nos planches.

De plus un nombre considérable de potins frustes, se rattachant plus ou moins directement aux
divers types que nous avons pu saisir et décrire.

Enfin deux disques en plomb à bandes saillantes radiées (sont-ils gaulois) diamètre 0,02.

M. l'abbé Voisin a étudié un trésor de vingt-huit piè
ces de monnaies gauloises d'argent, découvert à Ingrandes (Indre) en octobre 1872 dans un vase de terre de mauvaise fabrication. Les types de ces pièces étaient analogues à ceux que nous avons gravés dans nos précédents
bulletins.

N° 6, Bull. II (1868). — N° 7, id. — N° 7, Bull. III
(1869). — N° 13, id.

M. Voisin fait en outre mention d'une trouvaille faite
en 1865 à Obterre sur les confins des départements de
l'Indre et de l'ancienne Touraine aux mêmes types,
surtout n°ˢ 6 et 7, Bull. n° II.

Cette similitude des types est pour nous un grand en-
couragement dans la publication de nos bulletins. Elle
forme une forte présomption que nous sommes dans la
bonne voie, celle du monnayage gaulois biturige; les
présomptions résultant des provenances, en s'accumulant,

(1) *Notes archéologiques sur Ingrandes*, M. Voisin, le Blanc 1872.

deviendront des preuves et rendront possible, après un
certain temps, la fixation de nos types locaux, fixation
qu'il serait peut-être téméraire de tenter aujourd'hui
d'une façon trop absolue, mais dont on peut déjà prévoir
les bases (1).

II. — ROMAINES.

Plusieurs demi-pièces de Nismes ont été trouvées,
dont la cassure est antique et qui ne portent qu'une seule
tête. Probablement l'effigie du prince suffisant à donner
cours monétaire dans le monde romain, on doublait ses
ressources par ce procédé simple de division des monnaies bi-céphales.

Nous rappelons ici la belle pièce de M. Rapin.

CRISPINA AVGVSTA. Buste à droite. — ℞ SALVS.
S. C. hygiée assise à gauche présentant une couronne à
un serpent, bonne conservation, belle patine vert clair :
G. B.

Nous avions d'abord cru ce revers inédit avec cette
légende du droit; mais c'est évidemment le n° 40 de Cohen.

(1) Les pièces trouvées à Orléans dans le lit de la Loire en 1870,
(*Bull. monumental* 1872. *p.* 196) donnent au type de l'aigle une
part bien plus grande que dans nos découvertes berrichonnes; ce
qui semble confirmer au Carnutes le symbole de l'aigle. Par contre
plusieurs des autres attributions, faites sans discussion par
M. l'abbé Desnoyers, nous semblent des plus douteuses.

Nous avons recueilli à Bourges la pièce suivante :

D. N. MAGNETINVS P... AVG. Buste diadèmé à droite, vêtu du paludamentum, la tête ceinte d'un double rang de perles. — ℞. VIRTVS ROMANORVM, l'empereur portant un casque surmonté d'une aigle éployée, assis à gauche sur son trône et tenant de la main droite un globe et de l'autre une haste renversée. L'exergue est d'une lecture difficile. Argent. Poids, 1 g. 32.

Le déplacement du second N dans la légende du droit ne doit pas, croyons-nous, empêcher l'attribution à Magnence (350-353). C'est à partir de ce prince que figure sur les effigies impériales le diadème perlé. Nous ne trouvons pas ce revers dans Cohen.

III. — FRANÇAISES.

La découverte la plus importante de nos contrées pendant ces dernières années est bien certainement celle du dépôt de monnaies carlovingiennes, trouvé en juin 1871, au Veuillin, commune d'Apremont, département du Cher.

Ce trésor recueilli par les soins intelligents du propriétaire du sol, M. Charles du Verne, a été acquis par MM. Rollin et Feuardent de Paris ; sa composition et les circonstances de la découverte ont été portées à la connaissance du monde savant par deux publications, l'une de M. Ferdinand Bompois, l'autre de M. Roub t : le cadre de notre bulletin ne nous permet d'en donner qu'une rapide analyse.

Ce trésor a été trouvé dans un vase d'argile brisé, orné de côtes à sa partie inférieure et de plusieurs cercles, les uns de points triangulaires, les autres de points carrés. Ce vase contenait une cinquantaine de pièces; des recherches faites autour du lieu de la découverte ont porté ce nombre à 755 qui ont été étudiées et décrites par M. Bompois. Dans le même sol a été trouvée une petite croix en bronze dont la provenance carlovingienne est discutée.

Toutes les pièces de ce trésor étaient du règne de Louis le Débonnaire à l'exception d'une seule, portant au droit la légende CARLVS REX FR et au revers METVLLO et attribuée par M. Bompois à Charles le Chauve. Voici comment elles se distribuaient entre les différents ateliers monétaires.

	Ex.		Ex.
Aquitaine	13	Nantes	1
Arles	11	Orléans	1
Bordeaux	2	Le Palais	39
Bourges	127	Paris	24
Encausse	5	Quentovic	7
Melle	73	Reims	13
(Ch. le Chauve?)	1	Rouen	6
Narbonne	14	Sens	21
Toulouse	4	Châlons-sur-Saône	2
Tours	28	Lyon	19
Cambrai	18	Marseille	1
Meaux	4		

LORRAINE.

Cologne	3	Trèves	2

Duersted........	14	Verdun..........	12
Metz...........	1	Aldonheim	2
Strasbourg.......	3	Mayence...	2

Iᴛᴀʟɪᴇ.

Milan..........	47	Turin..........	6
Pavie..........	26	Venise..........	195

Esᴘᴀɢɴᴇ.

Ampuria........	2	Barcelone........	3

Total.... 755

La composition de ce trésor, où abondaient les pièces frappées au centre de l'Aquitaine, semblent indiquer sa formation dans l'Aquitaine même et quant aux pièces portant les noms d'ateliers italiens, on peut croire qu'elles étaient frappées en France et ne prouvent que la prétention d'affirmer la souveraineté du faible empereur Louis sur les villes d'Italie. C'est cette composition qui amène M. Roubet à attribuer l'enfouissement de ce trésor à quelque soldat se rendant d'Aquitaine à la sanglante bataille de Fontenay en 841. Toutefois si la pièce unique attribuée à Charles le Chauve devait l'être à Charlemagne, comme le pensent plusieurs auteurs, l'époque de l'enfouissement devrait être reculée de plusieurs années, sous le règne de Louis-le-Debonnaire.

Les 127 exemplaires de Bourges étaient du même type :

HLVDOVICVS IMP. croix grecque. — ℞. BITV — RIGES en deux lignes, un point au centre. Leur poids variait entre 1 gr. 76 et 1 gr. 80.

Leur nombre atteste l'importance de Bourges comme
atelier monétaire dès les premiers temps carlovingiens,
importance d'autant plus intéressante à constater, qu'on
sait l'extrême rareté des triens mérovingiens de provenance Biturige.

Nous n'avons pas besoin d'insister sur l'intérêt de cette
découverte au point de vue de la numismatique générale
par le poids et la belle conservation des pièces. Plusieurs
variétés étaient inédites, leur étude nous entraînerait trop
loin.

Une pièce d'Arles présentait au droit le buste de l'empereur à droite et au revers le mot ARELATVM autour
d'une porte de ville. Presque toutes les autres pièces
présentaient le nom de lieu écrit en deux ou trois lignes.

IV. — SEIGNEURIALES

M. l'abbé Voisin a eu l'obligeance de nous signaler un
trésor de 56 pièces seigneuriales, découvert près de l'abbaye de Fontgombault, dans un champ sous une pierre,
par un manœuvre, en janvier 1872.

Les descriptions et les lectures excellentes que nous en
a adressées M. l'abbé Voisin nous permettent de le cataloguer facilement par les N°ˢ de l'ouvrage de M. Poey-
d'Avant.

Ex.

1. Deniers du Mans au monogramme d'Her-
   bert (1036-1246) Poey d'Avant n° 1546.　　2

2. Deniers de Saint-Martin de Tours (— 1214)
   Poey-d'Avant n° 1647.

3. Philippe-Auguste à Saint-Martin de Tours
(1214-1223) Poey-d'Avant n° 1660.   2

4. Philippe-Auguste, type tournois.   6

5. Louis IX, type tournois.   9

6. Nevers, Hervé de Donzy. (1199-1223) Poey-
d'Avant 2,138.   2

7. Souvigny, anonymes. Poey-d'Avant 2,165.   3

8. Hugues, comte de la Marche (1208-1249)
Poey-d'Avant 2,611.   22

9. Angoulême, anonymes. Poey-d'Avant 2,644.   5

10. Angoulême, avec la variante EGOLISSME
sans I avant l'M, ce qui constituerait une variété nouvelle.   1
_____
56

Ce trésor recueilli dans le centre de la France, probablement dans la Marche ou le Périgord, a donc dû être
enfoui vers 1230-1240.

Nous adressons ici tous nos remerciements à M. Voisin
pour ses intéressantes communications numismatiques :
placé à l'extrémité du Bas Berry, M. Voisin est admirablement situé pour saisir et signaler des faits archéologiques, qui sans lui passeraient inaperçus, et dont son éru-
dition le met à même de faire ressortir toute la valeur.

M. le curé de Mehun a recueilli et signalé le denier
d'argent suivant.

H majuscule cantonné de quatre fleurons, autour, légende EPISCOPVS — ℞. DE REGVI. Grande fleur de

lys avec deux étamines. La forme des lettres qui sont
grasses et larges accuse l'époque de Philippe-Auguste (1).

V. — Méreaux et jetons.

La destruction du rempart de Saint-Ursin a donné de
très-nombreux méreaux de cette collégiale, la plupart à
des types déjà connus C'est à Saint-Ursin que nous attribuerons le merel suivant :

1. Evêque mître tenant la main droite levée, deux doigts
étendus et bénissants, de la main gauche tenant la
croix primatiale à double traverse, bordure engrêlée. — ℞. VI en caractères minuscules gothiques,
bordure engrêlée. Diam. : 0,022, Gravé.

Cet évêque à la croix double nous paraît être
saint Ursin, premier évêque de Bourges et patron
de la collégiale à laquelle nous attribuons ce méreau. En outre la croix double figure habituellement sur les méreaux de Saint-Ursin.

2. A la collégiale de Saint-Pierre le Puellier se rattache le merel suivant :

Saint Pierre tenant de la main droite une grande
clef verticale, bordure engrêlée. — ℞. XX dans une
bordure engrêlée. Gravé.

3. Nous avons recueilli le méreau suivant de la Sainte-
Chapelle de Bourges :

PALACII BIT... dans le champ XX IIII, fleur

---

(1) *Bulletin du Comité diocésain d'histoire et d'Archéologie*, p. 257.

de lys au-dessus (comme frappée en contre-marque).
— ℞. AVLA SI .... AVA LL PDDAD, trois fleurs
de lys, 2 et 1, dans une bordure engrêlée.

Ce méreau n'est pas inédit. Hazé a donné son
semblable dans les planches de l'*Histoire monétaire
du Berry*, pl. IX, fig. 7. L'exemplaire qu'il a dessiné donne, au droit, la fleur de lys au-dessus de XX
III. La légende du revers est un peu plus complète,
mais aussi inintelligible que la nôtre. Nous donnons
le mot certain AVLA et les lettres déchiffrables de
notre exemplaire, afin de confirmer la lecture
d'Hazé.

4. Le jeton suivant est d'une attribution difficile :

F couronné, au-dessous BIT, au dessous encore
1560. Le tout entouré d'une couronne de laurier.
Gravé.— ℞. Les trois moutons clarinés dans un cartouche à volute renaissance et la devise SVMMA
IMPERII APVD BITVRIGES.

Ce jeton, frappé sous le règne de François II, a dû
l'être par la ville de Bourges en l'honneur de ce
prince, mais alors en quelle occasion?

5. IOVIS A LITE TECTA. La couronne de France sur
un dé fleurdelyse, au dessus un aigle sur un foudre,
exergue 1,613. Gravé. — ℞. SVMMA IMPERII
etc. . écu aux trois moutons, couronne, supports,
pastoureau et pastourelle : Exergue 1608 Le coin
de ce jeton est extrêmement fin et soigné, et la frappe en est exquise. La date différente du droit et du
revers ne prouverait-elle pas que ce revers était
banal pour la chambre des comptes de Bourges et
que le droit seul en changeait chaque année?

Nous devons à M. Triboudet de Membré, ancien officier de cavalerie, communication de deux jetons fort intéressants.

6. SVMMA IMP. etc. Ecu aux trois moutons, entouré d'une guirlande de fleurs — CRVX MICHI SOLA EST, croix fleuronnée, diam. : 0,03. Cette pièce accuse le xvi° siècle. La légende du revers doit être évidemment complétée par le mot oublié ou omis *SPES*.

7. IEHAN LALEMANT S. DE MARMAIGNE. Une bannière, peut-être une targe (1), semée de fleurons d'apparence inusitée, à l'exergue IVRAVI. — ℞. Quatre grands lobes en croix, cantonnés de quatre heaumes. Dans ces lobes sont des blasons opposés; dans les uns un chevron accompagné de trois roses 2 et 1, dans les autres une croisette en abîme et trois cailloux 2 et 1; sur le tout et au cœur de cette croix un tout petit écu à deux léopards passant à dextre (gauche). Gravé.

Les armoiries du revers sont celles des Lallemant, qui portaient de gueules, au chevron d'or, accompagné de trois roses d'argent 2 et 1, écartelées de celles des Petit qui portent d'azur à une croix nillée d'argent, accompagnée de trois cailloux d'or (La Thaumassière). Nous n'avons pas trouvé la relation de ces armoiries avec celles du petit écu.

Jean Lallemant II° du nom, receveur général en Normandie, seigneur du Perreau, Bouy,

_____

(1) Cf. Rouyer et Hucher, *Hist. du jeton.* fig. 127 et 129.

Rousay, Marmagne, épousa Marie Petit, fille d'Etienne Petit, secrétaire du roi et trésorier général des finances en Languedoc. Il eut plusieurs enfants.

Jean Lallemant l'aîné, maire de Bourges en l'an 1500, eut la terre du Perreau dont il prit le nom.

Jean Lallemant le jeune fut seigneur de Marmagne, Vouzay, Pierrelé, Chezeau-Brethon et du Preau, trésorier, receveur général en Languedoc, et maire de la ville de Bourges en 1510. C'est à lui que nous attribuerons ce jeton où sont son nom et ses armes écartelées de celles de sa mère. Reste à expliquer la bannière du droit et la formule IV-RAVI.

Nous serions porté à penser que ces emblèmes font allusion à cet ordre des chevaliers de la Table-Ronde, fondé à Bourges en 1486, dans lequel il entra en 1492 et qui exigeait de ses adeptes un serment dont le nom *juravi* rappellerait la formule. Dans ce cas ce jeton serait le premier publié relatif à cette institution, dont le but du reste n'est pas clairement déterminé et dont le passage a laissé peu de traces.

8. Nous donnons aussi le jeton suivant qui n'a rien de local, mais doit être assez rare :

GETTES ENTENDES : AV : COMPTE. Écu écartelé de France et de Dauphiné. — ℟. PREMIER : PRÉSIDENT : DESCOMPTES. Fleurs de lys serrées : les lettres des légendes sont du xve siècle et l'écu du droit en accuse la fin.

LISTE DES MEMBRES

Bureau.

Président : M. des MÉLOIZES, O. ✻.
Secrétaire : M. Alphonse BUHOT de KERSERS.
Secrétaire-adjoint : M. Alphonse de la GUÈRE.
Trésorier : M. Albert des MÉLOIZES.

MEMBRES
DU COMITÉ DE RÉDACTION :

MM. GEOFFRENET de CHAMP-DAVID.
RIFFÉ.
Edmond RAPIN.
de LAUGARDIÈRE.
le Cte de CHOULOT, O. ✻.

Membres d'honneur.

MM. le Général de Division, Commandant la 19e Division militaire.
le Premier Président de la Cour d'Appel de Bourges.
S. G. Mgr l'Archevèque de Bourges.

le Préfet du Cher.

le Procureur général près la Cour d'Appel de Bourges.

le Maire de Bourges.

Membres titulaires

MM. BERCIOUX, Docteur médecin, à Bourges.

BOIN, ✻, Membre du Conseil général du Cher, Président de chambre à la Cour d'App·l de Bourges.

BUHOT DE KERSERS (Alphonse), à Bourges.

CHOULOT (le Comte DE), O. ✻, ancien Lieutenant-Colonel de la Garde mobile du Cher, *id.*

CLERAMBAULT (DE), Vérificateur de l'enregistrement et des domaines, *id.*

CLAMECY (le baron DE), ✻, Conseiller honoraire à la Cour d'Appel, *id.*

DAIGUZON, Juge au Tribunal de Châteauroux.

GEOFFRENET DE CHAMPDAVID, Conseiller à la Cour d'Appel de Bourges.

GUILLOT père, ✻, Avocat, *id.*

JAUBERT (le Comte), O. ✻. Membre de l'Institut, Membre de l'Assemblée nationale, à Jouet (Cher).

JOUSLIN (Gaston), Avocat à Bourges.

LA GUERE (Alphonse DE), *id.*

LAUGARDIERE (Charles Ribault DE), Substitut de M. le Procureur général, *id.*

LAUGARDIERE (Max Ribault DE), Avocat, *id.*

MARCILLAC (DE), Juge au Tribunal de Bourges.

MARTIN, Conseiller à la Cour d'Appel de Bourges, Membre de l'Assemblée nationale.

MÉLOIZES (DES), O. ✻, ancien Conservateur des forêts, à Bourges.

MÉLOIZES (Albert DES), Avocat, *id.*

MONTSAULNIN (le comte Ernest DE), au château de Bernay, commune de Chautay (Cher).

NICOLAI (le Comte DE), au château de Blet (Cher).

NOYERS (DES), ancien directeur de l'enregistrement et des domaines à Bourges.

PINEAU (Joseph), docteur médécin, aux Peluées, commune de Saint-Ambroix (Cher).

RAPIN (Amédée), Juge de Paix, à Levet (Cher).

RAPIN (Edmond).

RIFFE, Conseiller de Préfecture, à Bourges.

Robillard DE BEAUREPAIRE, Conseiller à la Cour d'Appel de Caen.

SALLE (Charles), Propriétaire, à Bourges.

TOUBEAU DE MAISONNEUVE (Ernest), Avocat, *id.*

Associés libres.

MM. AUGIER (Edmond), Propriétaire, à Vallenay (Cher).

AUMERLE (Ernest), Membre du Conseil d'arrondissement, à Issoudun (Indre).

BARRE DE LEPINIÈRE, Juge au Tribunal civil d'Issoudun.

BEAUFORT (DE), Membre de la Société des Antiquaires de l'Ouest, à Saint-Benoît du Sault (Indre).

BLANCHEMAIN, hommes de lettres, 7, rue de l'Est, Paris.

BONNEGENS (DE), Avocat, propriétaire, à Ivoy-le-Pré.

BRUNETON, Directeur de la manufacture de porcelaines de Foëcy (Cher).

CARTAULT DE LA VERRIÈRE, Percepteur, à Bourges.

CHAROT, Instituteur primaire, à Primelles (Cher).

FAGUET, Procureu.· de la République, à Issoudun.

FAUCONNEAU - DUFRESNE, ✳, Docteur médecin, à Châteauroux.

GANGNERON (Henri), Avocat, à Bourges.

GUINDOLLET, Instituteur, à Meillant (Cher).

HUARD DE VERNEUIL, Procureur de la République à Sancerre (Cher).

JACQUEMET (Louis), à Aubigny-sur-Nère (Cher).

LAPEYRE DE LAMERCERIE, propriétaire, à Bourges.

LA VILLEGILLE (Arthur DE), ✳, Secrétaire du Comité des travaux historiques et des Sociétés savantes, 12, rue de Seine, à Paris.

LENORMAND DU COUDRAY, Notaire, à Nérondes (Cher).

LESPINASSE (René Leblanc DE), au château de Luanges, près Nevers (Nièvre).

MÉLOIZES (DES), ✳, Directeur des Contributions directes de Seine-et-Oise, à Versailles.

MONNIER (Francis), Membre du Conseil général du Cher, à Foëcy (Cher).

MONTREUIL (le Vicomte Alfred DE), à Ivoy-le-Pré (Cher).

MOREAU (René), Avocat, à Paris.

MOULINET (l'Abbé), Archiprêtre de la cathédrale, à Bourges.

PASCAUD (Edgar), Juge au Tribunal de Bourges.

PENIGAUD (Emile), Propriétaire, à Issoudun (Indre).

POISSON (Louis-Alfred), Propriétaire, à Vierzon (Cher).

RAYNAL (DE), C. ✳, Premier avocat général à la Cour de Cassation, à Paris.

RICHARD-DESAIX, (Ulric), à Issoudun (Indre).

ROUBET, Juge de Paix à la Guerche (Cher).

SUPPLISSON (Camille), Juge au Tribunal civil de Sancerre (Cher).

TENAILLE D'ESTAIS, ✳, Procureur général près la Cour d'Appel d'Orléans.

TOURANGIN des BRISSARDS, Juge honoraire, à Issoudun.

TREMIOLLE (de), Avocat, à Moulins (Allier).

VOISIN (l'Abbé), Curé de Douadic (Indre).

Membres correspondants.

MM. ADVIELLE (Victor), Membre du Conseil général de la Société française d'archéologie, de l'Académie d'archéologie de Belgique, etc., à Pont-Audemer (Eure).

BARIAU, Président de l'Association scientifique de Moulins-sur-Allier.

BORDEAUX (Raymond), Avocat, Inspecteur de la Société française d'archéologie, à Evreux.

CHARMA (Antoine), ✳, Doyen de la Faculté des lettres, Secrétaire de la Société des antiquaires de Normandie, à Caen.

DELISLE (Léopold), ✳, Membre de l'Institut, à Paris.

LAISNE (André-Marie), Président de la Société d'archéologie, à Avranches.

LA SICOTIÈRE (Léon de), Avocat, Membre du Conseil général de l'Orne, à Alençon.

LECHANTEUR de PONTAUMONT, ✳, Inspecteur de la marine, Membre de la Société des antiquaires de Normandie et de la Société académique de Cherbourg, à Cherbourg.

LE HÉRICHER (Edouard), Professeur de rhétorique, Correspondant du Ministère de l'instruction publique à Avranches.

LOYSEL, Docteur en médecine, à Cherbourg.

PARIS (Paulin), ✻, Membre de l'Institut, à Paris.

RENARD (Charles), Bibliophile, Membre de la Société des antiquaires de Normandie, à Caen.

ROBILLARD DE REAUREPAIRE (Charles (DE), archiviste de la Seine-Inférieure, Membre de l'Académie de Rouen, à Rouen.

SOULTRAIT (comte Georges DE), ✻, Receveur particulier à Lyon, Membre non résidant du Comité des Travaux historiques et des Sociétés savantes.

TRAVERS (Julien), Secrétaire de l'Académie de Caen, Conservateur de la Bibliothèque publique, à Caen.

Liste des Sociétés savantes avec lesquelles la Compagnie est en correspondance

Académie des sciences, arts et belles-lettres de Caen.

Académie du Gard à Nîmes.

Académie des sciences, belles-lettres et arts de Rouen.

Comité des travaux historiques et des Sociétés savantes.

Société Académique de Maine-et-Loire, à Angers.

   —   —   de Cherbourg.

   —   —   de Laon.

Société des Antiquaires de France.

   —   —   de l'Ouest, à Poitiers.

            de Normandie, à Caen.

   —   —   de Picardie, à Amiens.

Société Archéologique d'Avranches.

   —   —   de l'Orléanais, à Orléans.

            de Tours.

            du Vendômois, à Vendôme.

            de Rambouillet.

Société Éduenne, à Autun.

— d'émulation de l'Allier, à Moulins.

— française d'Archéologie, pour la conservation des monuments historiques.

Société française de Numismatique, à Paris.

— historique de Varzy.

Institut des provinces.

Société des lettres, sciences et arts de l'Aveyron, à Rodez.

— Nivernaise des sciences, lettres et arts, à Nevers.

— philotechnique, à Paris.

— des sciences et lettres de Loir-et-Cher, Blois.

— des sciences de Vitry-le-Français.

— des sciences naturelles et historiques de la Creuse, à Guéret.

Lightning Source UK Ltd.
Milton Keynes UK
UKHW011510230219
337728UK00007B/602/P